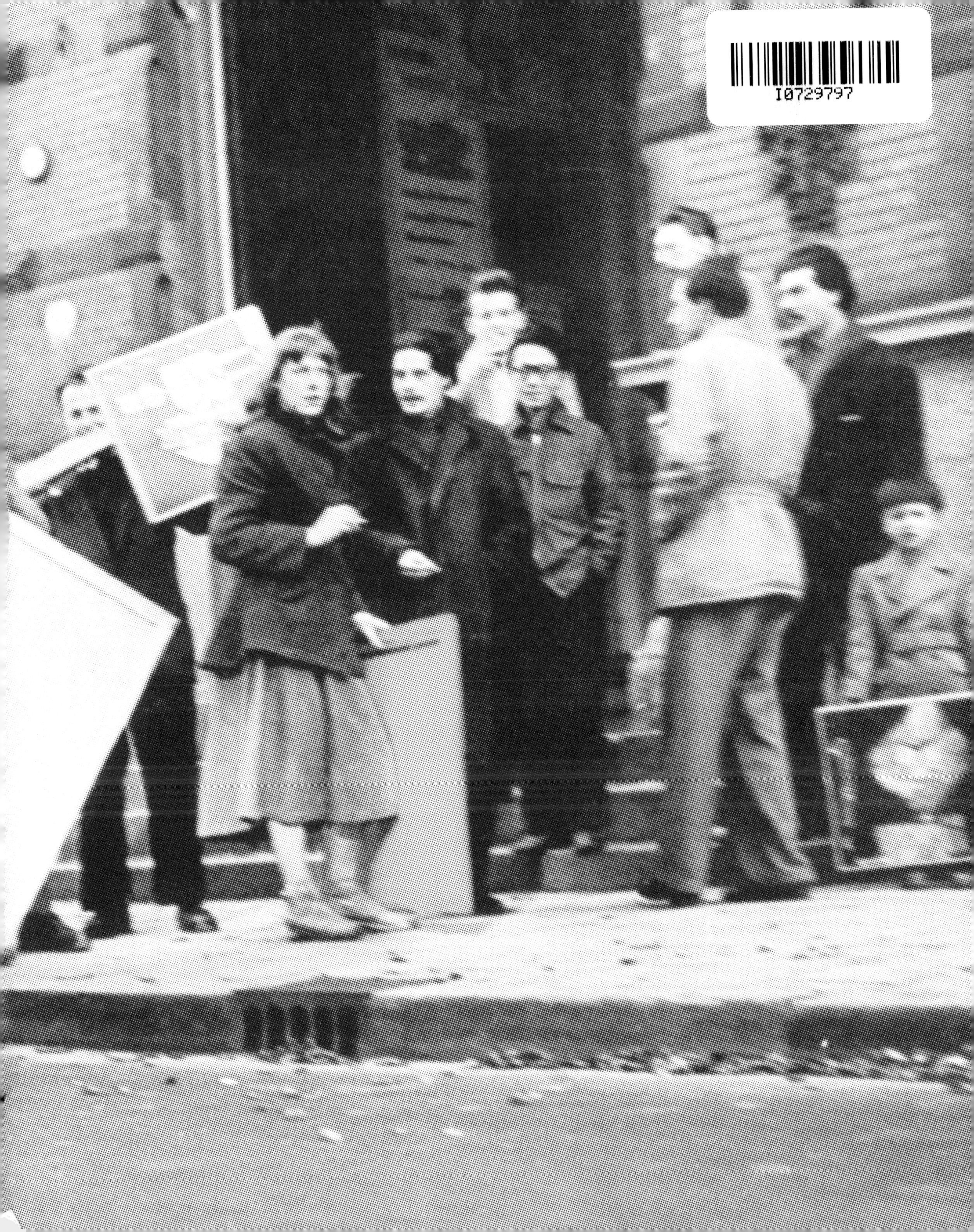

I0729797

BECOMING CoBrA

Anfänge einer Europäischen Kunstbewegung

Beginnings of a European Art Movement

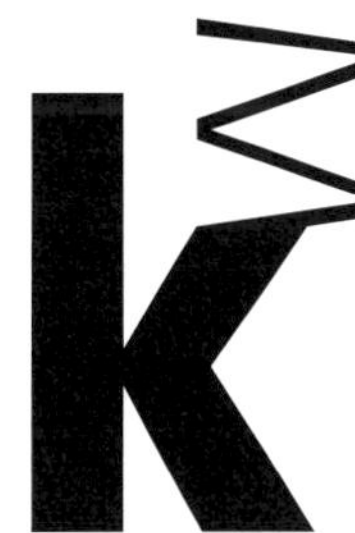

Deutscher Kunstverlag

Gefördert von / Supported by

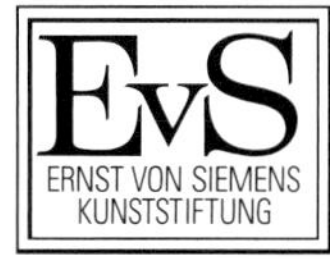

BECOMING CoBrA

Anfänge einer Europäischen Kunstbewegung

Beginnings of a European Art Movement

Herausgegeben von

Christina Bergemann
Inge Herold
Johan Holten

VORWORT

Die Gruppe CoBrA bestand nur für kurze Zeit als eine gemeinsame Bewegung von Künstler*innen unterschiedlicher europäischer Länder. Zwischen 1948 und 1951, in einer bewegten Zeit also, in der der Kontinent noch stark von den Nachwirkungen verheerender Kriegsjahre geprägt war, kamen Künstler*innen zusammen, um mit einer neuen Formensprache in die Zukunft zu gehen und gleichzeitig Verbindungslinien zur Kunst der Moderne aufzugreifen. Die Ausstellung *Becoming CoBrA* richtet den Fokus auf eben diese Entstehungsgeschichte der Bewegung CoBrA.

Johan Holten

FOREWORD

The CoBrA group existed only briefly as a common movement of artists from different European countries. Between 1948 and 1951, and hence in a turbulent era when the continent was still quite marked by the aftereffects of the devastating years of World War II, artists came together to enter the future with a new formal language while at the same time taking up the lines of connection to modern art. The exhibition *Becoming CoBrA* focuses on this story of the emergence of the CoBrA movement.

The exhibition aims to show how these artists developed their own formal languages in very individual aesthetic categories even before they were networked, and how they finally came together as an artistic community on the basis of unifying common ideas and conceptions. The close friendship of Asger Jorn and Christian Dotremont and the connections of Sonja Ferlov Mancoba, who had contacts in both the Danish avant-garde and the Parisian art scene, led to transborder networks that consolidated

So will die Ausstellung aufzeigen, wie diese Künstler*innen noch vor ihrer Vernetzung ihre ganz eigenen Formensprachen in jeweils sehr individuellen ästhetischen Kategorien entwickelten und schließlich aufgrund verbindender gemeinsamer Vorstellungen und Ideen zu einer Künstlergemeinschaft zusammenfanden. Aus der engen Freundschaft von Asger Jorn und Christian Dotremont oder durch die Beziehungen Sonja Ferlov Mancobas, die sowohl eng mit der dänischen Avantgarde als auch mit der Pariser Kunstszene verbunden war, konnten Grenzen überschreitende Netzwerke entstehen, die sich trotz schwerster kriegsbedingter Rahmenbedingungen verfestigt haben. Eine auch in unserer heutigen, erneut von Krieg geprägten Zeit ebenso bemerkenswerte wie lehrreiche Erkenntnis.

Die Kunsthalle Mannheim verfügt bis auf Grafiken von K.O. Götz und ein spätes Werk von Corneille (Abb. 1) über keine Objekte dieser Künstler*innengruppe. Vielmehr stand in den 1950er-Jahren das damals zeitgenössische, ästhetisch verwandte Informel im Fokus der Ausstellungs- und Sammlungstätigkeit, weshalb wir parallel zu *Becoming CoBrA* die reichhaltigen Bestände im ersten Obergeschoss des Neubaus präsentieren. Gleichzeitig war die Kunsthalle auch bestrebt, die schmerzlichen Lücken zu schließen, die durch die Beschlagnahmeaktionen der Nationalsozialisten 1937 in der Sammlung entstanden waren. Gerade deshalb erschien es uns höchst relevant, mit dieser Ausstellung die Vorgeschichte der Bewegung CoBrA in den Mittelpunkt zu stellen. Zeigen die innovativen künstlerischen Leistungen doch deutlich, dass die Jahre 1939 und 1945 zwar in den allermeisten europäischen Ländern gewaltsame Zäsuren setzten, aber eben nicht in allen. So konnte sich in verschiedenen Ateliers in Kopenhagen, Brüssel, Amsterdam und anderswo – oft unter schwierigen Umständen – Neues entwickeln. Dabei wussten die Künstler*innen um die ästhetischen Traditionen aus der Zeit vor dem Krieg und nutzten dieses Wissen für eine neue Ausdrucksweise, um sich für die Zeit danach vorzubereiten.

despite the very difficult conditions caused by the war. In our present day, again scarred by war, this is an insight that is as remarkable as it is instructive.

The Kunsthalle Mannheim has no works by this group of artists apart from graphics by K. O. Götz and one late work by Corneille (fig. 1). In the 1950s, its exhibition and collecting activity focused on contemporary, aesthetically related Art Informel, which is why we are presenting those rich collections on the second floor of the new building in parallel with *Becoming CoBrA*. At the same time, the Kunsthalle was also trying to fill the painful gaps in the collection that results from the confiscation actions of the National Socialists in 1937. For that very reason, it seems to us extremely relevant today that this exhibition shifts the focus to the prehistory of the CoBrA movement.

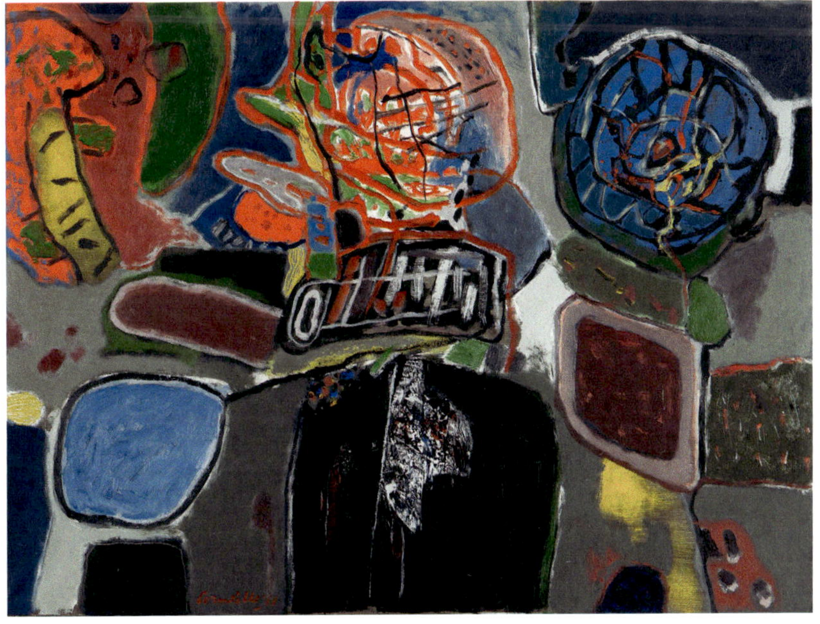

Abb. / Fig. **1**
Corneille
Le noir et le rouge de l'orage / Das Schwarz und das Rot des Gewitters /
The Black and the Red of the Storm
1963
Acryl auf Leinwand / Acrylic on canvas, 73,4 × 100 cm
Kunsthalle Mannheim

All das, was unter den Nationalsozialisten als „entartete Kunst" galt, ist so zum Inspirationspool der Avantgarde geworden: von Farben und Spontaneität geprägte Kinderzeichnungen, die Abgründe und Tiefen der Psyche in Arbeiten von Menschen mit psychischen Krankheiten, die Volkskunst außereuropäischer Kulturkreise und die Sagenwelten skandinavischer Kulturen sowie eine expressive intuitive Ausdrucksweise. In der Ausstellung *Becoming CoBrA* möchten wir zeigen, dass sich eine der einflussreichsten Avantgarden des 20. Jahrhunderts in ihrer Dichte an Formensprachen und Motivwelten nur hat entwickeln können, weil diese Bestrebungen in den unterschiedlichen Kollektiven und Zusammenschlüssen europäischer Künstler*innen bereits lange vor 1948 existierten.

Dass diese länderübergreifende Ausstellung realisiert werden konnte, verdankt sich der großzügigen Unterstützung zahlreicher Museen und Privatpersonen aus Deutschland, Dänemark, Belgien, den Niederlanden, Schweden, Frankreich und der Schweiz, aber auch der finanziellen Unterstützung unserer Partner und Partnerinnen. Erneut haben uns die Stiftung Kunsthalle Mannheim, die Hector Stiftung II, die Ernst von Siemens Kunststiftung sowie die VR Bank Rhein-Neckar eG mit den notwendigen Mitteln ausgestattet, um ein solch ambitioniertes Projekt durchführen zu können; ihnen wie auch Dr. Heinrich Thomas Wrede gilt dafür unser herzlichster Dank. Unser Dank geht auch an die zahlreichen Leihgeber*innen, stellvertretend genannt seien das Louisiana Museum in Humlebæk, das Kunsten Museum of Modern Art Aalborg, das Carl-Henning Pedersen & Else Alfelts Museum in Herning, das Holstebro Kunstmuseum, das Statens Museum for Kunst in Kopenhagen, das Kunstmuseum Brandts in Odense, das Museum Jorn und die Jyske Bank in Silkeborg, das Kunstmuseum Vejle, DIE GALERIE in Frankfurt, das Zentrum für Kunst und Medien in Karlsruhe, das Centre Pompidou in Paris, die Karel Appel Foundation und das Stedelijk Museum in Amsterdam, das Design Museum Den Bosch in 's-Hertogenbosch, das Museum Boijmans Van Beuningen und die Sammlung de Bruin-Heijn in Rotterdam, das Cobra Museum in Amstelveen, das Stedelijk Museum in Schiedam, die Fondation Constant

---

After all, its innovative artistic achievements clearly show that the years 1939 and 1945 were violent turning points in nearly all the countries of Europe, but indeed not in all of them. In various studios in Copenhagen, Brussels, Amsterdam, and elsewhere, new things could be developed, often under difficult circumstances. The artists knew the aesthetic traditions from the period before the war and used that knowledge for a new form of expression in order to prepare for the period to come.

Everything that was considered "degenerate art" by the National Socialists thus became a pool of inspiration for the avant-garde: children's drawings marked by colors and spontaneity, the abysses and depths of the psyche in the works of people suffering from mental illness, the folk art of non-European cultures, the sagas of Scandinavian cultures, and an intuitive means of expression. We wish to show in the exhibition *Becoming CoBrA* that one of the most influential avant-gardes of the twentieth century had only been able to develops its density of formal idioms and motivic worlds because those efforts had existed long before 1948 in various collectives and alliances of European artists.

This international exhibition could only be realized thanks to generous support from numerous museums and private parties from Germany, Denmark, Belgium, the Netherlands, Sweden, France, and Switzerland, and also thanks to financial support from our partners. The Stiftung Kunsthalle Mannheim, the Hector Stiftung II, the Ernst von Siemens Kunststiftung, and the VR Bank Rhein-Neckar eG have once again provided us with the means necessary to carry out such an ambitious project, for which they deserve our most sincere gratitude, as well as Dr. Heinrich Thomas Wrede. Our thanks also go out to numerous lenders, of which we name as representatives the Louisiana Museum in Humlebæk, the Kunsten Museum of Modern Art Aalborg, the Carl-Henning Pedersen & Else Alfelts Museum in Herning, the Holstebro Kunstmuseum,

in Utrecht, das Kunstmuseum Bern, das Moderna Museet in Stockholm, Samuel Vanhoegaerden, die Familie van Stuijvenberg sowie Pierre Alechinsky, aber auch an die großzügigen anonymen Privatsammler*innen, die diese Ausstellung unterstützt haben. Ein besonderer Dank geht schließlich an die Sammlung Fuchs, Mannheim, für die Leihgabe später Werke von Pierre Alechinsky, Karel Appel und Asger Jorn (Abb. 2, 3).

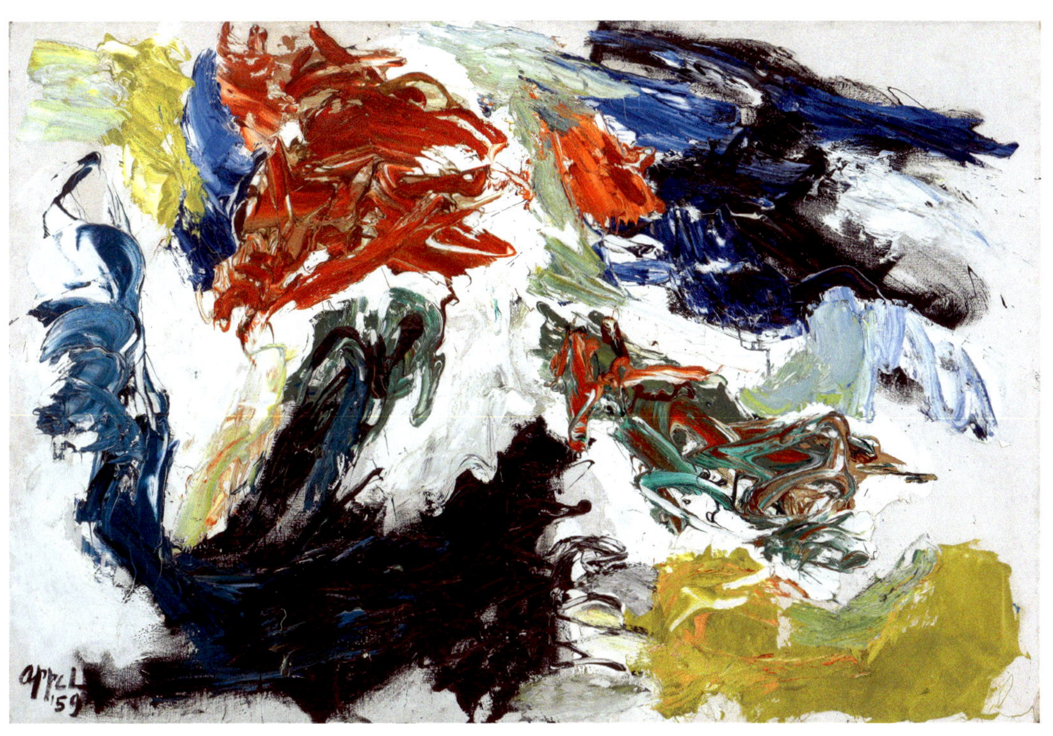

Abb. / Fig. **2**
Karel Appel
Dance in White Space / Tanz in weißem Raum
1959
Öl auf Leinwand / Oil on canvas, 129×195 cm
Sammlung Fuchs / Fuchs Collection

the Statens Museum for Kunst in Copenhagen, the Kunstmuseum Brandts in Odense, the Museum Jorn and the Jyske Bank in Silkeborg, the Kunstmuseum Vejle, DIE GALERIE in Frankfurt, the Zentrum für Kunst und Medien in Karlsruhe, the Centre Pompidou in Paris, the Karel Appel Foundation and the Stedelijk Museum in Amsterdam, the Design Museum Den Bosch in 's-Hertogenbosch, the Museum Boijmans Van Beuningen and the collection de Bruin-Heijn in Rotterdam, the Cobra Museum in Amstelveen, the Stedelijk Museum in Schiedam, the Fondation Constant in Utrecht, the Kunstmuseum Bern, Moderna Museet in Stockholm, Samuel Vanhoegaerden, the van Stuijvenberg family, Pierre Alechinsky, and generous anonymous private collectors who have supported this exhibition. Finally, special thanks go to the Fuchs Collection, Mannheim, for the loan of late works by Pierre Alechinsky, Karel Appel, and Asger Jorn (figs. 2, 3).

 The exhibition could not have been implemented with this quality without the professional and passionate work of the Kunsthalle team. My first thank-you therefore goes to Mathias Listl, who until his departure in the spring of 2022 had largely conceived the project, along with Christina Bergemann and Inge Herold, who as curators enthusiastically took up the thread and spun it further. Loans, transportation, and insurance were the responsibility of Selini Andres; the restoration and technical management of the exhibition were conducted by Katrin Radermacher and the art handling team around David Maras with

Doch ohne die professionelle und leidenschaftliche Arbeit des Teams der Kunsthalle hätte die Ausstellung nicht in dieser Qualität umgesetzt werden können. Mein erster Dank geht deshalb an Mathias Listl, der bis zu seinem Weggang im Frühjahr 2022 das Projekt weitgehend konzipiert hat, sowie an Christina Bergemann und Inge Herold, die als Kuratorinnen den Faden engagiert aufgenommen und weitergesponnen haben. Für Leihverkehr, Transport und Versicherung war Selini Andres verantwortlich, die restauratorische und technische Betreuung der Ausstellung haben Katrin Radermacher und das Arthandling Team um David Maras mit gewohnter Professionalität geleistet. Ihnen allen sowie den Kolleg*innen aus Verwaltung, Facility Management, Marketing, Presse, Kommunikation und Vermittlung bin ich äußerst dankbar für die Realisierung dieser Ausstellung. Schließlich gilt mein Dank den Autor*innen Christina Bergemann, Inge Herold, Karen Kurczynski und Mathias Listl für ihre Beiträge zu diesem attraktiven Katalog, für den wir erneut den Deutschen Kunstverlag als Partner gewinnen konnten. Möge er vielen Leser*innen neue Erkenntnisse bescheren.

Johan Holten
Direktor Kunsthalle Mannheim

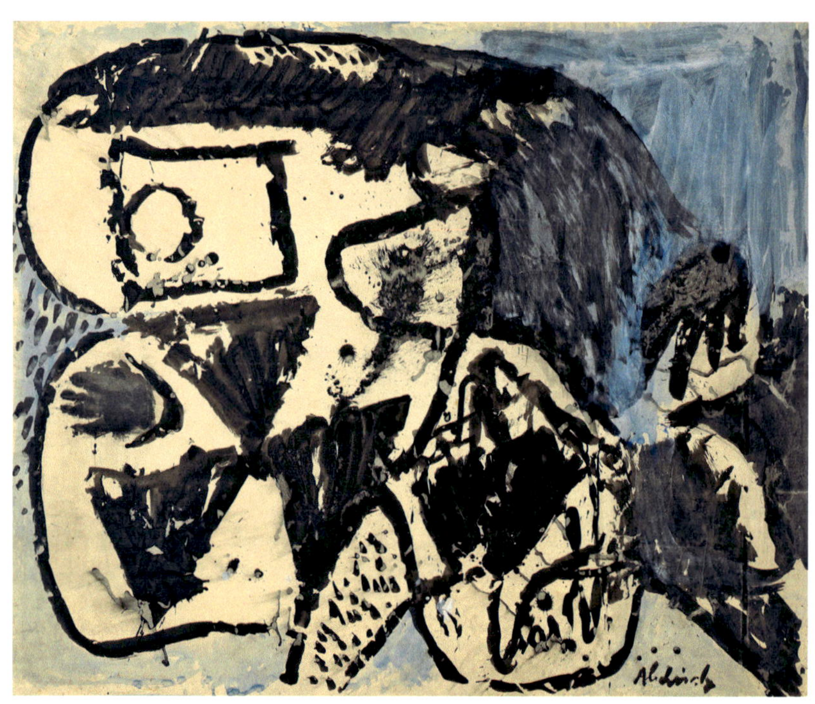

Abb. / Fig. 3
Pierre Alechinsky
Autrement dit / Mit anderen Worten / With Other Words
1961
Öl auf Leinwand / Oil on canvas, 122 × 150 cm
Sammlung Fuchs / Fuchs Collection

their usual professionalism. To all of them and to my colleagues from administration, facility management, marketing, press, communication, and education, I am extremely grateful for having made this exhibition a reality. Finally, I wish to thank the authors Christina Bergemann, Inge Herold, Karen Kurczynski, and Mathias Listl for their contributions to this attractive catalogue, for which we were again able to win over the Deutscher Kunstverlag as a partner. May it provide many readers with new insights.

Johan Holten
Director, Kunsthalle Mannheim

„Nur miteinander können wir leben und atmen, und niemand ist alleine kreativ."

(SONJA FERLOV MANCOBA, 1979)

"Only through each other can we live and breathe, and no-one creates alone."

NACH UNS DIE FREIH

AFTER US, LIBERTY?

Christina Bergemann

Es tummeln sich magische Geschöpfe, Mischwesen aus Mensch und Tier auf dem 1949 entstandenen Gemälde von Constant, das er mit *À nous la liberté* (Uns gehört die Freiheit) betitelt (Abb. 1). Wie befreit schweben die mit feinen Linien umrissenen Wesen, mal heiter, mal ernst, vor einem dunklen Hintergrund, der einem Nachthimmel gleichkommt. Die schnell aufgetragenen Linien und die Vielfalt von tierähnlichen Wesen erinnern an die unmittelbare Spontaneität von Kinderzeichnungen, die träumerisch verzerrte Figurenwelt wiederum lässt die Tiefen und Abgründe des Unterbewusstseins visuell aufleben. In eben jenem Spannungsfeld zwischen der Leichtigkeit des Seins und den Schrecken menschengemachter Alpträume und Katastrophen entwickelte sich noch während des Zweiten Weltkriegs und offiziell dann nach Kriegsende eine der einflussreichsten Avantgardebewegungen des 20. Jahrhunderts: die internationale Künstler*innengruppe CoBrA. Den Folgen des Krieges und der durch die nationalsozialistische Besatzung eingeschränkten und stagnierenden Kulturproduktion in Europa begegneten sie mit einer die Spontaneität und den freien Ausdruck zelebrierenden Kunst, die eine kulturelle Regeneration herbeiführen sollte. Constant, der als niederländisches Mitglied die CoBrA-Bewegung prägte, veröffentlichte noch im Entstehungsjahr von *À nous la liberté* (Uns gehört die Freiheit) den Text *C'est notre désir qui fait la révolution* (Es ist unser Verlangen, das die Revolution macht), der das Freiheitsstreben in Kunst und Leben einer jungen Avantgarde im Aufbruch bekräftigt.

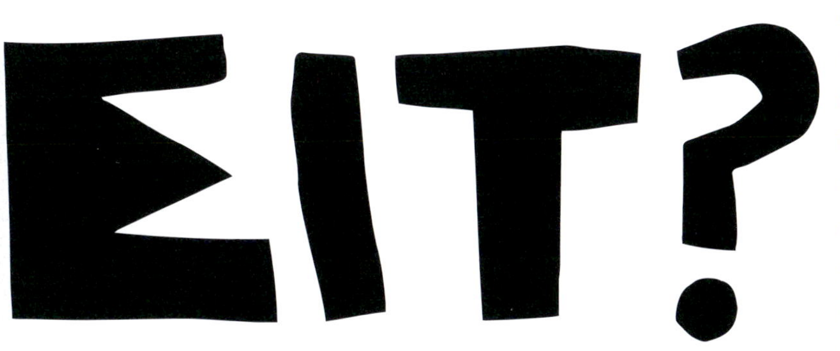

Abb. / Fig. **1**
Constant, *Après nous la liberté/*
Nach uns die Freiheit/After Us, Liberty, **1949**
Öl auf Leinwand/Oil on canvas, 139,5 × 106,6 cm
Tate Gallery, London

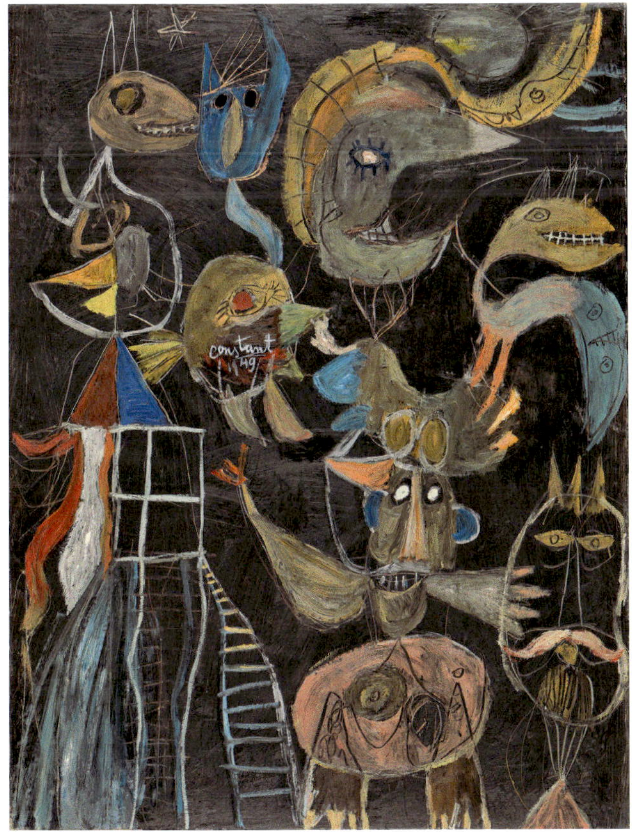

Magical creatures, hybrids of human beings and animals, romp on the painting by Constant from 1949 that he titled *À nous la liberté* (To Us, Liberty) (fig. 1). The creatures, contoured with delicate lines, float as if liberated, sometimes cheerfully, sometimes seriously, against a dark background like a night sky. The rapidly applied lines and the diversity of the animal-like creatures recall the immediate spontaneity of children's drawings; the dreamily distorted world of figures, in turn, visually brings to life the depths and abysses of the subconscious. In that very tension between the lightness of being and the terrors of humanmade nightmares and catastrophes, one of the most influential avant-garde movements of the twentieth century developed, still during the war and then officially after it ended: the international artists' group CoBrA. They countered the consequences of the war and the restricted and stagnant production of culture in Europe as a result of National

Mit dem selbstbewussten Titel des eingangs beschriebenen Gemäldes reagierte Constant auch auf die nach Kriegsende im Herbst 1945 im Amsterdamer Stedelijk Museum gezeigte Ausstellung *Kunst in Vrijheid* (Kunst in Freiheit): Den ambitionierten Zielen der jungen Künstler*innengeneration konnte diese, so Constant später, jedoch nicht gerecht werden, zeigte sie doch in ihren Augen lediglich das Vakuum auf, in dem sich die niederländische Kulturentwicklung während der Besatzungszeit befunden hatte, indem sie vorrangig die von den Nationalsozialisten verfemten Kunstströmungen aus der Zeit vor dem Krieg rekapitulierte.[1] Das Ende des Zweiten Weltkriegs ermöglichte es dann jedoch, dem lang ersehnten internationalen künstlerischen Austausch intensiver nachgehen zu können. Auf ihren Reisen durch Europa begegneten sich der Niederländer Constant und der Däne Asger Jorn 1946 auf einer Miró-Ausstellung in Paris. Jorn hatte bereits 1947 auf dem ersten Kongress der Surréalistes révolutionnaires über die Bestrebungen des dänischen Kollektivs Høst (Ernte) berichtet, mit neuen Ausdrucksweisen zu experimentieren und eine von akademischen Normen befreite und vielfältige Volkskunst zu schaffen. Durch das Regiment der deutschen Besatzer von den Entwicklungen in anderen Ländern abgeschottet, realisierten die niederländischen Künstler*innen der Experimentele Groep Nederland, die sich Anfang 1948 um Corneille, Karel Appel und Constant formierte, dass sie mit der Vision, der Kunst ein neues, ihrer Zeit entsprechendes Gesicht geben zu wollen, nicht allein waren. Ein wesentliches Mittel des künstlerischen Experiments und der Kommunikation mit- und untereinander waren hierbei beispielsweise die selbst gestalteten und herausgegebenen Zeitschriftenreihen *Helhesten* (Höllenpferd) (1941–44) und *Reflex* (1948) oder die Publikationsreihen der Surréalistes révolutionnaires (1947/48).

Wenige Monate später mündete die Aufbruchsstimmung am 8. November 1948 in Paris in einen transnationalen Zusammenschluss von Künstler*innen, die eine antielitäre Kunstauffassung teilten und sich den Namen CoBrA gaben. Der Name der Bewegung setzt sich aus den Anfangsbuchstaben

---

Socialist occupation with an art that celebrated spontaneity and free expression that was intended to bring about cultural regeneration. The same year he painted *À nous la liberté* (To Us, Liberty), Constant, a Dutch member who set the tone of the CoBrA movement, published the text *C'est notre désir qui fait la révolution* (It Is Our Desire That Makes the Revolution), which affirmed the striving for liberty in art and life of a young avant-garde setting off in a new direction.

With the self-confident title of the painting cited above, Constant was also reacting to the exhibition *Kunst in vrijheid* (Art in Freedom), shown after the war ended at the Stedelijk Museum in Amsterdam in the autumn of 1945. It could not, however, do justice to the ambitious goals of this generation of young artists, Constant said later, since in their eyes it merely showed the vacuum in which Dutch cultural development had found itself under occupation in which it was largely recapitulating the prewar art movements that the National Socialists were defaming.[1] But the end of World War II did make it possible to pursue more actively the international artistic exchange for which they had long been yearning. On their travels through Europe, the Dutch artist Constant and the Danish artist Asger Jorn met in a Joan Miró exhibition in Paris in 1946. At the first congress of the Surréalistes révolutionnaires in 1947, Jorn had previously reported on the efforts of the Danish collective Høst (Harvest) to experiment with new means of expression and to create a diverse folk art freed from academic norms. Cut off from developments in other countries by the regiment of German occupying forces, the Dutch artists of the Experimentele Groep Nederland, which formed in early 1948 around Corneille, Karel Appel, and Constant, realized that they were not alone in their vision of wanting to lend art a new face in keeping with their time. One essential means of artistic experiment and of communication with and among one another was, for example, the self-designed and

der Städte Kopenhagen, Brüssel und Amsterdam zusammen, aus denen die Gründungsmitglieder stammten – darunter neben Asger Jorn und Christian Dotremont auch Corneille, Appel und Constant. Schnell schlossen sich Künstler*innenpaare und Künstler*innen aus Tschechien, Frankreich, Schottland, Schweden und Ungarn, aber auch aus Deutschland der Gruppe an. Paris fungierte in den 1940er-Jahren noch als Zentrum der Avantgarde, und mit CoBrA kamen weitere Zentren auch im skandinavischen Raum hinzu.

Die Doppeldeutigkeit des Gruppennamens gehörte ebenso zum Programm wie das Bild der gefährlichen Schlange gleichen Namens als Symbol für eine Kunst, die sich rigoros den erstarrten Kategorien der Kunstgeschichtsschreibung widersetzen wollte – CoBrA demnach nicht nur wegen der Anfangsbuchstaben der Städte, sondern auch, weil es der Name eines Tieres war und nicht der eines -Ismus. Im Gründungsmanifest von CoBrA heißt es mit dem deutlichen Verweis auf die in den Augen der beteiligten Künstler*innen stagnierenden Versuche des revolutionären Surrealismus und die bestehenden modernistischen Strömungen: „Wir sehen den einzigen Weg für eine weitere internationale Aktivität in einer organischen experimentellen Zusammenarbeit, die alle sterilen und dogmatischen Theorien beiseitelässt."[2]

In der Ausstellung *Becoming CoBrA* möchten wir eben jene experimentierfreudigen Formensprachen der späteren CoBrA-Mitglieder *vor* der Gründung der einflussreichen Avantgardegruppierung in den Blick nehmen. Mit der Übereinstimmung und der Dichte ihrer Motivwelten lässt sich zeigen, dass die Vernetzung der Vorgängerkollektive und die Freundschaften zwischen den Künstler*innen über Ländergrenzen hinweg bereits seit den 1930er-Jahren Bestand hatte und sich trotz schwierigster Bedingungen auch in Zeiten von Krieg, Verfolgung und nationalsozialistischer Propaganda im Lauf der 1940er-Jahre zusehends verfestigte.

---

edited journals *Helhesten* (Hell-Horse) (1941–44) and *Reflex* (1948) and the publication series of the Surréalistes révolutionnaires (1947–48).

A few months later, on November 8, 1948, the mood of a new dawn led to a transnational meeting in Paris of artists who shared an antielite view of art and gave themselves the name CoBrA. The name of the movement was composed of the first letters of the cities from which the founder members came—Copenhagen, Brussels, and Amsterdam—including, alongside Asger Jorn and Christian Dotremont, Corneille, Karel Appel, and Constant. Artists from Czechoslovakia, France, Scotland, Sweden, and Hungary as well as Germany quickly joined the group. In the 1940s, Paris was still the center of the avant-garde, and with CoBrA other centers, also in Scandinavia, joined it.

The double meaning of the group's name was just as much part of its program as the image of the eponymous dangerous snake as a symbol for art

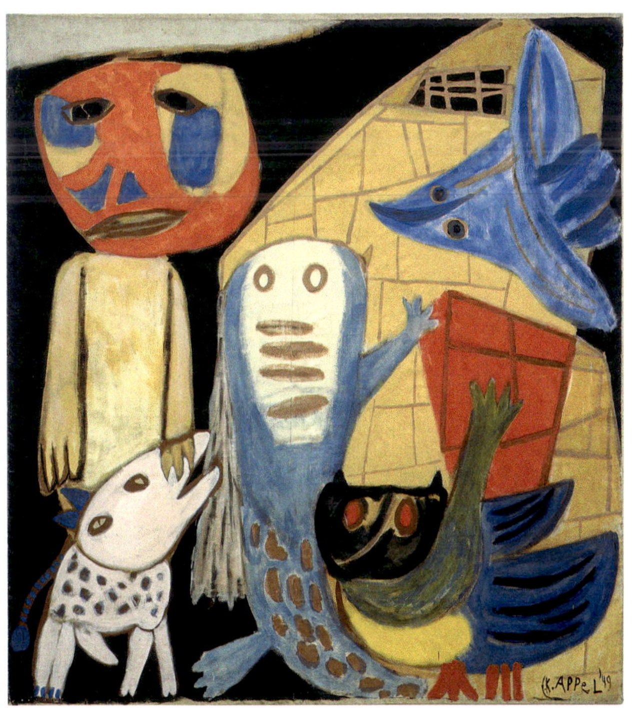

Abb. / Fig. **2**
Karel Appel, *Mens en dieren / Mensch und Tiere / Human and Animals*, 1949
Öl auf Leinwand / Oil on canvas, 351,6 × 358,5 × 6 cm
Stedelijk Museum, Amsterdam

Den drei geografischen Räumen Dänemark, Belgien (u. a.) und den Niederlanden folgend können die Besucher*innen der Ausstellung und die Leser*innen des Katalogs nicht nur die Vorgeschichte und die in Teilen chronologische Entwicklung von CoBrA *vor* CoBrA ergründen, sondern auch die Vielfalt an Themen- und Motivwelten der Künstler*innen entdecken. Vertiefend hierzu widmet sich Mathias Listl in seinem Aufsatz der Zeit zwischen 1933 und 1945 und zeigt die künstlerischen Verarbeitungen der Erfahrung von Krieg und Nationalismus in den ausgestellten Werken der späteren CoBrA-Künstler*innen auf. Er macht deutlich, dass ihre Kunst, insbesondere die des Vorgängerkollektivs Høst, aufs Engste mit einer gesellschaftlichen Vision im Zeichen des Friedens und des politischen Protests verbunden war. Unter den vielfältigen Inspirationsquellen, die von der Kunst außereuropäischer Kulturen über die skandinavische Mythologie bis hin zur Art brut reichen, müssen jedoch als zentrale Ausgangspunkte des CoBrA-Kunstverständnisses die Bedeutung der Kinderzeichnung und die Vorbildfunktion Paul Klees hervorgehoben werden, wie Inge Herold in ihrem Aufsatz zeigt. Die Grundlage der künstlerischen Visionen der Gruppe findet sich vor 1948 ebenfalls in gattungsübergreifenden Experimenten zwischen Malerei, Poesie, Graffiti und Recycling, deren vielfältigen Formen und kollektiven Zusammenarbeiten Christina Bergemann in ihrem Essay nachgeht. Die Suche nach einer universellen und diversen Volkskunst drückt sich ebenfalls in bewegten Bildern aus, die sowohl das filmische Medium miteinbeziehen als auch die Übertragung von musikalischen Rhythmen in filmisch-malerische Kompositionen. Näher untersucht werden in Karen Kurczynskis Beitrag die spontan-expressive Malerei Else Alfelts, die archaischen Skulpturen von Sonja Ferlov Mancoba mit ihrer interkulturell ausgerichteten Formensprache, die Monströses in den Blick nehmenden Terracottaskulpturen von Lotti van der Gaag sowie neben den experimentellen Fotogrammen Anneliese Hagers die Gemälde von Madeleine Kemény-Szemere, die der Kunst Jean Dubuffets nahestehen. Wenngleich die gegenseitige Inspiration

that wanted to rigorously resist the ossified categories of art-historical writing—hence CoBrA was chosen not just because it comes from the first letters of the cities, but also because it was the name of an animal and not that of an ism. The founding manifesto of CoBrA, with clear reference to what the participating artists saw as the stagnant efforts of revolutionary Surrealism and the existing modernist currents, reads: "We see the only way to continue international activity in an organic, experimental collaboration that steers clear of all sterile and dogmatic theory."[2]

In the exhibition *Becoming CoBrA*, we want to look at these experimental formal languages of the future CoBrA members *before* the founding of the influential avant-garde group. The correspondences between and density of their motivic worlds can show that the networking of the collectives that preceded it and the friendships between the artists across national borders had existed since the 1930s and, despite the very difficult conditions, increasingly solidified over the course of the 1940s even in times of war, persecution, and National Socialist propaganda.

Following the three geographic regions of Denmark, Belgium (et al.), and the Netherlands, visitors to the exhibition and readers of the catalogue can not only get to the bottom of the prehistory and in part chronological development of CoBrA *before* CoBrA, but also discover the diversity of the thematic and motivic worlds of the artists. In his essay Mathias Listl goes into more detail on the period between 1933 and 1945 and reveals how the artists processed the experience of war and nationalism in the works by the future CoBrA artists exhibited here. He makes it clear that their art, especially that of CoBrA's predecessor, the Høst collective, was very closely connected to a vision for society under the sign of peaceful political protest. Among their diverse sources of inspiration, ranging from the

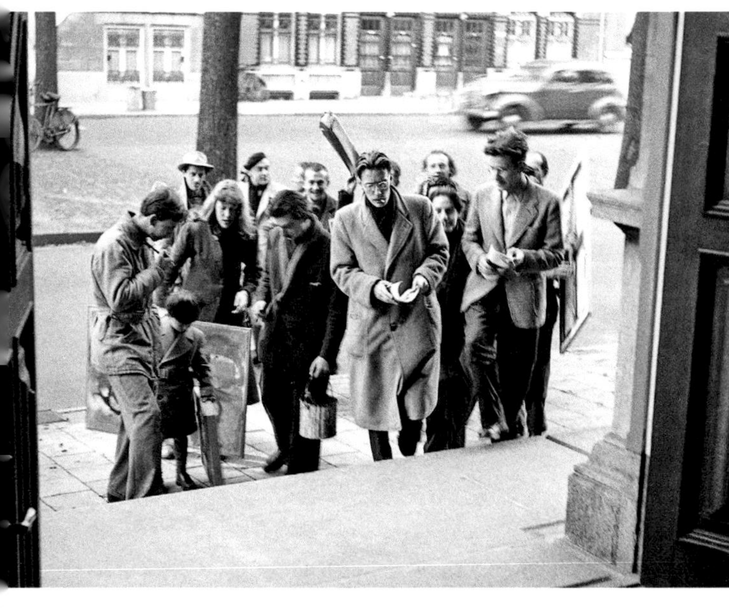

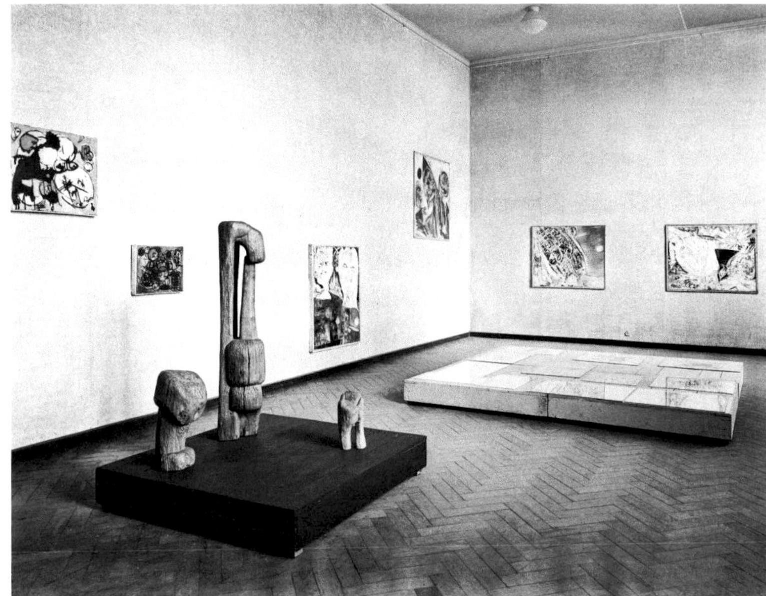

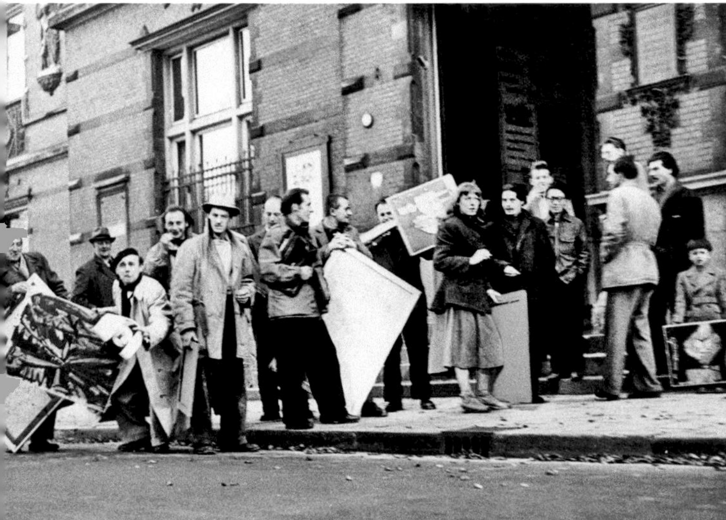

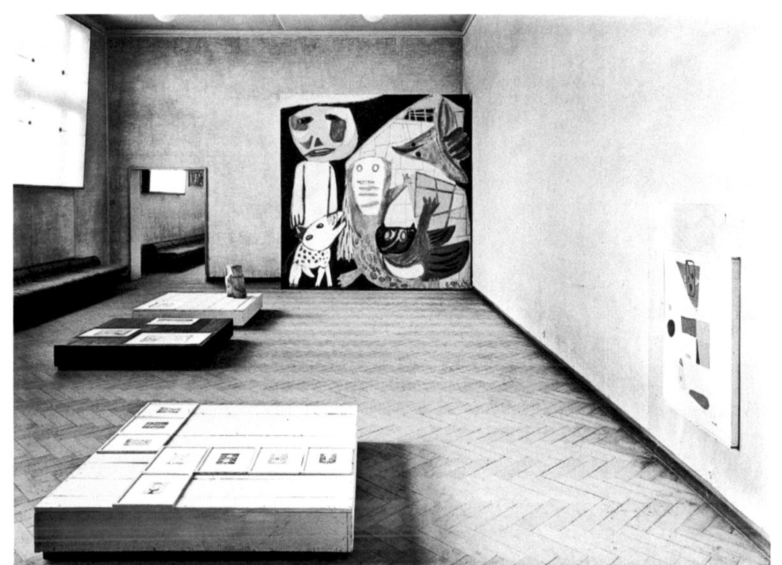

Abb. / Figs. 3–4
CoBrA-Künstler*innen betreten
das Stedelijk Museum mit
ihren Werken für die erste
internationale Ausstellung für
experimentelle Kunst (*Cobra*)
im November 1949, Amsterdam /
CoBrA artists entering the Stedelijk Museum with their works
for the first international exhibition of experimental art (*Cobra*)
in November 1949, Amsterdam

Abb. / Fig. 5
Ansicht der ersten internationalen Ausstellung
für experimentelle Kunst (*Cobra*), 3.–28. November
1949, Stedelijk Museum, Amsterdam. Raum 4
mit Werken von Theo Wolvecamp, Carl-Henning
Pedersen und drei Skulpturen von Erik Thommesen /
View of the first international exhibition of
experimental art (*Cobra*), 3–28 November 1949,
Stedelijk Museum, Amsterdam. Room 4 with
works by Theo Wolvecamp, Carl-Henning Pedersen
and three sculptures by Erik Thommesen

Abb. / Fig. 6
Ansicht der ersten internationalen Ausstellung
für experimentelle Kunst (*Cobra*), 3.–28. November
1949, Stedelijk Museum, Amsterdam. Raum 3
mit Karel Appels Gemälde *Mens en dieren* (Mensch
und Tiere), Jacques Doucets Grafik *Jongleur* und
Radierungen aus der Serie *Les métiers* (Die Berufe)
von Pierre Alechinsky / View of the first
international exhibition of experimental art
(*Cobra*), November 3–28, 1949, Stedelijk Museum,
Amsterdam. Room 3 with Karel Appel's painting
Mens en dieren (Human and Animals), Jacques
Doucet's graphic work *Jongleur* (Juggler), and
etchings from the series *Les métiers*
(The Professions) by Pierre Alechinsky

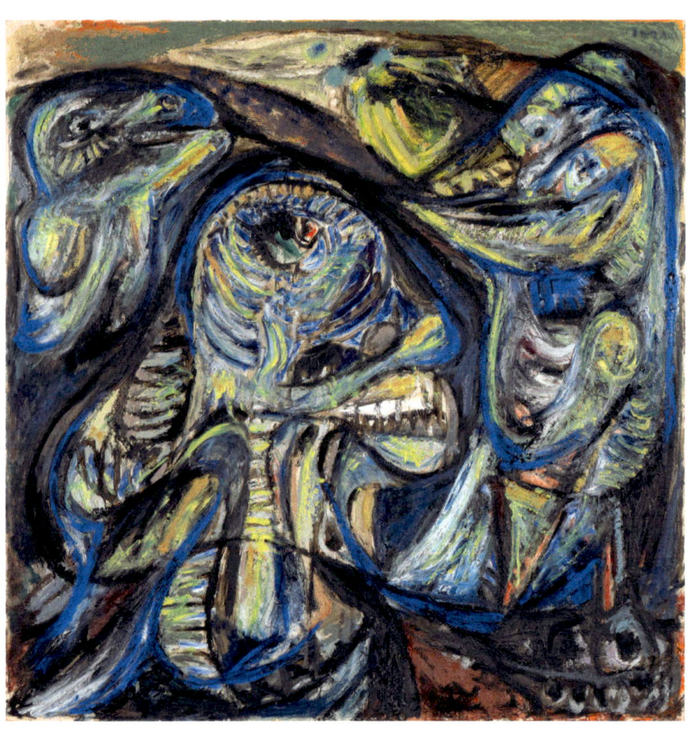

und der Austausch im Kollektiv und in den persönlichen Beziehungen zwischen den Künstler*innen von zentraler Bedeutung für die Gruppe waren, so erweitert Kurczynski die Vorgeschichte der Bewegung um den sozialhistorischen Kontext und die Situation der CoBrA-Künstlerinnen, deren eigenständiger Beitrag aus feministischer Sicht neu zu bewerten ist.

CoBrA existierte von 1948 bis 1951. Die in den Vorgängerkollektiven bereits regelmäßig stattfindenden Gruppenausstellungen und die Herausgabe von künstlerisch gestalteten Zeitschriftenreihen setzte sich auch in der CoBrA-Hochphase in internationaler Zusammenarbeit fort. Die erste große und wegweisende, von Willem Sandberg kuratierte Gruppenausstellung fand 1949 im Amsterdamer Stedelijk Museum statt (Abb. 3–6). 1951 wurde die letzte CoBrA-Ausstellung im Palais des Beaux-Arts in Lüttich präsentiert, bevor sich die Gruppe noch im selben Jahr – und damit bereits nach drei Jahren – wieder auflöste. Einer der Gründe des allmählichen Auseinanderdriftens der Bewegung war

art of non-European cultures by way of Scandinavian mythology to Art Brut, it must be emphasized that the central points of departure for CoBrA's understanding of art were the significance of children's drawings and Paul Klee's function as a role model, as Inge Herold shows in her essay. The basis for the group's artistic vision, also prior to 1948, can be found in cross-genre experiments between painting, poetry, graffiti, and recycling, whose diverse forms and collective collaboration Christina Bergemann examines in her essay. The search for a universal and diverse folk art is also expressed in moving images, which both incorporate the medium of film and transfer musical rhythms into cinematic and painted compositions. Karen Kurczynski's contribution studies more closely the spontaneously expressive painting of Else Alfelts; the archaic sculptures of Sonja Ferlov Mancoba, with their interculturally oriented language of forms; the terra cotta sculptures of Lotti van der Gaag, which look at the monstrous; the experimental photograms of Anneliese Hager; and the paintings of Madeleine Kemény-Szemere, which are close to the art of Jean Dubuffet. Although mutual inspiration and interchange both within the collective and in the personal relationships of the artists were of central importance to the group, Kurczynski expands on the prehistory of the movement by discussing the sociohistorical context and the situation of the women artists of CoBrA whose contributions should be reevaluated from a feminist perspective.

CoBrA existed from 1948 to 1951. The regular group exhibitions, which had already been held by the collectives that preceded it, and the publication of artistically designed journals were continued by CoBrA at the height of its international collaboration. The first large and pioneering group exhibition, curated by Willem Sandberg, took place at the Stedelijk Museum in Amsterdam in 1949 (figs. 3–6). In 1951, the final CoBrA exhibition was presented at the Palais des Beaux-Arts in Liège, before the group

die fast zeitgleiche Tuberkuloseerkrankung von Jorn und Dotremont, die Jorn mit ihren Folgen in dem Gemälde *Sygelige fantomer* (Kranke Geister) von 1951 (Abb. 7) antizipierte.[3] Die Spannungen zwischen den Mitgliedern über die Neuausrichtung einer freiheitlichen Kunst führten letztlich zur Trennung der Gruppe. Zudem deckte sich die Akzeptanz der Avantgarde in der Museums- und Kunstwelt nicht mehr mit den ursprünglichen Idealen einer volkstümlichen Kunstvision.[4] Constant, zweifelnd an der Möglichkeit einer freien Kunst in einer immer noch unfreien Gesellschaft, benannte sein visionäres Gemälde von 1949 in diesem Sinne zu *Après nous la liberté* (Nach uns die Freiheit) um.[5]

Und dennoch: Ihre künstlerische wie gesellschaftliche Vision, die im internationalen Austausch und unter dem Eindruck kollektiven Experimentierens mit gleichgesinnten Kunstschaffenden entstand, bleibt in den Werken der Avantgardegruppierung spürbar. CoBrA war der Versuch, in vielfacher Hinsicht die Volkskunst als solche zu rehabilitieren und eine neue, lebensbejahende, freiheitlich denkende Kunst zu schaffen. Die Arbeiten der beteiligten Künstler*innen geben schließlich auch Anlass, über die Krisen ihrer und unserer heutigen Zeit nachzudenken. Immer wieder sehen wir uns dabei – wie in dem Gemälde von Constant – mit einer allgemeingültigen Frage konfrontiert: Mit oder nach uns die Freiheit?

1 Vgl. The Tate Gallery 1984–86: Illustrated Catalogue of Acquisitions Including Supplement to Catalogue of Acquisitions 1982–84, Tate Gallery, London 1988, S. 502–503.
2 Zit. nach der deutschen Übersetzung des Manifests in Pierre Gallissaires (Hg.), *Cobra. Nach uns die Freiheit!*, Hamburg 1995, S. 6–7, hier S. 6.
3 Vgl. Jörg Zutter und Troels Andersen (Hg.), *Cobra. Copenhagen, Brüssel, Amsterdam*, Ausst.-Kat. Musée cantonal des Beaux-Arts, Lausanne u. a., München 1997, S. 167.
4 Vgl. The Tate Gallery 1988 (wie Anm. 1), S. 502–503.
5 Ebd.

---

broke up that same year—and hence already after three years. One of the reasons the movement gradually drifted apart was that Jorn and Dotremont became sick with tuberculosis at almost the same time, as Jorn had foreseen, along with the consequences, in his painting *Sygelige fantomer* (Sickly Phantoms) of 1951 (fig. 7).[3] The tensions between members about the reorientation of an art of freedom ultimately led to the separation of the group. Moreover, the acceptance of the avant-garde in the art and museum world no longer coincided with the original ideals of a popular vision of art.[4] Constant, doubting that free art was possible in a society that remained unfree, accordingly changed the name of his visionary painting of 1949 to *Après nous la liberté* (After Us, Liberty).[5]

And yet: their vision for art and society, which emerged in international interchange and under the impression of collective experimentation with like-minded artists, remained palpable in the works of the avant-garde group. CoBrA was an attempt to rehabilitate folk art as such in many respects and to create a new, life-affirming, free-thinking art. The work of the artists involved ultimately provides an occasion to reflect on the crises of their time and ours. Again and again, we see ourselves confronted, as in the painting by Constant, with a universally valid question: with us or after us, liberty?

1 See *The Tate Gallery, 1984–86: Illustrated Catalogue of Acquisitions Including Supplement to Catalogue of Acquisitions 1982–84* (London: Tate Gallery, 1988), pp. 502–3.
2 Quoted from the German translation of the manifesto in Pierre Gallissaires, ed., *Cobra: Nach uns die Freiheit!* (Hamburg, 1995), pp. 6–7, esp. p. 6. Reprinted in Christian Dotremont, *Cobraland* (Brussels: La Petite Pierre, 1998).
3 See Jörg Zutter and Troels Andersen, eds., *Cobra: Art expérimental, 1948–1951: Copenhague, Bruxelles, Amsterdam*, exh. cat. Musée cantonal des beaux-arts et al. (Munich: Hirmer, 1997).
4 See *The Tate Gallery* (see note 1), pp. 502–3.
5 Ibid.

BECOMING ZEIT-STRAHL

BECOMING COBRA: TIME LINE

CoBrA — Kollektive Linien / Høst · Linien / Høst Collectives

1934

Die erste Ausgabe der Zeitschrift *Linien*, ein wichtiger Vorläufer der nachfolgenden Zeitschrift *Helhesten* (Höllenpferd), erscheint. Mitglieder des gleichnamigen Ausstellungskollektivs sind Vilhelm Bjerke-Petersen, Ejler Bille und Richard Mortensen.

The first issue of the journal *Linien* (Line), an important precursor of the later journal *Helhesten* (Hell-Horse), is published. Members of the eponymous exhibition collective include Vilhelm Bjerke-Petersen, Ejler Bille, and Richard Mortensen.

1936/37

Asger Jorn und Bille besuchen Paris und werden dort inspiriert durch Werke von André Breton, Wassily Kandinsky und Le Corbusier.

Asger Jorn and Bille visit Paris and are inspired by works by André Breton, Wassily Kandinsky, and Le Corbusier.

1938

Egill Jacobsens bahnbrechendes Gemälde *Ophobning* (Anhäufung) entsteht, das die Ausrichtung der später entstehenden CoBrA-Bewegung vorwegnimmt. Jorn beschreibt das Bild als eine künstlerische Vision von Freiheit und Revolution, die von der Last des Krieges gehemmt wird.

Egill Jacobsen paints his pioneering *Ophobning* (Accumulation), which anticipates the direction of the later CoBrA movement. Jorn describes the image as an artistic vision of freedom and revolution that is inhibited by the burden of the war.

1939/1940

Carl-Henning Pedersen sieht in der von den Nationalsozialisten veranstalteten Ausstellung der sog. *Entarteten Kunst* in Frankfurt am Main Werke seiner modernistischen Vorbilder des Expressionismus, des Surrealismus und der abstrakten Malerei.
Die letzte Ausstellung von Linien vor Kriegsausbruch findet statt. Viele der Künstler*innen formieren sich ab ca. 1940 zu einer neuen Avantgardegruppierung, dem Kollektiv Høst (Ernte).

In the exhibition *Entartete Kunst* (so-called Degenerate Art) in Frankfurt am Main, organized by the National Socialists, Carl-Henning Pedersen sees works by his modernist role models of Expressionism, Surrealism, and abstract painting.
The last Linien exhibition was held before World War II breaks out. From around 1940 onward, many of its artists form a new avant-garde group, the Høst (Harvest) collective.

9. April / April 9, 1940

Im „Unternehmen Weserübung" marschiert die deutsche Wehrmacht in Dänemark ein. Ziel der Operation ist die Sicherung der Verkehrswege nach Norwegen, von wo kriegswichtige Rohstoffe bezogen werden. Der Premierminister Thorvald Stauning setzt eine Protektoratsregierung ein und kollaboriert mit den Besatzern. Dänemark befindet sich in einer als Phase der Anpassung bezeichneten Besatzungszeit der Deutschen.

In the "Unternehmen Weserübung" (Operation Weserübung), the German army marches into Denmark. The goal of the operation is to secure transportation routes to Norway, a source of raw materials important for the war effort. Prime Minister Thorvald Stauning introduces a protectorate government and collaborates with the occupiers. Denmark enters a period of occupation by the Germans known as the period of adjustment.

1941

Høst veröffentlicht die erste Ausgabe ihrer Zeitschrift *Helhesten* das ihnen als Medium des politischen, prodemokratischen Austauschs und des künstlerischen Experiments im Untergrund der deutschen Besatzung dient.

Høst publishes the first issue of its journal, *Helhesten*, which serves as a medium for political, prodemocratic exchange and of artistic experiment in the underground during German occupation.

17. Mai – 15. Juni / May 17 to June 15, 1941

Die experimentelle Ausstellung *13 kunstnere i et Telt* (13 Künstler*innen in einem Zelt) findet in Dyrehaven, einem Park im Norden Kopenhagens, statt.
Im selben Jahr werden mehrere Tausend kommunistische Gegner*innen der Nationalsozialisten verhaftet und in Konzentrationslagern interniert.

The experimental exhibition *13 kunstnere i et Telt* (Thirteen Artists in a Tent) is held in Dyrehaven, a park north of Copenhagen. Several thousand Communist opponents of the National Socialists are arrested and interned in concentration camps.

1943

Im August formiert sich eine dänische Widerstandsbewegung. Die Kontrollen und Sanktionen werden verschärft. Hitler ordnet die Deportation jüdischer Dän*innen an. Viele können von dänischen Zivilist*innen nach Schweden gebracht werden.

In August, a Danish resistance movement forms. The controls and sanctions are tightened. Hitler orders the deportation of Jewish Danes. Danish civilians manage to bring many to Sweden.

1944

Mitglieder von Høst gestalten kollektiv die Räume eines Kindergartens in der Kopenhager Hjortøgade aus.

Høst members collectively decorate the rooms of a kindergarten on Hjortøgade in Copenhagen.

5. Mai / May 5, 1945

Die am Vortag von einer deutschen Delegation unterzeichnete Kapitulation der Wehrmacht für Nordwestdeutschland, Dänemark und die Niederlande tritt um 8 Uhr in Kraft.

The capitulation of the army for northwestern Germany, Denmark, and the Netherlands signed by a German delegation the previous day, comes into effect at 8 a.m.

November 1948

Karel Appel, Corneille und Constant werden nach Dänemark eingeladen, um dort mit Høst auszustellen. Christian Dotremont reist im Anschluss nach Malmö und macht Carl-Otto Hultén, Anders Österlin und die surrealistische Gruppe Imaginisterna auf den Zusammenschluss von CoBrA aufmerksam.

Karel Appel, Corneille, and Constant are invited to Denmark to exhibit with Høst. Christian Dotremont travels to Malmö afterward and informs Carl-Otto Hultén, Anders Österlin, and the Surrealist group Imaginisterna about the formation of CoBrA.

Surréalisme révolutionnaire / Belgien / Frankreich / Deutschland etc.

Surréalisme révolutionnaire / Belgium, France, Germany, etc.

1940–1945

Christian Dotremont reist während des Krieges mehrfach nach Paris, wo er Beiträge für die Zeitschrift *La main à plume* veröffentlicht. Dort lernt er den Philosophen Gaston Bachelard kennen.

Christian Dotremont travels to Paris several times during the war, where he publishes essays in the journal *La main à plume*. He meets the philosopher Gaston Bachelard there.

1945

In der Tschechoslowakei wird die vom Surrealismus geprägte Gruppe Ra gegründet, die bis 1948 existiert.
Christian Dotremont gibt zusammen mit Paul Colinet und Marcel Marien die surrealistische Wochenzeitschrift *Le ciel bleu* heraus. In Schweden gründen Anders Österlin, Carl-Otto Hultén und Max Walter Svanberg die Avantgardegruppe Imaginisterna.

In Czechoslovakia, the Surrealist-influenced Ra group is founded, which exists until 1948.
Christian Dotremont copublishes with Paul Colinet and Marcel Marien the Surrealist weekly *Le ciel bleu*.
In Sweden, Anders Österlin, Carl-Otto Hultén, and Max Walter Svanberg found the avant-garde group Imaginisterna.

Oktober/October 1947

In Brüssel findet die erste internationale Konferenz des Surréalisme révolutionnaire statt. Vertreten sind hier auch die Mitglieder der tschechischen Gruppe Ra, Zdeněk Lorenc und Josef Istler.

The first international conference of the Surréalisme révolutionnaire is held in Brussels. Zdeněk Lorenc and Josef Istler represent the Czech group Ra.

Januar / January 1948

In Folge der Brüsseler Konferenz erscheint das *Bulletin international du surréalisme révolutionnaire*.

Following the conference in Brussels, the *Bulletin international du surréalisme révolutionnaire* is published.

1948

K.O. Götz gründet die Zeitschrift *Meta*, die bis 1953 erscheint.

K.O. Götz founds the journal *Meta*, which is published until 1953.

Experimentele Groep Nederland

Experimentele Groep Nederland

18. Mai / May 18, 1940

Die Nationalsozialisten setzen Arthur Seyß-Inquart als Reichskommissar für das besetzte Gebiet der Niederlande ein. Die fünfjährige Besatzungszeit ist geprägt von Unterdrückung, Vertreibung und Deportationen in Konzentrationslager. Die Kultur- und Museumswelt wird größtenteils gleichgeschaltet zur nationalsozialistischen Ideologie und Kulturpropaganda. Die hieraus folgende Abschottung der in den Niederlanden lebenden Künstler*innen wird durch den Krieg verstärkt.

The National Socialists appoint Arthur Seyß-Inquart as Reich Commissioner of the Occupied Netherlands. The five-year period of the occupation is characterized by oppression, exile, and deportations to concentration camps. The cultural and museum worlds are largely brought into line with National Socialist ideology and cultural propaganda. The resulting isolation of the artists living in the Netherlands is worsened by the war.

5. Mai / May 5, 1945

Der General Johannes Blaskowitz unterzeichnet die Kapitulation, was die Befreiung der Niederlande von den deutschen Besatzern zur Folge hat.

General Johannes Blaskowitz signs the capitulation that liberates the Netherlands from German occupying forces.

1946

Willem Sandberg präsentiert neben modernistischen Künstler*innen im Stedelijk Museum in Amsterdam die Ausstellung *Jonge Schilders* (Junge Maler), bei der Arbeiten von Constant, Corneille, Karel Appel und Eugène Brands als Vertreter zeitgenössischer niederländischer Kunst gezeigt werden. Sie erkennen ihre gemeinsamen Interessen und treten in einen künstlerischen Austausch miteinander.
Die Studienfreunde Appel und Corneille bereisen nach Kriegsende Europa. In Paris lernt Constant Asger Jorn kennen.

At the Stedelijk Museum in Amsterdam, Willem Sandberg presents, in addition to modernist artists, the exhibition *Jonge Schilders* (Young Painters), which shows works by Constant, Corneille, Karel Appel, and Eugène Brands as representatives of contemporaneous Dutch art. They recognize their common interests and enter into an artistic exchange with one another.
Having become friends at the academy, Appel and Corneille travel Europe after the end of the war. In Paris, Constant meets Asger Jorn.

16. Juli / July 16, 1948

Corneille, Appel und Constant gründen mit der Vision einer Revolution in Kunst und Leben die Experimentele Groep Nederland, der sich Theo Wolvecamp, Jan Nieuwenhuys, Eugène Brands, Anton Rooskens, und junge niederländische Dichter anschließen.

Corneille, Appel, and Constant, with a vision of a revolution in art and life, found the Experimentele Groep Nederland, which is joined by Theo Wolvecamp, Jan Nieuwenhuys, Eugène Brands, Anton Rooskens, and young Dutch poets.

September 1948

Die erste Ausgabe der Zeitschrift *Reflex* erscheint mit dem Manifest der Gruppe von Constant sowie einer Hommage an die Heiterkeit von Eugène Brands, *To the Point* (Auf den Punkt gebracht).

The first issue of the journal *Reflex* is published with the group's manifesto by Constant and an homage to cheerfulness by Eugène Brands: *To the Point.*

7. Oktober / October 7, 1948

Dotremont schreibt an Constant, um dafür zu werben, ihre künstlerischen Interessen entsprechend zusammenzuhalten und ein Bündnis zwischen Dän*innen, Belgier*innen und Niederländer*innen zu erwirken. Dies solle ihre Verbindung stärken und die avantgardistische Kunst im internationalen Austausch mit Gleichgesinnten voranbringen: „Wir müssen die belgische, dänische und niederländische Gruppe zusammenführen, die klare kulturelle Verbindungen aufweisen, ohne dass sie ihren eigenen Charakter verlieren."[1]

Dotremont writes to Constant to convince him to stick together in accordance with their artistic wishes and to establish an alliance between the Danes, Belgians, and Dutch. This is supposed to strengthen their connection and take avant-garde art forward in an exchange among the like-minded: "We have to unite the Belgian, Danish and Dutch groups, which have clear cultural links, without them losing their individuality."[1]

1948

Im Stedelijk Museum in Amsterdam wird eine Ausstellung mit Werken Paul Klees gezeigt, die großen Einfluss auf die niederländischen Künstler*innen hat.

The Stedelijk Museum in Amsterdam presents an exhibition of works by Paul Klee, who is a strong influence on the Dutch artists.

Dezember / December 1948

Im Stedelijk Museum Amsterdam ist die Ausstellung *Kunst en kind* (Kunst und Kind) zu sehen.

The Stedelijk Museum in Amsterdam shows the exhibition *Kunst en kind* (Art and Child).

CoBrA

8. November / November 8, 1948

Die internationale CoBrA-Bewegung wird im Café de l'Hôtel Notre Dame in Paris gegründet und mit dem Manifest *La cause était entendue* (Die Sache war beschlossen) durch die anwesenden Vertreter der Avantgarden aus Dänemark (Jorn), Belgien (Dotremont, Noiret) und den Niederlanden (Appel, Constant, Corneille) besiegelt.

The international CoBrA movement is founded in the Café de l'Hôtel Notre Dame in Paris and sealed with the manifesto *La cause était entendue* (The Matter Was Settled) by the representatives of the avant-gardes present from Denmark (Jorn), Belgium (Dotremont, Noiret), and the Netherlands (Appel, Constant, Corneille).

Februar / März / February–March 1949

Die erste Ausgabe von *Le Petit Cobra* erscheint in Brüssel und kurz darauf auch die erste Ausgabe des Magazins *Cobra*; auf dessen Cover ist eine kollektiv geschaffene Lithografie von Egill Jacobsen, Asger Jorn und Carl-Henning Pedersen abgebildet. In den Zeitschriften veröffentlicht Jorn Aufsätze, die die Ablehnung des Automatismusbegriffs nach André Breton und die Hinwendung zu einer vom Material selbst ausgehenden Kunst der Gruppe zum Ausdruck bringen.

The first issue of *Le petit Cobra* is published in Brussels and shortly thereafter also the first issue of the magazine *Cobra*; illustrated on its cover is a lithograph made collectively by Egill Jacobsen, Asger Jorn, and Carl-Henning Pedersen. In these journals, Jorn publishes essays that reject André Breton's concept of automatism and turn to art that starts out from the material itself.

Nördlich von Kopenhagen treffen sich die CoBrA-Mitglieder zu einem internationalen Kongress in einem Sommerhaus, das im Zuge der Rencontres de Bregnerød (Treffen von Bregnerød) von den anwesenden Künstler*innen und Dichter*innen als Gesamtkunstwerk bemalt und ausgestaltet wird. Hierbei sind neben ihren Kindern auch einzelne Personen der örtlichen Gemeinde beteiligt.

The CoBrA meet for an international conference in a summer house north of Copenhagen and is, after the Rencontres de Bregnerød (Meeting of Bregnerød), then painted and designed as a *Gesamtkunstwerk* by the artists present. Children and individuals from the local community are also involved.

November 1949

Die erste gemeinsame Gruppenausstellung von CoBrA findet im Amsterdamer Stedelijk Museum statt und wird von Willem Sandberg kuratiert. Die Ausstellungseröffnung mit einer langen Rede von Christian Dotremont auf Französisch verursacht einen Eklat, da das Publikum die französische Rede als kommunistisch-politisch auslegt und es zur Schlägerei im Museum kommt. Die dort gezeigten antielitären und progressiven Kunstwerke der Avantgarde werden von der Presse zunächst mit Unverständnis aufgenommen.

The first CoBrA group exhibition is held at the Stedelijk Museum in Amsterdam, curated by Willem Sandberg. The exhibition opening, with a long speech in French by Christian Dotremont, causes a scandal and results in fistfights, because the audience interprets the French speech as communist politics. The press fails to appreciate the antielite and progressive works by the avant-garde shown.

1951

Jorn malt das Bild *Sygelige fantomer* (Kranke Geister). Noch im selben Jahr erkranken Asger Jorn und Christian Dotremont beide an Tuberkulose. Später wird die Krankheit der beiden als ein Grund der Trennung der Gruppe genannt.

Jorn paints *Sygelige fantomer* (Sickly Phantoms). In the same year, Asger Jorn and Christian Dotremont both come down with tuberculosis. Later, this illness is mentioned as the reason for the breakup of the group.

Oktober / November
October–November 1951

Im Palais des Beaux-Arts in Lüttich findet die zweite große Gruppenausstellung der Bewegung statt. Die gezeigten Kunstwerke finden bei Publikum und Presse Zuspruch. Im Rahmen der Ausstellung findet auch das von Jean Raine ausgerichtete Festival des experimentellen und abstrakten Films statt. Die Gruppe gibt die letzte Ausgabe ihres Magazins heraus, in der sich die Auflösung der Bewegung andeutet. Die internationalen Kooperationen und in der Gruppe entwickelten Formensprachen bleiben weiterhin bestehen und fließen in den weiteren künstlerischen Werdegang ihrer ehemaligen Mitglieder mit ein.

The movement's second large group exhibition is held at the Palais des Beaux-Arts in Liège. The artworks shown are well received by the public and the press. The Petit festival du film expérimental et abstrait, organized by Jean Raine, is held in the context of the exhibition. The group publishes the final issue of its magazine, in which it hints that the movement is dissolving. The international cooperation and the formal idioms developed by the group continue to exist and influence the subsequent artistic careers of the former members.

1   Brief von Christian Dotremont an Constant, 7.10.1948; zit. u. übers. nach Stokvis, Willemijn: *CoBrA. The History of a European Avant-Garde Movement 1948–1951*, Rotterdam 2017, S. 113.

1   Christian Dotremont to Constant, October 7, 1948; quoted in Willemijn Stokvis, *CoBrA: The History of a European Avant-Garde Movement, 1948–1951* (Rotterdam, 2017), p. 113.

CoBrA –
EINE AVANTGAR
DES FRIEDE
UND DER KRIEG

Die – scheinbar – bunt-naive und heitere Kunst der Gruppe CoBrA und der Krieg: Bei einem ersten, flüchtigen Blick auf das künstlerische Schaffen der transnationalen Kunstbewegung lassen sich diese beiden Begriffe nicht unmittelbar aufeinander beziehen. Blickt man jedoch genauer auf die Anfänge der losen, nur zwischen 1948 und 1951 enger umrissenen Gruppe, wird deutlich, welch einschneidende Lebensphase der Zweite Weltkrieg für viele an ihr beteiligte Künstler*innen war und welche traumatischen Erlebnisse diese mitunter in dieser Zeit durchleben mussten. Eine ganze Reihe der von ihren Mitgliedern geschaffenen Werke, in denen der Krieg und mit ihm verbundene Ereignisse der Jahre unmittelbar davor oder danach motivisch aufgegriffen werden, demonstriert wiederum die zentrale Bedeutung dieses Themenkomplexes für CoBrA und ihre Vorläufer. Und schließlich sind auch die Anfänge der einzelnen Vorgängergruppen, deren Ausformung und Stoßrichtung oftmals direkt an die weltpolitische Lage der 1930er-Jahre und durch sie entstehende gesellschaftliche Rahmenbedingungen auf nationaler bis lokaler Ebene geknüpft oder als direkte Reaktion darauf zu verstehen. Der folgende Aufsatz versucht nicht zuletzt anhand im Rahmen der Ausstellung gezeigter Werke, die Zeit zwischen 1933

CoBrA: An Avant-Garde of Peace and War

Mathias Listl

The—seemingly—colorfully naive and cheerful art of the CoBrA group and the war: with a first, fleeting glance at the artistic production of this transnational art movement, these two concepts cannot be directly related to each other. If one looks more closely at the beginnings of the loose group, which was more closely defined only between 1948 and 1951, however, it becomes clear how decisive the phase of World War II was in the lives of many of the artists who participated in it and what tragic experiences some of them had to live through in that period. Several of its members created works based on motifs from the war and associated events of the years immediately before and after it, which demonstrates in turn the central importance of this thematic complex for CoBrA and its precursors. And finally, there are the beginnings of the individual groups of its predecessors, whose formation and impetus should often be understood as directly linked or a reaction to the international political situation of the 1930s and the social conditions they produced on the national and local level. The following essay is an attempt,

und 1945 als entscheidenden Faktor für die Entstehung und Ausbildung einer neuen Avantgardebewegung im Zeichen des Friedens, der kollektiven Zusammenarbeit und der Völkerverständigung herauszuarbeiten.

CoBrA-Künstler*innen und der Zweite Weltkrieg – persönliche Schicksale in einer dunklen Zeit

Bevor sich dabei der Fokus auf die Entstehung der Gruppen Linien und Høst (Ernte) in Dänemark richtet, die als Nukleus der späteren CoBrA-Bewegung und als Widerstand mit künstlerischen Mitteln gegen die deutschen Besatzer zu verstehen sind, gilt es, ohne Anspruch auf Vollständigkeit zunächst einzelne Lebenswege der an der Bewegung beteiligten Künstler*innen nach für sie einschneidenden Kriegserlebnissen abzufragen. Denn bereits eine in diesem Rahmen zu besprechende Auswahl und summarische Auflistung einzelner Künstler*innen und ihrer in dieser Zeit erlittenen Schicksale lässt die einschneidende Bedeutung erahnen, die diesen dunklen Jahren für die Gruppe insgesamt zuzusprechen ist. Bei einer derartigen Aufarbeitung ist vor allem auf jene Künstler*innen hinzuweisen, die aufgrund ihrer politischen Gesinnung oder Abstammung von den Nationalsozialisten und mit ihnen kooperierenden Behörden in den von deutschen Truppen besetzten Ländern verfolgt und oftmals auch inhaftiert wurden.[1] Zu diesen zählt etwa der 1904 in der Nähe von Johannesburg geborene Ernest Mancoba, der erst 1938 dank eines Stipendiums nach Frankreich gekommen war. 1940 wurde er dort als Bürger des Commonwealth von den Deutschen verhaftet, in das Internierungslager La Grande Caserne in Saint-Denis verbracht und dort erst nach dem Einmarsch der Alliierten befreit. Eine besondere Tragik erhält diese Geschichte durch den Umstand, dass Mancoba und seine spätere Frau Sonja Ferlov kurz davor planten, gemeinsam in die dänische Heimat der Künstlerin überzusiedeln, Mancoba aber keine Einreiseerlaubnis erhielt.[2] Mit Zoltán Kemény und Madeleine Kemény-Szemere ist auf ein weiteres, ebenfalls unmittelbar vom nationalsozialistischen Terror betroffenes Künstlerpaar kurz einzugehen. Das jüdische, bei Kriegsbeginn ebenfalls in Paris ansässige Paar wurde 1939 von seinem Heimatland Ungarn für staatenlos erklärt. Im Sommer 1940 flohen

based not least on the works shown in the exhibition, to present the period between 1933 and 1945 as a crucial factor in the emergence and formation of a new avant-garde movement under the sign of peace, collective collaboration, and international understanding.

CoBrA Artists and World War II: Personal Fates in a Dark Time

Before focusing on the emergence of the Linien (Line) and Høst (Harvest) groups in Denmark, which should be viewed as the nucleus of the later CoBrA movement and as resistance by artistic means to the German occupying forces, we must first examine, with no claim to comprehensiveness, the individual life paths of the artists involved in the movement with regard to experiences in the war that were crucial to them. The selection and summary list of artists to be discussed within this framework already suggests the pivotal significance of the fates they suffered during this period and that are associated with these dark years for the group as a whole. Such an analysis must focus above all on those artists who were persecuted and often also imprisoned for their heritage or political views by the National Socialists and the authorities cooperating with them in the countries occupied by German troops.[1] One of them was Ernest Mancoba, who was born near Johannesburg in 1904, and had gone to France in 1938 thanks to a scholarship. In 1940, he was arrested there by the Germans as a citizen of the Commonwealth, brought to the Grande Caserne internment camp in Saint-Denis, and not liberated from there until after the Allied invasion. This story is especially tragic because Mancoba and his future wife, Sonja Ferlov, had recently been planning to move together to her native Denmark. But Mancoba was not granted an entry visa.[2] The artists Zoltán Kemény and Madeleine Kemény-Szemere, another couple directly affected by National Socialist terror, should also be discussed briefly. The Jewish couple, who were also living in Paris at the beginning of the war, were declared stateless by their native Hungary in 1939. In the summer of 1940, they fled to southern France ahead of the

beide vor den einmarschierenden deutschen Truppen in den Südteil Frankreichs, wo sie ab 1942 aber nicht länger sicher waren. Von der noch nicht besetzten *zone libre* konnten sie sich gerade noch rechtzeitig in die Schweiz retten.[3] Jean-Michel Atlan, auch er jüdischer Abstammung und im französischen Widerstand aktiv, wurde zusammen mit seiner Frau wiederum 1942 verhaftet und entkam nur durch Glück der Deportation in ein Konzentrationslager. Da er glaubhaft eine psychische Erkrankung vorspielen konnte, wurde er „nur" in die Pariser Psychiatrie Sainte-Anne eingewiesen. Der Überlieferung nach lebte er dort bis Kriegsende nahezu unbehelligt und konnte mit anderen Patient*innen malen. Noch keine 20 Jahre alt war wiederum Jacques Doucet, als er während des Zweiten Weltkriegs von den deutschen Besatzern als politischer Häftling interniert wurde. Und fast gleichzeitig ging schließlich auch Constant [Nieuwenhuys] 1943 in Amsterdam in den Untergrund und entkam nur so der Rekrutierung für den Arbeitseinsatz nach Deutschland.

Diese sehr verkürzt wiedergegebenen Schicksale stehen exemplarisch für einiges, was spätere CoBrA-Künstler*innen mit Beginn der nationalsozialistischen Diktatur an Zensur, Internierung, Flucht oder schicksalhaft durchkreuzten Lebensläufen erleben mussten – seien es gescheiterte Fluchtpläne nach Schweden bei K. O. Götz, Kriegsdienst bei William Gear oder die Zerstörung des eigenen Ateliers bei Anneliese Hager. Viele dieser traumatischen Erfahrungen lassen sich ohne das Wissen über sie nur selten in den nachfolgend entstandenen Werken der Künstler*innen unmittelbar ablesen. Gleichzeitig bilden sie aber einen unterschwelligen Erfahrungshorizont, der deren Schaffen entscheidend prägte.

Dänemark unter deutscher Besatzung –
Helhesten und eine neue Avantgarde im politischen Widerstand

Dies gilt nicht zuletzt für die dänischen Künstler*innen der Bewegung, die im Gegensatz zu ihren Kolleg*innen aus anderen, ebenfalls vom Deutschen Reich okkupierten Ländern nach der feindlichen Besetzung ihrer Heimat zunächst relativ unbehelligt ihrem Beruf nachgehen konnten.

invading German troops, but from 1942 onward they were no longer safe there. They managed to escape to Switzerland before the *zone libre* was occupied.[3] Jean-Michel Atlan, also of Jewish heritage and active in the French resistance, was arrested with his wife, also in 1942, and escaped deportation to a concentration camp only thanks to good fortune. Because he was able to credibly feign mental illness, he was "merely" committed to the Sainte-Anne psychiatric hospital in Paris. He survived there nearly unharmed until the end of the war and was able to paint with other patients. Jacques Doucet was not even twenty when he was interned as a political inmate by the German occupying forces during World War II. Finally, at nearly the same time Constant (Nieuwenhuys) went underground in Amsterdam in 1943 and thus only just escaped being recruited for forced labor in Germany.

These very briefly recounted fates are examples of what several of the later CoBrA artists would experience when the National Socialist dictatorship began: censorship, internment, flight, or fateful crossing of life paths—whether K. O. Götz's failed plans to flee to Sweden, William Gear's wartime military service, or Anneliese Hager's destruction of her own studio. Without knowledge of them, many of these traumatic experiences can only rarely be read directly from the works that the artists created subsequently. At the same time, however, they form a subliminal horizon of experience that crucially influenced their work.

Denmark under German Occupation:
Helhesten and a New Avant-Garde within the Political Resistance

That is true not least of the Danish artists of the movement, who in contrast to their colleagues in other countries occupied by the German Reich were initially able to pursue their professions relatively unhindered.

In order to understand Denmark's special sociopolitical situation, which did not change fundamentally until 1943, it is necessary to illustrate the circumstances under which this occupation

Um die spezielle, sich erst 1943 grundlegend ändernde soziopolitische Situation Dänemarks zu verstehen, muss man sich die Umstände vor Augen führen, in denen sich diese Okkupation abspielte.[4] Denn die Invasion des nördlichen, bis dato neutralen Nachbarstaats, die unter dem Geheimcode „Unternehmen Weserübung" am 9. April 1940 startete, war bereits am selben Tag mit der vom dänischen König Christian X. und seinem Premierminister Thorvald Stauning verkündeten Kapitulation zu einem vorläufigen Abschluss gelangt. Und auch das Hauptziel des Einmarschs, die Absicherung der Verkehrswege nach Norwegen, um von dort kriegswichtige Rohstoffe zu beziehen, war durch die weitgehende, als *forhandlingspolitik* bezeichnete Zusammenarbeit mit der dänischen Regierung gesichert. Nicht zuletzt um keine antideutsche Stimmung in Dänemark aufkommen zu lassen, respektierten die deutschen Besatzer im Gegenzug anfänglich eine weitgehende staatliche Souveränität des kleinen Nachbarn.[5]

Die dadurch gegebenen Freiräume im kulturellen Bereich nutzten die Künstler*innen, die zu dieser Zeit mehrheitlich in den Gruppen Linien oder Høst involviert waren und ab 1948 oftmals Mitglieder von CoBrA wurden, besonders konsequent. Im Rückblick auf die Kriegsjahre schreibt Constant in der ersten Ausgabe der Zeitschrift *Cobra* dazu: „Unsere dänischen Kameraden haben uns und unseren belgischen Kameraden gezeigt, was alle, für die die Kunst eine geistige Waffe ist, zu tun haben [...]."[6] Aufbauend auf den von ihnen zuvor vor allem in Frankreich oder Deutschland aufgesogenen künstlerischen Erfahrungen, die sie mit Spezifika der eigenen Kultur kombinierten, entwickelten sie ihr Schaffen in klarer Opposition zum Nationalsozialismus und dem von ihm propagierten Weltbild. Dadurch wird die Besatzung zum entscheidenden Katalysator der Entstehung wie auch speziellen Ausformung einer neuen, zwischen Vor- und Nachkriegszeit vermittelnden Avantgarde.

Als wichtigstes Organ dieses kulturellen Widerstands muss nach Kerry Greaves die 1941 ins Leben gerufene Zeitschrift *Helhesten* (Höllenpferd) verstanden werden.[7] Neben bildenden Künstler*innen wie Asger Jorn, Egill Jacobsen, Carl-Henning Pedersen, Ejler Bille oder Else Alfelt waren an ihr auch Vertreter*innen anderer Disziplinen wie Geschichts- und Kunstwissenschaften entscheidend beteiligt. Auch wenn die darin publizierten Inhalte oftmals keinen explizit

---

played out.[4] The invasion of the neighboring state to the north of Germany, which until then had been neutral, began on April 9, 1940 under the codename Unternehmen Weserübung (Operation Weserübung), but it had already come to a provisional conclusion when the Danish King Christian X and his prime minister, Thorvald Stauning, announced their capitulation that very day. The main goal of the invasion—securing transportation routes to Norway, to obtain raw materials important for the war—had been assured by the Danish government's essential collaboration, known as the *forhandlingspolitik* (policy of negotiation). Not least to avoid triggering an anti-German mood in Denmark, in return the German occupiers initially largely respected its small neighbor's state sovereignty.[5]

Avant-garde artists, most of whom were involved in the Linien and/or the Høst group at this time and often became CoBrA members from 1948 onward, used the resulting latitude in the cultural sphere especially resolutely. Looking back at the war years, Constant wrote of this in the first issue of the journal *Cobra*: "Our Danish comrades taught us and our Belgian comrades what remains to be done for those of us who consider art a weapon of the spirit."[6] Building on the artistic experiences that they had absorbed previously, above all in France and in Germany, which they combined with the specifics of their own culture, they developed their work in clear opposition to National Socialism and the picture of the world that it propagated. The occupation therefore became a decisive catalyst in both the emergence and the special form of an avant-garde that mediated between the prewar and postwar period.

According to Kerry Greaves, the journal *Helhesten* (Hell-Horse), founded in 1941, must be regarded as the most important organ of this cultural resistance.[7] Alongside visual artists such as Asger Jorn, Egill Jacobsen, Carl-Henning Pedersen, Ejler Bille, and Else Alfelt, representatives of other disciplines, such as history and art history, made crucial contributions. Although the subjects published frequently did not have an explicitly political character, the way in which art and culture were presented and discussed was nevertheless in clear opposition to the idea of a shared

politischen Charakter aufweisen, stand die Art und Weise, wie und welche Kunst und Kultur in *Helhesten* vorgestellt und besprochen wurde, dennoch in klarer Opposition zur gleichzeitig von den Nationalsozialisten propagierten Idee einer gemeinsamen arischen Abstammung von Deutschen und Dänen.

Das zeigt sich nicht zuletzt am Umgang mit der skandinavischen Geschichte und Mythologie, an denen sowohl die nationalsozialistische Propaganda wie auch die kreativen Köpfe hinter der bis 1944 in insgesamt elf Ausgaben erschienenen Zeitschrift großes Interesse hatten. Während Erstgenannte immer wieder Stärke und Überlegenheit einer „nordischen Kultur" proklamierten, konterkarierten viele Beiträge von *Helhesten* wie auch die gleichzeitig entstandenen Kunstwerke der Künstler*innen, die im Umfeld der Zeitschrift agierten, die nationalsozialistischen Konstrukte einer gemeinsamen Vergangenheit und Zukunft. Für Greaves lässt sich dieser Kampf, die Deutungshoheit über die eigene Geschichte und Kultur zu behalten, besonders deutlich an der Figur des namensgebenden Helhest aufzeigen.[8] Denn diese eigentlich angsteinflößende Sagengestalt – das dreibeinige Pferd von Hel, der nordischen Göttin der Unterwelt – zeigt sich auf den Cover der Zeitschrift (Abb. 1 und 2) wie auch in vielen anderen Arbeiten der Gruppe mitunter wie eine Karikatur seiner selbst und gleichzeitig als Gegenbild nationalsozialistischer Vorstellungen des „neuen Menschen". Mit oft treuherzigem Blick und tollpatschig wirkender Haltung erweist es sich hier meist von ausgesprochen sanftmütigem Charakter.[9]

Dieses starke Interesse an der skandinavischen Geschichte und Kultur, das gleichzeitig aber die kreative Auseinandersetzung mit anderen Kulturkreisen nicht ausschloss, zeigt sich auch in vielen in der Ausstellung zu sehenden Werken. So weisen etwa Steinskulpturen von Henry Heerup und Robert Jacobsen deutliche Parallelen zur skandinavischen Bildhauerkunst des Mittelalters oder auch zu noch früheren Kunstepochen dieses geografischen Raumes auf (Kat. 21, 25, 26). Ähnliche Inspirationsquellen kann man auch in den Gemälden Asger Jorns oder Egill Jacobsens vermuten, in denen dem Motiv der Maske eine zentrale Bedeutung zukommt (Kat. 24, 30). Und auch die Figur des Vogels, die besonders prominent in Gemälden von Egill

Abb. / Fig. **1**
Henry Heerup, Titelblatt für *Helhesten* / **Cover of** *Helhesten 1,* **Nr. / No. 1, 1941**
Carl-Henning Pedersen & Else Alfelts Museum, Herning

Aryan origin of the Germans and the Danes that was being propagated at the time by the National Socialists.

That is revealed not least in its approach to Scandinavian history and mythology, which were of great interest both to National Socialist propaganda and to the creative minds behind the journal, eleven issues of which were published, ending in 1944. Whereas the former repeatedly proclaimed the strength and superiority of a "Nordic culture," many of the contributions to *Helhesten*, like many of the works that artists in its circle were producing at the time, countered National Socialist constructs of a shared past and future. For Greaves, this struggle to retain interpretative authority over their own history and culture can best be shown using the figure of the Helhest that gave the journal its name.[8] This rather terrifying mythical figure—the three-legged horse of Hel, the Nordic goddess of the underworld—appeared on the journal's cover (fig. 1 and 2) as well as in many other works by the group as if a caricature of itself and at the same time a counterimage to National Socialist ideas of the "new man." Often with a faithful gaze and a clumsy-looking stance, here it usually turns out to have a decidedly gentle character.[9]

This strong interest in Scandinavian history and culture, which did not preclude a simultaneous creative engagement with other cultural spheres, is also evident in many of the works seen in the exhibition. For example, the stone sculptures of Henry Heerup and Robert Jacobsen reveal clear parallels to Scandinavian sculpture of the Middle Ages and also to even earlier eras of the geographic area (cat. nos. 21,

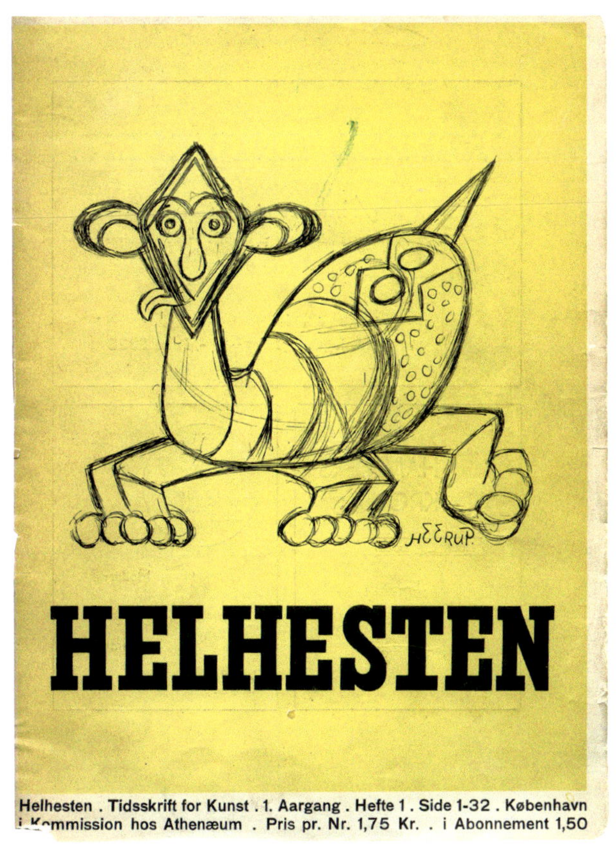

Jacobsen und Carl-Henning Pedersen auftreten (Kat. 23, 39, 40), könnten der Kunstproduktion längst vergangener Epochen Dänemarks und seiner nördlichen Nachbarn entsprungen sein.

Eine Brücke zwischen Vor- und Nachkriegsavantgarde

Neben Themen und stilistischen Merkmalen, die sie der Vor- und Frühgeschichte des eigenen Kulturkreises entnahmen, erhielten die Künstler*innen im Umkreis von *Helhesten* gleichzeitig auch Inspirationen durch viele Aspekte vorangegangener Avantgardebewegungen. Diese hatten die meisten von ihnen in den 1930er-Jahren selbst hautnah miterlebt oder zumindest kennengelernt, als sie zum Teil für Jahre in Zentraleuropa gelebt hatten.[10] Allen voran war es der Surrealismus, der einen anhaltenden kreativen Impuls auf die meisten von ihnen ausübte.

Wie stark etwa Asger Jorn ab 1936 in Paris mit dessen Bildsprache in Kontakt gekommen sein muss, davon künden seine beiden in der Ausstellung gezeigten, vor 1940 entstandenen Gemälde. Während in *Gaga* (Kat. 28) mit der Betonung der schwarzen Linie eine deutliche Nähe zu Werken Joan Mirós gegeben ist, erinnern die zerfließenden Formen des zwei Jahre zuvor entstandenen unbetitelten Werks (Kat. 27) unmittelbar an Salvador Dalí. Diese starke Auseinandersetzung mit dem Surrealismus wird auch nach dem Zweiten Weltkrieg eine wichtige Komponente im Schaffen vieler Künstler*innen innerhalb und im Umfeld der Gruppe CoBrA sein – sei es in der Zeit vor, während oder nach ihrem Bestehen zwischen 1948 und 1951. Beispielhaft zeigt das etwa Anton Rooskens *Hommage à Lautréamont* (Kat. 121), die 1947 entstand und – wie bereits der Titel besagt – dem Comte de Lautréamont (1846–1870), einem wichtigen literarischen Vorläufer des Surrealismus, gewidmet ist.

Neben dem Surrealismus übte aber auch die Kunst des Expressionismus eine starke Anziehungskraft auf die Künstler*innen im Umkreis von *Helhesten* aus, was ebenso an vielen innerhalb der Ausstellung präsentierten Arbeiten ablesbar ist. Das Spektrum der Vorbilder, das in zahlreichen ihrer eigenen Werke als Inspiration anklingt oder deutlich ablesbar ist, beinhaltet dabei unter anderem Paul Klee, Franz Marc oder Wassily Kandinsky. Vor allem Erstgenannter wurde von vielen Vertreter*innen im Umkreis von *Helhesten* wie auch von anderen späteren

---

25, 26). It seems reasonable to assume similar sources of inspiration for the paintings of Asger Jorn and Egill Jacobsen, in which the motif of the mask is centrally important (cat. no. 24, 30). The figure of the bird, which is especially prominent in the paintings of Egill Jacobsen and Carl-Henning Pedersen (cat. nos. 23, 39, 40), may also derive from the artistic production of long-past epochs in Denmark and its Nordic neighbors.

A Bridge between Prewar and Postwar Avant-Garde

In addition to themes and stylistic features that they adopted from the prehistory and early history of their own cultural sphere, the artists in the *Helhesten* circle also derived inspiration from many aspects of earlier avant-garde movements. Most of them had had close experience or at least familiarity with them in the 1930s when some of them had lived in Central Europe for years.[10] It was above all Surrealism that provided a lasting creative impulse to most of them.

The power of Asger Jorn's contact with its visual language in Paris from 1936 onward is testified to by his two paintings in the exhibition, both prior to 1940. Whereas *Gaga* (cat. no. 28), with its emphasis on the black line, is clearly close to the works of Joan Miró, the dissolving forms of an untitled work painted two years earlier (cat. no. 27) immediately recall Salvador Dalí. This grappling with Surrealism will also be an important component of the work of many artists in and around the CoBrA group after World War II—before, during, and after its existence between 1948 and 1951. One example of this is Anton Roosken's *Hommage à Lautréamont* (cat. no. 121) of 1947, which, as its title already indicates, is dedicated to the Comte de Lautréamont (1846–1870), an important literary precursor of Surrealism.

In addition to Surrealism, however, the art of Expressionism was also very attractive to the artists in the *Helhesten* circle, as is likewise evident in many of the works presented in the exhibition. The spectrum of role models whose inspiration is suggested by or clearly legible in many of their works include, among others, Paul Klee, Franz Marc, and Wassily Kandinsky. The

nichtdänischen CoBrA-Künstler*innen dafür bewundert, die Kreativität von Kindern als wichtige Inspiration für eigene Werke entdeckt zu haben.[11]

Im Falle von Carl-Henning Pedersen war es dagegen vor allem Marc Chagall, mit dessen Werk der Künstler ab den späten 1930er-Jahren in ständigem Dialog stand.[12] Besonders eindrücklich und unmittelbar mit der weltpolitischen Lage kurz vor Ausbruch des Zweiten Weltkriegs verknüpft sind dabei die speziellen Umstände, wie es zu dieser starken Auseinandersetzung kam. Denn seine erste realen Begegnung mit Chagalls Œuvre wie auch Werken anderer Größen des Expressionismus hatte Pedersen ausgerechnet in einer der ab 1937 durch das Deutsche Reich tourenden nationalsozialistischen Propagandaschau *Entartete Kunst*. Auf dem Rückweg von Paris in seine dänische Heimat besuchte er die Version der Wanderausstellung, die im Sommer 1939 in Frankfurt am Main Station machte. Im Rückblick sah er gerade in diesem Besuch einen entscheidenden Wendepunkt innerhalb seines Werkes vom Kubismus in Richtung expressionistischer Ausdrucksstärke: „Ohne Zweifel hat die berühmte Ausstellung für mich eine tiefer greifende Bedeutung gehabt, als ich damals begreifen konnte. [...] Ich habe niemals irgendeine andere Ausstellung gesehen, die mich so stark beeindruckt hätte. Da gab es Bilder, die heute noch in meinem Gedächtnis leben.“[13]

Wie auch im Falle der Beeinflussung durch den Surrealismus gilt es an dieser Stelle hinsichtlich der Auseinandersetzung mit dem Expressionismus jedoch zu betonen, dass sich die Künstler*innen im Umkreis von *Helhesten* keinesfalls als direkte Nachfolger dieser Kunstrichtung verstanden. Die Nähe und gleichzeitige Distanz zum Expressionismus wird etwa auf deutlichste Weise im 1945 verfassten Manifest *Den ny realisme* (Der neue Realismus) angesprochen: „Unsere Malerei mag eine gewisse Ähnlichkeit mit dem Expressionismus aufweisen. Aber diese Ähnlichkeit ist nur oberflächlicher Art.“[14]

Ihre Faszination für die in weiten Teilen Europas damals diffamierte und verfolgte Kunstrichtung des Expressionismus brachten Jorn, Pedersen oder Bille dabei nicht nur in ihrem Œuvre zum Ausdruck. Gleichzeitig widmeten sie dem Expressionismus – wie auch anderen von den Nationalsozialisten bekämpften künstlerischen Positionen der internationalen bildenden

---

first of these in particular was admired by many representatives of the *Helhesten* circle as well as by later non-Danish CoBrA artists for having discovered the creativity of children as an important inspiration for his own works.[11]

In the case of Carl-Henning Pedersen, by contrast, it was above all Marc Chagall with whose work the artist was in constant dialog from the late 1930s onward.[12] The circumstances that led to that serious engagement are especially impressively and directly linked to the situation in international politics, because Pedersen had his first real encounter with Chagall's oeuvre and the works of other great Expressionist artists in, of all places, one of the National Socialist propaganda exhibitions titled *Entartete Kunst* (Degenerate Art) that toured the German Reich from 1937 onward. On his way back from Paris to his homeland, he attended the version of that traveling exhibition that was shown in Frankfurt am Main in the summer of 1939. In retrospect, he considered this visit a crucial turning point in his work, away from Cubism and toward an Expressionist communicative power: "Undoubtedly that famous exhibition played a deeper role for me than I realized at the time. . . . I have never visited any other exhibition which impressed me so much. Some of the pictures are still living in my memory."[13]

As in the case of Surrealism, it should be emphasized here with regard to Expressionism that the artists in the *Helhesten* circle should by no means be understood as direct successors to that art movement. Their simultaneous proximity to and distance from Expressionism is addressed most clearly in the manifesto *Den ny realisme* (The New Realism) of 1945: "Our painting may display a certain similarity to Expressionism. But this likeness is only superficial."[14]

Jorn, Pedersen, and Bille had a fascination with the Expressionist art movement, which at the time was being defamed and persecuted in many parts of Europe, and not only for their artistic oeuvres. At the same time, they dedicated many of their articles in *Helhesten* to Expressionism—as well as to the other artistic positions of the international visual and literary arts that were being combatted by the National Socialists. This publicity effort for representatives of the avant-garde

wie schreibenden Moderne – viele ihrer Artikel in *Helhesten*. Gerade in diesem publizistischen Einsatz für andernorts auf den Index gestellte Avantgardevertreter*innen leisteten sie den deutschen Besatzern öffentlichen Widerstand und brachten sich damit selbst in Gefahr.[15] Dadurch bildeten sie eine einzigartige Brücke zwischen den progressiven Kunstströmungen in Europa vor und nach dem Zweiten Weltkrieg – eine Funktion, deren Bedeutung erst in den letzten Jahren erkannt wurde.

Kollektiv denkend die Gesellschaft verändern – Reaktionen auf den Feind von außen

Gleichzeitig formten sich gerade in den frühen 1940er-Jahren weitere künstlerische wie auch soziokulturelle Kennzeichen der Gruppe heraus, die ab November 1948 zu wesentlichen Merkmalen von CoBrA und vieler ihrer Nachfolgegruppierungen werden sollten. Auch sie müssen zu einem gewissen Teil als Reaktion auf die Bedrohung durch die nationalsozialistische Diktatur, welche alle Lebensbereiche durchdrang, verstanden werden. Neben der vom Surrealismus angeregten Verwendung von Schrift als bildnerisches Element oder dem insbesondere im Schaffen von Henry Heerup ausgeprägten Experimentieren mit neuen, dem Alltag entnommenen Materialien und Formensprachen gilt dies nicht zuletzt für den dezidiert kollektiven Ansatz von CoBrA – ein Ansatz, der die Bewegung vielleicht am stärksten von anderen vorangegangenen wie nachfolgenden Avantgarden unterscheidet. Dieser gemeinschaftliche Grundgedanke äußerte sich dabei in zwei grundsätzlich verschiedenen, sich gleichzeitig jedoch nicht ausschließenden Formen.

Zum einen war dies das gemeinsame Entwickeln und Realisieren von Kunst, also die Schaffung von Gemeinschaftsarbeiten, an denen zwei oder auch deutlich mehr Künstler*innen beteiligt sein konnten. Frühe, in den Jahren vor der Gründung von CoBrA entstandene kollektiv erarbeitete Werke sind etwa Skulpturen, an denen Robert Jacobsen, Ejler Bille und Asger Jorn im Sommer 1943 gemeinsam arbeiteten, als sie sich zusammen mit Agnete Therkildsen und Jorns Bruder Jørgen Nash auf die Insel Samsø zurückzogen. Und auch die Schriftbilder Jorns und Christian Dotremonts (Kat. 58, 59) gehören wie die Ausmalung der Innenräume eines Kindergartens in der

who had been placed on the index elsewhere in particular was a form of public resistance to the German occupying forces and put them in danger themselves.[15] It made them the only bridge between progressive art movements in Europe before and after World War II—a function whose significance has only been recognized in recent years.

Transforming Society by Thinking Collectively: Reactions to the Enemy from Outside

At the same time, especially in the early 1940s, other artistic and sociocultural characteristics of the group were taking shape, and from November 1948 onward they would become essential features of CoBrA and many of its successor groups. To some extent, they too should be understood as a reaction to the threat posed by the National Socialist dictatorship, which permeated all aspects of life. In addition to the use of writing as a pictorial element, which was inspired by Surrealism, and experimentation with new formal idioms and materials drawn from everyday life, which were particularly prominent in the work of Henry Heerup, CoBrA's collective approach should also be understood as such a reaction. This shared basic idea was expressed in two fundamentally different but nevertheless not mutually exclusive forms.

The first was a joint development and realization of art—that is to say, the making of cooperative works in which two or even considerably more artists could be involved. Early examples of collective works in the years prior to the founding of CoBrA include sculptures on which Robert Jacobsen, Ejler Bille, and Asger Jorn worked together in the summer of 1943, when they retreated to Samsø Island along with Agnete Therkildsen and Jorn's brother, Jørgen Nash. The text paintings of Asger Jorn and Christian Dotremont (cat. nos. 58, 59) also belong to this group of early collective works, as does the decoration of the interiors of a kindergarten on Hjortøgade in Copenhagen. Nearly all of the artists active in the *Helhesten* circle were involved in the last-named project in December 1944.[16]

Kopenhagener Straße Hjortøgade in diese Gruppe früher kollektiver Arbeiten. An letztgenanntem, im Dezember 1944 umgesetztem Projekt waren dabei nahezu alle im Umkreis von *Helhesten* agierenden Künstler*innen beteiligt.[16]

Eine zweite Form des gemeinschaftlichen Ansatzes eröffnete wiederum einen größtmöglichen Freiraum für unterschiedlichste künstlerische Ausdrucksweisen, der aber durch kollektiv geplante und durchgeführte Aktionen – seien es gemeinsame Ausstellungen, Publikationen oder gemeinsame Treffen und Reisen – zusammengehalten wurde. Auch dafür findet sich bereits vor 1949 eine Vielzahl von Beispielen, darunter die bereits eingehender beschriebene Zeitschrift *Helhesten* oder die im Frühsommer 1941 in einem Zirkuszelt abgehaltene Ausstellung *13 kunstnere i et Telt* (13 Künstler*innen in einem Zelt; Abb. 4–6).[17] Beide Unternehmen belegen wiederum den bereits lange vor der offiziellen Gründung von CoBrA ausgeprägten Ansatz der beteiligten Künstler*innen, mit dem eigenen Schaffen unmittelbar auf die Gesellschaft einwirken und diese positiv verändern zu wollen. Wie der innere Zusammenhalt der Gruppe und die Entwicklung erster kollektiver Formen der Kunstproduktion in den Kriegsjahren durch die deutsche Besatzung und den gemeinsamen Kampf gegen sie noch einmal entscheidend gestärkt worden sein dürfte, so muss diese Zeit und die damit verbundene Bedrohung der eigenen wie gemeinschaftlichen Freiheit auch als wesentlicher Impuls dafür angesehen werden, Kunst als Mittel gesellschaftlicher Veränderung im Zeichen von Demokratie, Frieden und Völkerverständigung einzusetzen. In den Kriegszeiten reiften die wesentlichen Erfahrungen und Grundüberzeugungen, ohne die das gemeinsame Projekt CoBrA schlicht nicht denkbar gewesen wäre.

Den Krieg im Blick – den Frieden im Sinn

Über diese direkten wie indirekten Implikationen hinaus, die der Zweite Weltkrieg insbesondere auf die Ausprägung des dänischen Nukleus, aber auch für die weiteren Künstler*innen der späteren CoBrA-Gruppe aus anderen Ländern hatte, lassen sich die dunklen Jahre des Krieges und mit ihm verbundene Ereignisse unmittelbar in den Kunstwerken vieler Vertreter*innen der Bewegung selbst ablesen. In unterschiedlichster Form tauchen sie als Motiv oder Assoziation

A second form of the cooperative approach opened up the maximum possible latitude for widely different forms of artistic expression, which were held together by collectively planned and executed actions—group exhibitions, publications, and meeting and traveling together. Many examples of that too can be found even prior to 1940, including the journal *Helhesten* described in detail above and the exhibition *13 kunstnere i et Telt* (Thirteen Artists in a Tent), held in a circus tent in the spring of 1941 (figs. 4–6).[17] Both undertakings are evidence of the artists involved in CoBrA having developed a decided approach, long before its official founding, of wanting their own work to affect society directly and change it for the better. Just as the internal cohesion of the group and the development of its first forms of the collective production of art were once again reinforced by the German occupation and their united struggle against it, this time and the associated threat of their own and others' freedom must be viewed as another crucial impulse to employ art as a means of social change under the sign of democracy, freedom, and understanding among nations. The essential experiences and basic convictions without which the joint CoBrA project would have been simply inconceivable grew during the war.

Eyes on the War, Peace on the Mind

Beyond these direct and indirect implications that World War II had for the emergence of the Danish nucleus in particular but also for artists from other countries from the later CoBrA group, the dark years of the war can be seen immediately in works by many of the

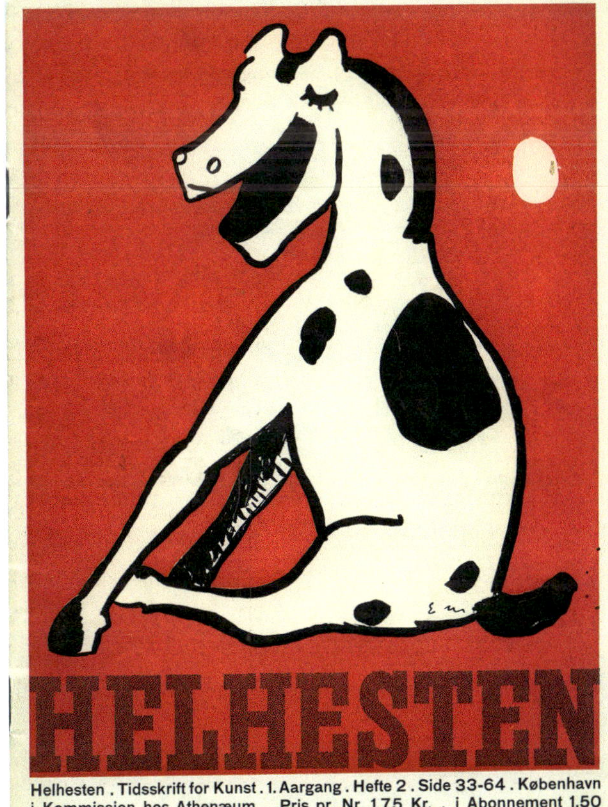

Abb. / Fig. 2
Egon Mathiesen, Titelblatt für *Helhesten* / Cover of *Helhesten* 1, Nr. / No. 2, 1941
Carl-Henning Pedersen & Else Alfelts Museum, Herning

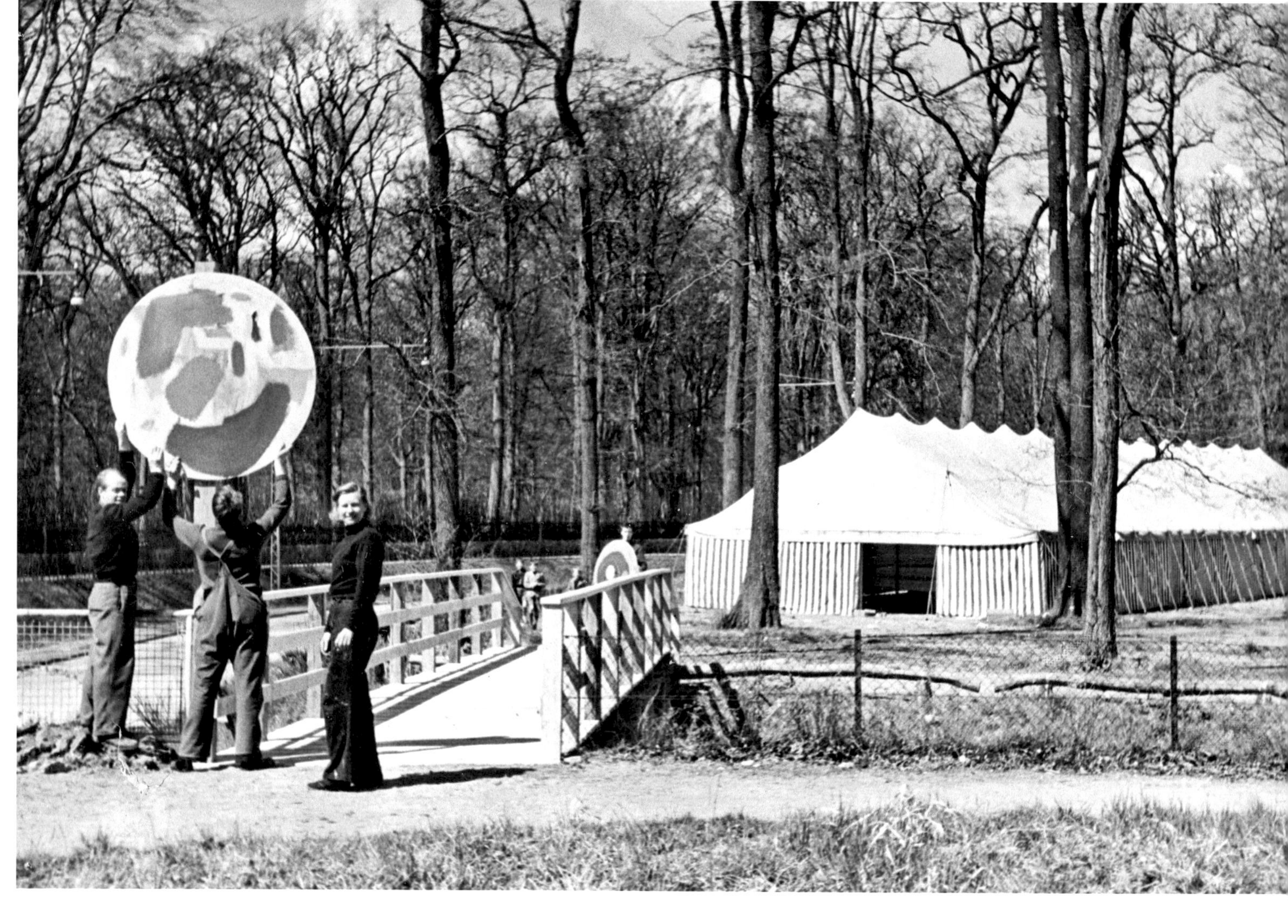

Abb. / Fig. **4**
Sigurjón Ólafsson, Egon Mathiesen
und Else Fischer-Hansen vor der
Ausstellung *13 kunstnere i et Telt /
13 Künstler*innen in einem Zelt*
im Kopenhagener Park Dyrehave,
Mai 1941 / Sigurjón Ólafsson,
Egon Mathiesen, and Else Fischer-
Hansen in front of the exhibition
Thirteen Artists in a Tent at the
park Dyrehave in Copenhagen,
May 1941

Abb. / Fig. **5**
Sigurjón Ólafsson,
Erik Thommesen und Asger Jorn
während einer Pause vor dem
Ausstellungszelt, Mai 1941 /
Sigurjón Ólafsson,
Erik Thommesen, and Asger Jorn
during a break in front of the
exhibition tent, May 1941

Abb. / Fig. **6**
Eingangsbereich der Zelt-
Ausstellung mit vergrößerten
Titelblättern der Zeitschrift
Helhesten im Hintergrund,
Mai 1941 / Entry space in the tent
exhibition with enlarged
Helhesten covers in the back-
ground, May 1941

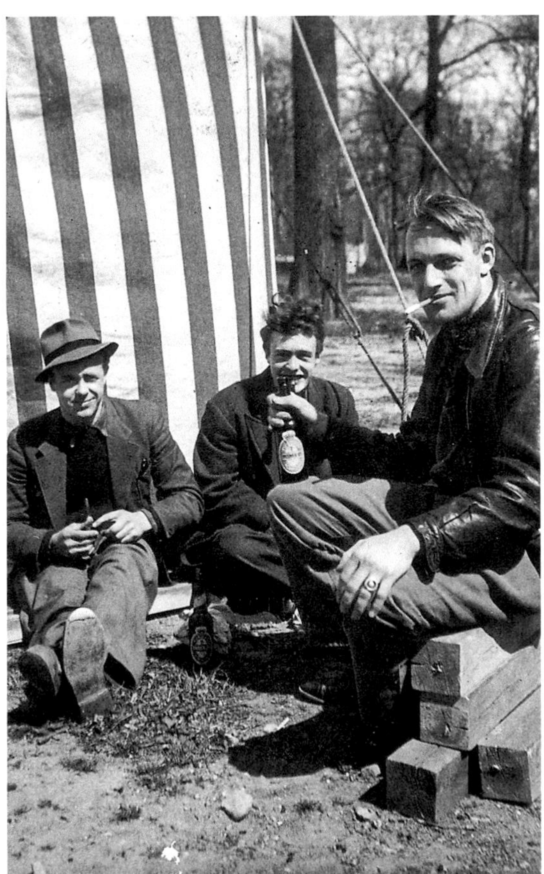

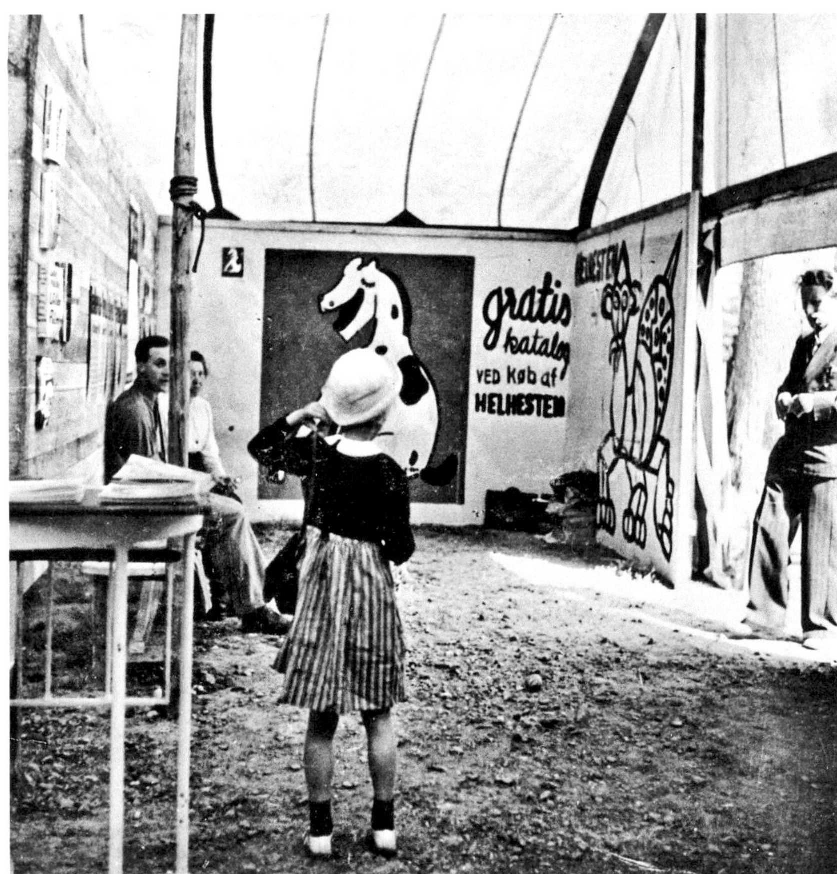

in powerful, thick black lines. They seem to press down and threaten the fluid paint applied under and next to them; the whole painting seems to dissolve into the amalgam of its flowing materiality.

As in the case of *Ophobning*, which Willemijn Stokvis rightly assesses as parallel to Pablo Picasso's *Guernica* from the previous year,[21] Henry Heerup's *Døden høster* (The Death Reaps; cat. no.19) has no motifs referring directly to the war or the misery and suffering associated with it.[22] When viewing this assemblage from 1943, which is composed primarily of found wood and iron elements, one has a subliminal feeing of angst, oppression, and existential threat that extinguishes all life. These sensations, which cannot be explained purely rationally, are borne out by the work's title, which refers directly to the horrors of the time: it proclaims the rich harvest of death of those years. Knowing that, one sees the sculpture as an upright, busily working Grim Reaper. Heerup's painting of the same year with the clear title *Krigsmoderen* (The War Mother; cat. no.15), however, derives its tension from the contrast between the peaceful basic mood of the depiction in the foreground and the illustration in the background of the immediate consequences of wars on the population. Whereas Heerup places naked children in the foreground who seem to be playing unconcerned, a fighter bomber—barely visible at first glance—is crossing the blue sky of the background on the right. On the left half, in turn, tomb crosses and destroyed houses testify to the devastation caused by an army that has just passed through the countryside. Finally, in the center, the war mother of the title seems to be keeping the cycle of life and death going.

Whereas the works by Heerup just discussed were created in the middle of the war, and in some cases can be related to only by means of a title or on closer inspection, Pierre Alechinsky's *Le soldat méconnu* (The Unknown Soldier; cat. no.52), from the graphic series *Les métiers* (The Professions) of 1948, can be understood clearly, though only indirectly from its motifs, as a reaction to the war. In a series of nine depictions of contemporary professions—including an auto mechanic, a fireman,

erkennen – ein Jagdbomber den blauen Himmel. In der linken Bildhälfte zeugen wiederum Grabkreuze und zerstörte Häuser von den Verwüstungen einer kurz zuvor durch das Land gezogenen Armada. Im Zentrum der Darstellung steht schließlich die titelgebende Kriegsmutter, die den Kreislauf von Leben und Tod in Schwung zu halten scheint.

Während die gerade besprochenen Werke Heerups mitten im Krieg entstanden und sich zum Teil nur mithilfe ihres Titels oder nach eingehender Betrachtung auf ihn beziehen lassen, ist Pierre Alechinskys Darstellung *Le soldat méconnu* (Der unbekannte Soldat; Kat. 52) aus der 1948 zu datierenden Grafikfolge *Les métiers* (Die Berufe) wiederum als mittelbare, motivisch aber eindeutig zu lesende Reaktion auf den Krieg zu begreifen. Innerhalb der neun Darstellungen zeitgenössischer Berufsbilder – unter ihnen die des Automechanikers, Feuerwehrmanns, Holzfällers oder der Schneiderin, die alle durch ihre jeweilige Tätigkeit charakterisierende Werkzeuge gekennzeichnet sind – sticht die Figur des unbekannten Soldaten durch die Beschaffenheit ihres Körpers hervor; ihr Kopf ist skelettiert wiedergegeben. Neben einem Orden und Armen aus Stacheldraht ist demnach das wesentliche Attribut für den Beruf des Soldaten – der von Alechinsky ganz bewusst mit der anonymen, aus dem Kampfeinsatz nicht zurückkehrenden Version seiner selbst gleichgesetzt wird – seine körperliche Versehrtheit beziehungsweise der Tod als quasi automatisch mit der Ausübung dieser Tätigkeit einhergehenden Konsequenz.

Wie Alechinskys Darstellung des unbekannten Soldaten als direkte Reaktion auf das kurze Zeit zuvor selbst Erlebte verstanden werden muss, spiegeln auch die in unterschiedlicher Form gerade in den späten 1940er-Jahren im Schaffen Karel Appels auftauchenden Kinder die bedrückenden Erfahrungen während des Krieges und der unmittelbaren Zeit danach wider. In *Vragende Kinderen* (Fragende bzw. bettelnde Kinder; Kat. 99) von 1948 etwa kann man sie in den Strichmännchen, die stelenartige Augen, aber keinen Mund aufweisen, nur mithilfe des Titels vermuten. Von Hunger ausgezehrt, sammeln sie sich vor einer zaunartigen Barriere und scheinen die Betrachtenden stumm und verängstigt um Hilfe zu bitten.

Wie Alechinsky, Appel und ab den frühen 1950er-Jahren Constant[23] setzte sich schließlich auch Serge Vandercam unmittelbar nach dem Ende des Zweiten Weltkriegs künstlerisch mit dessen

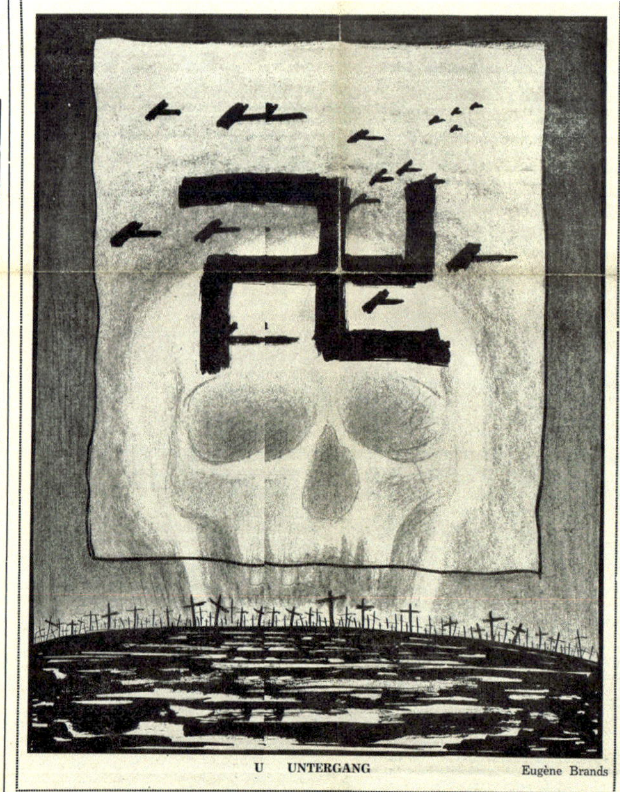

a lumberjack, and a seamstress; all of them are characterized by the tools of their trade—the figure of the unknown soldier stands out because of his body: his head is rendered as a skull. In addition to medals and weapons of barbed wire, the essential attribute for the profession of soldier—which Alechinsky quite consciously associates with the anonymous version who does not return from deployment—is his physical injury or death as an almost automatic consequence of pursuing this activity.

Just as Alechinsky's depiction of the unknown soldier can best be understood as a direct reaction to what he had experienced himself shortly before, the children who appear in various forms in Karel Appel's work in the late 1940s sometimes reflect oppressive experiences during and immediately after the war. The stick figures, which have stele-like eyes but no mouths in *Vragende Kinderen* (Questioning or Begging Children, cat. no. 99) of 1948, for example, can be suspected as such only based on the title. Debilitated by hunger, they gather in front of a fencelike barrier and appear to be asking, silently and timidly, the viewers for help.

Like Alechinsky, Appel, and, from the early 1950s onward, Constant,[23] Serge Vandercam also directly addressed in his art the consequences of World War II immediately after it ended. In a series of photographs he took on the beach of the Belgian town of Nieuport from 1948 onward, he directed his attention to the immediate traces or, more precisely, material relics of the

direkten Folgen auseinander. In seiner ab 1948 am Strand der belgischen Gemeinde Nieuport entstandenen Fotoserie waren es die unmittelbaren Spuren, auf die er seine Aufmerksamkeit richtete – genauer die materiellen Hinterlassenschaften der sich kurz zuvor dort noch feindlich gegenüberstehenden Armeen. Während James Ensor dieser Küstenabschnitt keine 50 Jahre zuvor noch aufgrund seiner unberührten Natur als Motiv für viele seiner Gemälde und Grafiken gedient hatte, bildet er in Vandercams Fotos – wenn überhaupt – nur die Kulisse. Im Fokus des belgischen Künstlers standen dagegen Reste und Spuren von Waffen und anderem Kriegsgerät, darunter Handgranaten, Stacheldraht oder Durchschusslöcher, die uns in diesen Aufnahmen in völlig ungewohnter Weise vor Augen geführt werden. Dabei setzte Vandercam diese Relikte so ins Bild, dass man ihrer eigentlichen Funktion und der mit ihnen verbundenen Zerstörungskraft überhaupt nicht gewahr wird. Karen Kurczynski beschreibt Charakter und Qualität dieser Aufnahmen daher treffend als Umformung realer Gegenstände in poetische Objekte, die auf unterschiedlichste Weise interpretiert werden können.[24]

Mit den Karikaturen von Eugène Brands, die 1939 in der niederländischen Wochenzeitschrift *De Vrijdenker* veröffentlicht wurden (Abb. 7), gilt es abschließend, auf eine weitere Form der Thematisierung des Krieges durch spätere CoBrA-Künstler*innen einzugehen. Tagesaktuell wie zugleich hellseherisch den Ausgang des zu diesem Zeitpunkt noch nicht einmal begonnenen Weltkriegs voraussahnend, könnten diese Grafiken des niederländischen Künstlers auch erst nach 1945 entstanden sein. Vor allem das als *Untergang* bezeichnete Blatt, in dessen Zentrum Tod und Hakenkreuz Unheil bringend über die Welt hereinbrechen, bringt die nachfolgenden Jahre in eindrücklichster Bildsprache auf den Punkt.

armies that had met as enemies there only shortly before. Not even fifty years earlier, this section of the coast and its unspoiled nature served James Ensor as a motif for many of his paintings and prints. In Vandercam's photographs it represents only the backdrop—if that. The Belgian artist focuses rather on the remnants and traces of weapons and other implements of war, such as hand grenades, barbed wire, and bullet holes, which are presented to us in a completely unfamiliar way in these photographs. Vandercam depicted these relics such that one does not become conscious of their actual function and their associated destructive power. Karen Kurczynski has thus aptly described the character and quality of these photographs as a transformation of real objects into poetic ones that can be interpreted in very different ways.[24]

Finally, Eugène Brands' caricatures, published in the Dutch weekly *De Vrijdenker* in 1939 (fig. 7), represent another way the theme of the war was treated by artists who later joined CoBrA. At once highly topical and prophetic, as they foresee a world war that had not yet begun at that point, these prints by the Dutch artist could also have been produced after 1945. The sheet titled *Untergang* (Demise) in particular, with the center showing Death and a swastika bursting in and bringing disaster to the world, sums up the years that followed in a profoundly impressive visual language.

Abb. / Fig. **7**
Eugène Brands, *Untergang / The Fall*, 1939
Cartoon / Cartoon in *De Vrijdenker, Weekbladvan de*
***Vrijdenkersvereeniging De Dageraad*, vol. 23**
(15. April 1939 / April 15, 1939), S. / p. 1
Internationaal Instituut voor Sociale Geschiedenis, Amsterdam

1 Ein Großteil der später an *CoBrA* beteiligten Künstler*innen engagierte sich im Widerstand gegen den Nationalsozialismus oder stand dem Nationalsozialismus eindeutig ablehnend gegenüber. Innerhalb der Bewegung gab es aber auch wenige wie Karel Appel und Lucebert, deren Distanz zum deutschen Regime und seinen Statthaltern in den vom Deutschen Reich besetzten Ländern nicht so deutlich ausgeprägt war. Diese nach 1945 mit dem allgemein propagierten Bild von CoBrA als Antikriegsavantgarde nicht in Einklang zu bringende Nähe zu den Deutschen bzw. die Akzeptanz von deren Besatzung, auf die hier nicht detaillierter eingegangen werden kann, wurde erst in den letzten Jahrzehnten öffentlich thematisiert. Siehe dazu für die Niederlande etwa Claartje Wesselink, „The Memory of World War Two and the Canonisation of the Cobra Movement in the Netherlands", in: *Journal of Art Historiography*, 19, Dezember 2018, https://arthistoriography.files.wordpress.com/2018/11/wesselink.pdf.

2 Die beiden heirateten schließlich 1942 und bekamen 1946 ihren Sohn Wonga (1946–2015). Wie seine Eltern wurde auch er Künstler.

3 Vgl. Caroline Kesser, „Madeleine Kemény-Szemere", in: *Madeleine Kemény-Szemere*, hg. von Roland Wäspe, Ausst.-Kat. Kunstmuseum St. Gallen, Ostfildern-Ruit 1995, S. 23–102, hier S. 51–59. Der Schrecken der Naziherrschaft war aber auch nach dem Zweiten Weltkrieg für das Ehepaar nicht abschließend zu bewältigen. Neben dem Bruder der Künstlerin waren weitere Mitglieder ihrer Familie sowie ein Teil von Zoltáns Verwandtschaft im Holocaust umgekommen. Insbesondere Madeleine hatte zeitlebens die Befürchtung, der Faschismus könnte wieder über Europa hereinbrechen. Und auch nach der Flucht in die Schweiz war das Paar Demütigungen ausgesetzt. Beide wurden getrennt voneinander zunächst für zweieinhalb Jahre in Internierungslagern untergebracht.

4 Siehe dazu etwa Gustav Meissner, *Dänemark unterm Hakenkreuz. Die Nord-Invasion und die Besetzung Dänemarks*, Berlin 1990.

5 Erst im August 1943 sollte sich dieser Status grundlegend ändern, als es zu vermehrten Sabotageaktionen gegen die deutschen Truppen und deren Einrichtungen kam und zahlreiche Streiks das öffentliche Leben zum Erliegen brachten. In der „Operation Safari" entwaffneten deutsche Streitkräfte am 29. August 1943 schließlich das dänische Militär; der dänischen Regierung wurden grundlegende Befugnisse entzogen.

6 Constant [Nieuwenhuys], Høsterpot, in: *Cobra*, 1, Brüssel 1948, S. 4. Im Original lautet das Zitat: „Les camarades danois ont montré à nous et nos camarades belges, ce qui reste à faire pour tous ceux qui considèrent l'art come une arme de l'esprit, [...]."

7 Kerry Greaves, *The Danish Avant-Garde and World-War II. The Helhesten Collective*, New York, London 2019. In ihrer detaillierten und grundlegenden Studie über die Gruppe im Umfeld von *Helhesten* arbeitet Greaves deren enorme Bedeutung als vermutlich einzige während des gesamten Zweiten Weltkriegs aktive Avantgardebewegung Europas heraus. Diese singuläre Erscheinung steht für sie in klarem Widerspruch zur bisher sehr geringen kunsthistorischen Auseinandersetzung mit bzw. Würdigung der Gruppe.

8 Ebd., S. 85.

9 Ebd. Für Greaves ist der Umstand, dass das Pferd dabei fast immer ohne Reiter dargestellt ist, auch als unterschwellige Negation militärischer Führung und Ausdruck animalischer Freiheit zu verstehen. Die reiterlose Pferdegestalt mit ihren disziplinlosen bis anarchistischen Zügen vermittelt ihrer Meinung nach genau das Gegenteil des von den deutschen Besatzern propagierten Menschenbilds.

10 Hinzuzufügen sind darüber hinaus auch einzelne Ausstellungen im Dänemark der 1930er-Jahre, in denen Werke der zum Vorbild genommenen Künstler*innen gezeigt wurden. Sie lieferten für viele spätere dänische CoBrA-Künstler*innen wichtige Impulse. Dabei muss man vor allem auf eine Ausstellung der Gruppe Linien hinweisen, in der im September 1937 Werke von Joan Miró, Wassily Kandinsky, Paul Klee und Max Ernst präsentiert wurden.

11 Vgl. dazu insb. *Klee und Cobra. Ein Kinderspiel*, Ausst.-Kat. Cobra Museum of Modern Art Amstelveen u. a., Ostfildern 2011. Hanne Lundgren Nielsen betont in ihrem Aufsatz in diesem Katalog die Bedeutung von Vilhelm Bjerke-Petersen, einem vormaligen Schüler von Klee und Kandinsky am Staatlichen Bauhaus in Dessau. Die Ideen und Vorstellungen dieser beiden bildeten den Grundstock seines 1933 erschienenen Buches *Symboler i abstrakt Kunst* (Symbole in der abstrakten Kunst), das für viele spätere CoBrA-Künstler*innen zu einem ersten Kontakt mit der Abstraktion und dem Expressionismus im Allgemeinen sowie Klee im Speziellen wurde; siehe dazu Hanne Lundgren Nielsen, „Die Klee-Rezeption bei den dänischen Cobra-Künstlern", in: ebd., S. 43–47, hier S. 44.

12 Siehe insb. *Carl-Henning Pedersen & Marc Chagall*, Ausst.-Kat. Arken Museum for Moderne Kunst, Ishøj 1998.

13 Carl-Henning Pedersen, zit. nach Jean-Clarence Lambert, *Cobra*, Königstein im Taunus 1985, S. 52.

14 Else Alfelt u. a., „Den ny realisme", in: *Høst*, Ausst.-Kat. Kopenhagen, Kopenhagen 1945, o. S., zit. nach Greaves 2019 (wie Anm. 7), S. 109.

---

1 A majority of the artists later involved in CoBrA were part of the resistance to or clearly rejected National Socialism. The movement also included a few, such as Karel Appel and Lucebert, whose distance from the German regime and its authorities in countries occupied by the German Reich were less clear. This closeness to the Germans or acceptance of their occupation, which cannot be discussed in greater detail here, cannot be reconciled with the image of CoBrA as an antiwar avant-garde and has only been addressed in public in recent decades. On the Netherlands, see, for example, Claartje Wesselink, "The Memory of World War Two and the Canonisation of the Cobra Movement in the Netherlands," *Journal of Art Historiography*, no. 19 (December 2018), https://arthistoriography.files.wordpress.com/2018/11/wesselink.pdf.

2 They finally married in 1942 and in 1946 their son, Wonga (1946–2015), was born. He became an artist like his parents.

3 See Caroline Kesser, "Madeleine Kemény-Szemere," in *Madeleine Kemény-Szemere*, ed. Roland Wäspe, exh. cat. Kunstmuseum St. Gallen (Ostfildern-Ruit, 1995), pp. 23–102, esp. pp. 51–59. Even after World War II, the couple was not able to completely overcome the horrors of Nazi rule. In addition to Madeleine's brother, other members of her family and some of Zoltán's relatives had died in the Holocaust. Madeleine in particular feared all of her life that fascism could break out in Europe again. Even after fleeing to Switzerland, the couple was subjected to humiliation. In the beginning they were housed for two and a half years in separate internment camps.

4 On this see, for example, Gustav Meissner, *Dänemark unterm Hakenkreuz: Die Nord-Invasion und die Besetzung Dänemarks* (Berlin, 1990).

5 This status would not be changed fundamentally until August 1943, when there were increased sabotage actions against German troops and their facilities and numerous strikes paralyzed public life. In Operation Safari, German forces ultimately disarmed the Danish military on August 29, 1943; the Danish government was stripped of basic powers.

6 Constant [Nieuwenhuys], "Høsterport," *Cobra*, no. 1 (1948): 4: "Les camarades danois ont montré à nous et nos camarades belges, ce qui reste à faire pour tous ceux qui considèrent l'art comme une arme de l'esprit."

7 Kerry Greaves, *The Danish Avant-Garde and World War II: The Helhesten Collective* (New York, 2019). In her detailed and fundamental study on the group of the *Helhesten* circle, Greaves demonstrates its enormous significance as probably the only European avant-garde movement that remained active throughout World War II. For her, this singular manifestation is clearly at odds with the very limited art-historical discussion and assessment of the group thus far.

8 Ibid., p. 85.

9 Ibid. For Greaves, the fact that the horse is almost always depicted without a rider can also be understood as a subliminal negation of military leadership and expression of animal freedom. The figure of a riderless horse, with its undisciplined and even anarchistic features, conveys, in her view, the exact opposite of the image of the human being propagated by the German occupiers.

10 One should also mention individual exhibitions in Denmark in the 1930s showing the works of artists that had become role models. They provided important inspiration for many of the Danish artists who later joined CoBrA. One exhibition by the Linien group in September 1937 that presented works by Joan Miró, Wassily Kandinsky, Paul Klee, and Max Ernst was especially significant.

11 On this, see esp. *Klee and Cobra: A Child's Play*, exh. cat. Cobra Museum of Modern Art, Amstelveen, et al. (Ostfildern, 2011). In her essay in that catalogue, Hanne Lundgren Nielsen emphasizes the importance of Vilhelm Bjerke-Petersen, who had studied with Klee and Kandinsky at the Staatliches Bauhaus in Dessau. The ideas and concepts of these two artists provided the foundation for his *Symboler i abstrakt Kunst* (Symbols in Abstract Art), which was published in 1933 and provided many future CoBrA artists with their first contact with abstraction and Expressionism in general and Klee in particular; on this, see Hanne Lundgren Nielsen, "The Reception of Klee by the Danish Cobra Artists," in ibid., pp. 43–47, esp. p. 44.

12 See esp. *Carl-Henning Pedersen & Marc Chagall*, exh. cat. Arken Museum for Moderne Kunst (Ishøj, 1998).

13 Carl-Henning Pedersen, quoted in Jean-Clarence Lambert, *Cobra*, trans. Roberta Bailey (New York, 1984), p. 52.

14 Else Alfelt et al., "Den ny realisme," *Høst*, exh. cat. (Copenhagen, 1945), n.p.: "Vort maleri kann maaske synes at ha et vist lighedspræg med ekspressionismen. Men denne lighed kun af en overfladisk art." Quoted in Greaves, *The Danish Avant-Garde and World War II* (see note 7), p. 109.

Im Original lautet das Zitat: „Vort maleri kann maaske synes at ha et vist lighedspræg med ekspressionismen. Men denne lighed kun af en overfladisk art."

15 Greaves 2019 (wie Anm. 7), S. 82. Greaves weist zu Recht darauf hin, dass die Gruppe auf einem äußerst schmalen Grat agierte und immer Gefahr lief, aufgrund ihrer Veröffentlichungen verhaftet zu werden. So hatten die Deutschen etwa im August 1941 ein Gesetz erlassen, wonach das Publizieren von Widerstandsliteratur unter Todesstrafe gestellt wurde. Die Gründe, warum danach nur noch drei Ausgaben von *Helhesten* erschienen, führt Greaves auf die finanziellen Schwierigkeiten und vor allem auf die noch einmal verschärften Zensurvorgaben ab August 1943 zurück.

16 Ebd., S. 207.

17 Zu dieser im Kopenhagener Stadtteil bzw. Park Dyrehaven abgehaltenen Ausstellung siehe insb. Kerry Greaves, „Thirteen Artists in a Tent: Danish Avant-garde Exhibition Practice during World War II", in: *Dada/Surrealism*, 21, H. 1, 2017, S. 1–23; sowie Greaves 2019 (wie Anm. 7), S. 136–169.

18 Karen Kurczynksi, *The Cobra Movement in Postwar Europe. Reanimating Art*, New York/London 2021, S. 207. Die Autorin weist zu Recht auf die Ähnlichkeiten von Wolvecamps Gemälde mit frühen Improvisationen Kandinskys, Arbeiten Mirós und Werken niederländischer Expressionist*innen wie Jacoba von Heemskerck hin.

19 Egill Jacobsen, zit. nach Peter Shield, „The War Horses: The Danish Reaction to Guernica", in: *Jong Holland*, 2, 1991, S. 12–27, hier S. 27. Das Zitat lautet im Original: „Afterwards I was aware that this was a coming to terms with the terror/ threat from Nazism. It was a child breaking open its prison. The drawing expressed in a linear manner a prison broken up."

20 Asger Jorn, Brief an Troels Andersen, 1961 oder 1962, zit. nach Kurczynksi 2021 (wie Anm. 18), S. 7.

21 Willemijn Stokvis, *Cobra. The Last Avant-Garde Movement of the Twentieth Century*, Hampshire 2004, S. 125. Die Autorin spricht davon, dass das Werk in gewisser Weise als Jacobsens *Guernica* zu verstehen sei.

22 Zu dem stark vom Surrealismus beeinflussten Frühwerk Heerups siehe Karen Westphal Eriksen, „Dark Heerup – A Not so Quaint Avant-Gardist", in: *A Cultural History of the Avant-Garde in the Nordic Countries 1925–1950*, hg. von Benedikt Hjartarson u. a., Leiden/Boston 2019 (=Avant-Garde Critical Studies, 36), S. 684–700. Die Autorin zeichnet in ihrem Text ein Bild von dem Künstler, das in starkem Gegensatz zur landläufigen Darstellung Heerups als naiv-verschrobener Sonderling steht, der mit seinem bunt-heiteren Nachkriegswerk die Sympathien seiner Landsleute eroberte. Westphal Eriksen beschreibt Heerup dagegen als hoch reflektierten Avantgardevertreter mit ganz eigenen surrealistischen Ansätzen. Sie zeigt auf, dass sein Werk der 1930er- und 1940er-Jahre – darunter auch die oben beschriebene Assemblage *Døden høster* – vielfach von einer existenziellen Düsternis ist, die sich inhaltlich wie auch qualitativ klar von Heerups späterem Schaffen abgrenzt.

23 In den frühen 1950er-Jahren malte Constant eine ganze Reihe von Gemälden, die schonungslos die Gräuel des Krieges und die eigenen Alpträume darüber thematisieren. Da diese Werkgruppe, deren explizite Titel etwa *L'Attaque aérienne* (Luftangriff), *Concentratiekamp (oorlog)* (Konzentrationslager [Krieg]) oder *Verschroeide aarde* (Verbrannte Erde) lauten, jedoch erst einige Jahre nach dem hier zeitlich gewählten Fokus entstand, sei sie hier nur erwähnt.

24 Kurczynski 2021 (wie Anm. 18), S. 143.

15 Greaves, *The Danish Avant-Garde and World War II* (see note 7), p. 82. Greaves rightly points out that the group was walking a very thin line and always in danger of being arrested for their publications. In August 1941, for example, the Germans passed a law making the publication of resistance literature punishable by death. Greaves attributes the fact that only three issues of *Helhesten* were published to financial difficulties and above all further intensified censorship from August 1943 onward.

16 Ibid., p. 207.

17 On this exhibition held in the Dyrehave district or park in Copenhagen, see esp. Kerry Greaves, "Thirteen Artists in a Tent: Danish Avant-Garde Exhibition Practice during World War II," in *Dada/Surrealism* 21, no. 1 (2017), pp. 1–23, and Greaves, *The Danish Avant-Garde and World War II* (see note 7), pp. 136–69.

18 Karen Kurczynski, *The Cobra Movement in Postwar Europe: Reanimating Art* (New York, 2021), p. 207. The author rightly points to similarities between Wolvecamp's painting and early improvisations by Kandinsky, works by Miró, and those of Dutch Expressionists such as Jacoba von Heemskerck.

19 Egill Jacobsen, quoted in Peter Shield, "The War Horses: The Danish Reaction to Guernica," *Jong Holland* 7, no. 2 (1991): 12–27, esp. 27.

20 Asger Jorn to Troels Andersen, 1961 or 1962, quoted in Kurczynski, *The Cobra Movement in Postwar Europe* (see note 18), p. 7.

21 Willemijn Stokvis, *Cobra: The Last Avant-Garde Movement of the Twentieth Century* (Hampshire, 2004), p. 125. The author speaks of the work as being in some ways Jacobsen's *Guernica*.

22 On Heerup's early work, which was strongly influenced by Surrealism, see Karen Westphal Eriksen, "Dark Heerup: A Not so Quaint Avant-Gardist," in *A Cultural History of the Avant-Garde in the Nordic Countries, 1925–1950*, ed. Benedikt Hjartarson et al., Avant-Garde Critical Studies 36 (Leiden, 2019), pp. 684–700. In that text the author sketches a picture of the artist that strongly contrasts with the common depiction of Heerup as a naive, eccentric oddball who gained the sympathies of his compatriots with his bright, cheerful postwar work. Westphal Eriksen, by contrast, describes Heerup as a profoundly reflective representative of the avant-garde with Surrealistic approaches very much his own. She shows that his work of the 1930s and 1940s—including the assemblage *Døden høster* described here—often reflects an existential gloom that is clearly distinct in subject matter and quality from Heerup's later work.

23 In the early 1950s, Constant produced a whole series of paintings that unsparingly thematized the cruelty of the war and his own nightmares about it. Because this group of works—which such explicit titles as *L'attaque aérienne* (Air Raid), *Concentratiekamp (oorlog)* (Concentration Camp [War]), and *Verschroeide aarde* (Scorched Earth)—was not painted until several years after the period focused on here, I merely mention it without discussing it in detail.

24 Kurczynski, *The Cobra Movement in Postwar Europe* (see note 18), p. 143.

DÄNE-MARK

Else Alfelt
Ejler Bille
Sonja Ferlov Mancoba
Svavar Guðnason
Henry Heerup

Egill Jacobsen
Robert Jacobsen
Asger Jorn
Albert Mertz (mit/with
Jørgen Roos)

Søren Melson
Erik Ortvad
Carl-Henning Pedersen
Anna Thommesen
Erik Thommesen

DENMARK

Mathias Listl

Vorkriegs- und Nachkriegsavantgarde – für gewöhnlich begreift die Kunstgeschichtsschreibung den Ausbruch des Zweiten Weltkriegs als tiefgreifende Zäsur innerhalb der bildenden Kunst, die bereits vor 1939 bestehende und nach der „Stunde Null" von 1945 entstandene Avantgardebewegungen klar voneinander trennt. Von den Jahren dazwischen herrschen dagegen meist unklare, wenig hinterfragte Vorstellungen vor, die von weitgehendem Stillstand und abruptem Ende der künstlerischen Entwicklung in dieser dunklen Zeit ausgehen. Erst in den letzten Jahren gerieten mit Linien und Høst (Ernte), den unmittelbaren Vorgängergruppen der CoBrA-Bewegung in Dänemark, zwei zum Teil ineinander übergehende Avantgardegruppen in den Fokus der Forschung, die als Gegenbeweis dieser landläufigen Vorstellungen verstanden werden müssen. Nicht zuletzt beweisen die beiden erst kürzlich veröffentlichten Studien von Karen Kurczynski und Kerry Greaves, dass im von deutschen Truppen besetzten Dänemark – und damit weit abseits der vor- und nachmaligen Zentren moderner Kunst – alles andere als

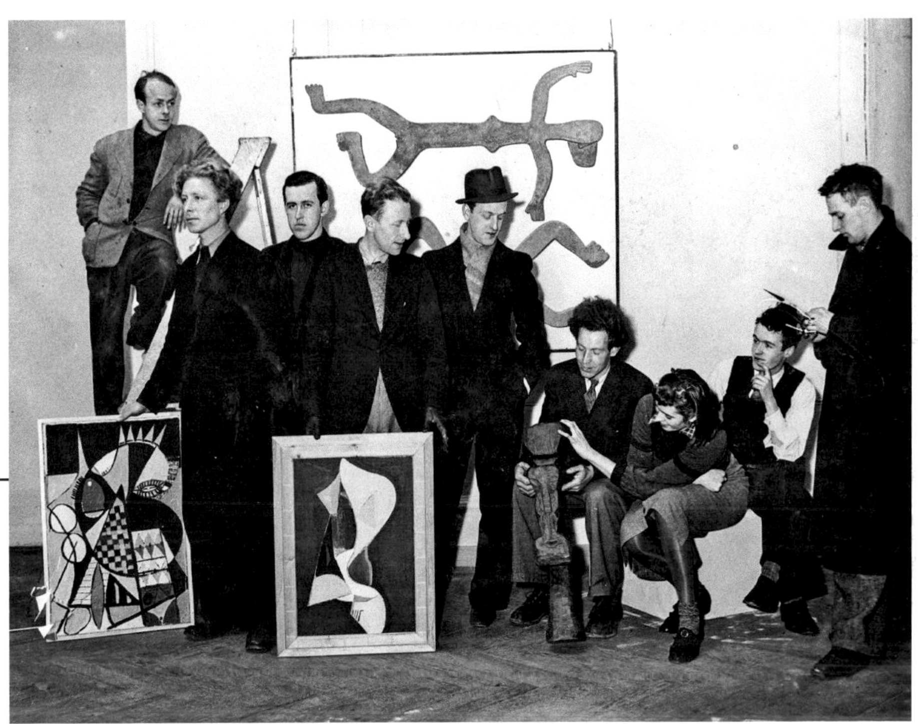

Mitglieder der Ausstellungsvereinigung Skandinaverne in Charlottenborg, 1939/ Members of the exhibition association Skandinaverne in Charlottenborg, 1939. Von links nach rechts/Left to right: Sigurjón Ólafsson, Carl-Henning Pedersen, Erling Friis, Svavar Guðnason, Erling Clante, Arne Johansen, Else Alfelt, Erik Thommesen und/and Asger Jorn

Prewar and postwar avant-garde historians usually understand the outbreak of World War II as a profound turning point in the visual arts that clearly separates the avant-garde movements that already existed prior to 1939 from those that emerged after the "zero hour" of 1945. Views concerning the years in between, by contrast, are usually unclear and little questioned, and assume that the artistic evolution was largely at a standstill and ended abruptly in that dark time. Only in recent years has scholarship focused on the Linien (Line) and Høst (Harvest) groups, the immediate predecessors of the CoBrA movement in Denmark whose membership partially overlapped, which can be understood as counterevidence to these common ideas. The two recently published studies by Karen Kurczynski and Kerry Greaves demonstrate that in Denmark, which was occupied by German troops and hence far from both the earlier and later centers of modern art—was by no means dominated by an artistic vacuum.[1] The thesis of a completely ruptured artistic continuity between the prewar and postwar avant-garde can also be disproved by noting that most of the artists engaged in the two Danish groups would later become members of CoBrA. The work they had already begun in the early 1930s shows, moreover, that essential features of the latter transnational movement founded in November 1948 were already taking hold in the years leading up to that. "Becoming CoBrA"—the process of the group's formation—began, especially in Denmark, at least a decade before its official foundation.[2]

ein künstlerisches Vakuum vorherrschte.[1] Und auch die These einer völlig abgerissenen künstlerischen Kontinuität zwischen Vor- und Nachkriegsavantgarde kann mit den sich in den beiden dänischen Gruppen engagierenden Künstler*innen, die zu einem Großteil Mitglieder von CoBrA werden sollten, widerlegt werden. Ihr bereits ab den frühen 1930er-Jahren einsetzendes Werk zeigt jedoch nicht zuletzt auch, dass wesentliche Kennzeichen dieser transnationalen, im November 1948 gegründeten Bewegung bereits Jahre zuvor im Entstehen begriffen waren. *Becoming CoBrA*, also der Entstehungsprozess der Gruppe, setzte gerade in Dänemark bereits mindestens ein Jahrzehnt vor ihrer offiziellen Gründung ein.[2] Während die allmähliche Formierung zu einer enger umrissenen Bewegung hauptsächlich im eigenen Land stattfand und insbesondere in den Jahren unter deutscher Besatzung einsetzte, kamen die ersten prägenden künstlerischen Impulse, die die späteren dänischen CoBrA-Künstler*innen erhielten, dagegen überwiegend aus dem mitteleuropäischen Ausland. Vor allem die in Frankreich und Deutschland blühenden Bewegungen des Surrealismus, Expressionismus und Dadaismus beeinflussten die dänischen Künstler*innen nachhaltig. In Kontakt mit diesen Strömungen der modernen Avantgarde kamen sie dabei entweder durch eigene, teilweise langjährige Aufenthalte während der 1930er-Jahre in diesen beiden Ländern oder durch Ausstellungen, die das Schaffen der zum Vorbild genommenen Protagonist*innen der genannten Richtungen in Dänemark selbst präsentierten. Wichtig ist an dieser Stelle zu betonen, dass dieser kreative Einfluss bei aller stilistischen wie thematischen Nähe nicht zu einer bloßen Nachahmung führte. Wesenheiten des Surrealismus, Expressionismus wie auch von Dada sogen die dänischen Künstler*innen zwar auf, gleichzeitig passten sie sie aber an eigene Vorstellungen und kulturelle Eigenheiten ihres Heimatlandes an und entwickelten sie so stets zu etwas Eigenständigem weiter.

Spätestens mit dem am 9. April 1940 erfolgten Einmarsch deutscher Truppen in Dänemark änderte sich die Situation wiederum grundlegend: Der Kontakt etwa nach Frankreich war weitestgehend

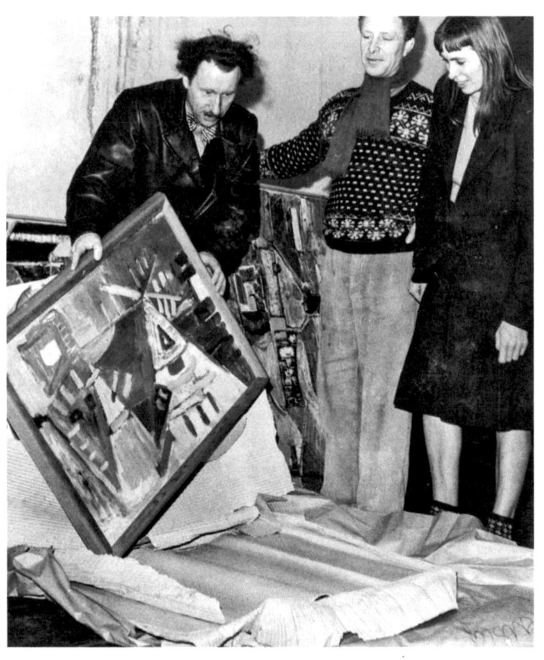

Abb. / Fig. 2
Svavar Guðnason, Carl-Henning Pedersen und/
and Else Alfelt bei einer Høst-Ausstellung mit
Guðnasons Gemälde/at a Høst exhibition with
Guðnason's painting *Myllan* (Die Mühle/The Mill,
1942), 16. November 1949/November 16, 1949

Whereas the gradual formation as a more closely outlined movement took place largely began in their native country, especially in the years under German occupation, the Danish artists who would later join CoBrA derived their first formative artistic inspiration largely from Central European countries. In particular, the Surrealist, Expressionist, and Dadaist movements flourishing in France and Germany had a lasting influence on the Danish artists. They came into contact with those currents of the modern avant-garde either during their own, sometimes extensive stays in those two countries during the 1930s or in exhibitions that presented in Denmark the work of the protagonists of the aforementioned movements who had been chosen as role models. It is important to emphasize here that this creative influence, for all the stylistic and thematic similarity, did not lead to mere imitation. The Danish artists absorbed the essential features of Surrealism, Expressionism, and also Dada, but at the same time adapted them to their own ideas and the cultural features of their native country and therefore always developed them further into something uniquely their own.

„Wir sehen unsere Arbeitsweise in Einklang mit der zukünftigen internationalen künstlerischen Entwicklung. Vielleicht haben Künstler in anderen Ländern während des Krieges viel mehr erreicht als wir. Aber wir schließen uns der internationalen Kunst an im Kampf um Lösungen für die neuen und gemeinsamen, künstlerischen und menschlichen Probleme unserer Zeit, auf der Basis neuer, wissenschaftlicher, psychologischer und sozialer Ergebnisse."

(MANIFEST MANIFESTO „DER NEUE REALISMUS"/ "THE NEW REALISM", GRUPPE GROUP HØST, 1945)

"We consider our work method to be in accordance with future international artistic development. Possibly during the war artists in other countries have achieved far more than we have. But we join ourselves to international art in the struggle for solving the new common artistic and human problems, which our time has induced on the basis of the new scientific, psychological, and social results."

abgebrochen, und die vormals im Ausland lebenden Künstler*innen waren fast alle wieder nach Hause zurückgekehrt. Doch die spezielle politische Lage des Landes, das trotz deutscher Eroberung seine Souveränität anfangs noch behalten konnte, ließ zunächst eine weitgehend freie künstlerische Entwicklung zu. Diese in Europa damals singuläre Chance wurde vor allem von den späteren dänischen CoBrA-Künstler*innen mit Entschiedenheit ergriffen und nicht zuletzt auch als Instrument des Widerstands gegen den deutschen Nationalsozialismus genutzt. Das zentrale Organ im Kampf gegen die Besatzer aus dem südlichen Nachbarstaat wurde dabei die 1941 ins Leben gerufene Zeitschrift *Helhesten* (Höllenpferd, Pferd der Hel), die bis 1944 in insgesamt elf Ausgaben erschien.[3] Sie war nicht nur Sammelbecken und Plattform für spätere Teilnehmer*innen an CoBrA, sondern wesentlich auch von Intellektuellen anderer Disziplinen – insbesondere der Geschichte und Kunstgeschichte – mitgeprägt. Auch wenn die Zeitschrift keine explizit politische Ausrichtung aufwies oder offen gegen die Deutschen agierte, bezog sie mit dem, was und wie sie publizierte, dennoch eindeutig Position *gegen* das nationalsozialistische Weltbild und *für* die kulturelle Autonomie Dänemarks sowie die internationale Avantgarde.

Über den Kampf für Eigenständigkeit und Demokratie hinaus muss man *Helhesten* allerdings auch als Medium begreifen, in dem sich wesentliche Merkmale von CoBrA auf gedanklich-theoretischer Ebene herausbildeten und verfestigten. Dies gilt nicht zuletzt für das gemeinsame Interesse an skandinavischer Geschichte und Mythologie, deren Interpretation man nicht den arischen Hirngespinsten der deutschen Besatzer überlassen wollte. Gleiches lässt sich auch für den Themenkomplex, den man nur grob und ungenau unter den Schlagworten Volkskunst, Banales/Populäres und Alltägliches zusammenfassen kann, die intensive Auseinandersetzung mit außereuropäischen, vermeintlich primitiven Kulturen wie auch für die Faszination gegenüber der Fantasie und Kreativität von Kindern, „Outsidern" und Menschen mit psychischen Erkrankungen aufzeigen. Und schließlich war auch der für CoBrA so grundlegende

---

At the latest when German troops invaded Denmark on April 9, 1940, the situation changed fundamentally: for example, contact with France was largely broken off entirely, and nearly all of the artists who had been living abroad returned home. The country's special political situation, in which it was initially able to retain its sovereignty despite the German conquest, permitted largely free artistic development for a time. This singular opportunity in Europe at the time was decisively seized by the future CoBrA of Denmark and employed not least as a weapon of resistance to German National Socialism. The central organ in the fight against the occupiers from its neighboring state to the south was the journal *Helhesten* (Hell-Horse), which was founded in 1941 and by 1944 had published twelve issues in all.[3] It was not only a rallying point and platform for future CoBrA members but was also essentially shaped by intellectuals from other disciplines—especially history and art history. Although the journal did not adopt an explicitly political orientation or openly take action against the Germans, with what and how it published it nevertheless clearly adopted a position *against* the National Socialist picture of the world and *for* the cultural autonomy of Denmark and of the international avant-garde.

Beyond this battle for autonomy and democracy, *Helhesten* should also be understood as a medium in which the essential features of CoBrA formed and solidified on the intellectual and theoretical level. This is true not least of a shared interest in Scandinavian history and mythology, whose interpretation they did not wish to leave to the Aryan fantasies of the German occupiers. The same is true of a complex of themes that can be summarized only crudely and imprecisely with such keywords as folk art, the banal/popular, and the quotidian; the intense study of non-European, supposedly primitive cultures; and their fascination with the imagination and creativity of children, "outsiders," and people with mental

Kollektivgedanke nicht nur theoretisches Thema von *Helhesten*, sondern wurde in Form der gemeinschaftlich erarbeiteten Zeitschrift – und gleichzeitig auch durch gemeinsame Ausstellungen wie der *13 kunstnere i et Telt* (13 Künstler*innen in einem Zelt) und kollektiv entwickelte Kunstwerke – ebenso praktisch gelebt. Alle diese später für CoBrA so wesentlichen Interessen und Themenfelder verblieben in den späten 1930er- und frühen 1940er-Jahren jedoch nicht nur auf einer rein theoretischen Ebene, sondern sind – in jeweils unterschiedlicher Intensität und Ausprägung – auch im gleichzeitigen künstlerischen Schaffen der späteren dänischen CoBrA-Künstler*innen ausgeprägt. Dabei ging es den damals im Umkreis von Linien, Høst und *Helhesten* agierenden Kreativen nie darum, eine einheitliche Ästhetik oder klare Theorie auszubilden, sondern vielmehr um die Schaffung eines liberalen Umfelds, in dem sich unterschiedlichste künstlerische Positionen entwickeln und sie gesellschaftliche Veränderungen anstoßen konnten.

Dass dieses Projekt, mittels Kunst auf das Alltagsleben einzuwirken, kriegsbedingt zunächst nur auf Dänemark beschränkt geblieben, von Anfang an aber international und an keine staatlichen Grenzen gebunden angedacht war, zeigte sich direkt nach Kriegsende. Fast alle der späteren dänischen Mitglieder von CoBrA versuchten unmittelbar danach, den Kontakt zu Gleichgesinnten im Ausland wieder zu reaktivieren oder neu zu knüpfen, und verließen aus diesem Grund die Heimat für kürzere oder längere Zeit. Insbesondere Asger Jorn, Carl-Henning Pedersen und Ejler Bille wurden dabei zu den treibenden Kräften, die hinter der Gründung von CoBrA im November 1948 standen.

1 Siehe Karen Kurczynski, *The Cobra Movement in Postwar Europe. Reanimating Art*, New York/London 2021; Kerry Greaves, *The Danish Avant-Garde and World-War II. The Helhesten Collective*, New York/London 2019.
2 Willemijn Stokvis, *Cobra. The Last Avant-Garde Movement of the Twentieth Century*, Hampshire 2004, S. 124. Stokvis sieht etwa in der Kopenhagener Ausstellung der Gruppe Linien im September 1937 einen Punkt, an dem sich die Gruppe erstmals stärker formierte und deutliche Akzente in Richtung der späteren Gruppe CoBrA setzte.
3 Zu *Helhesten* und der Bedeutung dieser Zeitschrift für die Entwicklung der späteren CoBrA-Gruppe wie auch den kulturellen Widerstand gegen die deutschen Besatzer siehe insb. Greaves 2019 (wie Anm. 1) sowie den Aufsatz des Verfassers über CoBrA und den Krieg in der vorliegenden Publikation.

illness. Finally, the idea of the collective, which was also so fundamental for CoBrA, was not only a subject of theory in *Helhesten* but also actually practiced in the form of a journal run collectively and also in joint exhibitions such as *13 kunstnere i et Telt* (Thirteen Artists in a Tent) and works of art produced collectively.

All of these interests and thematic areas that were so essential for CoBrA later did not remain on a purely theoretical level in the late 1930s and early 1940s, but were also reflected, with differences in intensity and nature, in the contemporaneous artistic work of the future CoBrA from Denmark. Creative figures in the circles of Linien, Høst, and *Helhesten* at the time never sought to develop a uniform aesthetic or clear theory, but rather tried to establish a liberal environment in which widely different artistic positions could be developed and provide impulses to transform society.

This project of influence on everyday life by means of art was initially limited to Denmark as a result of the war, but from the outset it was conceived as international, without any national borders, as became clear soon after the war. Nearly all of the future members of CoBrA immediately sought to establish or reactivate contact with like-minded colleagues abroad and to that end left their homelands for brief or longer periods. Asger Jorn, Carl-Henning Pedersen, and Ejler Bille in particular became driving forces behind the foundation of CoBrA in November 1948.

1 See Karen Kurczynski, *The Cobra Movement in Postwar Europe. Reanimating Art* (New York, 2021); Kerry Greaves, *The Danish Avant-Garde and World-War II: The Helhesten Collective* (New York, 2019).
2 Willemijn Stokvis, *Cobra: The Last Avant-Garde Movement of the Twentieth Century* (Hampshire, 2004), p. 124. Stokvis, for example, sees the Linien group's exhibition in Copenhagen in September 1937 as one point that the group first began to come closer together and added clear accents in the direction of the later CoBrA group.
3 On *Helhesten* and the importance of that journal for the emergence of the later CoBrA group and for cultural resistance to the German occupying forces, see esp. Greaves, *The Danish Avant-Garde and World-War II* (see note 1) and my essay on CoBrA and the war in the present publication.

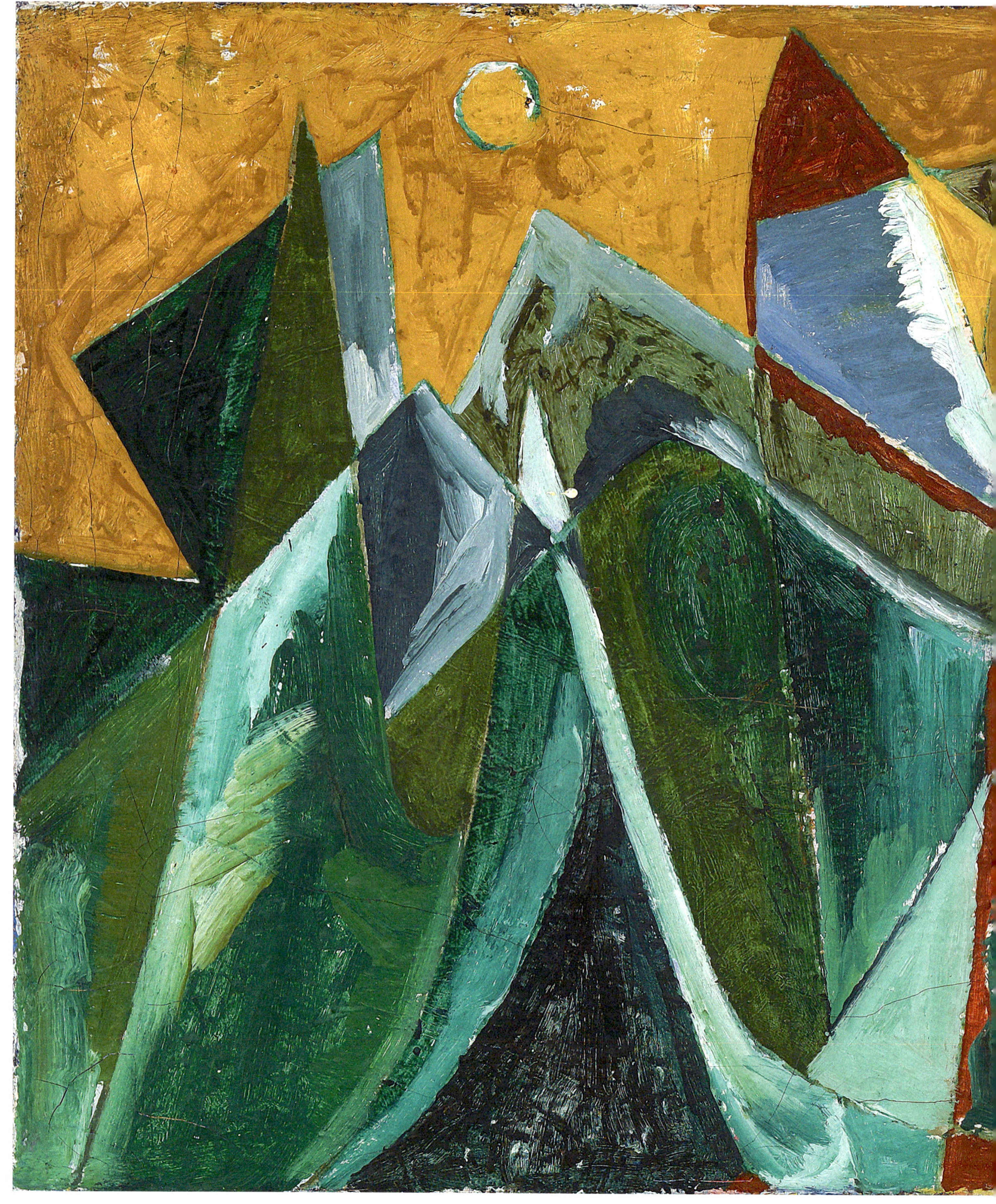

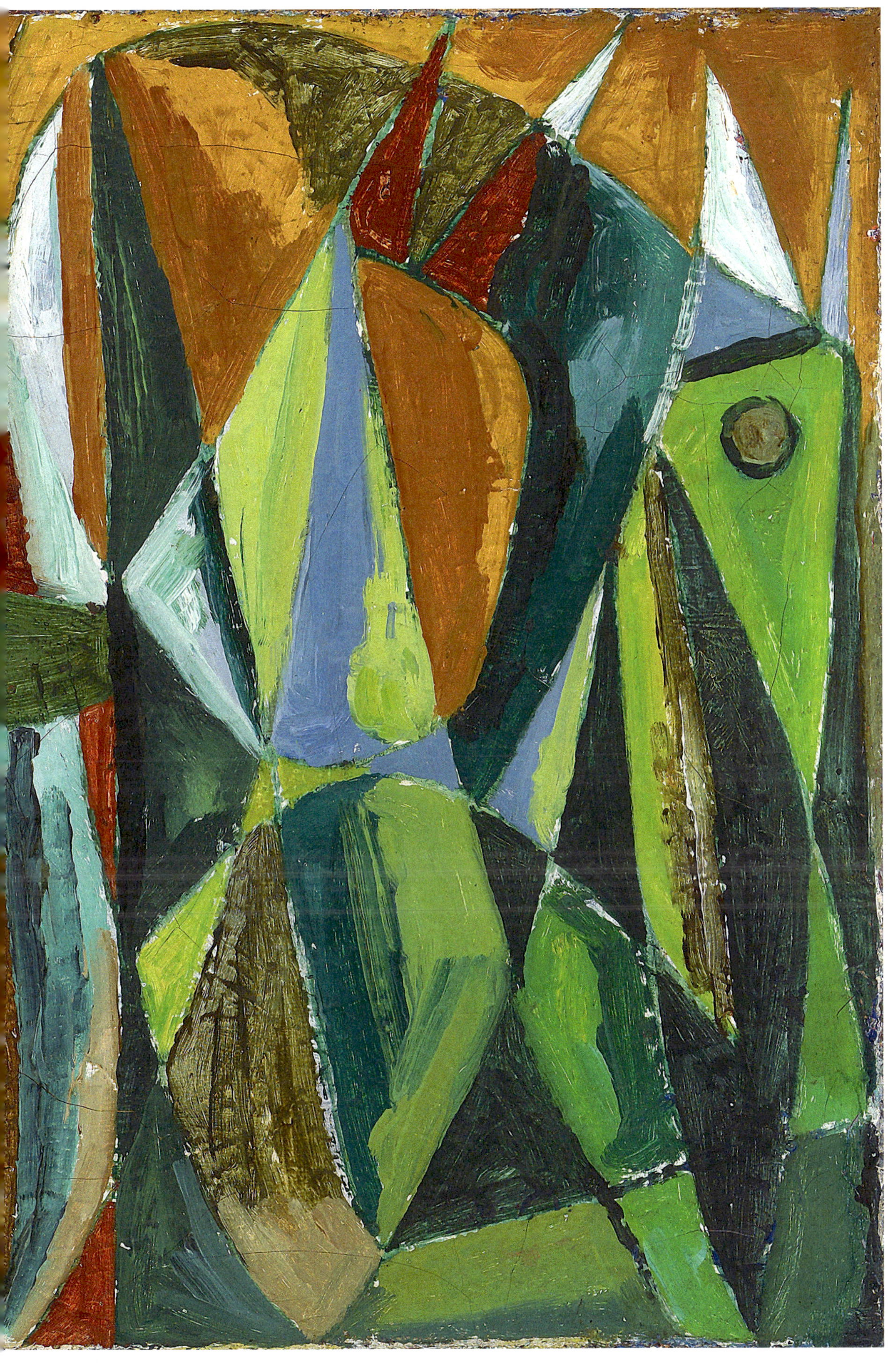

1 | Else Alfelt
Grønt land med okker himmel
1938
Carl-Henning Pedersen &
Else Alfelts Museum, Herning

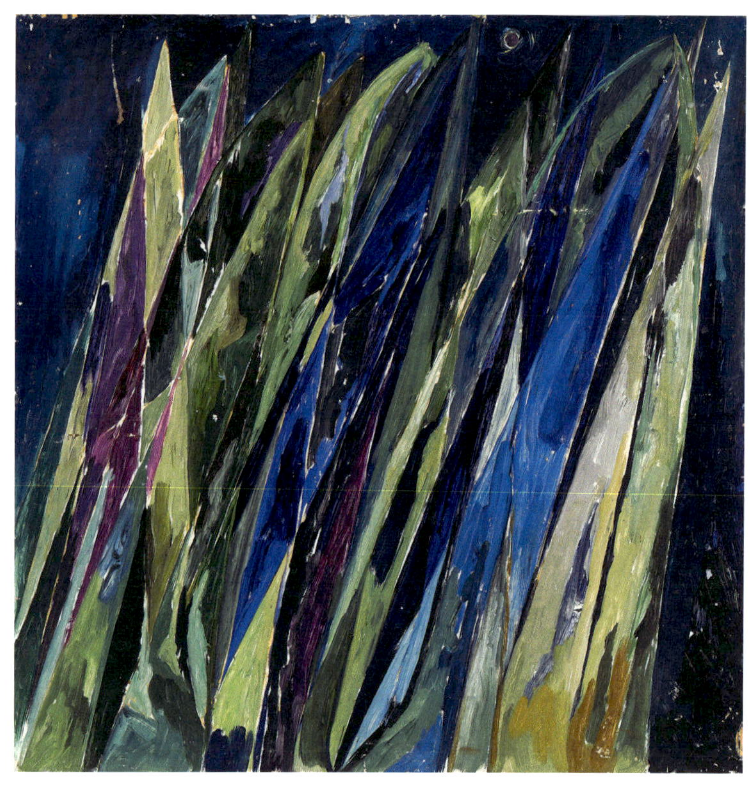

2 | **Else Alfelt**
Spidser der rækker mon himlen
1945
Carl-Henning Pedersen & Else Alfelts Museum, Herning

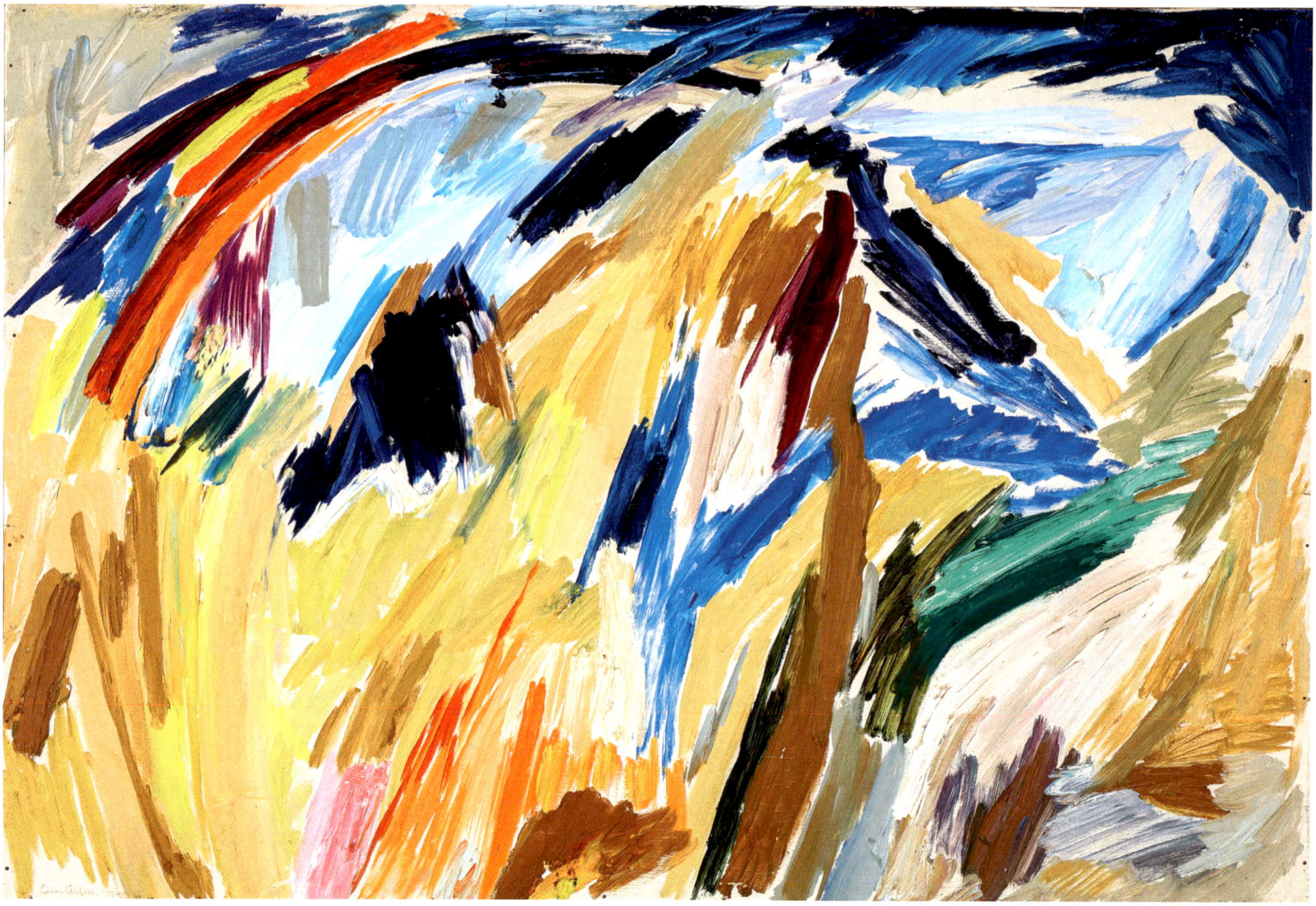

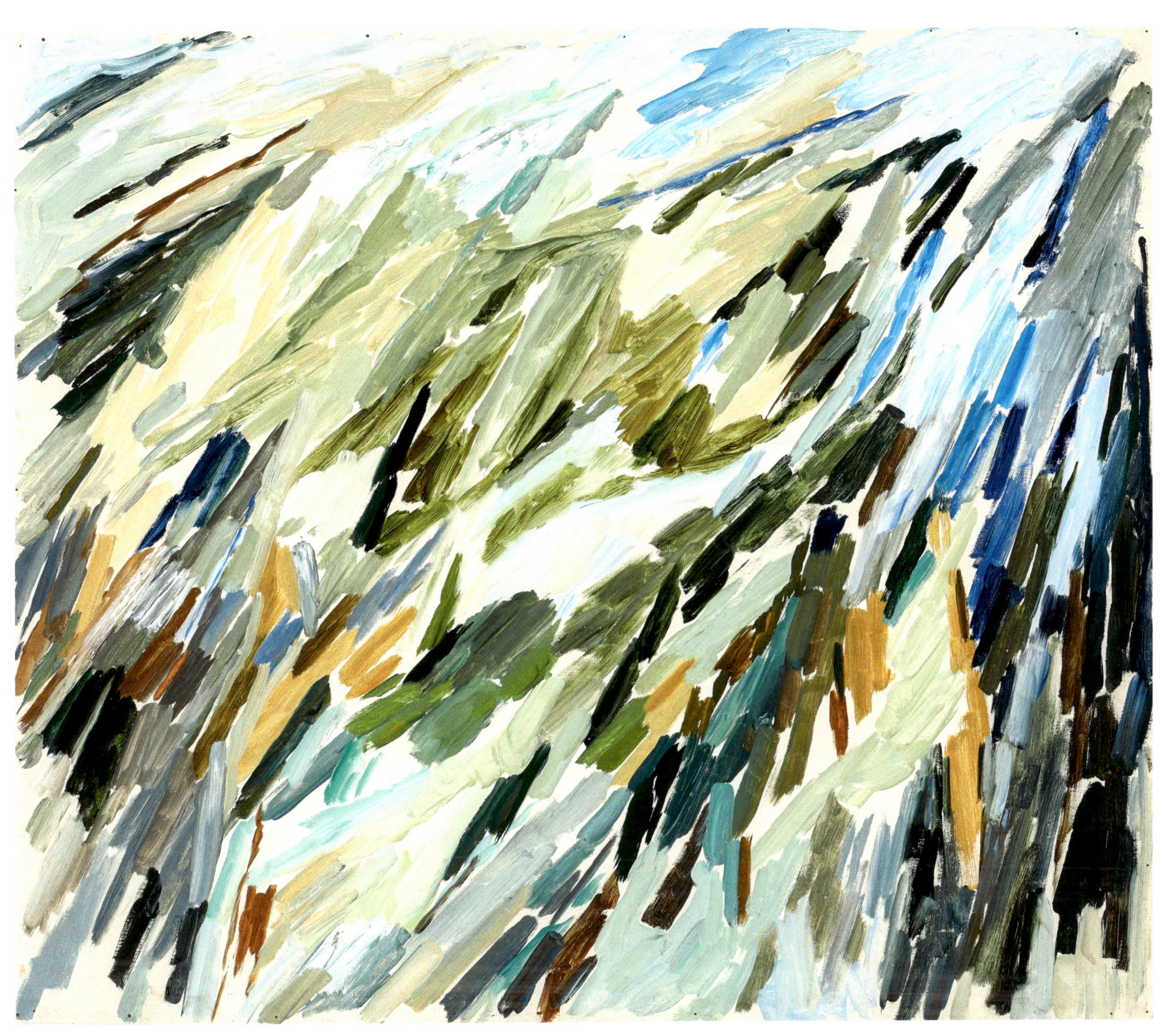

3 | Else Alfelt
Fra fjellets verden
1946
Carl-Henning Pedersen & Else Alfelts Museum, Herning

4 | Else Alfelt
Fossen, Tjuvkil
1947
Carl-Henning Pedersen &
Else Alfelts Museum, Herning

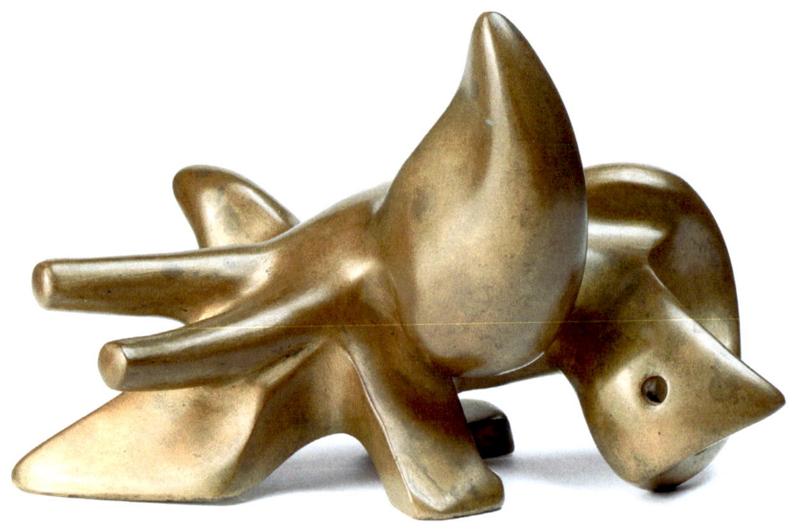

5 | Ejler Bille
Lurende fugl
1933
Louisiana Museum of Modern Art, Humlebæk

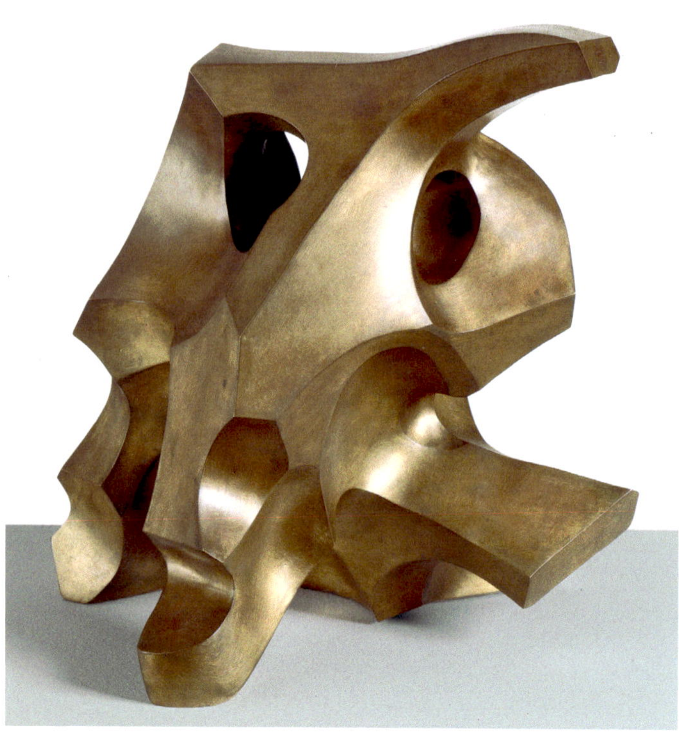

6 | Ejler Bille
Næbdyr
1936
Louisiana Museum of Modern Art,
Humlebæk. Dauerleihgabe / Permanent
Loan: Museumsfonden af 7. Dezember /
December 7, 1966

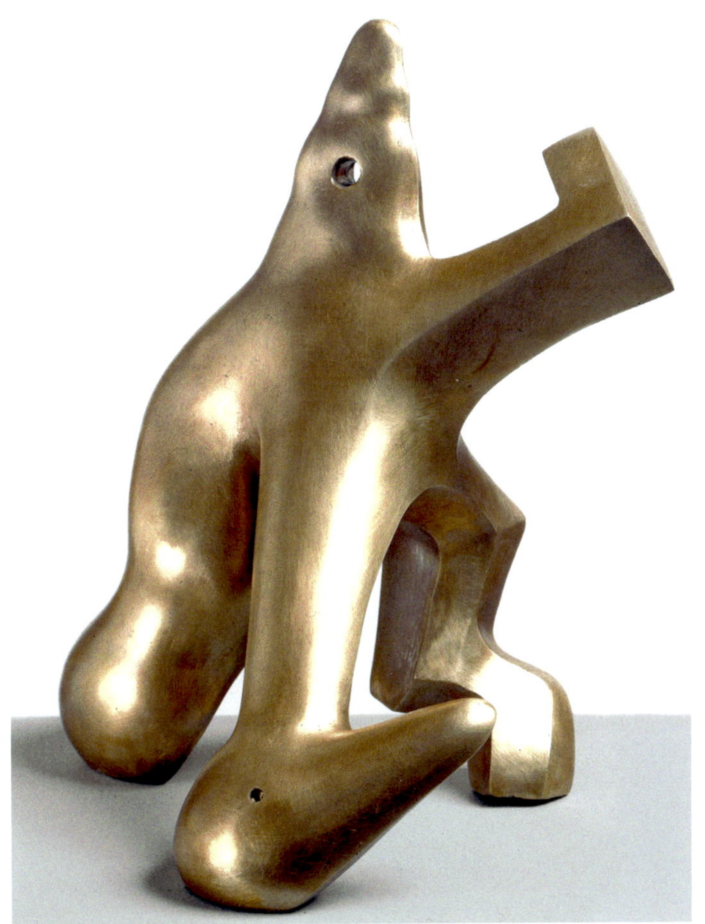

7 | Ejler Bille
Spadserende Form
1933–36
Louisiana Museum of Modern Art, Humlebæk

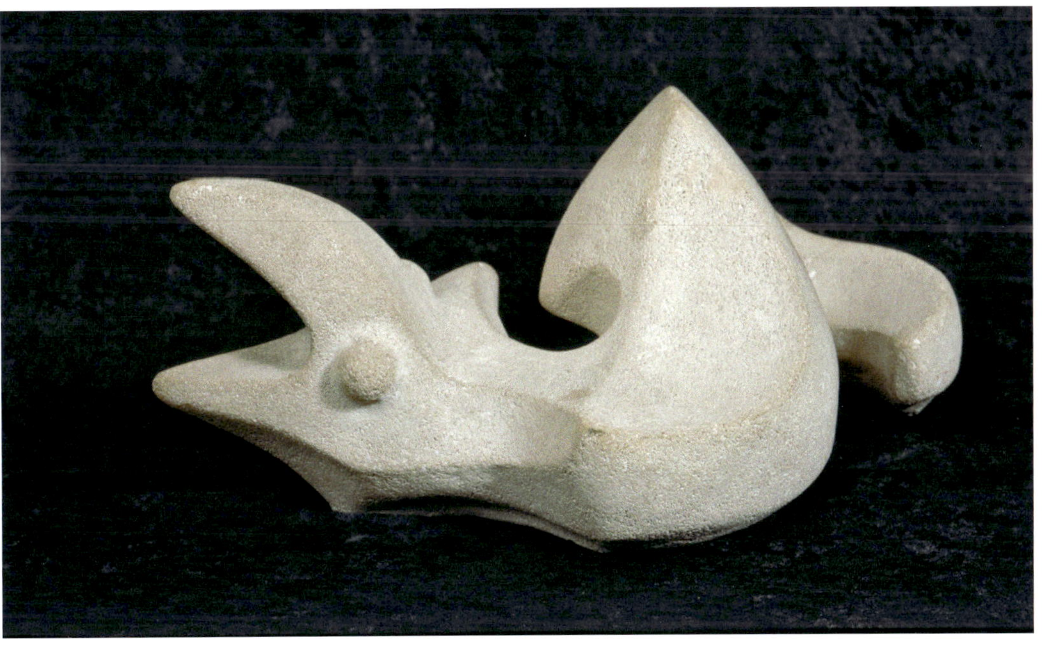

8 | Ejler Bille
Øgle
1936
Vejle Kunstmuseum

9 | Ejler Bille
Komposition. Gudhjem
1940
Kunsten Museum of Modern Art Aalborg

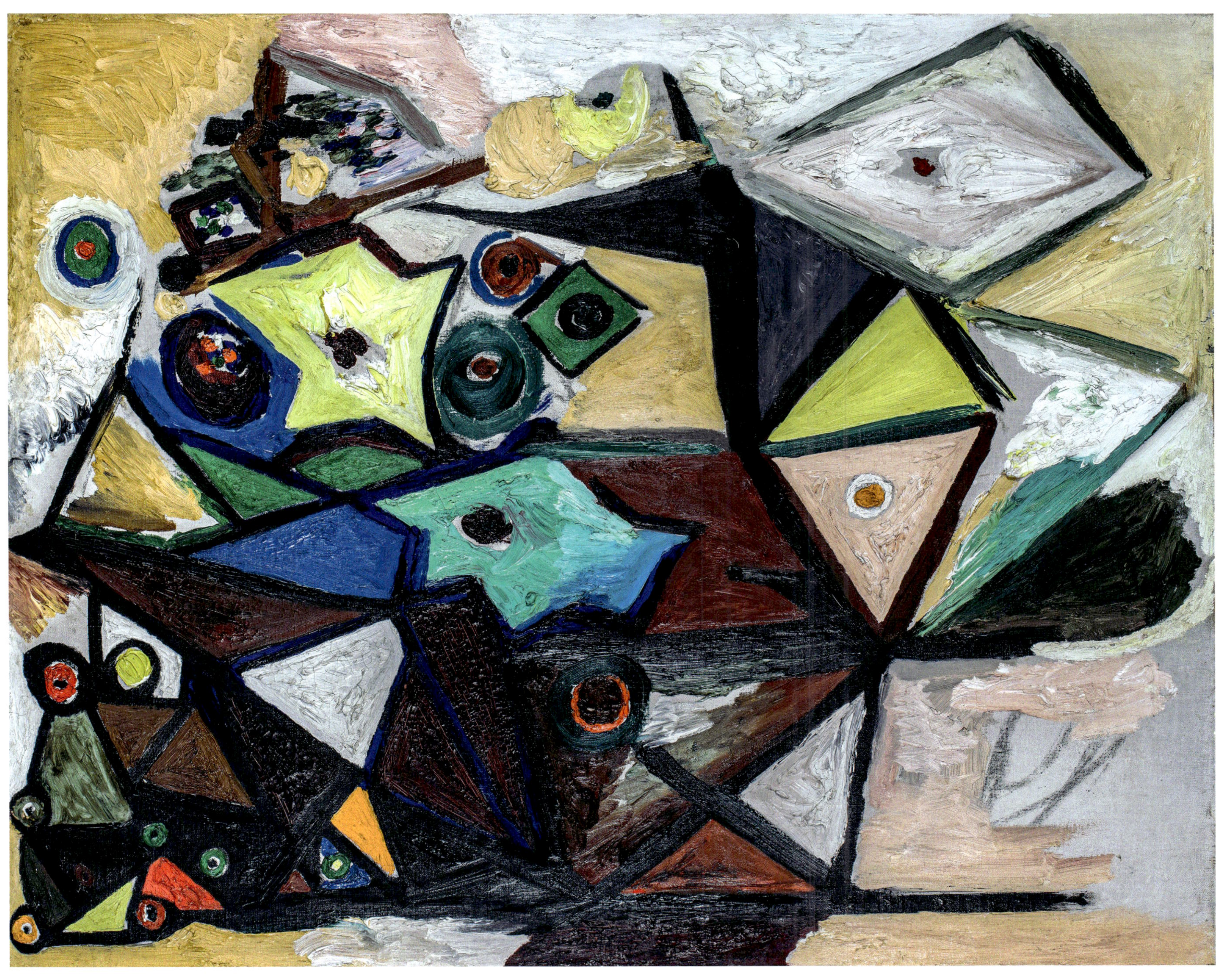

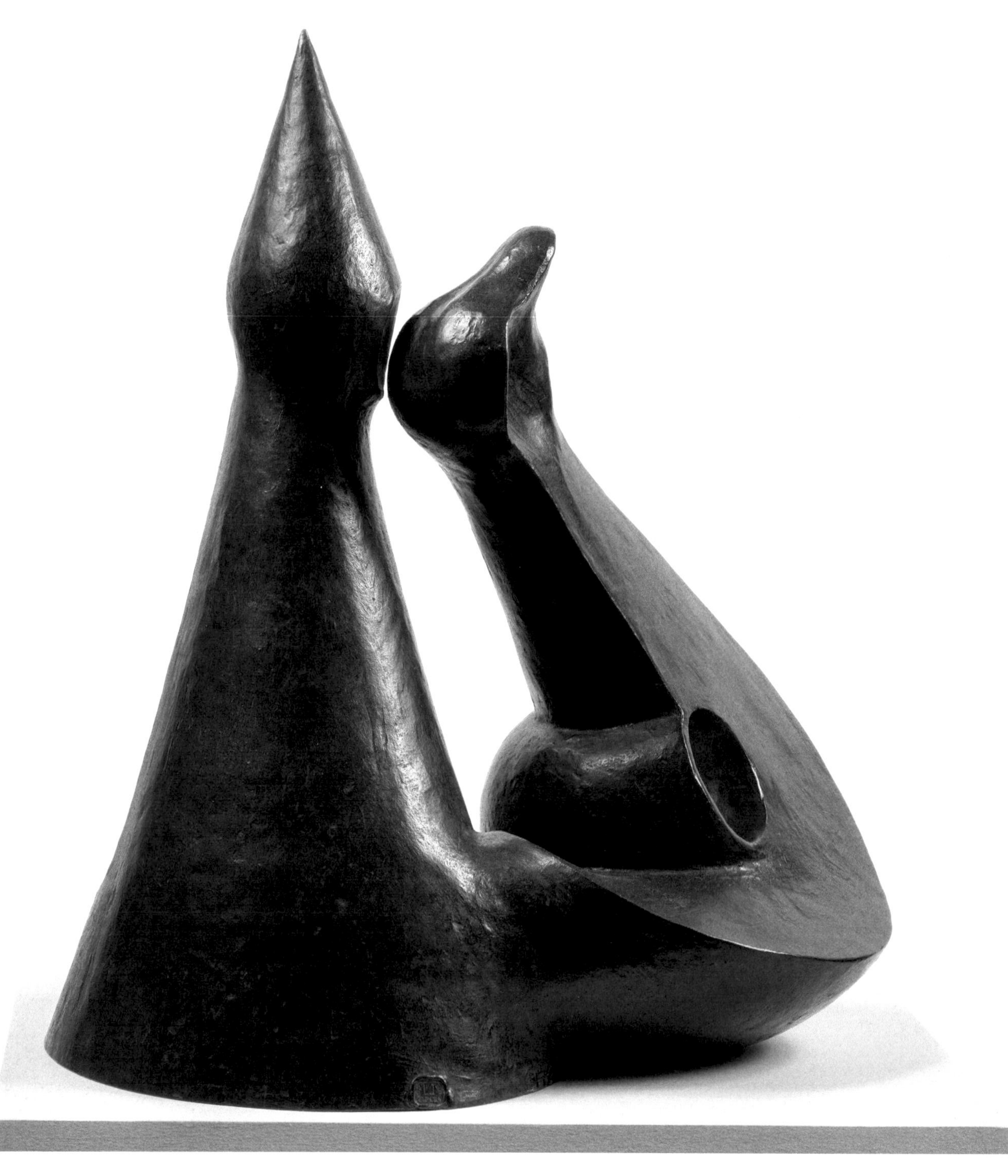

10 | Sonja Ferlov Mancoba
To levende væsener
1935

Louisiana Museum of Modern Art,
Humlebæk, Dauerleihgabe/Permanent Loan:
Museumsfonden af 7. Dezember/December 7, 1966

11 | Sonja Ferlov Mancoba
Komposition
1938

Kunstmuseum Brandts, Odense

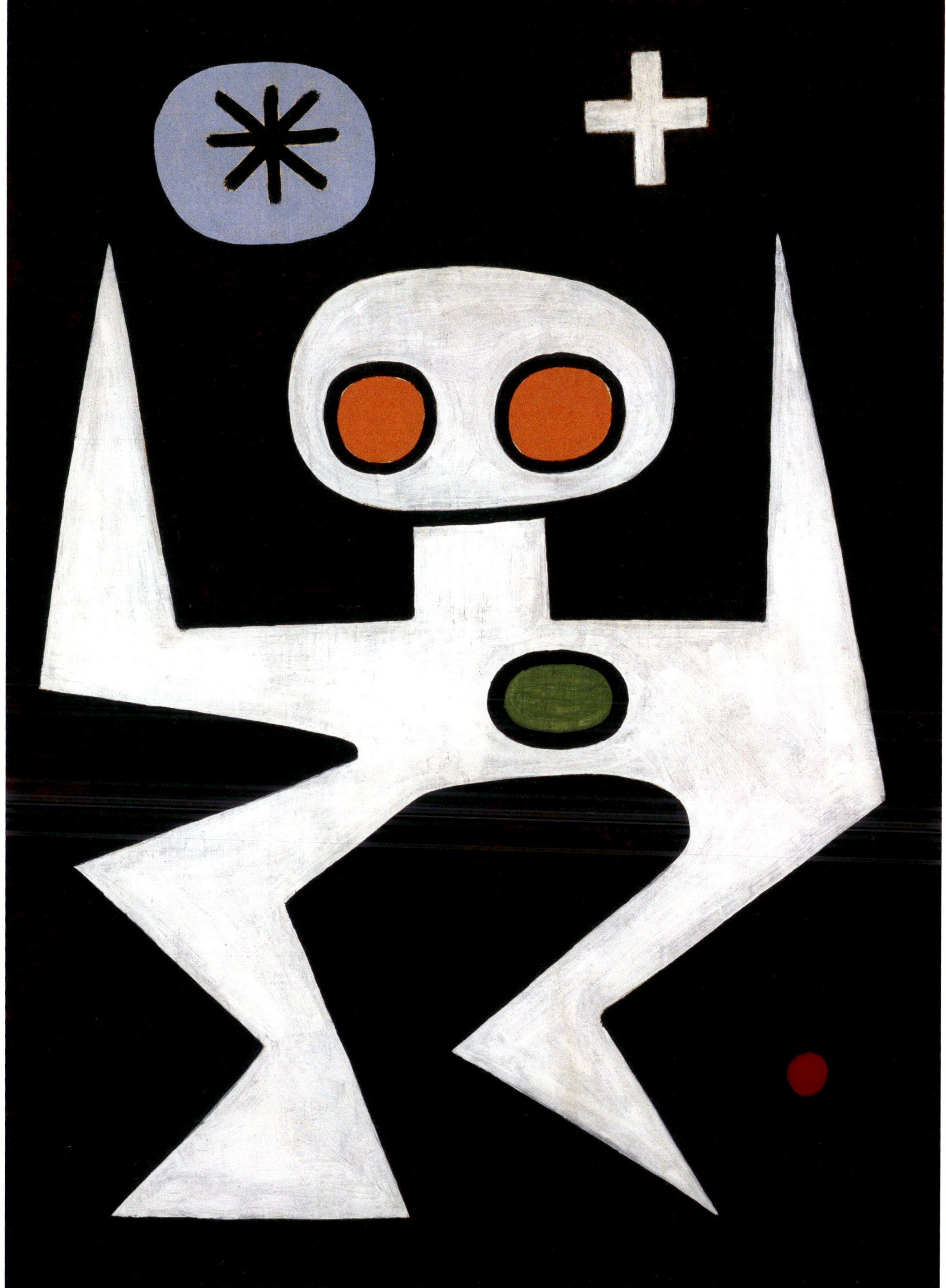

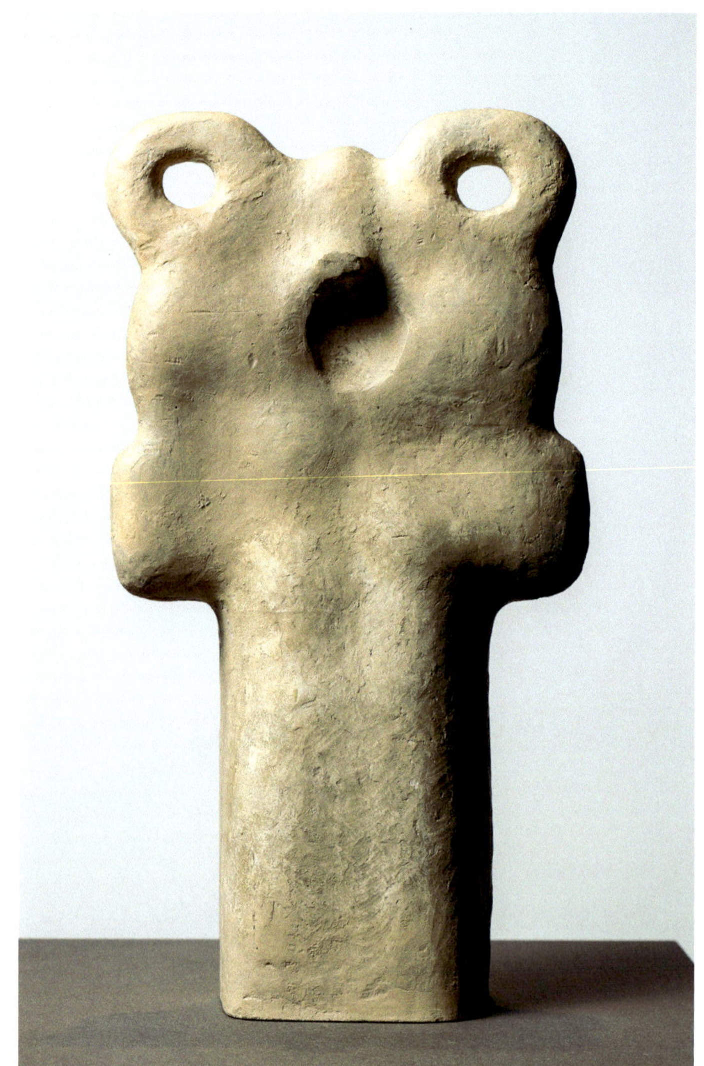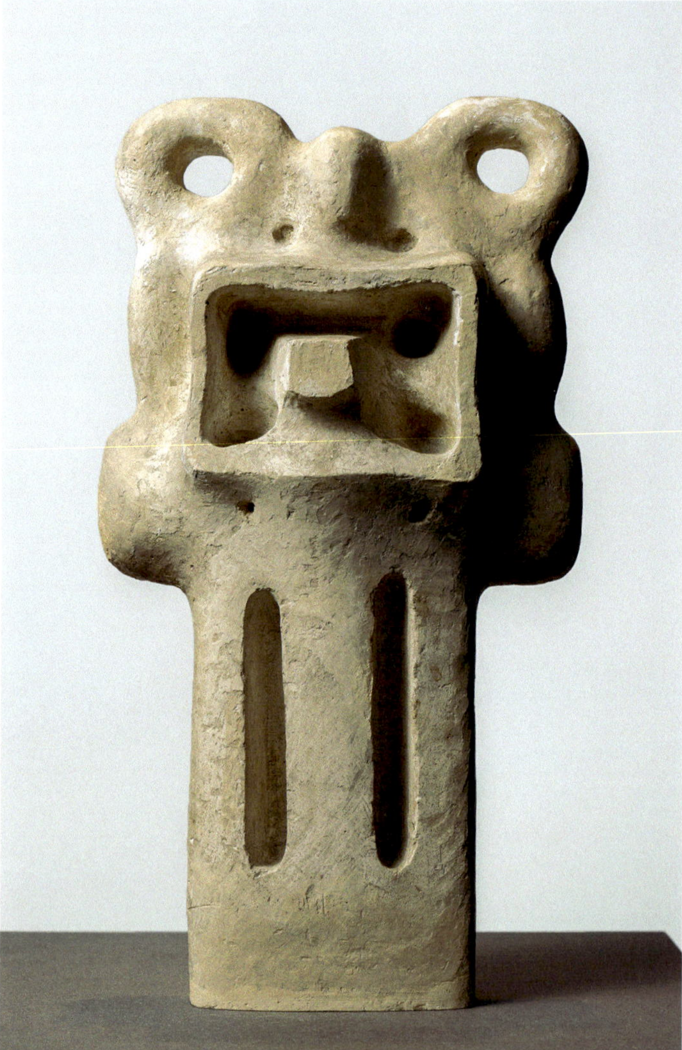

12 | Sonja Ferlov Mancoba
Maskeskulptur
1939
Museum Jorn, Silkeborg

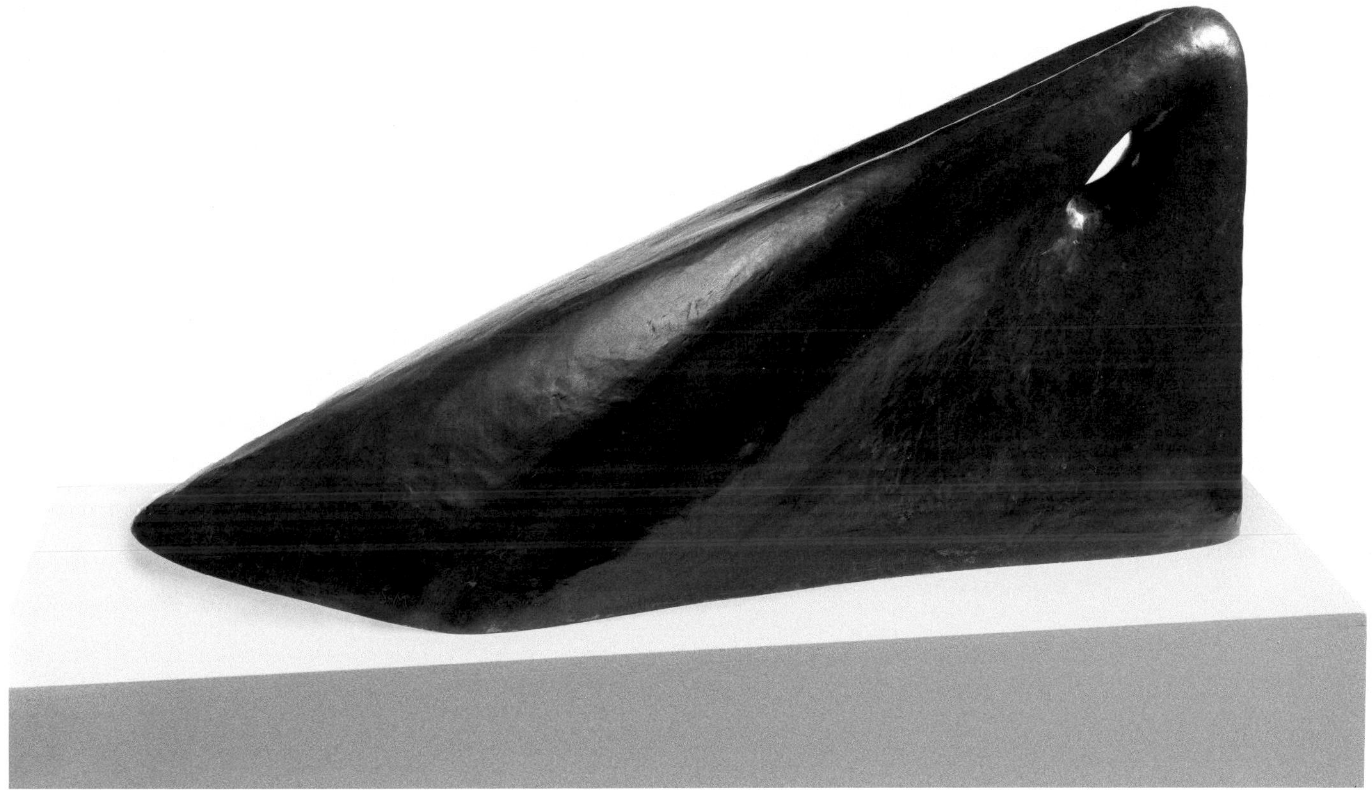

13 | Sonja Ferlov Mancoba
Skulptur (Ohne Titel / Untitled)
1940–46
Louisiana Museum of Modern Art, Humlebæk,
Dänemark / Denmark

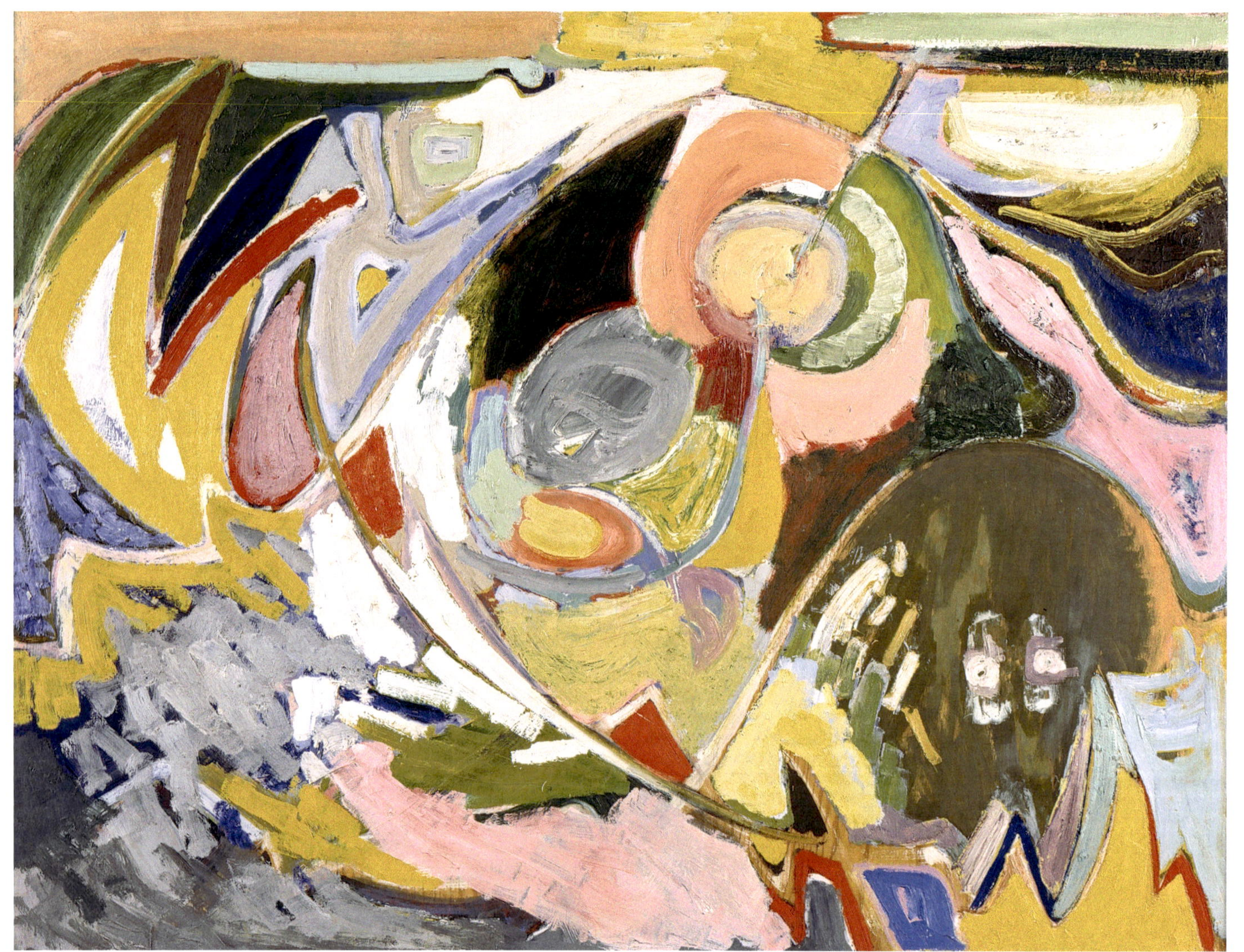

14 | Svavar Guðnason
Komposition
1942
Vejle Kunstmuseum

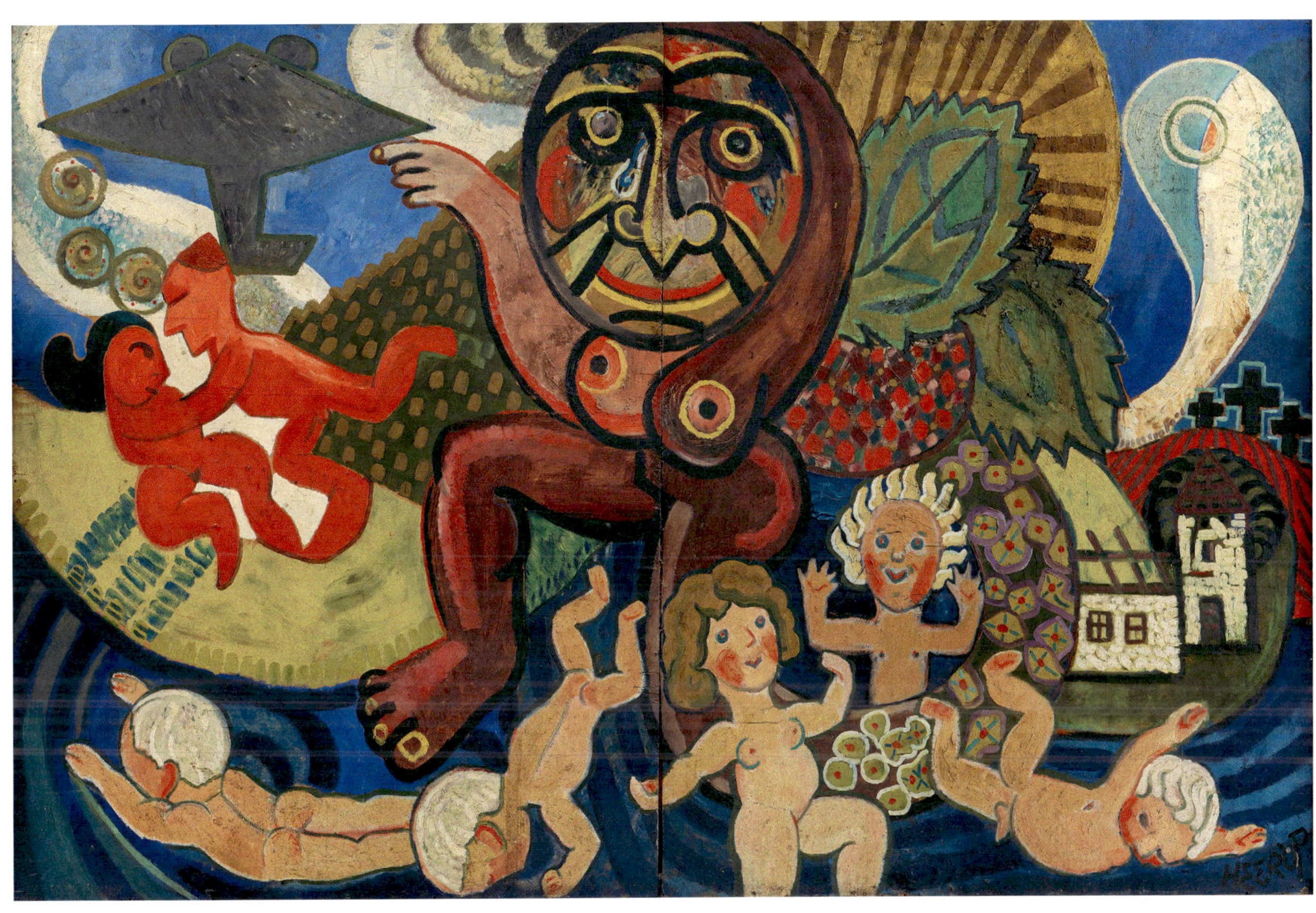

15 | Henry Heerup
Krigsmoderen
1943
Statens Museum for Kunst, Kopenhagen /
Copenhagen

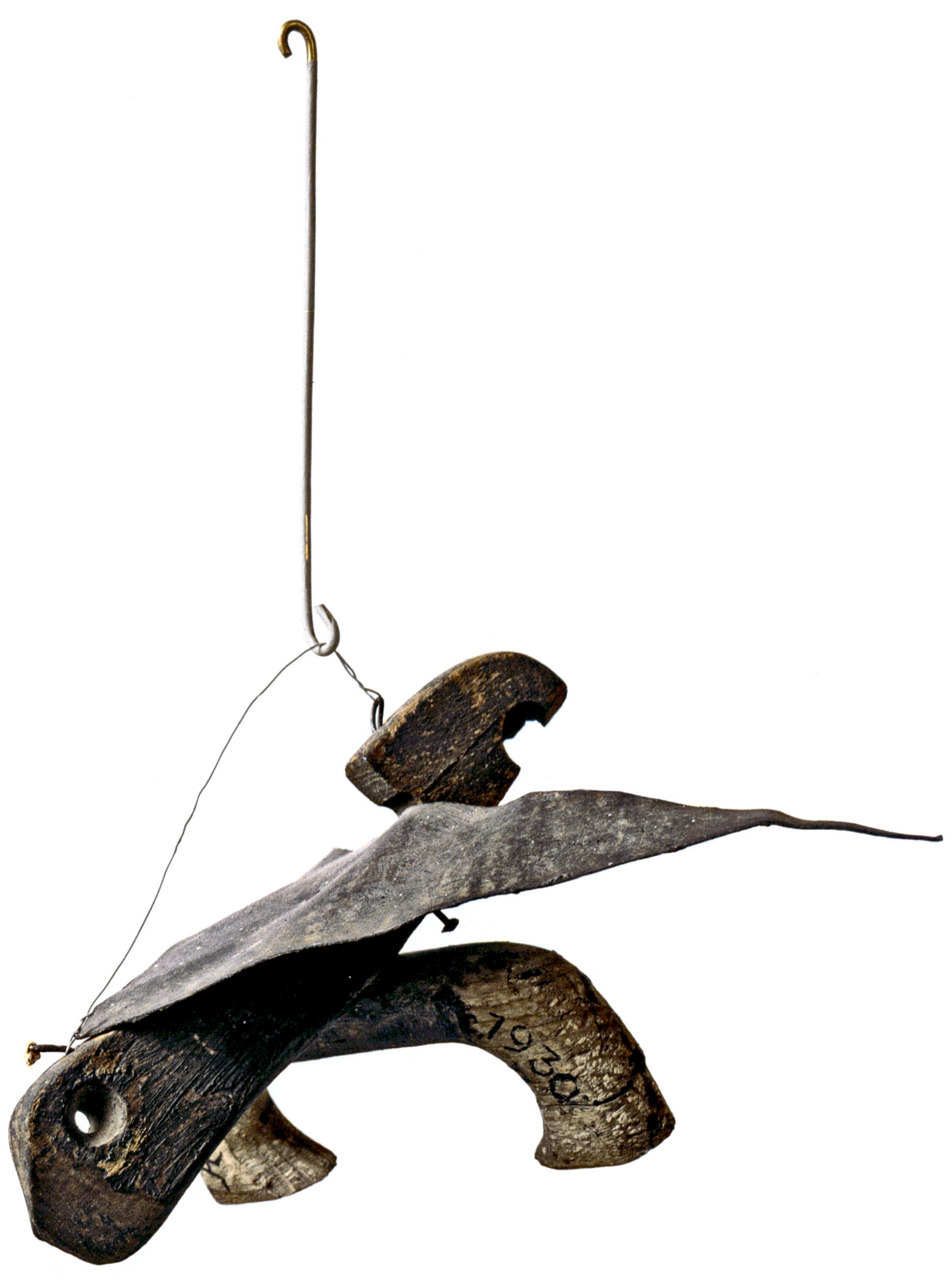

16 | Henry Heerup,
Flagermus
ca. 1930
Louisiana Museum of Modern Art, Humlebæk. Schenkung /
Donation: Veksølund (Ingrid, Poul & Jørgen Hansen)

17 | Henry Heerup
Nanna Figure
1936
Louisiana Museum of Modern Art, Humlebæk.
Dauerleihgabe / Permanent Loan: Museumsfonden
af 7. Dezember / December 7, 1966

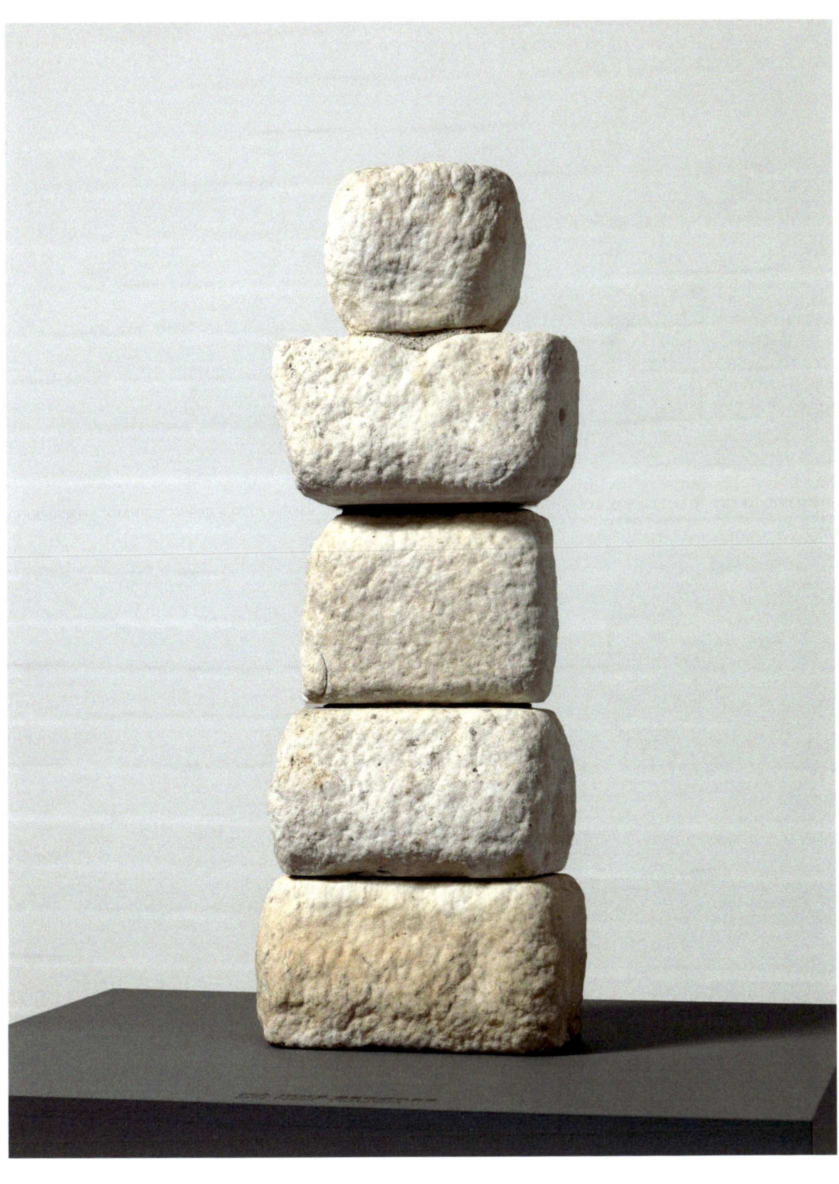

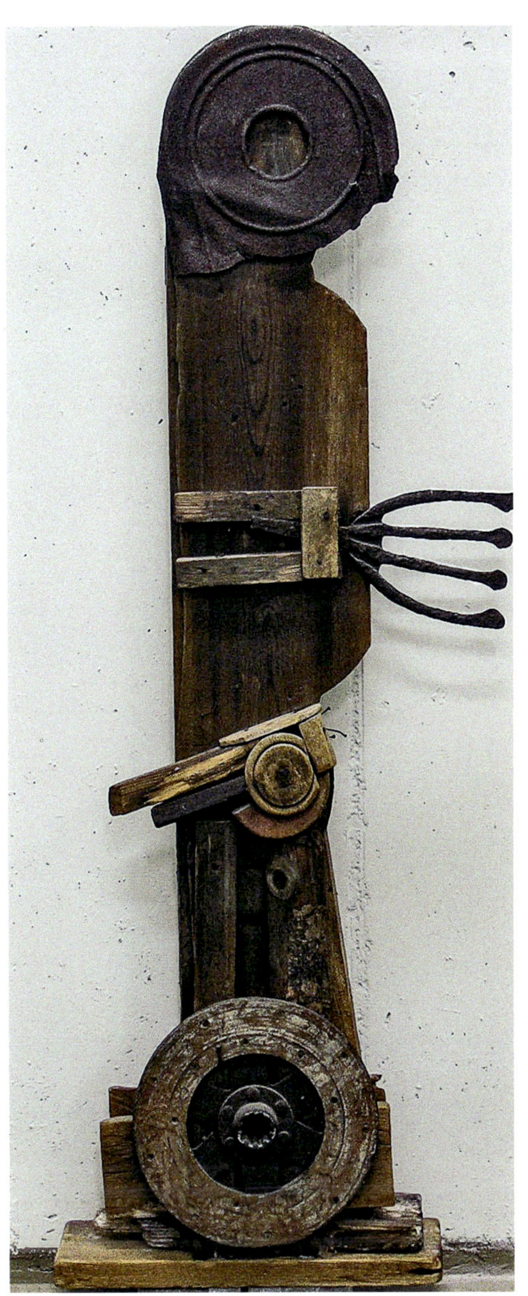

18 | Henry Heerup
*Muselmanden*** (Siehe Anmerkung im Werkverzeichnis /
See note in the list of works)
1940/41
Louisiana Museum of Modern Art,
Humlebæk. Schenkung / Donation:
Alma und / and Vagn Nielsen

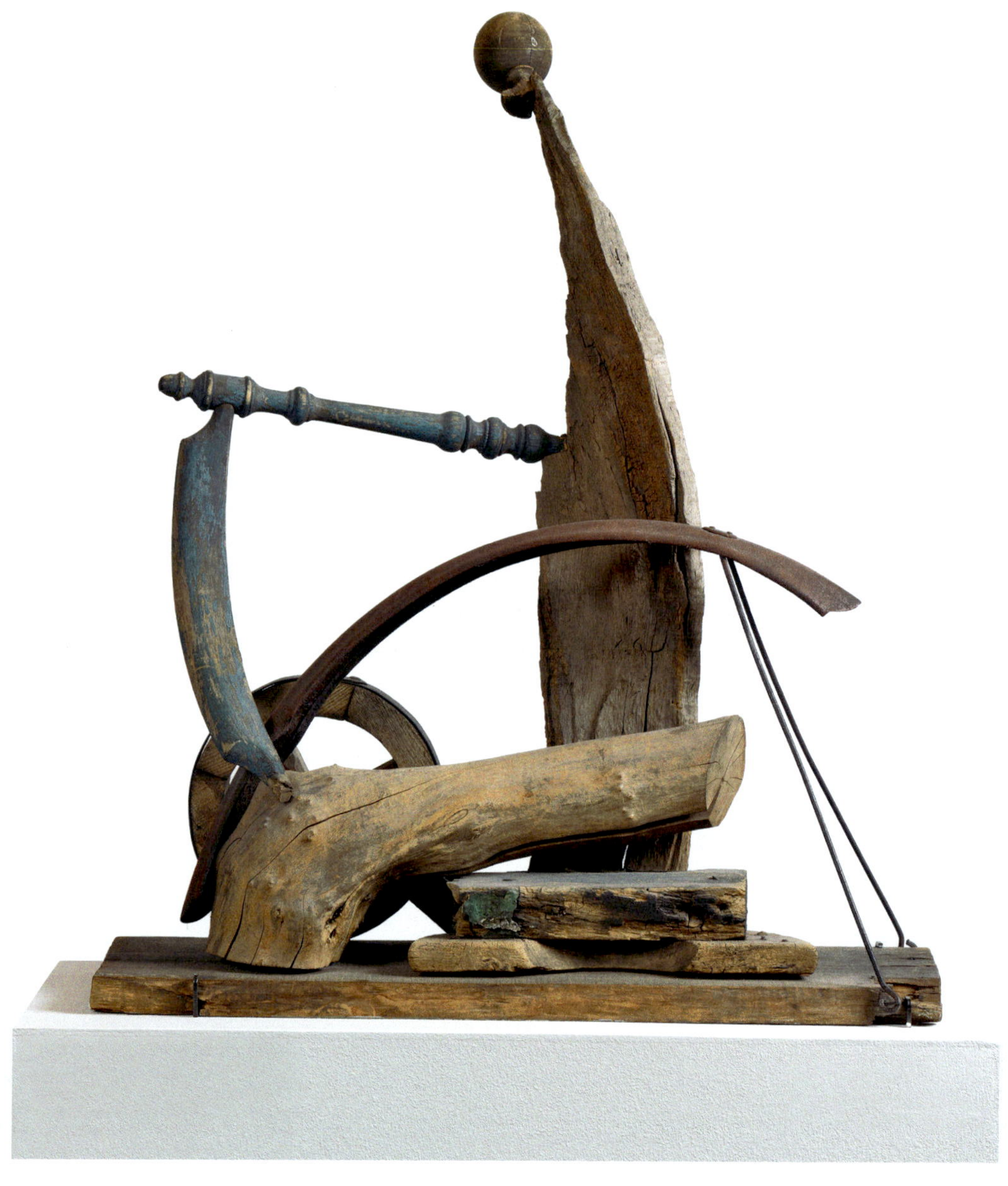

19 | Henry Heerup
Døden høster
1943
Louisiana Museum of Modern Art, Humlebæk

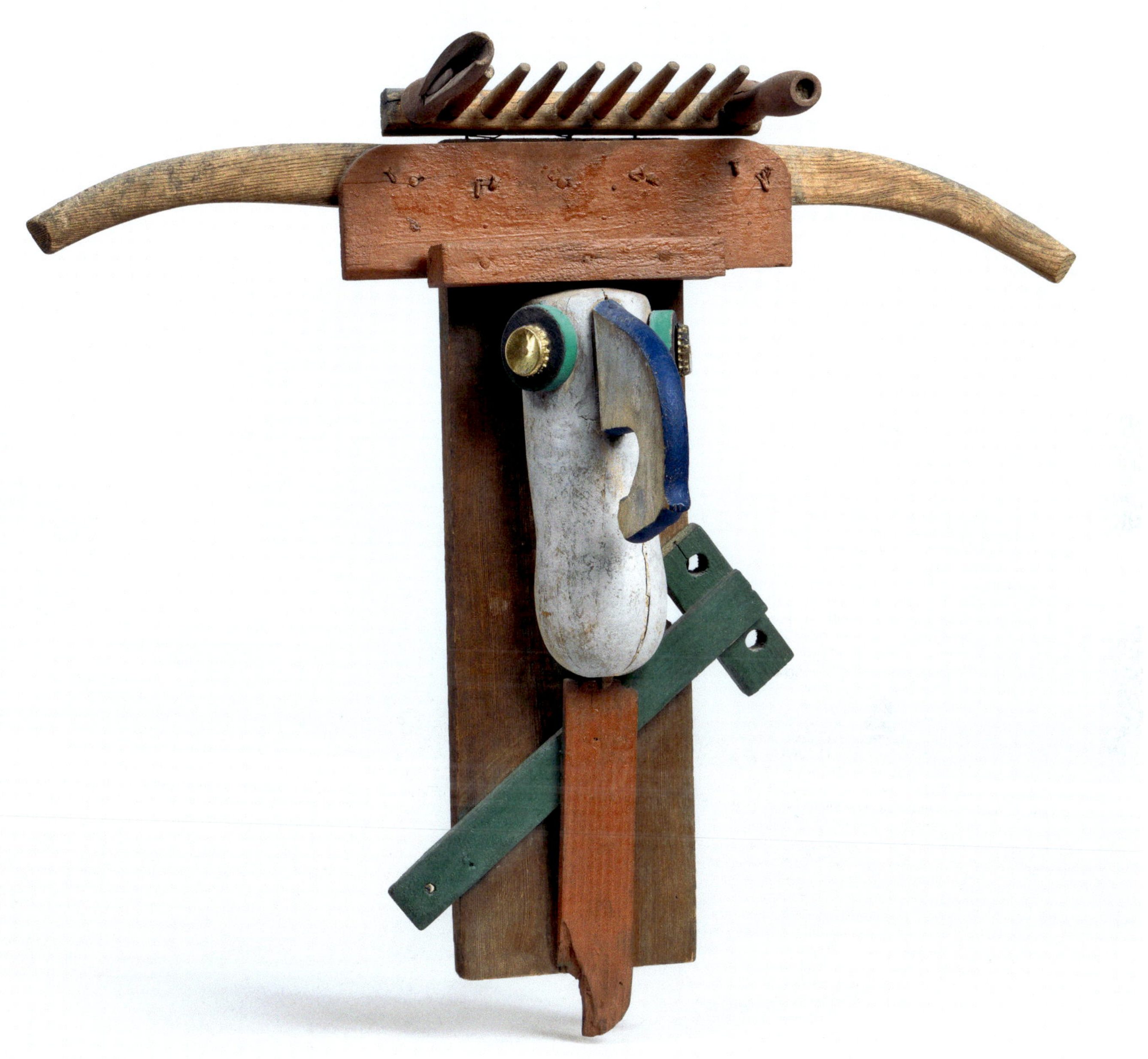

20 | Henry Heerup
Dyremaske
1943
Louisiana Museum of Modern Art, Humlebæk.
Dauerleihgabe / Permanent Loan:
Museumsfonden af 7. Dezember /
December 7, 1966

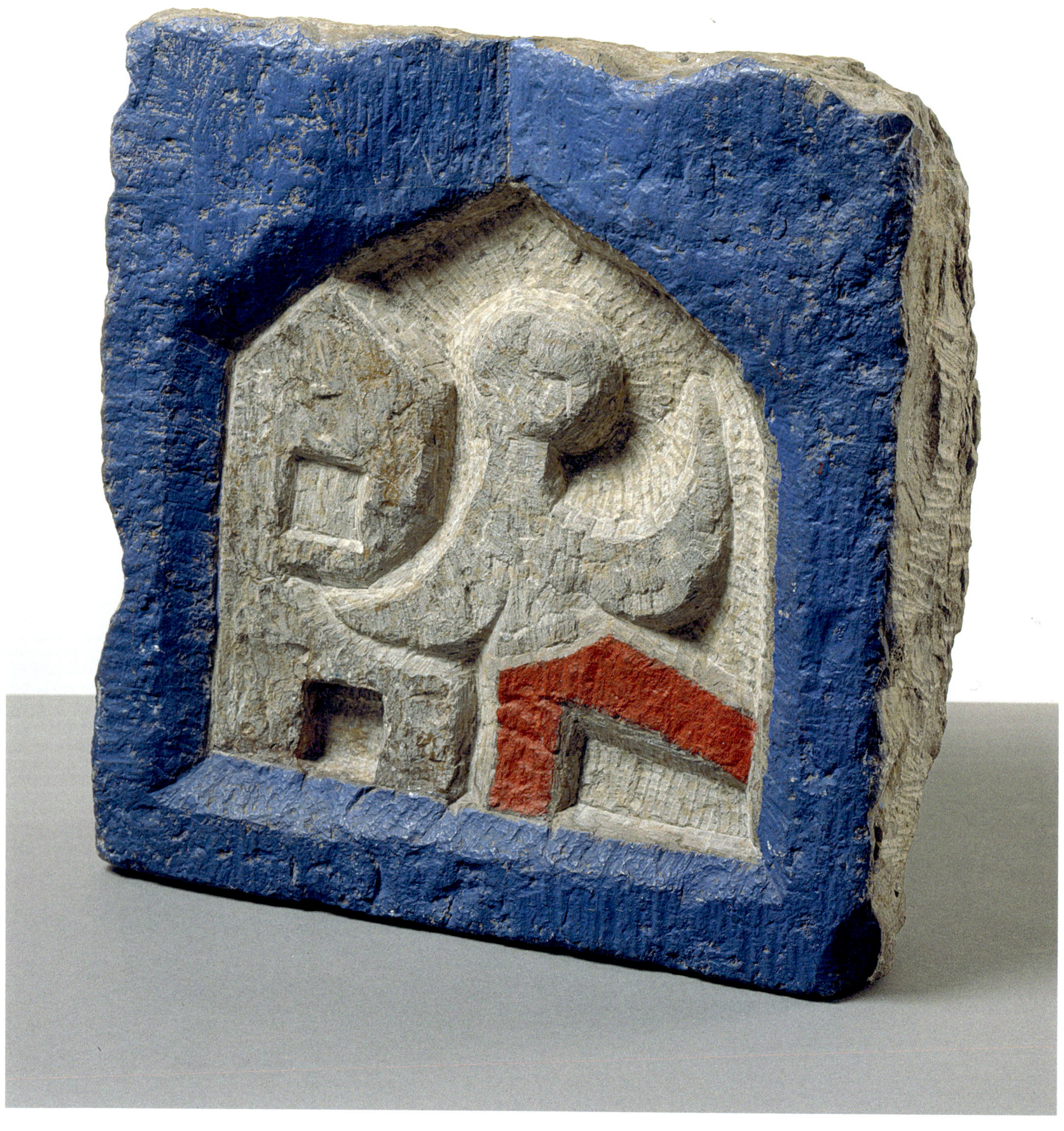

21 | Henry Heerup
Baggaardsdrengen
1941
Vejle Kunstmuseum

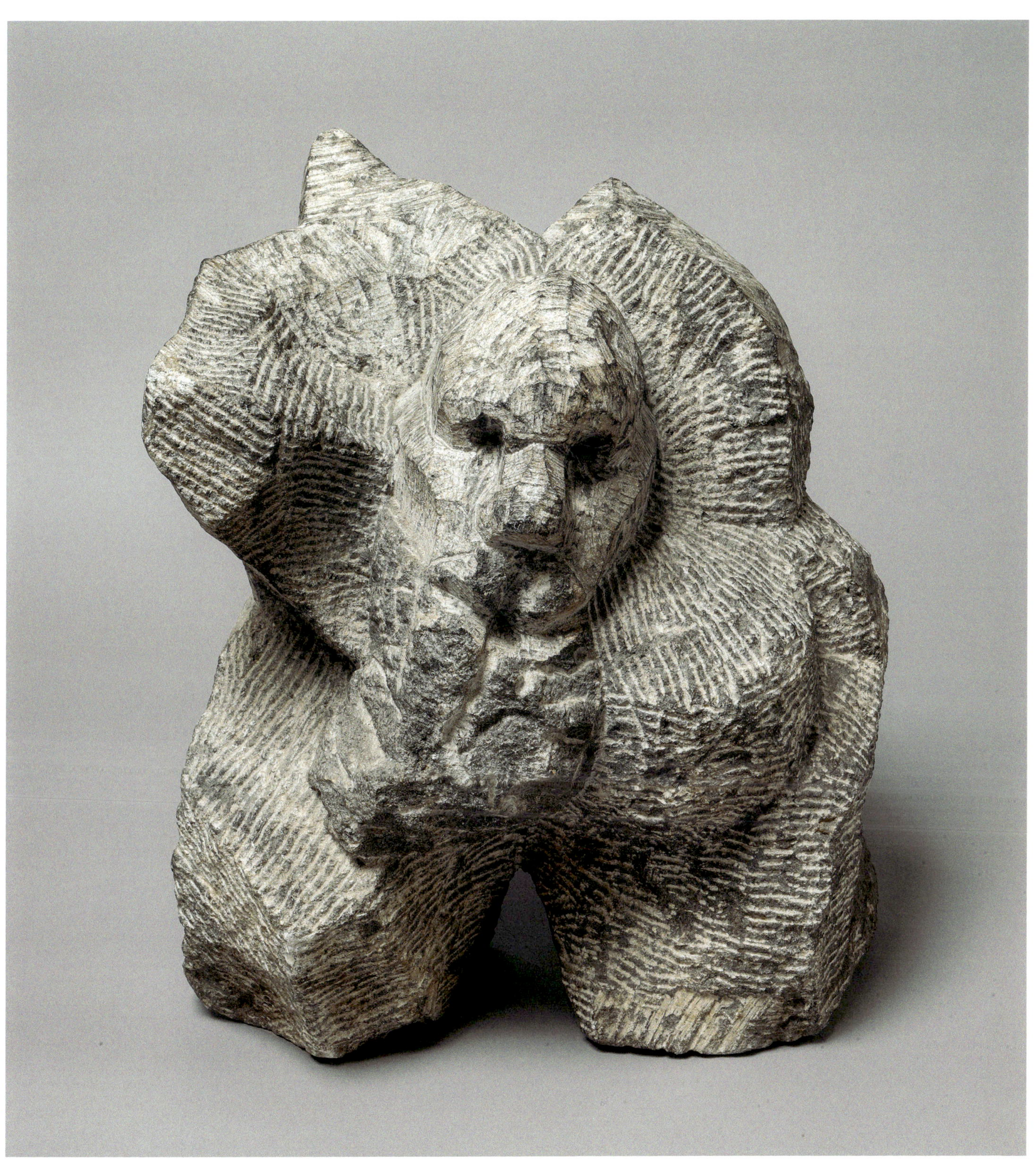

22 | Henry Heerup
Oldingenisse
1941
Statens Museum for Kunst, Kopenhagen /
Copenhagen

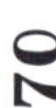

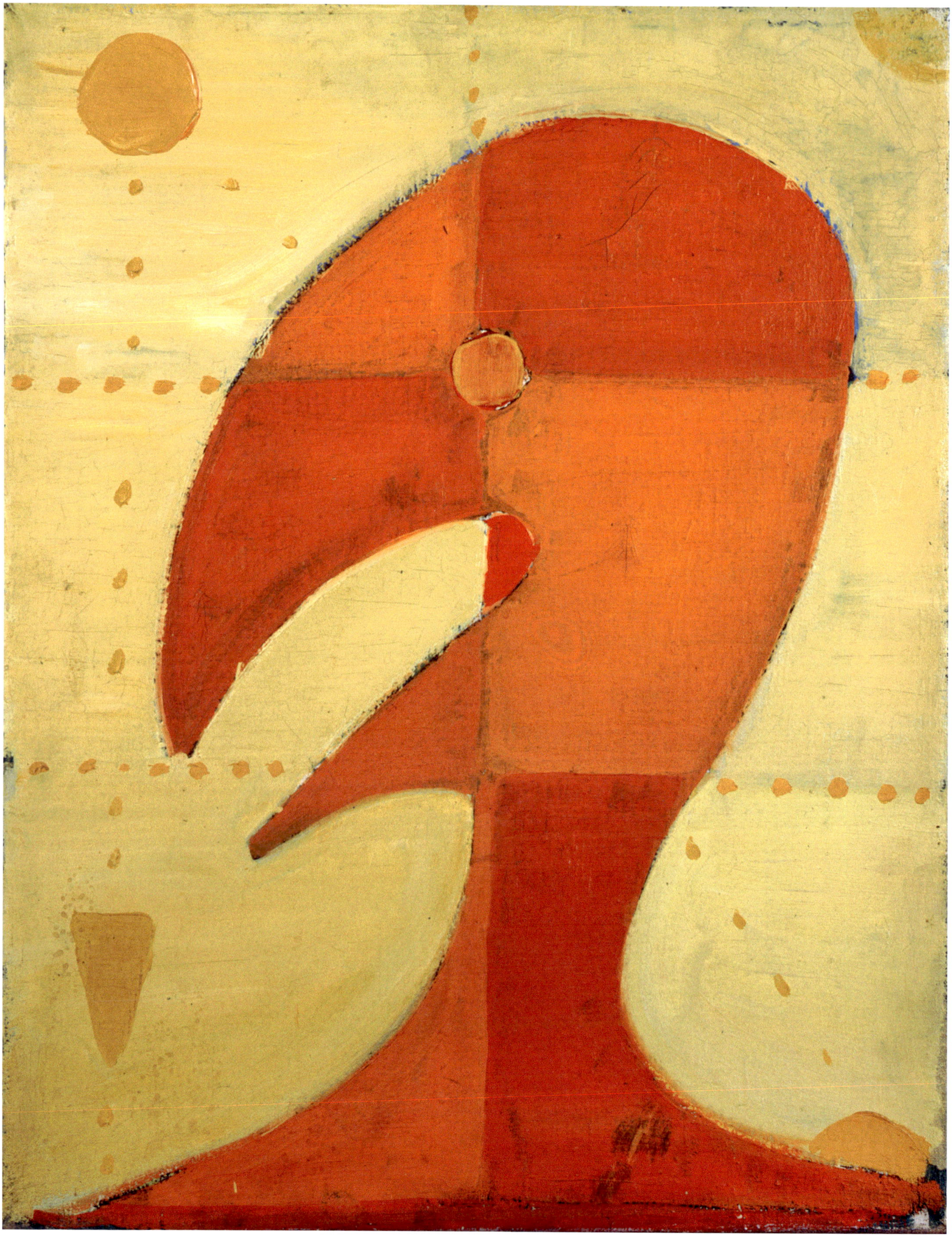

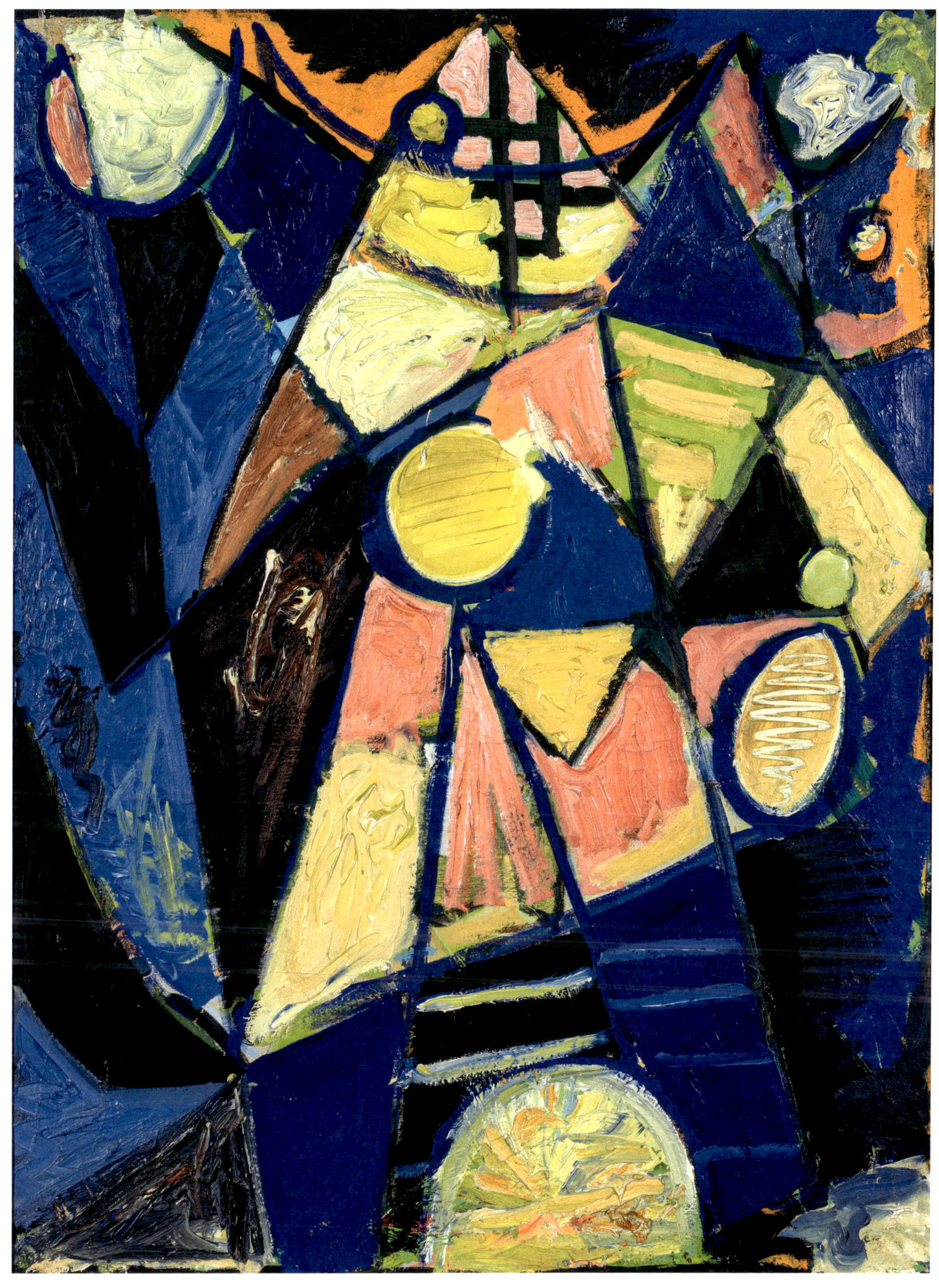

23 | Egill Jacobsen
Orange fugl
1935
Museum Jorn, Silkeborg

24 | Egill Jacobsen
Kosmisk hav
1940
Kunsten Museum of Modern Art Aalborg

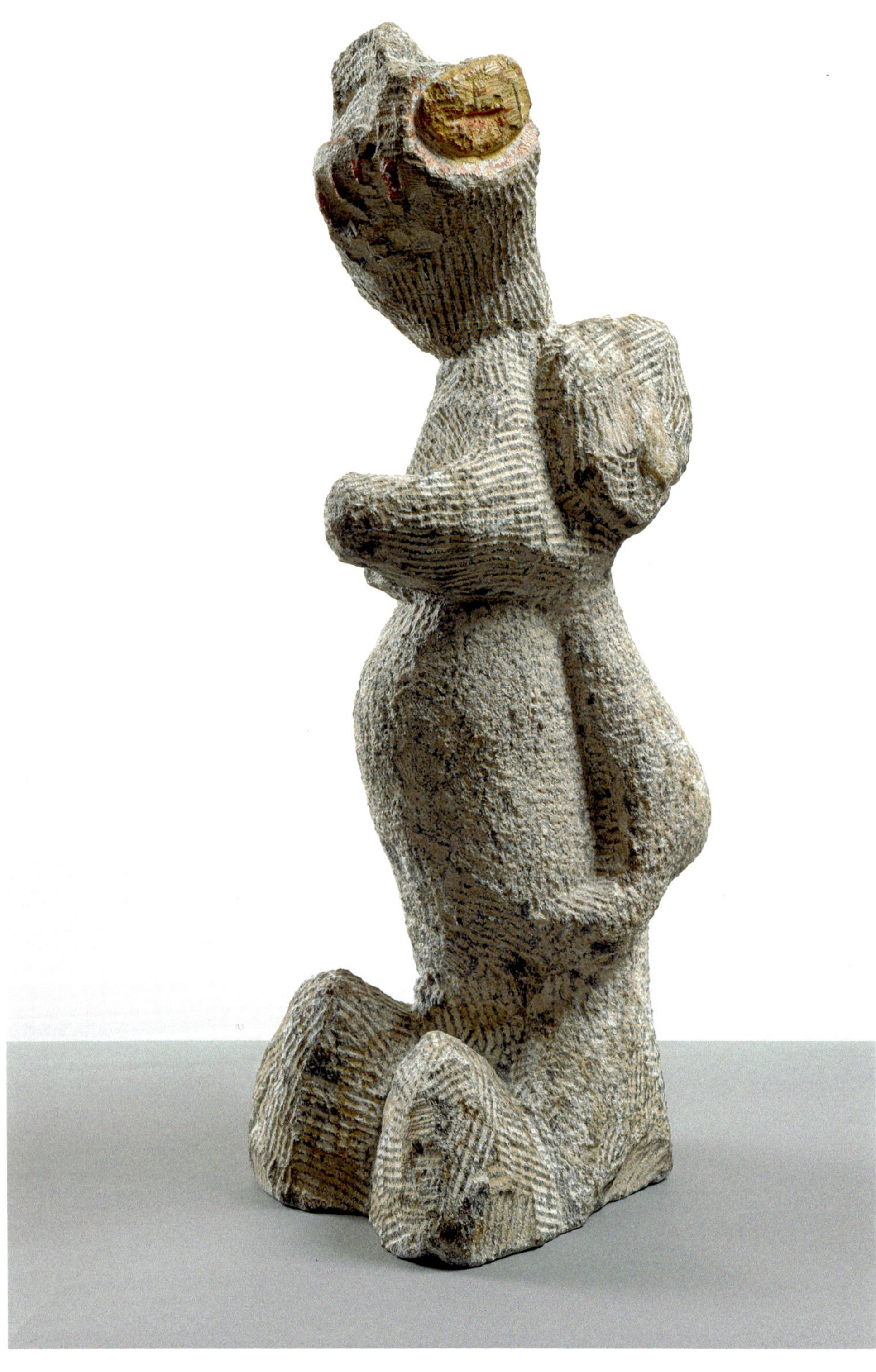

25 | Robert Jacobsen
Ohne Titel / Untitled
o. J. / no date
Vejle Kunstmuseum

26 | Robert Jacobsen
Den fulde Sømand
1943
Vejle Kunstmuseum

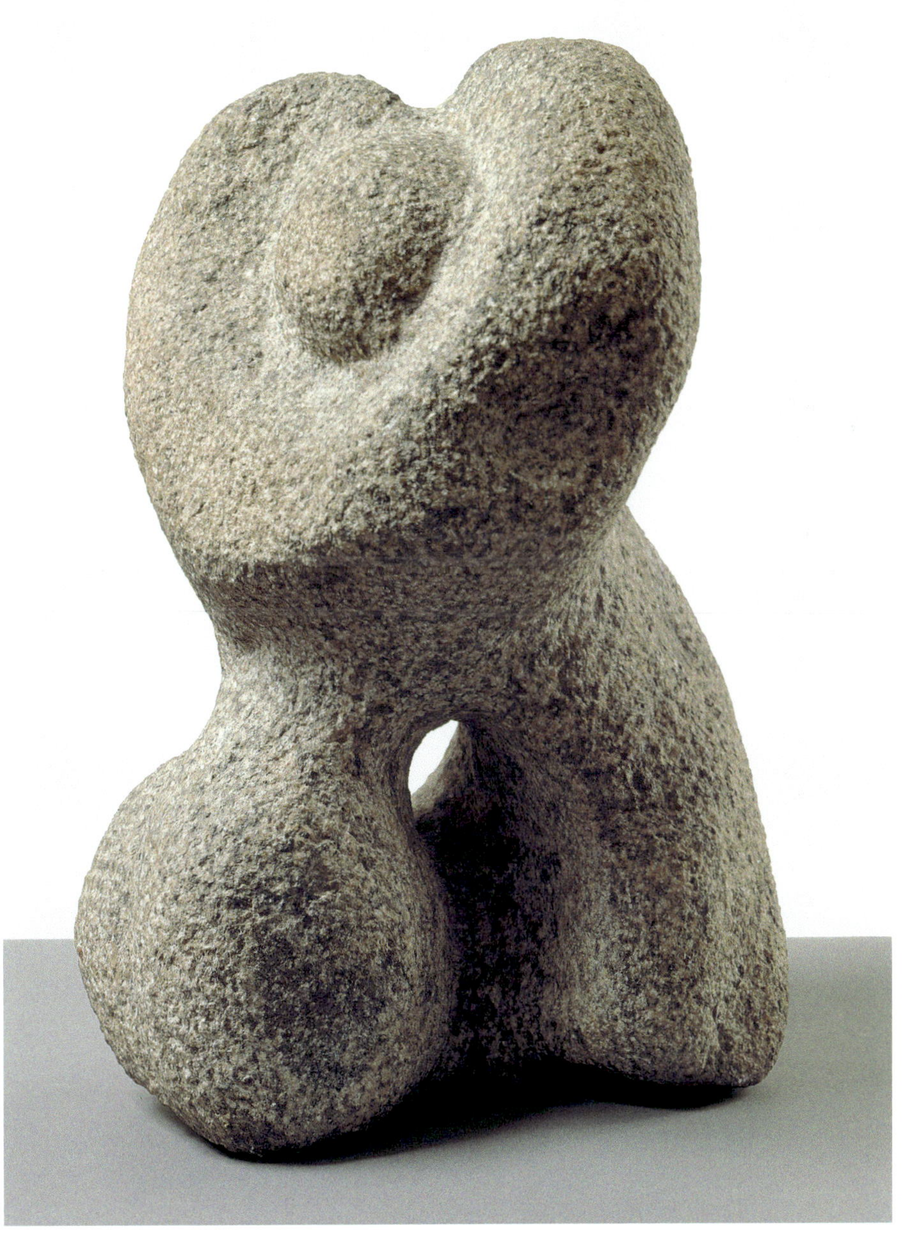

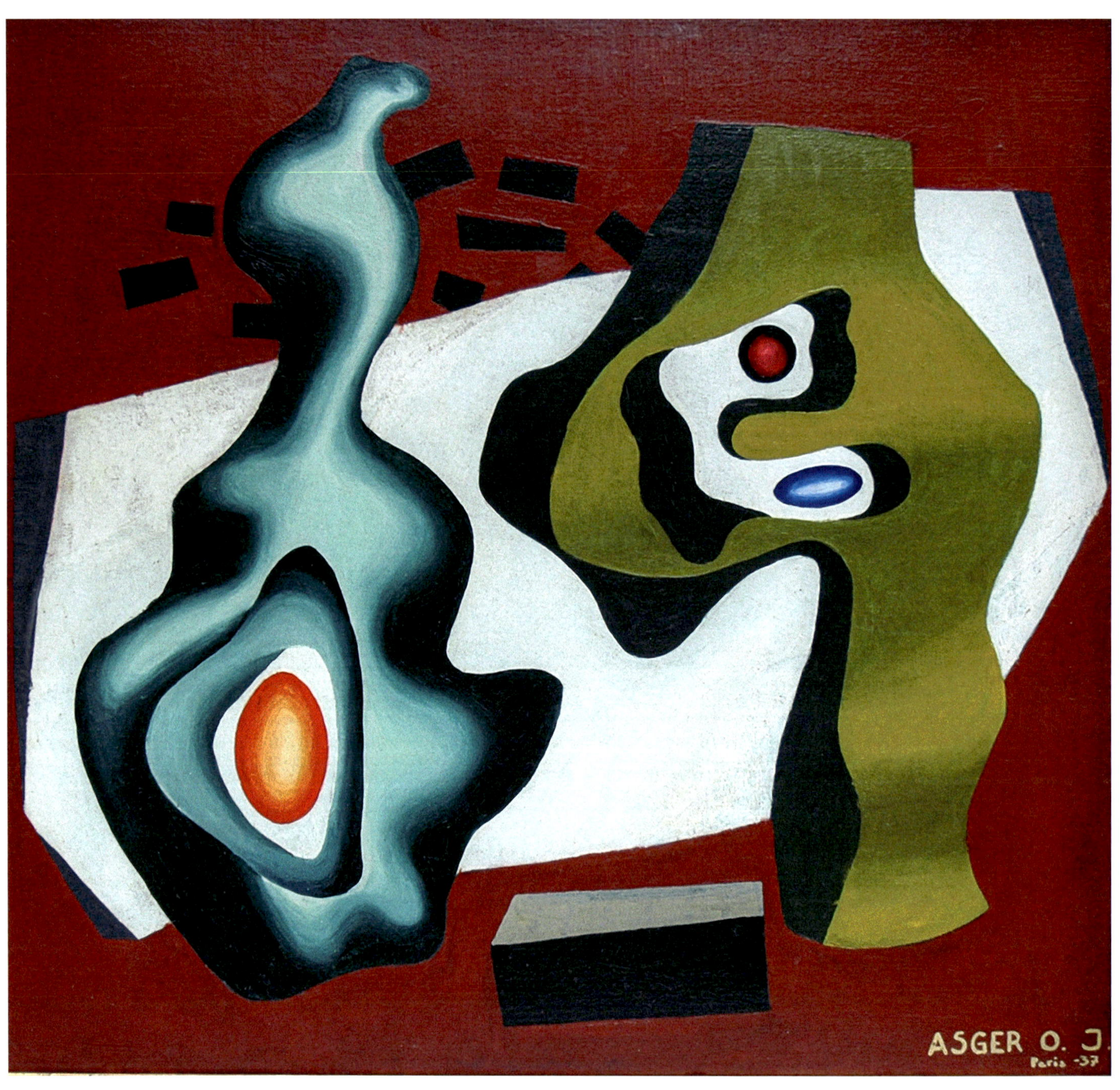

27 | Asger Jorn
Ohne Titel / Untitled
1937
DIE GALERIE Frankfurt am Main

28 | Asger Jorn
Gaga
1939
Museum Jorn, Silkeborg

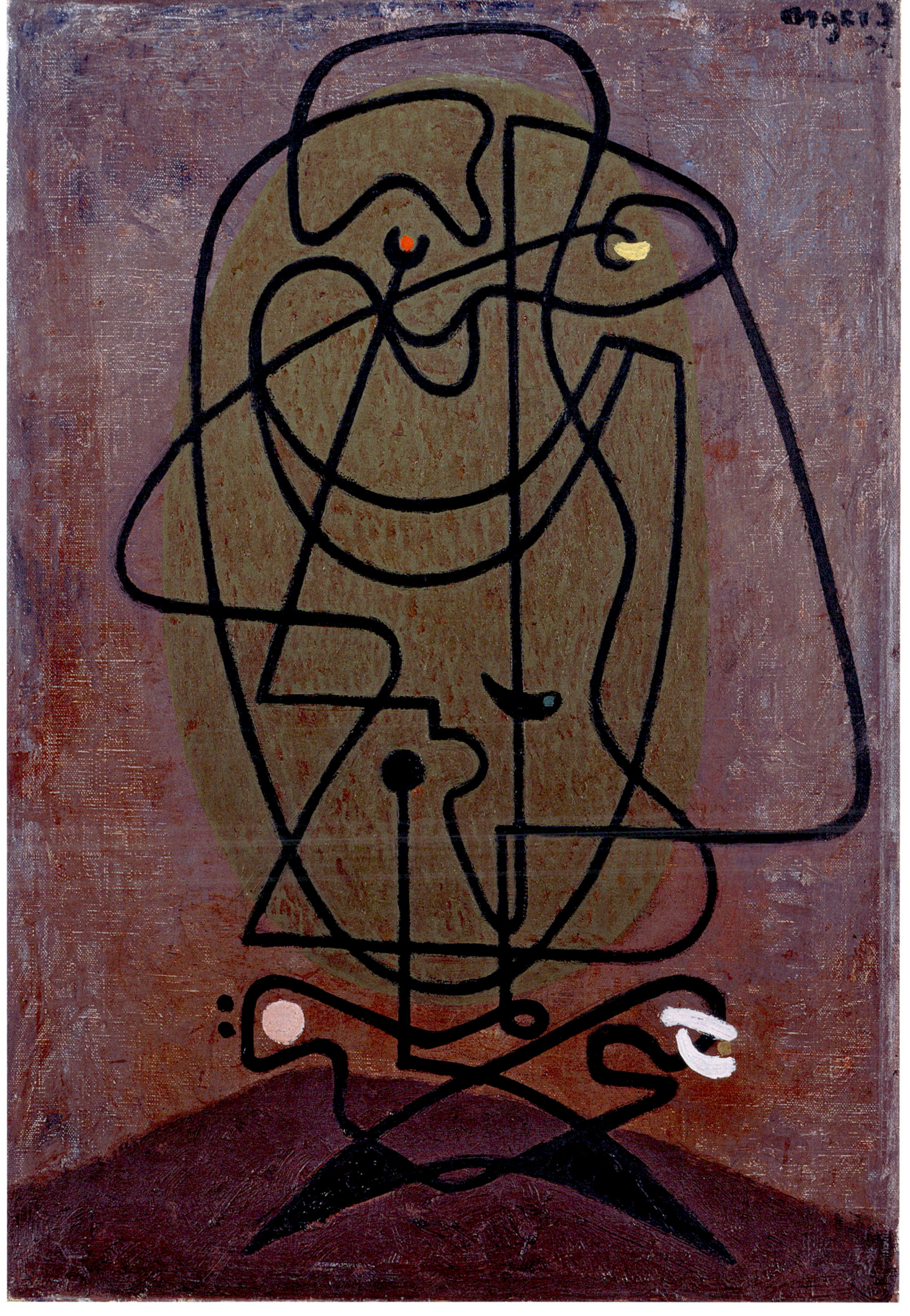

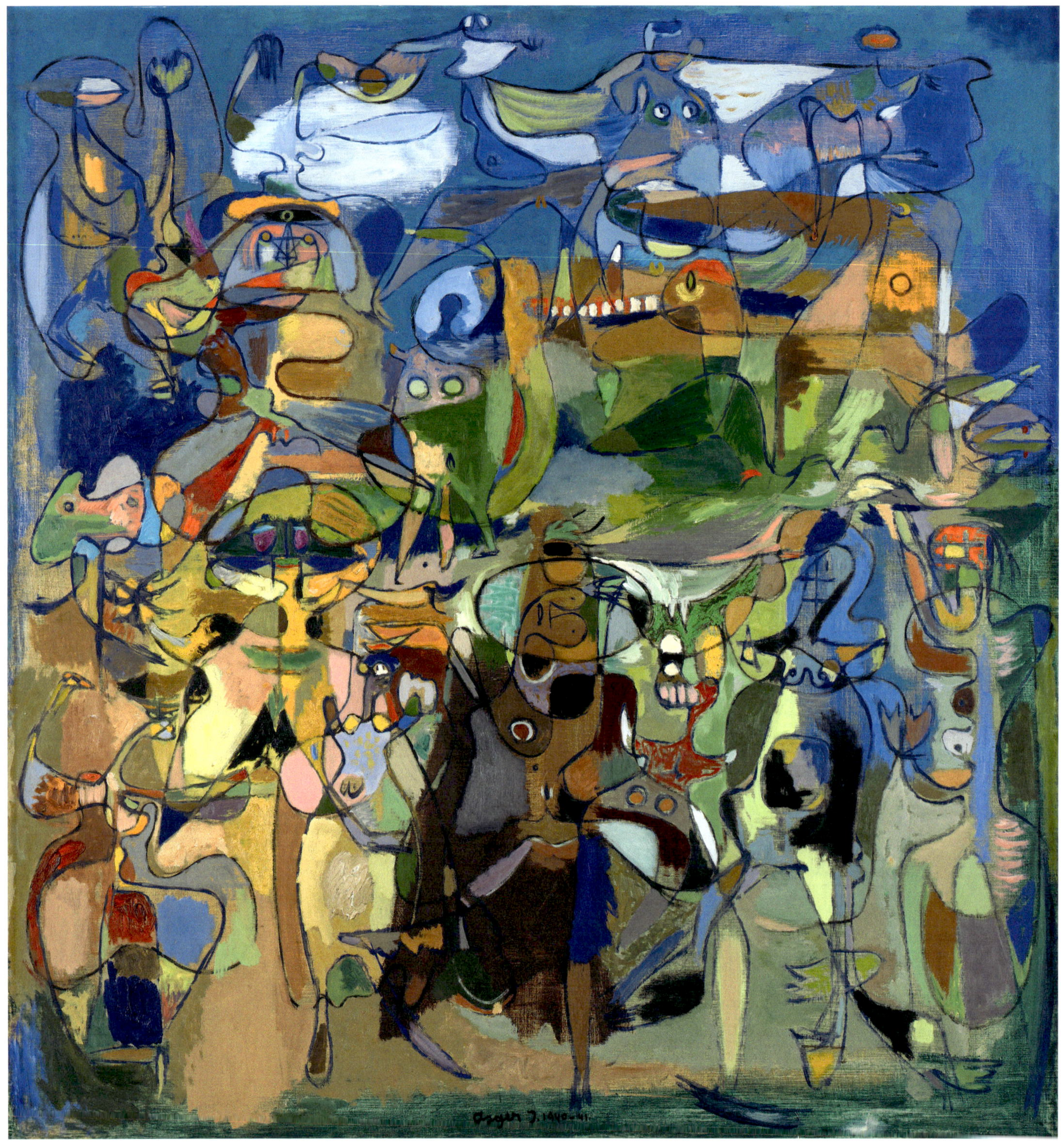

29 | Asger Jorn
Titania II
1940–41

Louisiana Museum of Modern Art, Humlebæk.
Dauerleihgabe / Permanent Loan: Museumsfonden
af 7. Dezember / December 7, 1966

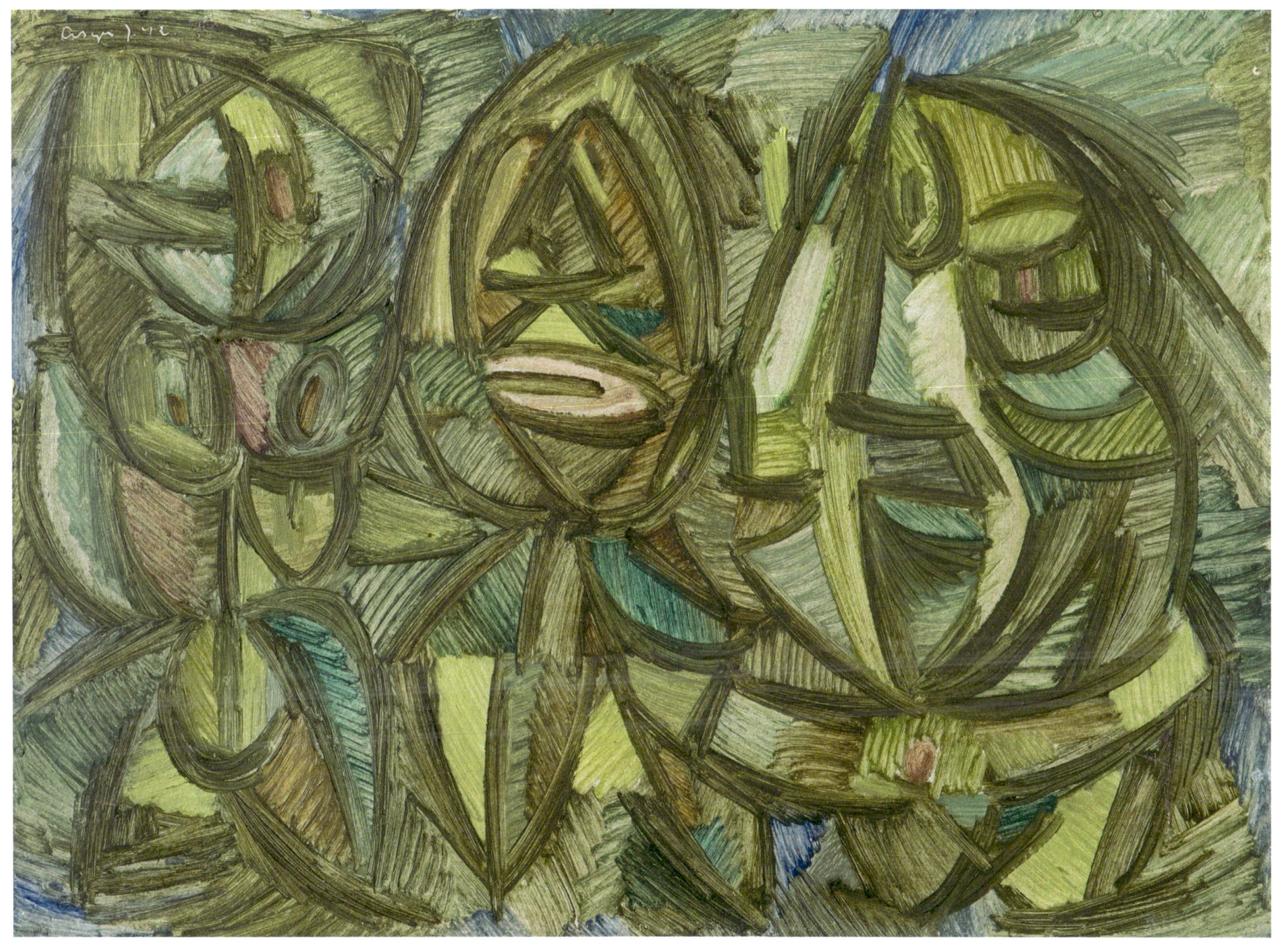

30 | Asger Jorn
De tre gratier
1942
Museum Jorn, Silkeborg

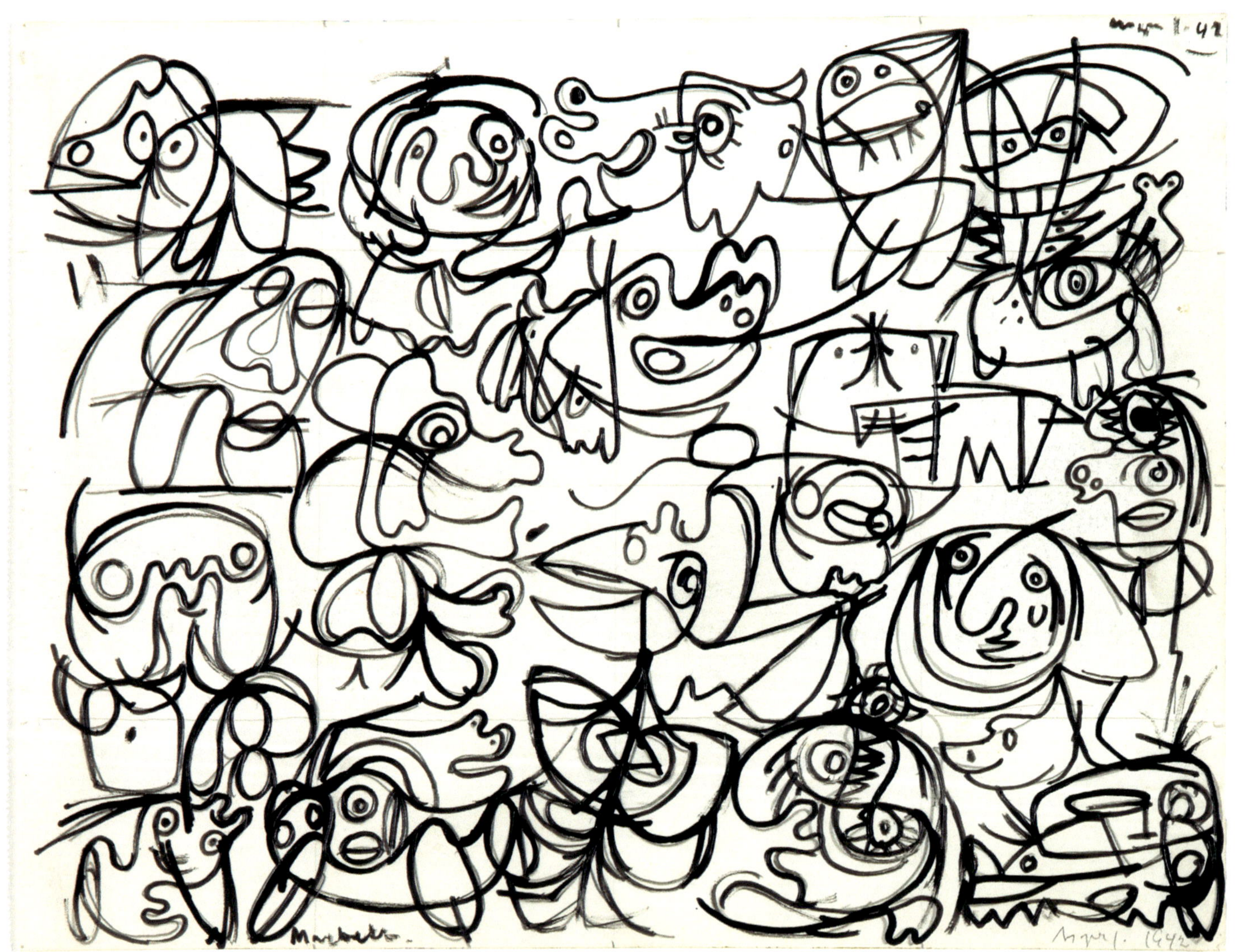

31 | Asger Jorn
Macbeth
1942
Museum Jorn, Silkeborg

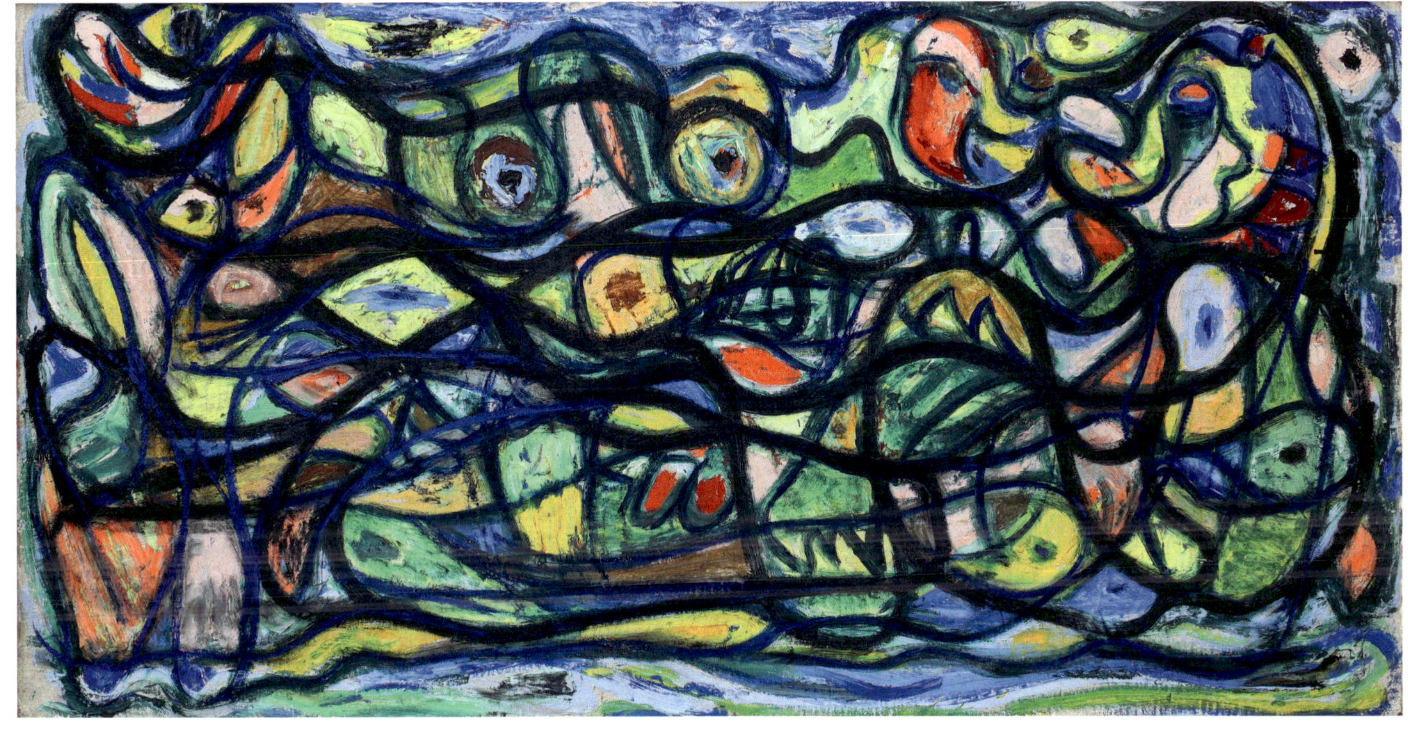

32 | Asger Jorn
Trolderi (Magie / Magic)
1942/46
Kunsten Museum of Modern Art Aalborg

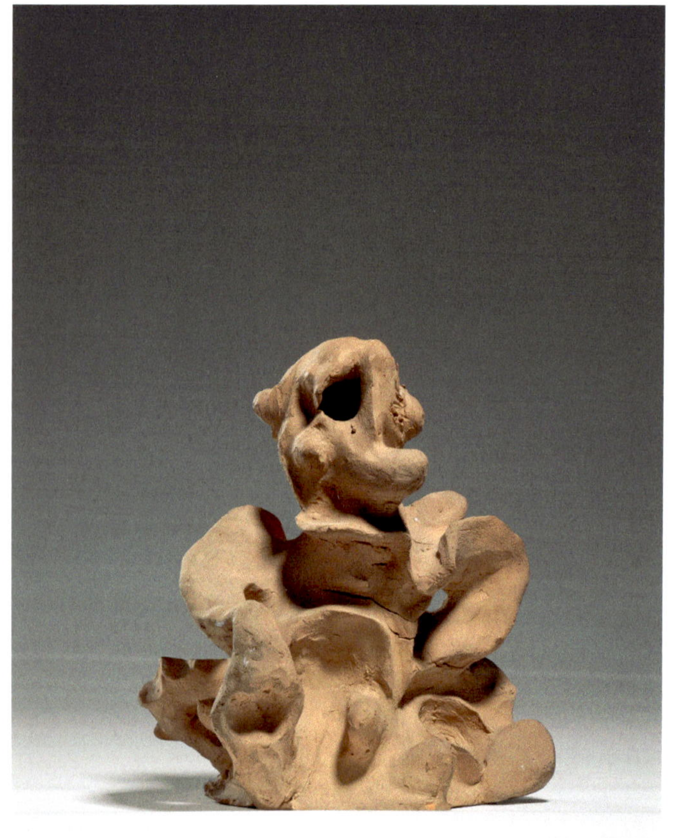

33 | Asger Jorn
Skulptur / Sculpture
1944
Museum Jorn, Silkeborg

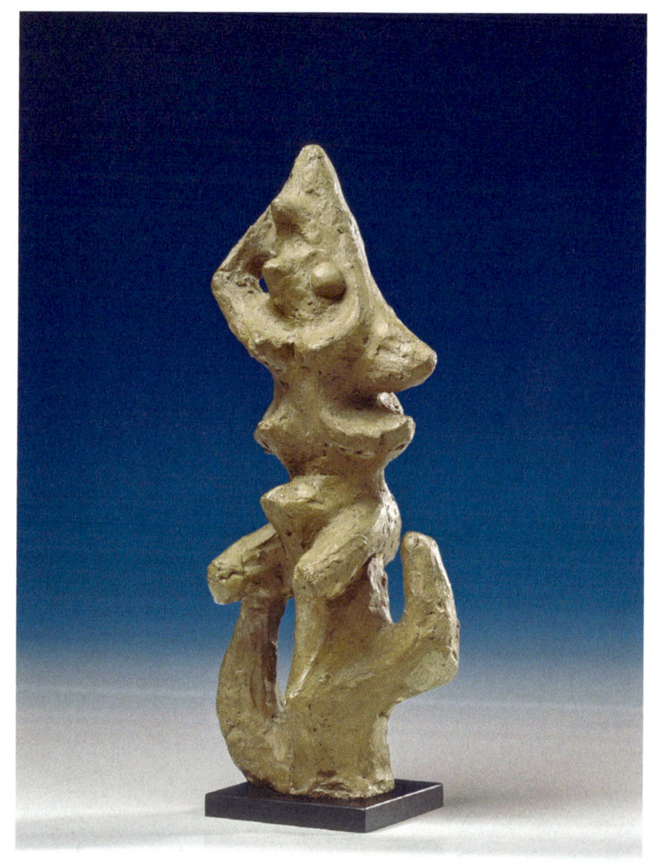

34 | Asger Jorn
Keramische Skulptur /
Ceramic Sculpture
1944
Museum Jorn, Silkeborg

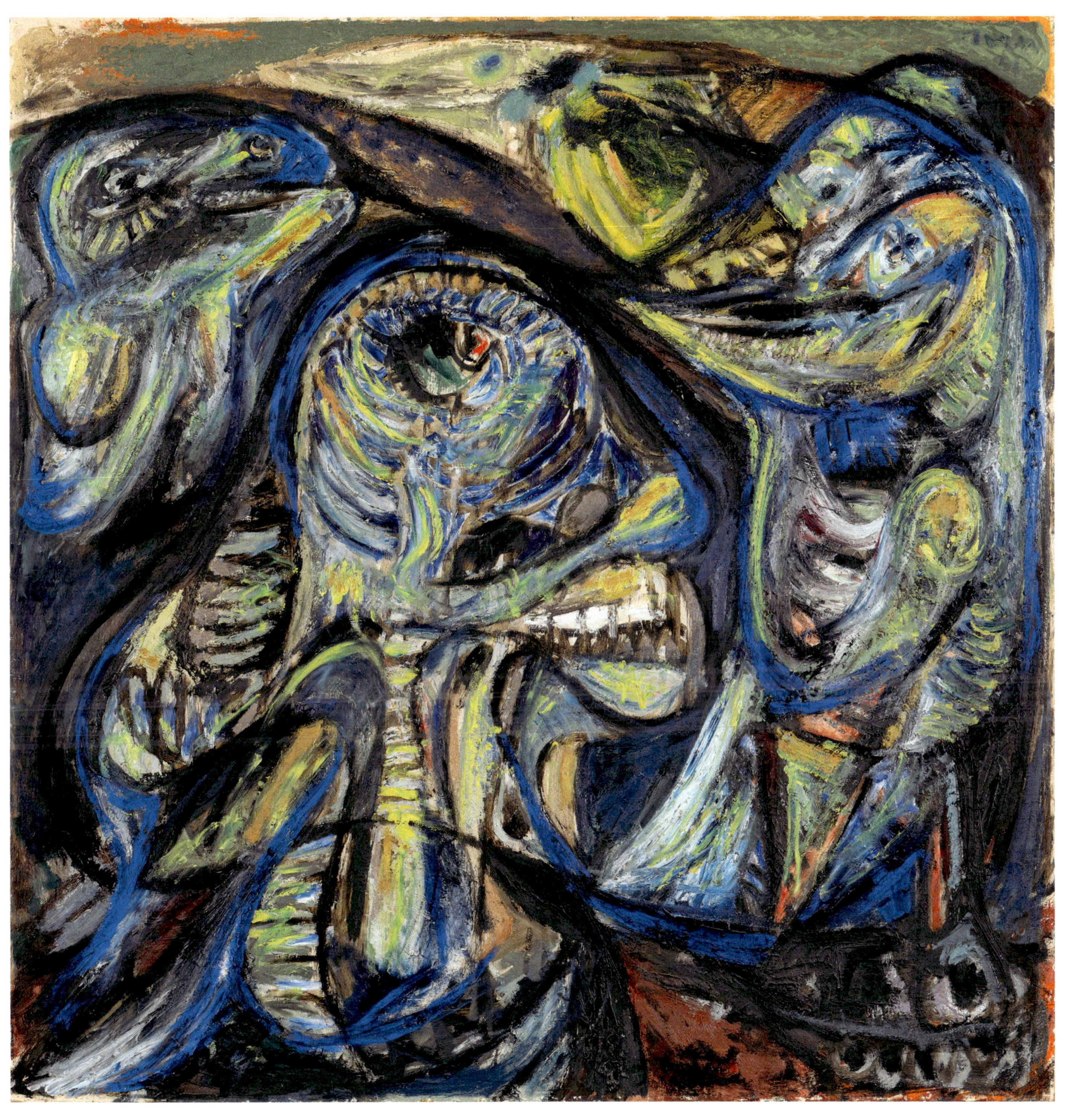

35 | Asger Jorn
Sygelige fantomer
1951
Jyske Bank, Silkeborg

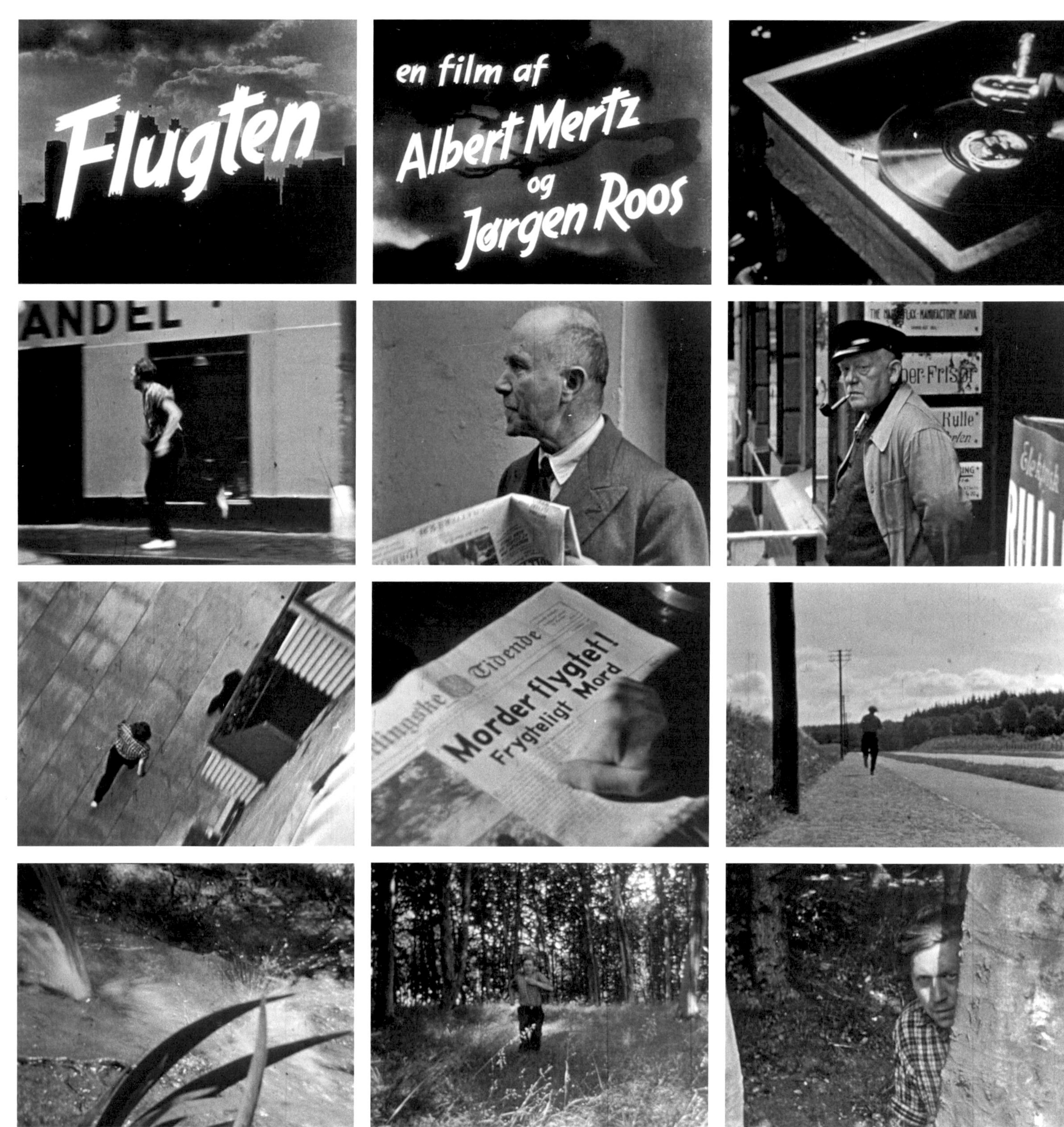

36 | Albert Mertz / Jørgen Roos
Flugten, mehrere Filmstills / several film stills
1942
mit / with Robert Jacobsen
Det Danske Filminstitut, Kopenhagen / Copenhagen

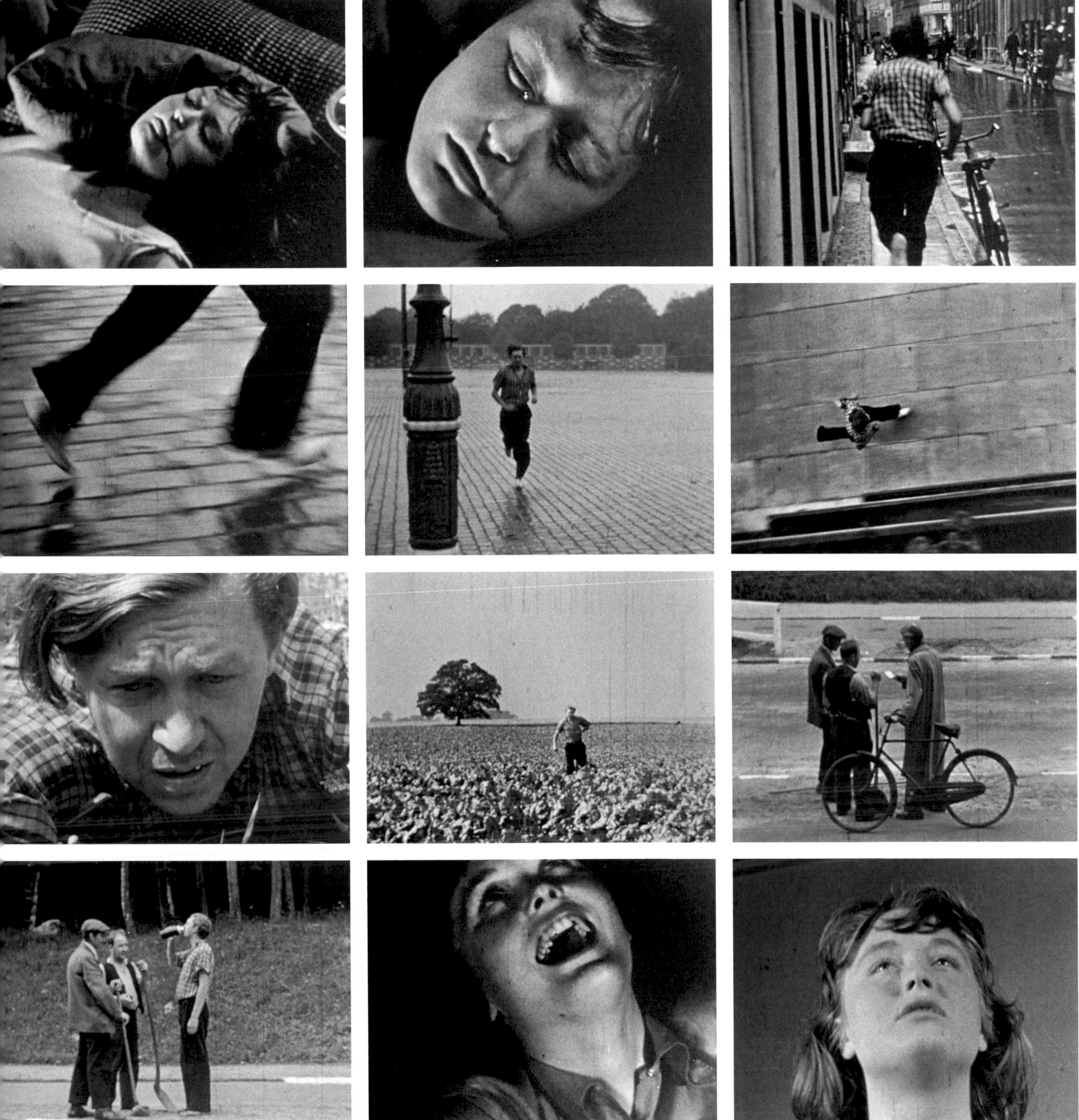

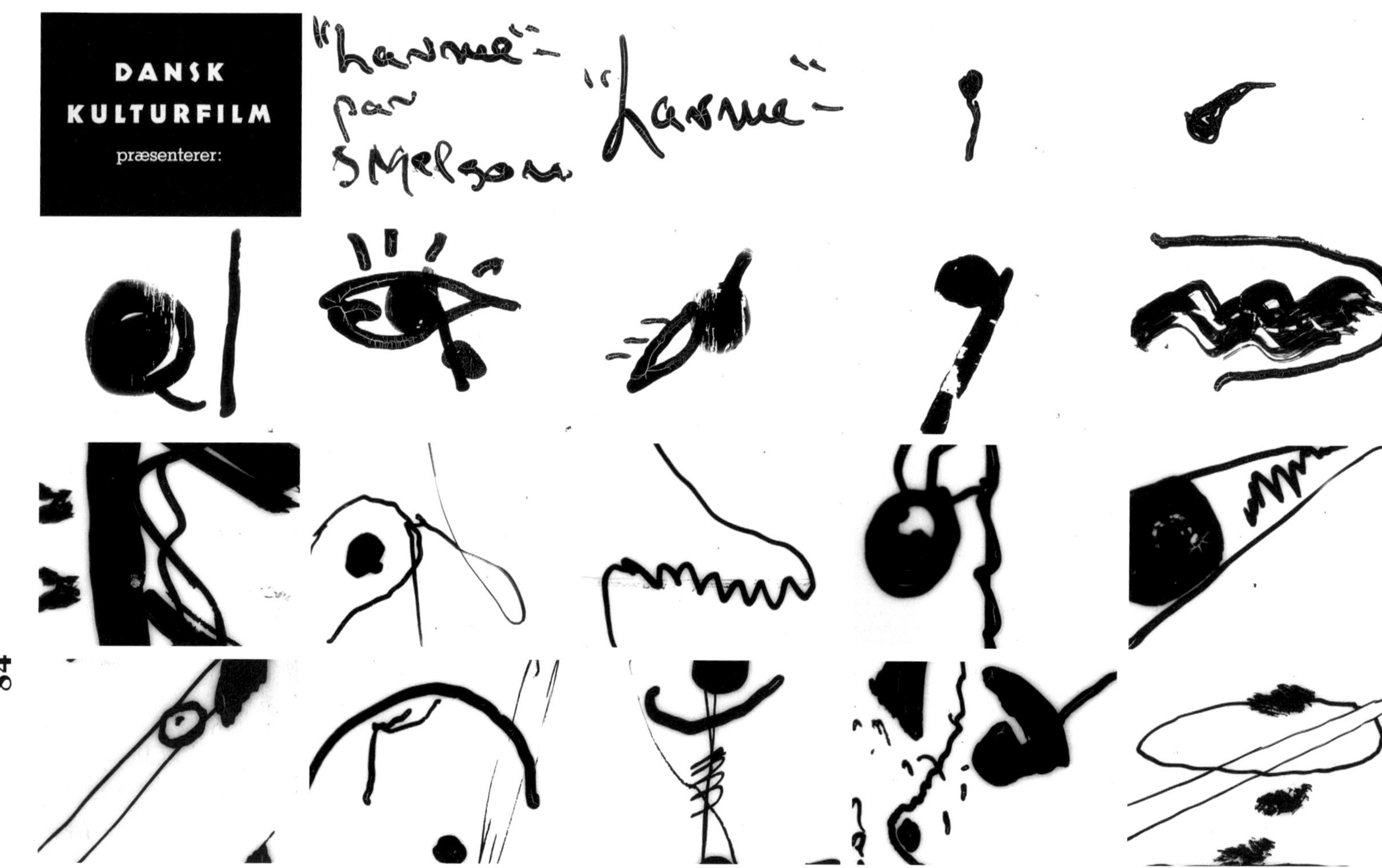

37 | Søren Melson
La Larme, mehrere Filmstills / several film stills
1947
Det Danske Filminstitut, Kopenhagen / Copenhagen

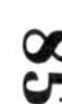

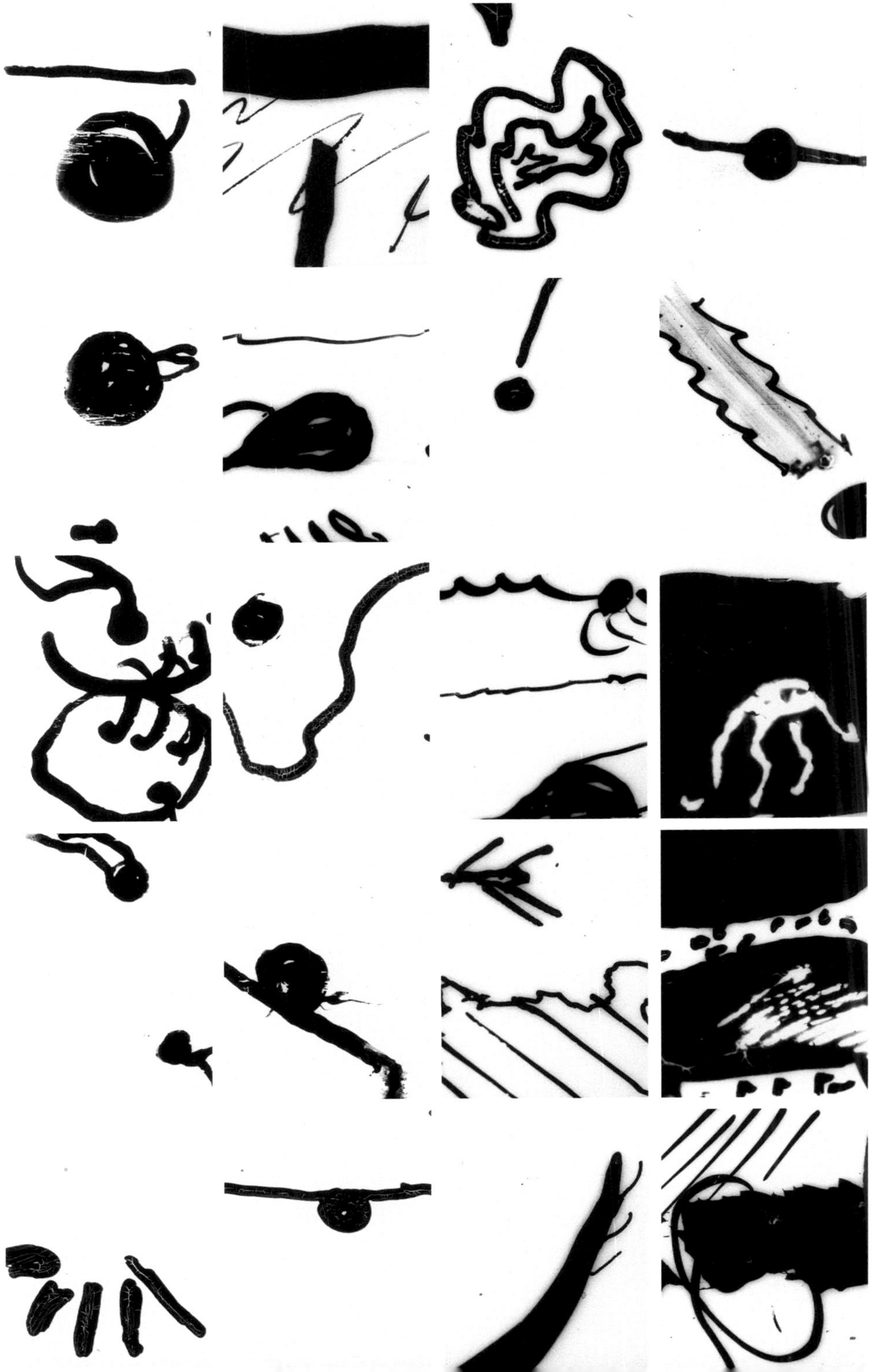

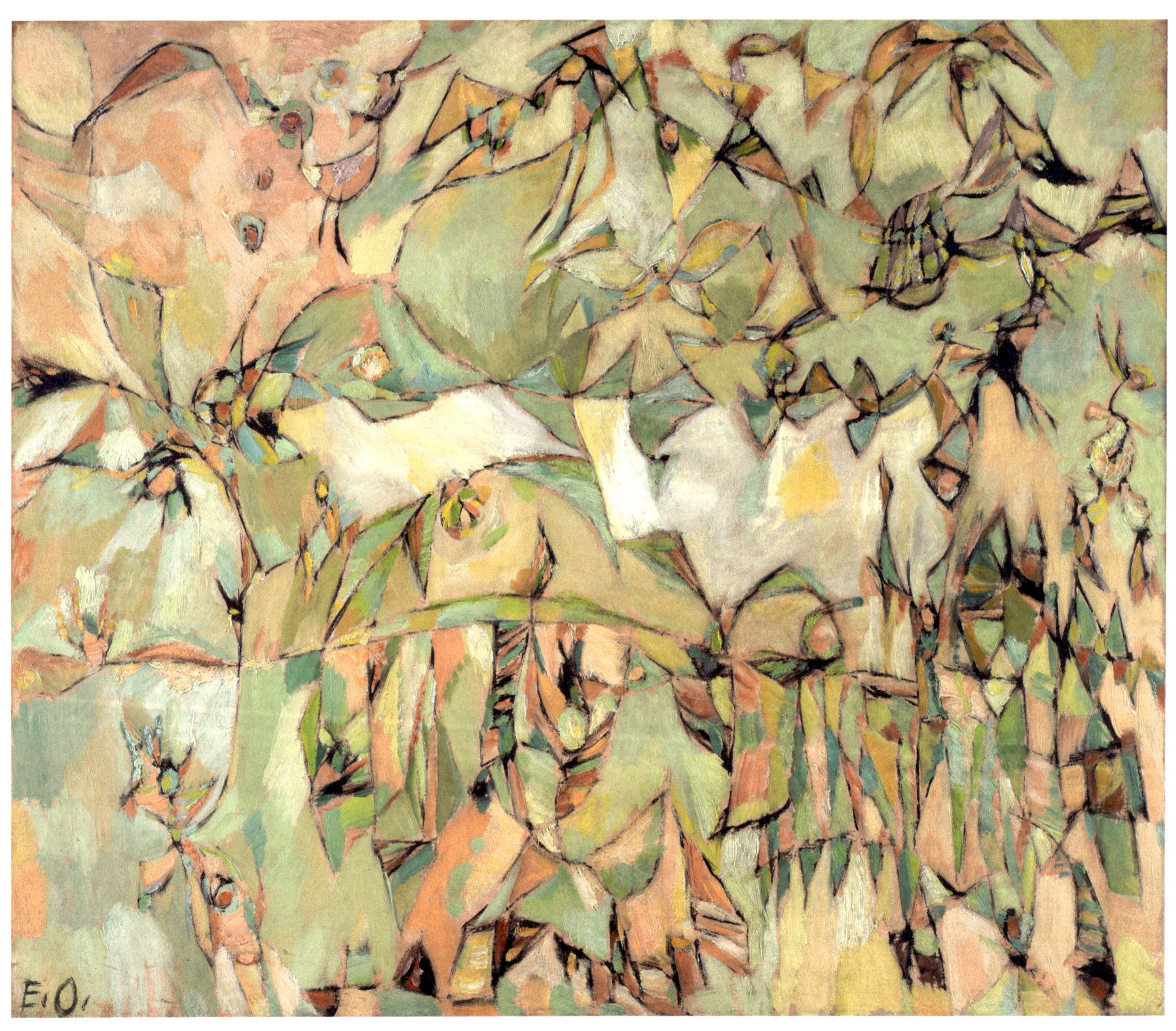

38 | Erik Ortvad
Kighavn No. 2
1945
Statens Museum for Kunst, Kopenhagen /
Copenhagen

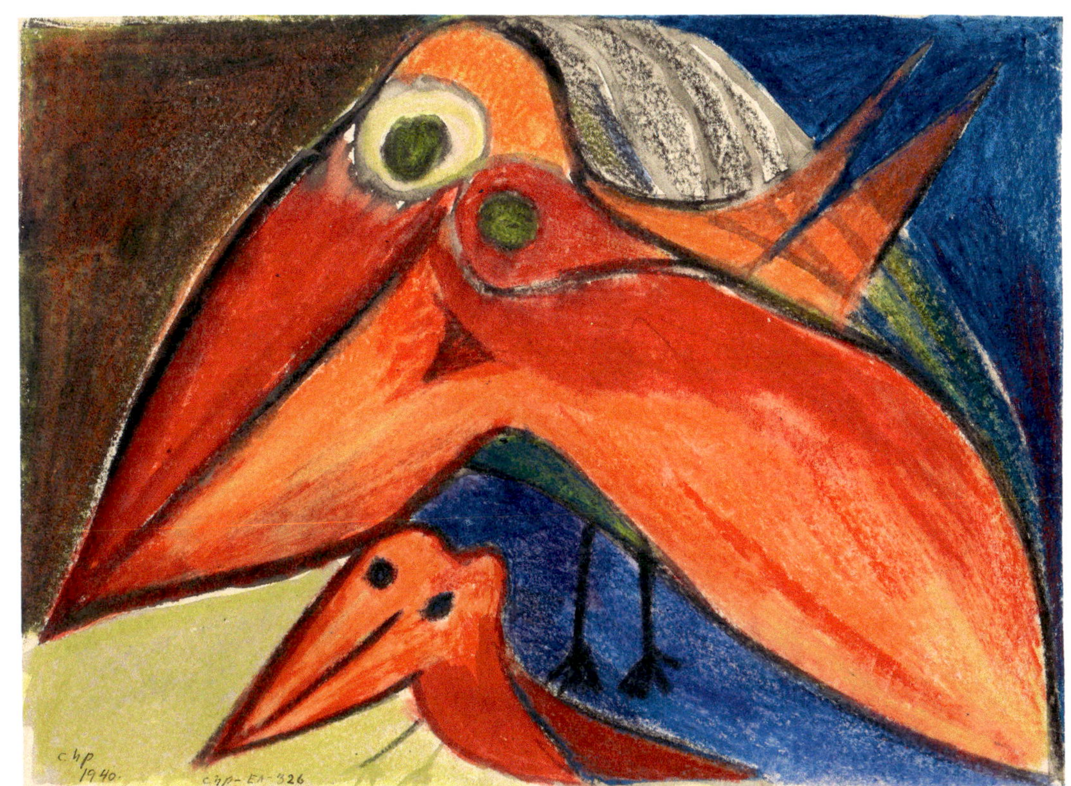

39 | Carl-Henning Pedersen
Røde fugle
1940
Carl-Henning Pedersen &
Else Alfelts Museum, Herning

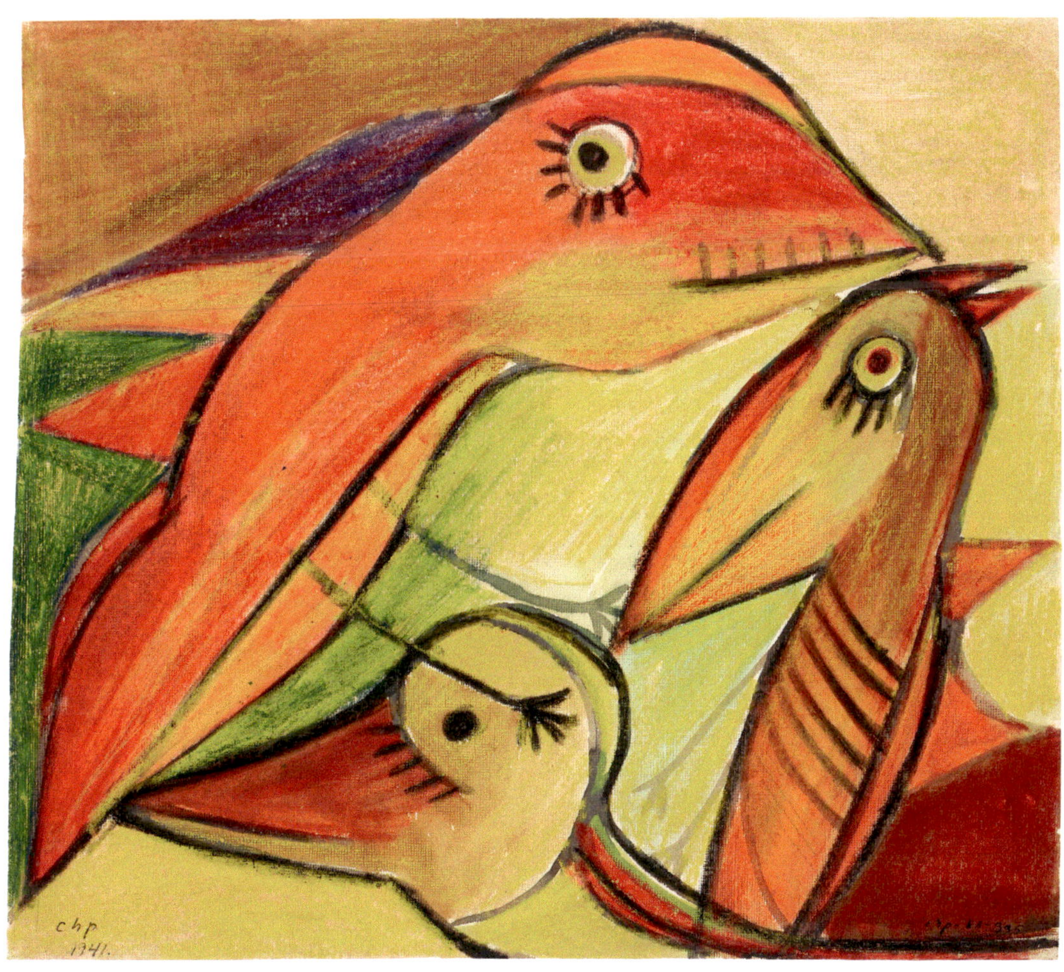

40 | Carl-Henning Pedersen
Røde fugle
1941
Carl-Henning Pedersen &
Else Alfelts Museum, Herning

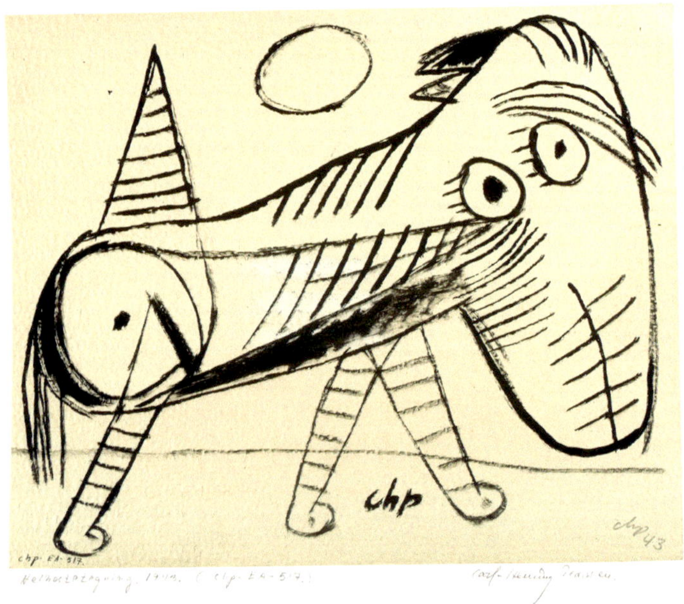

41 | Carl-Henning Pedersen
Helheste
1941
Carl-Henning Pedersen &
Else Alfelts Museum, Herning

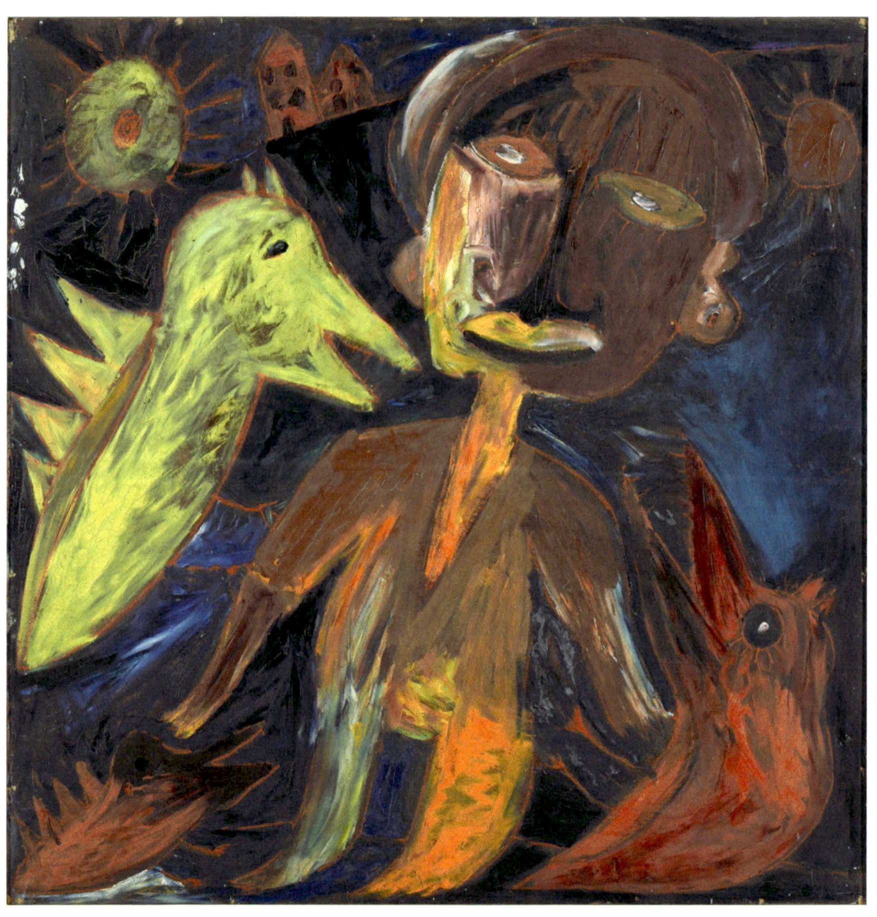

42 | Carl-Henning Pedersen
Fugle og sol
1942/43
Centre Pompidou, Paris. Musée national
d'art moderne / Centre de création
industrielle

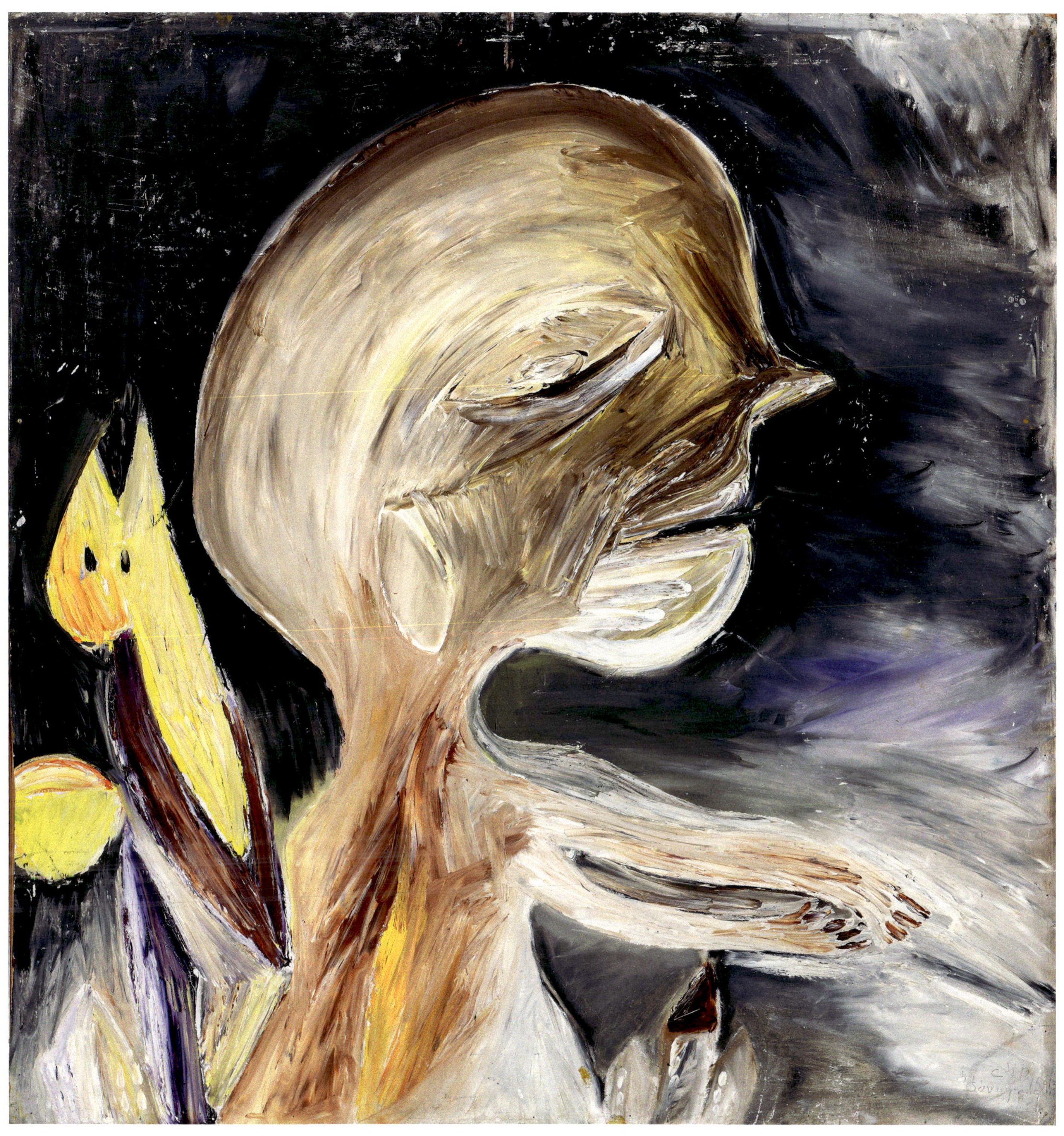

43 | Carl-Henning Pedersen
Søvngænger
1943
Carl-Henning Pedersen &
Else Alfelts Museum, Herning

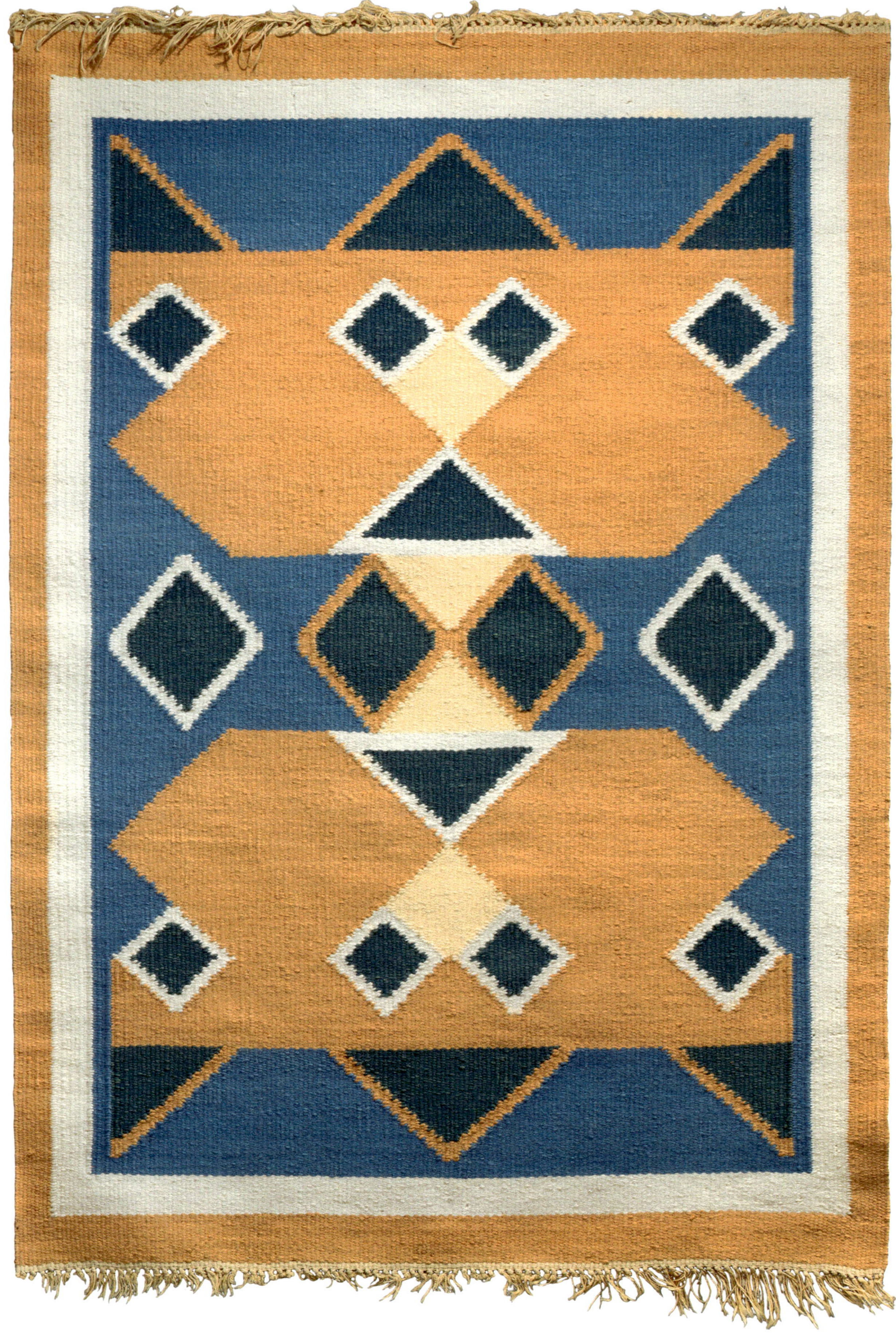

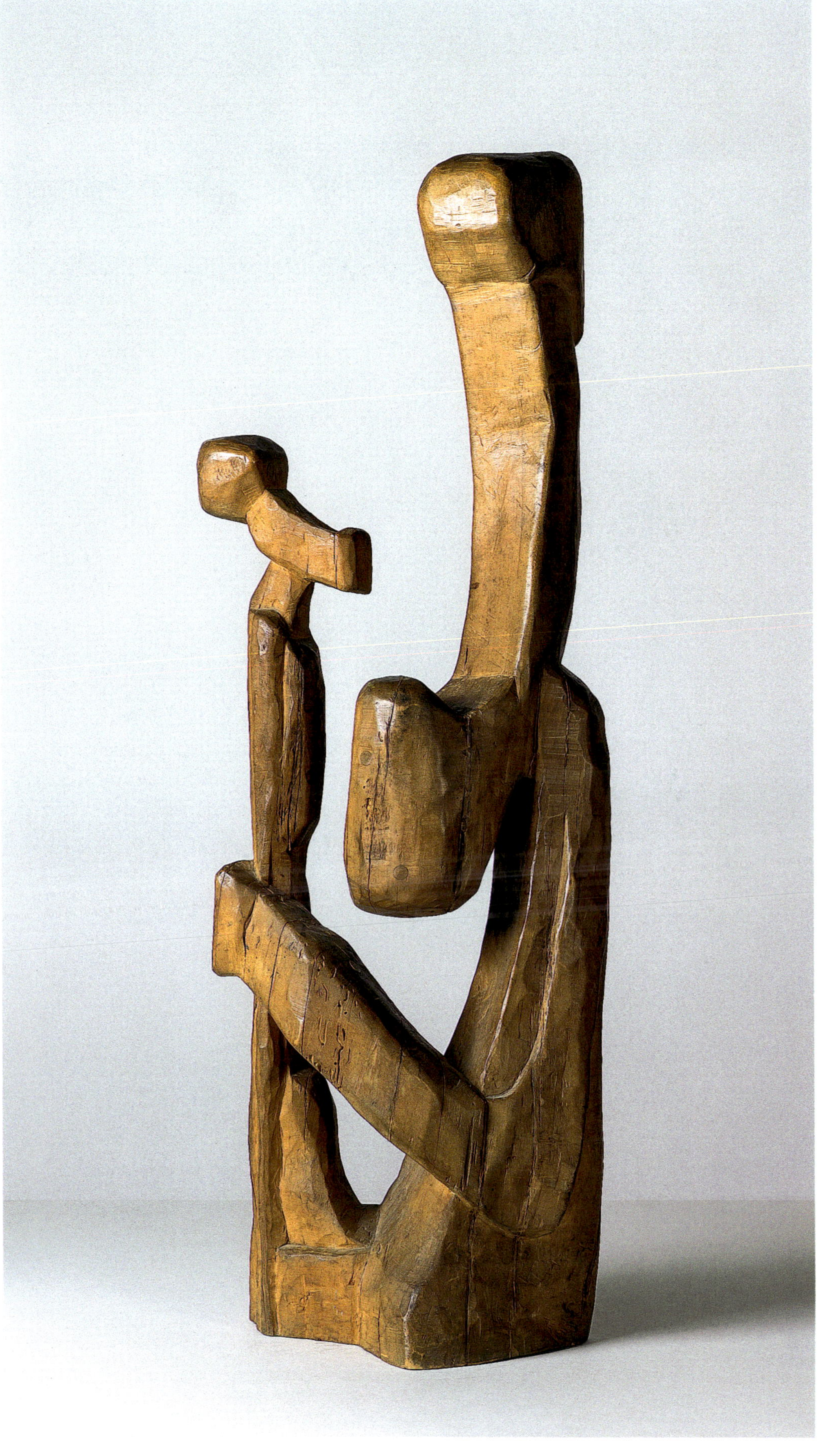

45 | Erik Thommesen
Mand og kvinde
1939
Holstebro Kunstmuseum

„COBRA IST EINE KUNSTFORM, DIE DIE KINDH ANSTREBT… MIT DEN MITTELN, DIE ERWACHSE ZUR VERFÜGUNG STEHEN"[1]

CoBrA vor CoBrA

Wie andere historische Künstlervereinigungen war auch die 1948 gegründete Künstler-gruppe CoBrA einerseits auf der Suche nach einer neuen Sprache, neuen Vorbildern und Quellen der Inspiration, andererseits grenzte sie sich deutlich von Positionen ab, die künstlerisch wie gesellschaftlich als konventionell und überholt galten. Die Suche nach Ursprüng-lichkeit und Sehnsucht nach Freiheit auf der einen Seite und Antispezialismus, Antikulturalismus und Verneinung von Stil auf der anderen Seite waren wesentliche Faktoren. So konstatierte der dänische Künstler Carl-Henning Pedersen bereits 1941: „Unsere Art, Dinge zu sagen, ist nicht neu. Wir gehen in unseren Erinnerungen zurück in die Kindheit. Wir sind auf der Suche nach dem Ursprung des Menschen."[2] Und 1944: „Jeder Mensch [...] schreitet persönlich nur fort, wenn er sei-nen eigenen Möglichkeiten entsprechend schöpferisch ist, nachdem er – in der Kunst – jede Autori-tät abgelehnt hat [...]. Wir müssen aus allen Menschen Künstlern machen. Weil sie es schon sind."[3]

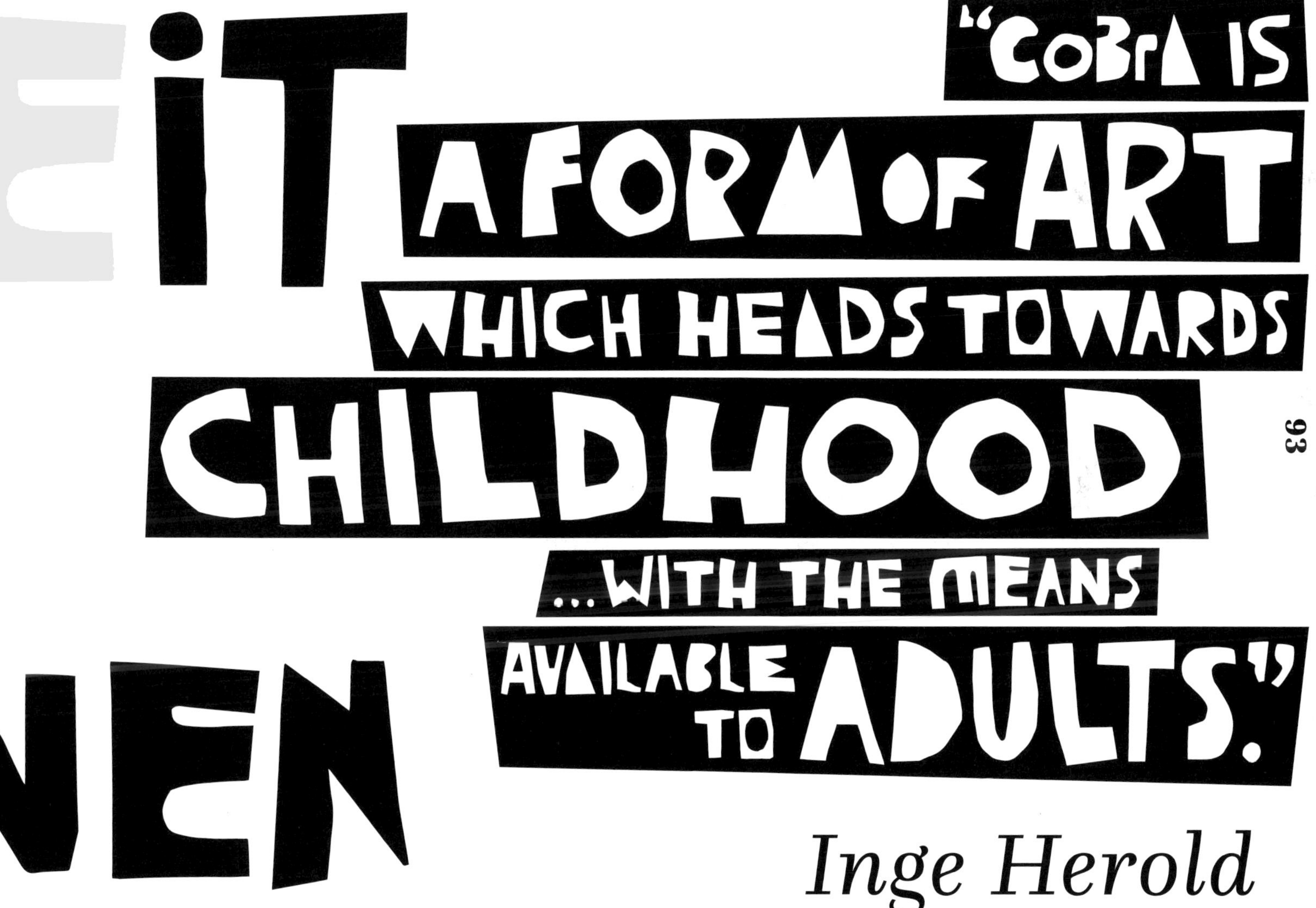

CoBrA before CoBrA

Like other historical artists' associations, the CoBrA artists' group was, on the one hand, sear-ching for a new language, models, and sources of inspiration, and, on the other hand, clearly distinguishing itself from positions it considered artistically and socially conventional and out-of-date. The search for originality and desire for freedom, on the one side, and antispecia-lism, anticulturalism, and denial of style, on the other, were essential factors. The Danish artist Carl-Henning Pedersen observed as early as 1941: "Our way of saying things is not new. We are only harking back to childhood in our memories. We are seeking the origin of man."[2] And in 1944: "Each man is special . . . and he only progresses by creating through his own means, having

Im Manifest der dänischen Gruppe Høst von 1945, betitelt „Den Ny Realisme" (Der Neue Realismus), hieß es schließlich, die neue Kunst beruhe auf den natürlichen Ausdrucksmöglichkeiten des Materials und auf der freien Entwicklung des menschlichen Schaffensdrangs. „Die experimentelle Kunst der Gegenwart ist revolutionär, weil sie eine geistige Befreiung ausdrückt."[4] Noch drei Jahre sollte es dauern, bis sich das Künstlerkollektiv CoBrA im November 1948 in Paris gründete, vereint in dem Wunsch nach Revolution und Freiheit nach den Erfahrungen des Krieges.[5] Die beteiligten Künstler*innen kamen nicht nur aus Dänemark, Belgien und Holland – die drei Länder, für die „CoBrA" mit den Anfangsbuchstaben von Copenhagen, Brüssel, Amsterdam stand –, sondern auch aus Schweden, Frankreich, Deutschland, Großbritannien und Ungarn schlossen sich Mitstreiter*innen an. Wiederum drei Jahre später, 1951, löste sich die heterogene Gruppe schon wieder auf. Blickt man zurück, ist die Zeit bis zur Gründung bereits ebenso innovativ: zeigt sich doch hier, wie aus einem Kreis unterschiedlichster Persönlichkeiten aus verschiedenen Ländern ein nationenübergreifendes Netzwerk entstehen konnte, das es in dieser Form noch nicht gegeben hatte.

Dänemark

Schon in den Vorkriegsjahren hatte es vor allem in Dänemark Kollektive gegeben, die gemeinsam Ausstellungen organisierten und Zeitschriften herausgaben: Linien und Høst mit der von 1941 bis 1944 erscheinenden Zeitschrift *Helhesten*. Die vom französischen Surrealismus beeinflusste Gruppe Linien existierte ab 1934 und veranstaltete 1937 eine Ausstellung in Kopenhagen, an der unter anderem die späteren CoBrA-Mitglieder Egill Jacobsen, Richard Mortensen, Asger Jorn und Carl-Henning Pedersen teilnahmen. Egill Jacobsen hatte sich bereits 1934 in Paris mit Abstraktion und Surrealismus vertraut gemacht und wählte die Maske als Grundelement seiner Bildsprache. Sein düster expressives Bild *Ophobning* (Anhäufung; Abb. S. 36) – gemalt unter dem Eindruck des Einmarschs der Deutschen in der Tschechoslowakei – sollte für die Entwicklung der dänischen Kunst von großer Bedeutung werden. Überhaupt ist der Eindruck, den die Weltpolitik und im negativen Sinn die Kulturpolitik der Nazis bei den Künstlern hinterließ, nicht zu unterschätzen. So war Pedersen im Juli 1939 tief beeindruckt von der Wanderschau *Entartete Kunst*, die

---

challenged all authority in art. . . . We must make artists of all men. Because they are artists."[3] The manifesto of the Danish Høst group from 1945, titled "Den ny realisme" (The New Realism), states, after all, that the new art is based on the natural expressive possibilities of the material and on the free development of the human urge to create. "The experimental art of the present is revolutionary because it expresses spiritual liberation."[4] Another three years would pass before the CoBrA artists' collective was founded in Paris in November 1948, united in a desire for revolution and freedom after the experiences of World War II.[5] The artists involved came not only from Denmark, Belgium, and the Netherlands—the three countries for which "CoBrA" stood as the initial letters of Copenhagen, Brussels, and Amsterdam: fellow artists also joined from Sweden, France, Germany, and the United Kingdom. Another three years later, in 1951, the heterogeneous group had already broken up. In retrospect the period up to its founding was just as innovative, since, after all, it shows how a circle of very distinct personalities from a variety of countries could establish an international network in a form that had not existed until then.

Denmark

In the prewar years, especially in Denmark, there had been collectives that organized joint exhibitions and published journals: Linien and Høst with the journal *Helhesten*, which was published from 1941 to 1944. The Linien group, which was influenced by French Surrealism, existed from 1934 and in 1937 organized an exhibition in Copenhagen in which the future CoBrA members Egill Jacobsen, Richard Mortensen, Asger Jorn, and Carl-Henning Pedersen participated, among others. Egill Jacobsen had familiarized himself with abstraction and Surrealism in Paris as early as 1934 and selected the mask as the basic element of his visual language. His darkly expressive painting *Ophobning* (Accumulation) of 1938 (fig. 3 on p. 36)—painted under the impression of the German invasion of Czechoslovakia—would be very important to the evolution of Danish art.

er in Frankfurt sah: „Ich habe niemals irgendeine andere Ausstellung gesehen, die mich so stark beeindruckt hätte. Da gab es Bilder, die heute noch in meinem Gedächtnis leben."[6] Was hier von den Nazis als „entartet" angeprangert wurde, zählte zur Avantgarde der Moderne und wirkte auf junge Künstler wie Pedersen vorbildhaft. Schon 1936 war der junge Asger Jorn ins Zentrum der Avantgarde Paris gereist, wo er Schüler bei Fernand Léger wurde. Er blieb bis 1939 und schuf so eine wichtige Basis für alle künftigen internationalen Kontakte. Wie die Künstlergruppe Linien existierte auch Høst (Ernte) ab 1934, und beteiligt waren auch hier unter anderem die oben genannten Carl-Henning Pedersen, Egill Jacobsen, Asger Jorn und Richard Mortensen. Mit der Zeitschrift *Helhesten* – der Titel stand für das nordische mythische Höllenpferd – schufen sich die dänischen Künstler*innen ab 1941 ein Forum, mittels dessen sie ihr Programm publizierten und diskutierten, unter Einbeziehung von Schriftstellern, Dichtern, aber auch Wissenschaftlern, so etwa des Ethnografen Werner Jacobsen, des Experten für afrikanische Kunst Carl Kjersmeier, des Archäologen Peter V. Glob sowie des Psychologen Sigurd Næsgaard, die sich mit Leben, Ritualen und der Kunst der sogenannten primitiven Völker auseinandersetzten. Mit ihren in *Helhesten* veröffentlichten Forschungsberichten legten sie gemeinsam mit den Künstler*innen das Augenmerk auf die prähistorische und mittelalterliche Kunst Skandinaviens, auf zeitgenössische Volkskunst, auf außereuropäische Kunst, aber auch auf Kinderzeichnungen und die Werke von Menschen mit psychischen Erkrankungen. Der Heidelberger Hans Prinzhorn hatte schon 1922 mit seiner Publikation *Bildnerei der Geisteskranken,* in der er Malerei von psychisch Kranken zum Ausdruck einer unverfälschten, urtümlichen Kreativität idealisierte, den Nerv der Zeit getroffen.[7] Diese Kunst wurde zum Vorbild erhoben, so schrieb etwa Pedersen: „Ich möchte genau so gut malen können wie die Geisteskranken [sic]."[8] Jorn hingegen schwärmte 1944 von den bekritzelten Wänden öffentlicher Toiletten und von den Kreidezeichen, mit denen Kinder Mauern und Asphalt „segnen".[9] Ejler Bille konstatierte in seinem Artikel „Om nutidens grundlag for en skabende kunst" (Über zeitgenössische Grundlagen für eine schöpferische Kunst) 1942 in *Helhesten,* dass in der zeitgenössischen Gesellschaft lediglich noch Kinder ihre natürlichen und ursprünglichen Gefühle ausleben. Diese Eigenschaften würden sie aber im Lauf ihres Lebens im Umgang mit den gesellschaftlichen Konventionen wieder verlieren.[10]

In general, the impression that world politics and, in a negative sense, the cultural policies of the Nazis left behind on these artists should not be underestimated. Pedersen, for example, was deeply impressed by the traveling exhibition *Entartete Kunst* (Degenerate Art), which he saw in Frankfurt am Main in July 1939: "I have never visited any other exhibition which impressed me so much. Some of the pictures are still living in my memory."[6] What the Nazis were denouncing here as "degenerate" belonged to the avant-garde of modernism and influenced young artists such as Pedersen. The young Asger Jorn had traveled to Paris, the center of the avant-garde, in 1936 and studied with Fernand Léger. He remained there until 1939 and thus created an important basis for all his future international contacts. Like the artists' group Linien (Line), Høst (Harvest) too existed from 1934, and the aforementioned artists Carl-Henning Pedersen, Egill Jacobsen, Asger Jorn, and Richard Mortensen were involved here as well. With the journal *Helhesten*—the title stands for the Nordic mythical horse of hell—the Danish artists created a forum from 1941 onward in which they could publish and discuss their program, integrating writers, poets, and also scholars, such as the ethnographer Werner Jacobsen, the expert on African art Carl Kjersmeier, the archaeologist Peter V. Glob, and the psychologist Sigurd Næsgaard, who added the lives, rituals, and art of so-called primitive peoples. With the research reports they published in *Helhesten,* like the artists, they were drawing attention to the prehistorical and medieval art of Scandinavia, to contemporaneous folk art, and to non-European art as well as children's drawings and the work of people with mental illness. Hans Prinzhorn in Heidelberg had struck a nerve with the publication of *Bildnerei der Geisteskranken* in 1922, in which he idealized the painting of the mentally ill as the expression of an unspoiled, original creativity.[7] This art was elevated to a model; for example, Pedersen wrote: "I would like to able to paint just as well as the mentally ill."[8] Jorn, by contrast, enthused in 1944 about the graffitied walls of public restrooms and of the chalk drawings with which children "grace" walls and asphalt.[9] Ejler Bille observed in his article "Om nutidens grundlag for en skabende kunst"

Niederlande

Die in Dänemark sich schon in den 1930er-Jahren entwickelnde Avantgarde – die meisten der Künstler*innen waren um 1910 geboren und damit älter als die späteren Weggefährt*innen – konnte sich auch trotz aller Restriktionen unter der deutschen Besatzung ab 1940 weiterentwickeln und auf die eigene traditionelle Volkskunst und Mythologie berufen. Anders so die Niederlande, die während der deutschen Okkupation von jeglicher Entwicklung quasi abgeschlossen waren. Auch konnten sich die niederländischen Künstler*innen auf der Suche nach einer universalen unbelasteten Volkskunst keiner eigenen Tradition bedienen. Die Suche nach dem Ursprünglichen, nach einer unverstellten Kreativität führte in den Niederlanden vielmehr ab Kriegsende zu dem Motivschatz der Kinderzeichnungen, aber auch zu Vorbildern früherer Künstlergenerationen wie Joan Miró, Pablo Picasso, Wassily Kandinsky und Paul Klee. Eine zentrale Rolle spielte nach 1945 Willem Sandberg, ab 1945 Direktor des Stedelijk Museums in Amsterdam. 1946 zeigte er dort die Ausstellung *Junge Maler* mit Karel Appel, Corneille, Eugène Brands und Anton Rooskens. Letzterer schrieb 1963 rückblickend: „Der Krieg verursachte eine kulturelle Leere in Holland und gab der jungen Künstlergeneration eine willkommene Gelegenheit, vollständig mit der Vergangenheit zu brechen."[11] Zum Kreis der wichtigen CoBrA-Vertreter*innen in den Niederlanden gehörte auch Constant, der 1946 in Paris den Dänen Asger Jorn kennengelernt hatte. 1947 reisten wiederum Appel und Corneille – beide waren sich an der Amsterdamer Akademie begegnet – nach Paris, wo

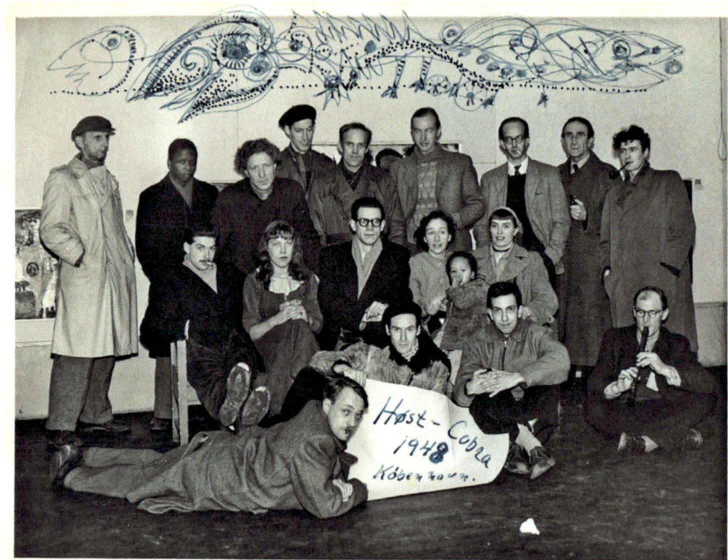

Abb. / Fig. **1**

Gruppenfoto anlässlich der *Høst*-Ausstellung in Kopenhagen /
Group photo on the occasion of the *Høst* exhibition in Copenhagen
(November–Dezember / December 1948)

Cobra Museum of Modern Art, Amstelveen

(On the Contemporary Foundation for a Creative Art) in *Helhesten* in 1942 that in contemporary society only children still live out their natural and original feelings. Over the course of their lives, however, they lose these qualities again as they deal with social conventions.[10]

The Netherlands

The avant-garde that was already emerging in Denmark in the 1930s—most of the artists were born around 1910 and hence older than their future colleagues—could be developed despite all the restrictions under German occupation from 1940 onward, and they appealed to their own traditional folk art and mythology. It was different in the Netherlands, which was effectively closed off from any development during the German occupation. Moreover, Dutch artists could not make use of their own tradition in their search for a universal, unencumbered folk art. In the Netherlands, the postwar search for the original, for undistorted creativity, led rather to the wealth of motifs in children's drawings but also to role models of early generations of artists such as Joan Miró, Pablo Picasso, Wassily Kandinsky, and Paul Klee. After the war a central role was played by Willem Sandberg, the director of the Stedelijk Museum in Amsterdam from 1945 onward. In 1946, he showed the exhibition *Jonge schilders* (Young Painters) there, with Karel Appel, Corneille, Eugène Brands, and Anton Rooskens. The latter wrote in retrospect in 1963: "The war caused a cultural vacuum in Holland and gave the young generation of artists a welcome opportunity to break completely with the past."[11] The circle of important CoBrA members in the Netherlands also included Constant, who had met the Danish artist Asger Jorn in Paris in 1946. In 1947, in turn, Appel and Corneille—who had met at the academy of art in Amsterdam—traveled to Paris, where they saw works by Jean Dubuffet and admired his Art Brut collection of works from non-European cultures, by people with mental illnesses, and by children. Finally, in early 1948 Appel, Corneille, and Constant met, and in July 1948 they founded the Experimentele Groep Nederland, the nucleus of CoBrA. At the first meeting, the manifesto written by Constant

sie Werke von Jean Dubuffet sahen und dessen Art-brut-Sammlung mit Werken außereuropäischer Kulturen, von Menschen mit psychischen Krankheiten und Kindern bewunderten. Anfang 1948 begegneten sich schließlich Appel, Corneille und Constant, und schon im Juli 1948 gründeten sie die Experimentele Groep Nederland, Keimzelle von CoBrA. Auf der ersten Sitzung wurde das von Constant verfasste Manifest verlesen, das im September gedruckt in der ersten Nummer der Zeitschrift *Reflex* erschien. Im November/Dezember 1948 lud dann die dänische Høst-Gruppe die Kolleg*innen aus den Niederlanden, aber auch den Belgier Christian Dotremont zu einer Ausstellung nach Kopenhagen ein (Abb. 1). Noch vor der ersten CoBrA-Ausstellung in Amsterdam im November 1949 fanden sich hier die wichtigen Protagonist*innen zusammen.

Belgien

Im Unterschied zu Dänemark und Holland spielte in Belgien die Auseinandersetzung mit dem Surrealismus eine große Rolle. Den belgischen Vertretern ging es jedoch weder um die Nachfolge ihres Landmanns René Magritte noch um einen psychischen Automatismus im Sinne André Bretons, dem Kopf des französischen Surrealismus, sondern vielmehr um Spontaneität und Fantasie, befreit von jeglicher Konvention. Laut Jorn war der Hauptfehler im malerischen Programm der französischen Surrealist*innen sein literarisches Übergewicht. „Man hat mit Visionen experimentiert, mit Bildern und mit Träumen, nicht aber mit Malerei und nicht mit Farbe", stellte er schon 1946 fest.[12] Wenn auch in Belgien die Szene heterogener war, so brachte sie doch, wie Willemijn Stokvis feststellte, etwas Neues, was dann für die gemeinsame CoBrA-Zeit von großer Bedeutung wurde: die Zusammenarbeit von Dichtern und Malern sowie die Integration von Schrift in die Malerei.[13] Dies lag vor allem in der Person Christian Dotremont begründet, der zum theoretischen Kopf in Belgien wurde und bald auch Redakteur der CoBrA-Zeitschriften werden sollte. Doch zuvor gründete er die surrealistische-revolutionäre Gruppe, die im Oktober 1947 in Brüssel zu einer internationalen Konferenz zusammenkam, an der auch Jorn teilnahm. Im *Bulletin international du surréalisme révolutionnaire* erschienen Beiträge der Dänen Jorn, Mortensen und Jacobsen, vertreten waren jedoch auch

was read aloud, and it was published in the first issue of the journal *Reflex* in September. In the November–December 1948 issue, the Danish Høst invited its Dutch colleagues but also the Belgian artist Christian Dotremont to Copenhagen for an exhibition (fig. 1). The important protagonists gathered there before the first CoBrA exhibition in Amsterdam in November 1949.

Belgium

In contrast to Denmark and the Netherlands, engagement with Surrealism played a large role in Belgium. The Belgian representatives were interested neither in following their compatriot René Magritte nor in psychological automatism in the manner of André Breton, the brain behind French Surrealism, but rather in spontaneity and imagination, liberated from all convention. According to Jorn, the chief mistake in the program of painting of the French Surrealists was the preponderance of literature. "Painters have experimented with visions, images, dreams, but not with painting, not with color," he noted as early as 1946.[12] Although the scene was more heterogeneous in Belgium, it did, as Willemijn Stokvis observed, introduce something new that would become very important for the period of a united CoBrA: collaboration between poets and painters and the integration of writing into painting.[13] The reason for that lay in the personality of Christian Dotremont, who became the theoretical mind in Belgium and soon also the editor of the CoBrA journals. He had, however, earlier founded the revolutionary Surrealist group, which met for an international conference in Brussels in October 1947, in which Jorn also participated. The *Bulletin international du surréalisme révolutionnaire* published essays by the Danes Jorn, Mortensen, and Jacobsen, and the Frenchmen Jean-Michel Atlan and Jacques Doucet were represented as well. Jorn also reported on the Belgian-French union, so that the fabric from which CoBrA emerged increasingly formed a net. Dotremont also brought together artists from different countries. In October 1948, he wrote to Constant: "We have to unite the Belgian, Danish, and Dutch groups, which have a clear cultural connection, without them losing their own character."[14]

die Franzosen Jean-Michel Atlan und Jacques Doucet. Jorn war es auch, der von dem belgisch-französischen Zusammenschluss in Dänemark berichtete, sodass sich das Geflecht, aus dem dann CoBrA hervorgehen sollte, immer mehr zu vernetzen begann. Bei der Zusammenführung unterschiedlicher Künstler*innen aus verschiedenen Ländern fungierte auch Dotremont als Initiator. Im Oktober 1948 schrieb er an Constant: „Wir müssen die belgischen, dänischen und niederländischen Gruppen, die eindeutig kulturelle Verbindung haben, vereinigen, ohne dass sie ihren eigenen Charakter verlieren."[14]

„In der gegenwärtigen Umbruchperiode kann die Rolle des Künstlers nur die des Revolutionärs sein"

Zu konstatieren ist, dass es zwar landesspezifisch prägende Unterschiede gab, man sich aber letztlich in wesentlichen Punkten einig war über Ziele und Programmatik. Als Ort der Vereinigung und Gründung von CoBrA fungierte 1948 Paris – noch das traditionelle Zentrum der Avantgarde. Doch stellte das Unternehmen der überwiegend nordischen Künstler*innen einen Bruch mit französischer Kunst und Ästhetik dar. Als zentral erwies sich die Erfahrung des Krieges und damit einhergehend das Fehlen einer frei sich entwickelnden Kunstszene. Insofern ist es nicht verwunderlich, dass es den Künstler*innen um Freiheit, Revolution und Distanz zu künstlerischen wie gesellschaftlichen Konventionen ging, verbunden immer wieder mit dem Bezug zur Kindheit. So schrieb Appel rückblickend: „Aber die Cobra-Gruppe begann neu, und als erstes warf sie alles über Bord, was wir kannten, und begann von vorn wie ein Kind – frisch und neu."[15] Entsprechend fallen im von Constant verfassten CoBrA-Manifest vom September 1948 folgende Stichworte: Aufbruchstimmung in einer Umbruchperiode, neue Freiheit, geistige Revolution, revolutionäre Rolle des Künstlers, Sehnsucht nach Volksnähe und Erblühen einer allgemeinen Volkskunst, Aktivierung des Schöpfungsdrangs und Befreiung zur Fantasie, Ablehnung ästhetischer Normen, Vorbildhaftigkeit der Kunst von Kindern und Primitiven,[16] Experiment, Abgrenzung von Surrealismus und Realismus und Abstraktion. Im Wortlaut hieß es: „In der gegenwärtigen Umbruchperiode kann die Rolle des Künstlers nur die des Revolutionärs

"In this period of change, the role of the creative artist can only be that of the revolutionary"

Although there were differences that characterized the specific countries, there was ultimately agreement on the essential points about goals and programs. In 1948, Paris—still the traditional center of the avant-garde—was where CoBrA came together and was founded. Nevertheless, this enterprise dominated by Nordic artists represented a break with French art and aesthetics. The experience of the war and the associated lack of freedom for an art scene to evolve proved central. It is therefore unsurprising that the artists were concerned with freedom, revolution, and distance from artistic and social conventions, which were repeatedly combined with a reference to childhood. For example, Appel wrote in retrospect: "But the CoBrA group started new, and first of all we threw away all these things we had known and started afresh, like a child—fresh and new."[15] Accordingly, Constant's CoBrA manifesto of September 1948 has the following key ideas: a mood of a new beginning in a period of upheaval, new freedom, intellectual revolution, the artist's revolutionary role, yearning for a closeness to the people and flourishing of a universal folk art, activating the urge to create and liberating the imagination, rejection of aesthetic norms, the exemplariness of the art of children and primitive peoples,[16] experiment, distancing from Surrealism and Realism, and abstraction. It read: "In this period of change, the role of the creative artist can only be that of the revolutionary. . . . The child knows of no law other than its spontaneous sensation of life and feels no need to express anything else. The same is true of primitive cultures, which is why they are so attractive to today's human beings, forced to live in a morbid atmosphere of unreality, lies and infertility. A new freedom is coming into being which will enable human beings to express themselves in accordance with their instincts. . . . [A]nd [our art is] of considerable psychological significance in the struggle to establish a new society."[17] There was therefore agreement on the effort to change society, on social responsibility, and artistically on the appreciation of spontaneity and naturalness, of children's drawings, Nordic myths, and the

sein [...]. Das Kind kennt kein anderes Gesetz als das seines ursprünglichen Lebensgefühls und will nur diesem Ausdruck verleihen. Das gleiche gilt für primitive Kulturen. Aus diesem Grund üben sie auf uns heute, die wir in einem Klima morbider Unwirklichkeit, von Lügen und Sterilität zu leben gezwungen sind, solchen Reiz aus. Eine neue Freiheit entsteht, die den Menschen gestatten wird, sich gemäß ihren Instinkten auszudrücken [...] und ihr [der Kunst] kommt im Kampf für eine neue Gesellschaftsordnung bedeutendes psychologisches Gewicht zu.“[17] Übereinstimmung fand man also im Bestreben, die Gesellschaft verändern zu wollen, in der sozialen Verantwortung und künstlerisch in der Wertschätzung von Spontaneität und Naturhaftigkeit, von Kinderzeichnungen, nordischen Mythen und den Arbeiten psychisch kranker Menschen. Einig war man sich zudem in der Abkehr von einem Surrealismus nach den Vorbildern André Bretons einerseits und René Magrittes andererseits sowie in der Ablehnung der geometrischen Abstraktion Piet Mondrians. Zusammen mit Magritte stellte Mondrian für die CoBrA-Künstler*innen den negativen Gegenpol dar. Als Vorbilder oder künstlerische Bezugspunkte spielten Pablo Picasso, Wassily Kandinsky, Joan Miró und vor allem Paul Klee eine wichtige Rolle. Verbunden mit diesen Künstlern war die Vorbildhaftigkeit der Kunst von Kindern, die Inspiration durch kindliches Gestalten. Im Kern bestand, so Willemijn Stokvis, bei aller Individualität die Botschaft der Gruppe in der Betonung des existenziellen Verlangens eines jeden, sich kreativ zu äußern – eines Verlangens, dem durch keine Normen und Regeln Beschränkung auferlegt werden durfte.[18] Was sie formal verband, waren eine expressive spontane Malweise und die Freude an reinen Farben. Fantastische Mischwesen aus Mensch, Tier und Pflanze fungierten als symbolischer Ausdruck für die Sehnsucht nach naturhaften Ursprüngen, nach dem Unverfälschten und Unverbildeten. Bewusst naiv gestaltete und stilisierte Tiermotive, aber auch Mutter-und-Kind-Darstellungen, wie sie sich vor allem bei Madeleine Kemény-Szemere finden (Kat. 74), gehörten so zum charakteristischen Motivkreis der CoBrA-Künstler*innen. Im Protest gegen die zeitgenössische Gesellschaft und ihre herrschenden Mächte diente das Kind, das noch nicht verantwortlich an dieser Gesellschaft beteiligt ist, als die Verkörperung des unschuldigen und unabhängigen Außenseiters.

works of the mentally ill. They also agreed to turn away from Surrealism based on the models of André Breton, on the one hand, and René Magritte, on the other, and to reject the geometric abstraction of Piet Mondrian. Along with Magritte, Mondrian represented the negative opposite pole for the CoBrA artists. Their role models or artistic reference points were Pablo Picasso, Wassily Kandinsky, Joan Miró, and Paul Klee. They associated with these artists the exemplary character of children's art and inspiration from childlike design. For all the individuality of the group's message, its core was, according to Willemijn Stokvis, an emphasis on the universal existential desire to express oneself creatively—a desire on which no norms and results should impose limitations.[18] They were linked formally by an expressive, spontaneous painting style and pleasure in pure colors. Fantastic hybrids of human being, animal, and plants symbolically expressed the desire for natural origins, for the unadulterated and uncorrupted. Deliberately naive and stylized animal motifs, but also depictions of mother and child, found especially in the work of Madeleine Kemény-Szemere (cat. no. 74), thus formed the characteristic circle of motifs of the CoBrA artists. In their protest of contemporaneous society and the ruling powers, the child, which is not yet involved in and responsible for society, served as the embodiment of the innocent and independent outside.

Paul Klee as Model

The Danes had discovered Paul Klee's work as a model in the early 1930s.[19] Klee's work was addressed in various issues of the avant-garde journals *Linien* and *Helhesten*. One early advocate of his art in Denmark was Vilhelm Bjerke-Petersen. He was enrolled at the Bauhaus in Dessau in 1930–31, where he had Kandinsky and Klee as teachers. His book *Symboler i abstrakt Kunst* (Symbols in Abstract Art), published in 1933, disseminated Klee's pedagogical principles in Denmark. In the tenth issue of *Linien* in 1935, it was said of Klee: "His work is a child's drawing that has become art."[20]

Das Vorbild Paul Klee

Bereits in den frühen 1930er-Jahren hatten die Dänen das Werk Paul Klees als vorbildhaft entdeckt.[19] In verschiedenen Ausgaben der Avantgardezeitschriften *Linien* und *Helhesten* bezog man sich auf Klees Werk. Ein früher Vermittler von dessen Kunst in Dänemark war Vilhelm Bjerke-Petersen. Er war 1930/31 am Bauhaus in Dessau eingeschrieben, wo er Kandinsky und Klee als Lehrer hatte. Mit seinem 1933 erschienenen Buch *Symboler i abstrakt Kunst* (Symbole abstrakter Kunst) verbreiteten sich die pädagogischen Prinzipien Klees in Dänemark. In der 10. Ausgabe von *Linien* war 1935 über Klee zu lesen: „Sein Werk ist eine Kinderzeichnung, die Kunst geworden ist."[20]

1937 reiste eine dänische Delegation nach Paris. Über die dort bereits ansässige Künstlerin Sonja Ferlov Mancoba, eine wichtige Mittlerfigur im Zentrum der Avantgarde, knüpften die dänischen Künstler*innen Kontakte zur dortigen Avantgarde: Jean Arp und Sophie Taeuber-Arp, Max Ernst, Yves Tanguy, Wassily Kandinsky, Joan Miró. Die aus der Reise resultierende Ausstellung mit unter anderem sieben Werken Klees in Kopenhagen war, so Hanne Lundgren Nielsen, zwar kein Publikumserfolg, für die jungen dänischen Künstler*innen jedoch epochal.[21] Ejler Bille widmete Klee in seinem 1945 erschienenen Buch *Picasso, surrealisme, abstrakt kunst* (Picasso, Surrealismus, abstrakte Kunst) ein ganzes Kapitel und betonte, wie sehr sich Klee von der Authentizität des kindlichen Ausdruckswillens und des Primitiven habe beeindrucken lassen. Neben Jorn bezog sich auch Carl-Henning Pedersen auf Klee und bestätigte, dass Klee den größten Eindruck auf ihn gemacht habe. Er bezeichnete den 1940 verstorbenen Künstler in einem Nachruf in *Helhesten* 1941 als Brückenbauer zwischen primitiver Vergangenheit und einer neuen experimentellen Kunst: „Was ist Klee? [...] Der Ursprung eines Kindes und der starke Ausbruch eines Primitiven. [...] Sein Werk bewegt etwas in uns und macht uns unruhig [...]."[22] Klees Kunst war, so kann man ohne Übertreibung sagen, für die dänischen Künstler*innen Inspiration und auslösendes Moment.

Auch in den Niederlanden war Klee für die künstlerische Entwicklung der jüngeren Künstlergeneration von großer Bedeutung. Bereits 1938 besuchte Eugène Brands als künftiger niederländischer CoBrA-Künstler im Stedelijk Museum in Amsterdam die Ausstellung *Abstracte*

In 1937, a Danish delegation traveled to Paris. The artist Sonja Ferlov Mancoba, an important mediator at the center of the avant-garde who was already living there, put the Danish artists in contact with the local avant-garde: Jean Arp and Sophie Taeuber-Arp, Max Ernst, Yves Tanguy, Wassily Kandinsky, and Joan Miró. The exhibition in Copenhagen that resulted from that trip, which included, among other things, six works by Klee, was, according to Hanne Lundgren Nielsen, not a popular success but proved epochal for young Danish artists.[21] Ejler Bille dedicated an entire chapter to Klee in his book *Picasso, surrealisme, abstrakt kunst* (Picasso, Surrealism, Abstract Art), published in 1945, and emphasized how much Klee had convinced him of the authenticity of the will to express themselves of children and primitives. In addition to Jorn, Carl-Henning Pedersen also referred to Klee and confirmed that Klee had made the biggest impression on him. In an obituary for Klee, who had died in 1940, published in *Helhesten* in 1941, Pedersen called him a bridge between the primitive past and a new experimental art: "What is Klee? . . . The originality of a child and the strong outburst of the primitive person. . . . That moves something in us and makes us uneasy."[22] Klee's art was, it can be said without fear of exaggeration, an inspiration and trigger moment for the Danish artists.

In the Netherlands, too, Klee was very important for the artistic evolution of the younger generation of artists. In 1938, Eugène Brands, a Dutch artist who would later join CoBrA, attended the exhibition *Abstracte Kunst* (Abstract Art) at the Stedelijk Museum in Amsterdam and was especially impressed by Klee's works. The closeness is obvious in Corneille's case as well; he even called Klee a father figure.[23] Finally, when a large exhibition was dedicated to Klee at the Stedelijk Museum in Amsterdam, it met with a strong response. What connected the avant-garde to Klee? He had shown an interest in art by children very early on and in his works tried to synthesize consciously made design and an original, elementary, spontaneous, and childlike will to express—very much in the sense of Alechinsky's declaration "CoBrA is a form of art which heads toward childhood . . . with the means available to adults."[24] In 1902, Klee found his own childhood drawings again, and

Kunst (Abstrakte Kunst) und zeigte sich besonders von den Werken Klees beeindruckt. Auch bei Corneille ist die Nähe augenfällig, er bezeichnete Klee gar als Vaterfigur.[23] Und als Klee 1948 schließlich im Stedelijk Museum in Amsterdam eine große Ausstellung gewidmet wurde, stieß diese auf breite Resonanz. Was verband die Avantgarde mit Klee? Schon früh hatte sich dieser für die Bildgestaltung von Kindern interessiert und strebte in seinen Arbeiten eine Synthese zwischen bewusst gemachter Bildgestaltung und einem ursprünglichen elementaren, spontanen, kindlichen Ausdruckswillen an – ganz im Sinne von Alechinskys Ausspruch „CoBrA ist eine Kunstform, die die Kindheit anstrebt [...] mit den Mitteln, die Erwachsenen zur Verfügung stehen.“[24] 1902 entdeckte Klee seine eigenen Kinderzeichnungen wieder, und als er 1911 sein Werkverzeichnis begann, nahm er diese als vollwertige Werke mit auf. Neben Masken als Träger komplexer vielfältiger Botschaften und mythischer Vorstellungen ist in Klees Werk besonders der Übermut von Kindern wichtig, die spielerisch die Welt erforschen und mit wagemutigen Kapriolen versuchen, die Schwerkraft des Realen zu überwinden. So wurde, wie später bei den CoBrA-Künstler*innen, auch das Kind selbst immer wieder zum Bildmotiv. Ein Vergleich einer Kinderzeichnung mit Werken von Paul Klee und Karel Appel macht die Verwandtschaft in der Reduktion der Formen deutlich (Abb. 2, 3, 4). Doch in Klees Werk ist es nicht allein die unbeschwerte Heiterkeit kindlicher Gestaltung oder Lebenswelt, die sein Schaffen bestimmt. Wie Josef Helfenstein gezeigt hat, häufen sich bei Klee gerade im Spätwerk die Darstellungen von Kindern, sie gehören offensichtlich zu jenen bildnerischen Themen, anhand derer er die politischen Ereignisse, die seine Existenz als Künstler infrage stellten, reflektierte.[25]

Klees Blick auf die Kindheit ist gleichzeitig weit entfernt vom Stereotyp vermeintlicher Unschuld, denn häufig führt die Entfesselung kindlicher Aggression zu roher Gewalt. Kennzeichnend für die CoBrA-Künstler*innen waren einerseits ein beispielloser Optimismus und der Glaube an eine bessere Welt, andererseits jedoch war ihre Entwicklung untrennbar mit dem Grauen der Kriegsjahre verbunden. So setzten sich – wie Klee seit der beginnenden Bedrohung durch die Nazis – besonders Jorn und Constant auch mit kindlicher Gewalt und Aggressivität auseinander.

---

when he began compiling a catalogue raisonné in 1911 he included them as fully suitable works. In addition to masks as communicators of complex, diverse messages and mythical ideas, an especially important theme in Klee's work is the high spirits of children, who explore the world playfully and risk daring capers that overcome the gravity of the real world. As the CoBrA artists would later do, he also used children as motifs. A comparison of a child's drawing with works by Paul Klee and Karel Appel illustrates their relationship in the reduction of forms (figs. 2, 3, 4). In Klee's work, however, it is not just the carefree cheerfulness of the art or world of children that determines their creativity. As Josef Helfenstein has shown, depictions of children are especially frequent in Klee's late work; they clearly belong to those pictorial themes he used to reflect on the political events that were calling his existence as an artist into question.[25]

At the same time, Klee's view of childhood is far from the stereotype of supposed innocence, since often unleashing a child's aggression leads to raw violence. CoBrA was characterized by unparalleled optimism and faith in a better world, on the one hand, but, on the other hand, their development was inseparable from the horrors of the war years. Like Klee since the Nazi threat had begun, Jorn and Constant in particular grappled with the violence and aggressiveness of children.

Children's Drawings as a Source of Inspiration

As Jonathan Fineberg has shown, the preoccupation with the art of children was not simply a phenomenon of the avant-garde of the twentieth century.[26] Caspar David Friedrich regarded the child as the prototype of the artist. Around the turn of the twentieth century, however, interest in the art of children increased considerably and was expressed in exhibitions and publications. In 1908, for example, Wassily Kandinsky and Gabriele Münter also began to collect children's drawings and to orient their means of expression around their language. In the *Blauer Reiter* (Blue Rider) almanac published in 1912, the art of children played a role alongside folk art. This activity was in the air, representing the desire for genuine artistic expression beyond

Kinderzeichnungen als Quelle der Inspiration

Wie Jonathan Fineberg zeigte, ist die Beschäftigung mit der Kunst von Kindern kein Phänomen der Avantgarde des 20. Jahrhunderts.[26] Schon Caspar David Friedrich sah das Kind als Prototyp des Künstlers an. Um die Wende zum 20. Jahrhundert nahm die Auseinandersetzung mit der Kunst von Kindern jedoch beträchtlich zu und schlug sich in Ausstellungen und Publikationen nieder. So begannen 1908 auch Wassily Kandinsky und Gabriele Münter Kinderzeichnungen zu sammeln und sich in ihrer Ausdrucksweise an deren Sprache zu orientieren. Im 1912 erschienenen Almanach *Blauer Reiter* spielte neben der Volkskunst auch die Kunst von Kindern eine Rolle. Die Beschäftigung damit lag geradezu in der Luft, stand sie doch für die Sehnsucht nach unverfälschter Kunstäußerung, jenseits jeder bürgerlichen Erwartung, ohne jede prägende Vorbildung. Auch in der Kunsthalle Mannheim sollte das Thema eine wichtige Rolle spielen. 1921 wurde hier die von Gustav Friedrich Hartlaub kuratierte Ausstellung *Der Genius im Kinde* gezeigt.[27] Anliegen war es, die Reinheit und Unbefangenheit der schöpferischen Kraft von Kindern einer durch Krieg, Mechanisierung und Kapitalismus verrohten Welt als Heilmittel entgegenzusetzen. Heiterkeit, Buntheit, Unbedrohtheit, Eindrucksempfänglichkeit, Schöpferkraft, Sehnsucht nach Einfalt und Ursprünglichkeit waren die zentralen Begriffe des Konzepts. Nicht nur der große Erfolg der Ausstellung, sondern sicherlich auch die Begabung des eigenen Sohnes scheinen Hartlaub in der Folge zur vertiefenden wissenschaftlichen Beschäftigung mit dem Genius im Kinde angeregt zu haben. 1922 kam sein gleichnamiges Buch heraus, in dem er der naiven Schöpferkraft des Kindes programmatischen Anstrich verlieh. Doch Hartlaubs Blick blieb nicht auf den Sohn fokussiert, sondern er wollte die wissenschaftliche Forschung zur Entwicklung kindlicher Gestaltung befördern und institutionalisieren. 1927 gründete er das „Internationale Archiv für Jugendzeichnungen", das in den folgenden Jahren wuchs und insgesamt schließlich ca. 42.000 Blatt umfasste (Abb. 2). Gleichzeitig beschäftigte sich Hartlaub mit der Kindheitsentwicklung der Künstler*innen und plante eine Publikation zum Thema, die jedoch nicht realisiert wurde. Auch im Bauhaus in Dessau fanden 1929 zwei Ausstellungen mit Kinderzeichnungen statt: Das Interesse an der Kinderkunst erwies sich somit als Kennzeichen der Avantgarde, auch der künftigen

---

any bourgeois expectation and without any formative background. The theme would also play an important role at the Kunsthalle Mannheim. In 1921, Gustav Friedrich Hartlaub curated the exhibition *Der Genius im Kinde* (The Genius in the Child) here.[27] His goal was to use the pure and uninhibited creative energy of children as a cure for a world coarsened by war, mechanization, and capitalism. The central terms of the concept were the cheerful, colorful, unthreatened, receptive, creative, and desire for simplicity and originality. Not only the great success of the exhibition, but also his own son's talent appear to have inspired Hartlaub to continue to explore in scholarship the genius in the child. In 1922, he published his eponymous book, in which he gave a programmatic

Abb. / Fig. **2**
*Knabe P (8 Jahre)/Boy P (8 years),
Kasper,* **Aquarell und Bunt-
stift/Watercolor and colored
pencil,** 33,3×22,9 cm
Internationales Archiv für Kinderzeichnungen / International archive of children's
drawings, Kunsthalle Mannheim

Abb. / Fig. **3**
Karel Appel
*Kindje met bloemen/Kind mit
Blumen/Small Child with
Flowers,* 1947/Aquarell, Tusche
und Kreide auf Papier/Watercolor
paint, ink and chalk on paper
44×55,6 cm
Stedelijk Museum Schiedam collection/
Sammlung

Abb. / Fig. **4**
Paul Klee, *Ein Kinderspiel/
A Child's game,* 1939, Kleister-
farbe und Aquarell auf Karton/
Colored paste and watercolor
on cardboard, 43×32 cm
Staatliche Museen zu Berlin, Nationalgalerie,
Museum Berggruen

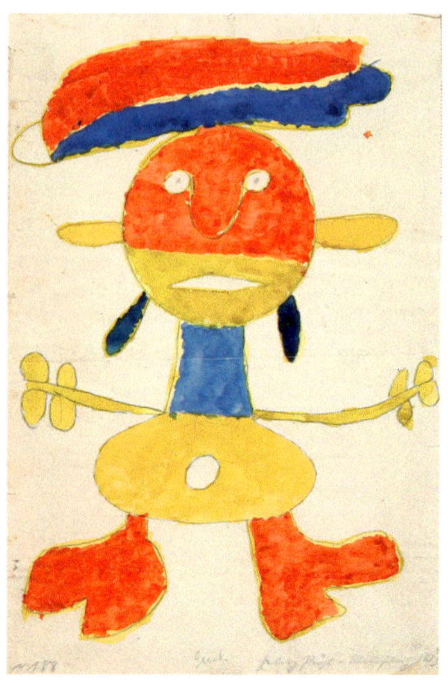

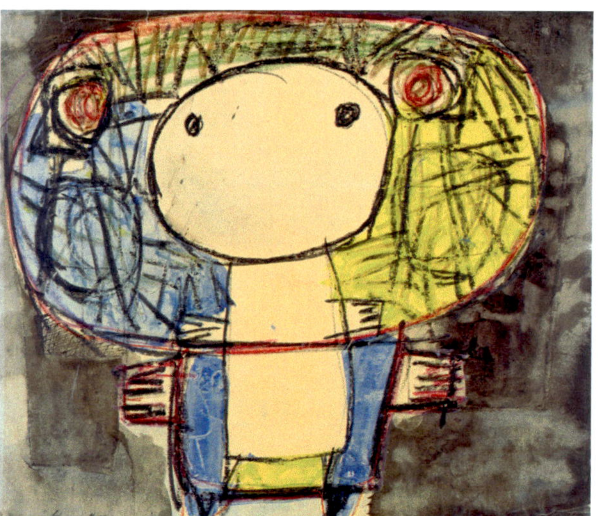

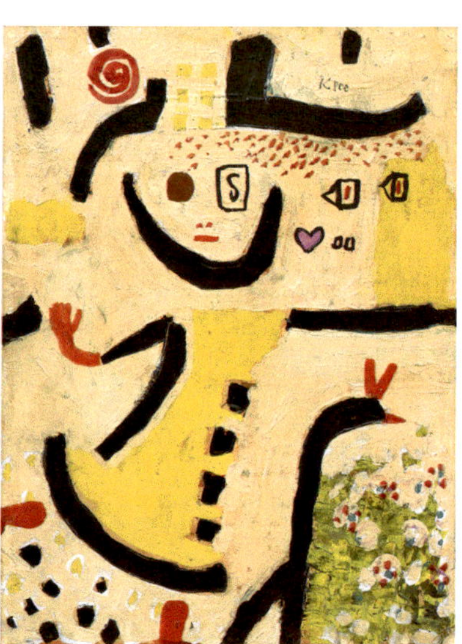

CoBrA-Vertreter*innen. Für die Künstler*innen, die sich ab 1941 um die Zeitschrift *Helhesten* versammelten (Ejler Bille, Carl-Henning Pedersen, Henry Heerup, Asger Jorn, Else Alfelt), wurden Kinderzeichnungen zu einer wichtigen und vorbildhaften Inspirationsquelle. Schon früh in Berührung mit dem Thema kam Asger Jorn, als er 1937 im Auftrag von Le Corbusier für die Dekoration von dessen *Pavillon de l'Esprit Nouveau* auf der Pariser Weltausstellung drei Kinderzeichnungen vergrößerte. Bereits ab 1941 wurden in *Helhesten*, wie später auch in den *Cobra*-Heften, Kinderzeichnungen neben Felszeichnungen, sino-sibirischen Bronzen, Wandmalereien, grönländischen Geisterbeschwörungsmasken und eigenen Werken der Künstler*innen abgebildet. Als Vermittler fungierte Aksel Jørgensen, Maler und Professor an der Kopenhagener Kunstakademie.[28] 1940, möglicherweise auch schon früher, hielt er dort Vorlesungen über Kinderzeichnungen und deren magische Kraft – und einer seiner Schüler war Asger Jorn. Ein anderer wichtiger Protagonist war der Schriftsteller und Kinderpsychologe Jens Sigsgaard, der 1941 in *Helhesten* einen Artikel über Kinderkunst und eine Reihe von Kinderbildern veröffentlichte (Abb. 5), von denen er wiederum Jorn einige schenkte. Sigsgaard und Jørgensen waren sich darin einig, dass man im bildlichen Ausdruck des Kindes das reine, unverfälschte Bild der künstlerischen Fähigkeiten des Menschen finden könne, wobei diese im Unterschied zu den Erwachsenen in einem ahistorischen Vakuum agieren würden. 1942 schrieb Ejler Bille in *Helhesten*: „Während das kleinste Kind noch jene Lebensrhythmen besitzt, die Kunst produzieren, trifft

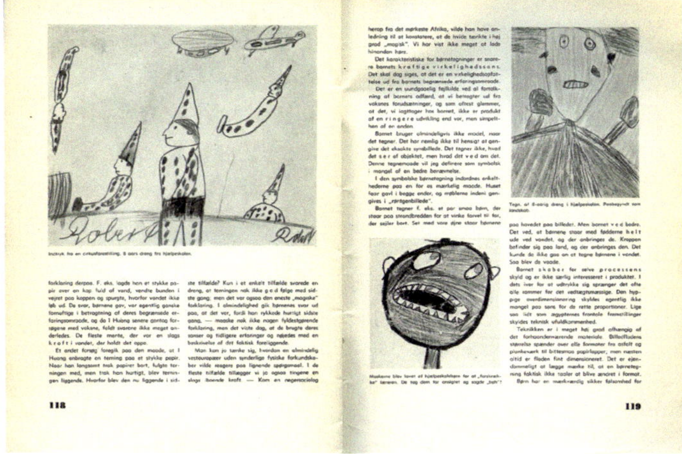

Abb. / Fig. 5
Helhesten 1, Nr. / No. 4, 1941

tinge to the naive creativity of the child. Hartlaub did not, however, remain focused only on his son; he wanted to encourage and provide an institution for scholarly research into the development of children's art. He founded the Internationales Archiv für Jugendzeichnungen (International Archive for Drawings by Children) in 1927, which grew larger in the years that followed and ultimately included about 42,000 sheets (fig. 2). At the same time, Hartlaub studied the childhood development of artists and planned a publication on the subject, but it was never realized. The Bauhaus in Dessau held two exhibitions of children's drawings in 1929. The interest in the art of children thus proved to be a characteristic of the avant-garde, including the future representatives of CoBrA. For the artists who came together around the journal *Helhesten* from 1941 onward (Ejler Bille, Carl-Henning Pedersen, Henry Heerup, Asger Jorn, and Else Alfelt), children's drawing became an important and exemplary source of inspiration. Asger Jorn came in contact with the theme early on when he was commissioned by Le Corbusier to decorate the latter's Pavillon de l'Esprit Nouveau at the *Exposition Internationale* in Paris in 1937 with three enlarged children's drawings. In *Helhesten* from 1941 onward, and later also issues of the CoBrA journal, children's drawings were illustrated along with rock drawings, Sino-Siberian bronzes, murals, masks from Greenland to invoke spirits, and the artists' own works. They were presented by Aksel Jørgensen, a painter and professor at the academy of art in Copenhagen.[28] In 1940, and perhaps even earlier, he lectured there on children's drawings and their magical power—and one of his students was Asger Jorn. Another important protagonist was the writer and child psychologist Jens Sigsgaard, who published an article on children's art and a series of pictures by children in *Helhesten* in 1941 (fig. 5), several of which he then gave to Jorn. Sigsgaard and Jørgensen agreed that one could find in the pictorial expression of children the pure, unadulterated expression of human artistic abilities, though in contrast to that of adults they operated in an ahistorical vacuum. In 1942, Ejler Bille wrote in *Helhesten*: "While the smallest child still possesses the rhythm of life from which art is generated, this is not the case with the adult. Few are they who, struggling against convention,

dies für Erwachsene nicht mehr zu. Nur ganz wenige von ihnen sind in der Lage, den Kontakt zu ihren Kinderjahren zu bewahren und sich in ihrer Entwicklung auch gegen die Strömungen gesellschaftlicher Konvention zu behaupten."[29] 1944 malten einige der Høst-Künstler in einem kollektiven Akt eine Kinderkrippe in Kopenhagen aus. Die Bilder sollten sich – basierend auf vitaler Farben- und Formenfreude und auf fantasievollem Fabulieren – direkt an die Kinder wenden: ein Paradigmenwechsel in Haltung und Respekt vor den Kindern und ihrer Lebenswelt.

In den Niederlanden wurde die Beschäftigung mit der Kunst von Kindern wesentlich über die Arbeit von Willem Sandberg initiiert. 1946 richtete er ein Kinderatelier im Amsterdamer Stedelijk Museum ein, dem er als Direktor vorstand, zwei Jahre später zeigte er im Dezember 1948 eine Übersichtsausstellung von Kinderkunst und nahm einige der Arbeiten in die Museumssammlung auf. Constant zeigte sich beeindruckt und schrieb 1949 in *Reflex*: „Die Ausstellung der Kinderzeichnungen im Stedelijk Museum Amsterdam hat noch einmal gezeigt, welche enormen schöpferischen Kräfte in der Natur des Menschen schlummern. Wir werden den Weg bereiten für eine Aktivierung dieser Kräfte, und zwar durch die Vernichtung der letzten Formalismen, die der Entwicklung dieser Kräfte im Wege stehen."[30] Ab 1948 beschäftigten sich die Holländer Appel, Constant und Corneille intensiv mit Kinderzeichnungen. „Wir wollten wie ein Kind ganz von vorne beginnen", konstatierte Karel Appel.[31] So malte er eine ganze Serie zum Motiv der fragenden oder bettelnden Kinder (Abb. 6, Kat. 99). Die Werke zeigten nicht nur eine kindlich expressive Formensprache, die Kinder selbst wurden zum Bildmotiv. Inhaltlich ging die Thematik auf Appels Erinnerung an die hungernden Kinder zurück, die er während einer Deutschlandreise in der unmittelbaren Nachkriegszeit gesehen hatte. Und auch er sammelte Kinderzeichnungen, seitdem ihm diese 1949 in den Bergen Südfrankreichs auf wundersame Weise begegnet waren: Sie waren quasi als ein Konglomerat von einzelnen Blättern vom Himmel gefallen.[32] Im *Cobra*-Heft 4 von 1949, das als Katalog zur ersten CoBrA-Ausstellung fungierte, erschien schließlich eine Reihe von Kinderzeichnungen aus der im Jahr davor gezeigten Ausstellung; sie wurden in direktem Vergleich mit den Werken von Corneille, Appel und Constant gezeigt (Abb. 8). „Kinderen wijzen de weg" (Kinder weisen den Weg): Unter dieses Motto stellten Appel, Constant,

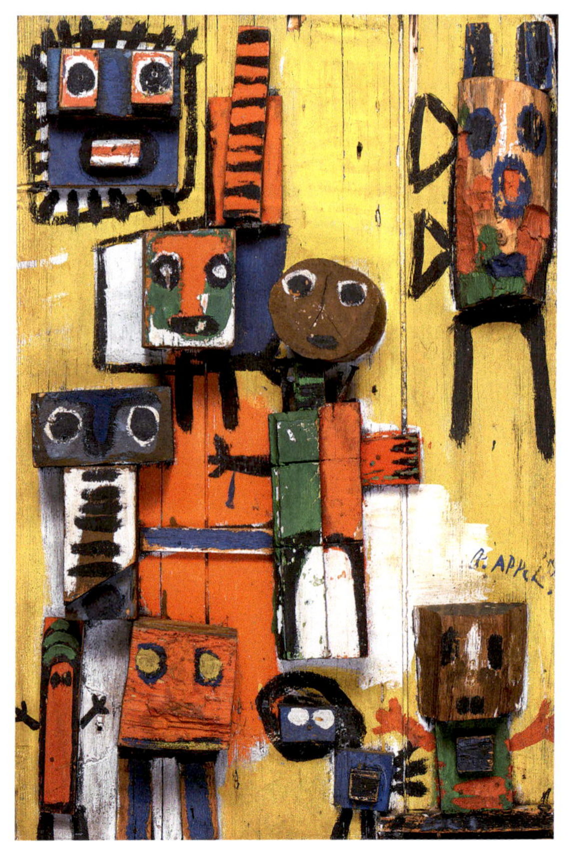

Abb. / Fig. **6**
Karel Appel, *Vragende Kinderen /*
Fragende bzw. Bettelnde Kinder /
Begging or Questioning Children,
1949, Gouache auf Holz /
Gouache on wood,
87,3 × 59,8 × 15,8 cm
Tate Gallery London

succeed in preserving their originality to continue their development without losing touch with their childhood years."[29] In 1944, several of the artists painted a kindergarten in Copenhagen in a collective action. The paintings were based on a vital joy of colors and forms and imaginative storytelling and were supposed to speak directly to children: a paradigm shift in the attitude toward and respect for children and their world.

In the Netherlands, the preoccupation with the art of children was essentially initiated by the work of Willem Sandberg. In 1946, he established an art studio for children in the Stedelijk Museum, of which he was director; two years later, in December 1948, he presented a survey exhibition of children's art and added several of the works to the museum's collection. Constant was impressed and wrote in *Reflex* in 1949: "The exhibition of children's drawings at the Stedelijk Museum in Amsterdam has once again demonstrated the enormously creative powers that lie dormant in human nature. We will prepare the way to activate these powers by destroying the last formalisms standing in the way of their development."[30] The Dutch artists Appel, Constant, and Corneille were intensely engaged with children's drawings from 1948 onward. "We wanted to start again like a child," Karel Appel stated.[31] He painted a whole series on the motif of questioning or begging children (fig. 6, cat. no. 99). The works showed not only a childlike, expressive formal language, but children were also the motif. The themes go back to Appel's memory of starving children he had seen on a trip in Germany in the immediate postwar era. And he had also been collecting children's drawings since he had encountered them in a miraculous way in the mountains of southern France in 1949: they had fallen from the sky as if

Corneille und Rooskens ihren Beitrag zur Ausstellung *Nieuwe Stromingen in de Beeldende Kunst* (Neue Strömungen in der bildenden Kunst), die vom 31. März bis 30. April 1950 im Stedelijk Museum in Amsterdam zu sehen war. Sie machten zur Bedingung, dass ihre Werke jeweils von einer Kinderzeichnung begleitet wurde und betonten damit die Vorbildhaftigkeit der Kinderkunst. Die Auseinandersetzung mit der Kunst von Kindern hatte bei den CoBrA-Künstler*innen, ähnlich wie bei Hartlaub, autobiografische Gründe. Jorn, aber auch Brands sowie später Pierre Alechinsky kamen durch ihre eigenen Kinder in Berührung mit der kindlichen Kreativität; sie sammelten deren Arbeiten, und es kam nicht zuletzt auch zur Zusammenarbeit einiger Künstler*innen mit den eigenen Kindern, etwa 1949 in Bregnerød. Dort trafen sich die CoBrA-Mitglieder in einem Wochenendhaus bei Kopenhagen und bemalten gemeinsam mit ihren Frauen und Kindern die Wände und Gegenstände des Hauses. So gestaltete etwa Jorns siebenjähriger Sohn Klaus eine Tür in der Wand, an der Pedersen arbeitete (Abb. 7). Aus vielen Zitaten spricht schließlich die Sehnsucht nach der Kindheit. „Es dauert Jahre, bis man das Kind in sich selbst findet", erklärte Alechinsky.[33] Und Pedersen bemerkte hochbetagt 1997: „Es ist nicht die Kinderzeichnung, die mich inspiriert: ich bin selbst ein Kind."[34] Geschätzt wurden die ungezwungene Ausdrucksfähigkeit, die individuelle Fantasie, die Freiheit und kindliche Freude am Gestalten, der Sinn für Materialien, jedoch auch für Fundstücke, aus denen Assemblagen gebaut wurden. So stellte Henry Heerup, der Verfechter eines rustikalen Antispezialismus, fest: „Die Kinder haben schon immer Skulpturen aus Resten gemacht [...]. Jeder kann seine eigene Abfallskulptur machen. Fangt an!"[35]

a conglomerate of single sheets.[32] Finally, *Cobra*, no. 4, of 1949, which served as the catalogue for the first CoBrA exhibition, published a series of children's drawings from the exhibition the previous year; they were presented in direct comparison to works by Corneille, Appel und Constant (fig. 8). "Kinderen wijzen de weg" (Children Show the Way): that was the epigraph to the essay by Appel, Constant, Corneille, and Rooskens for the exhibition *Nieuwe Stromingen in de Beeldende Kunst* (New Currents in Fine Art), which was on view at the Stedelijk Museum in Amsterdam from March 31 to April 30, 1950. They had made it a condition that each of their works be accompanied by a child's drawing and thus emphasized the exemplarity of children's art. Much as it had for Hartlaub, the CoBrA artist's engagement with the art of children had autobiographical reasons. Jorn but also Brands and later Pierre Alechinsky came into contact through their own children with their creativity; they collected their works and several of the artists even collaborated with their own children, for example, in Bregnerød in 1949. CoBrA members met there in a weekend house near Copenhagen and, together with their wives and children, painted the walls and furnishings of the house. Jorn's seven-year-old son, Klaus, designed a door in the wall on which Pedersen worked (fig. 7). Finally, many quotations express their yearning for childhood. "It takes years to find the child inside oneself," Alechinsky explained.[33] And Pedersen remarked at an advanced age in 1997: "It is not children's drawings that inspire me: I am a child myself."[34] They appreciated children's ability to express themselves casually, their individual imagination, their freedom, and the child's joy in designing, sense of materials, even of found objects, with which they built assemblages. Henry Heerup, the defender of a rustic antispecialism, observed: "Children have always made sculptures from rubbish. . . . Everyone can make sculpture from rubbish. Get on with it!"[35]

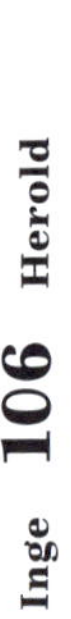

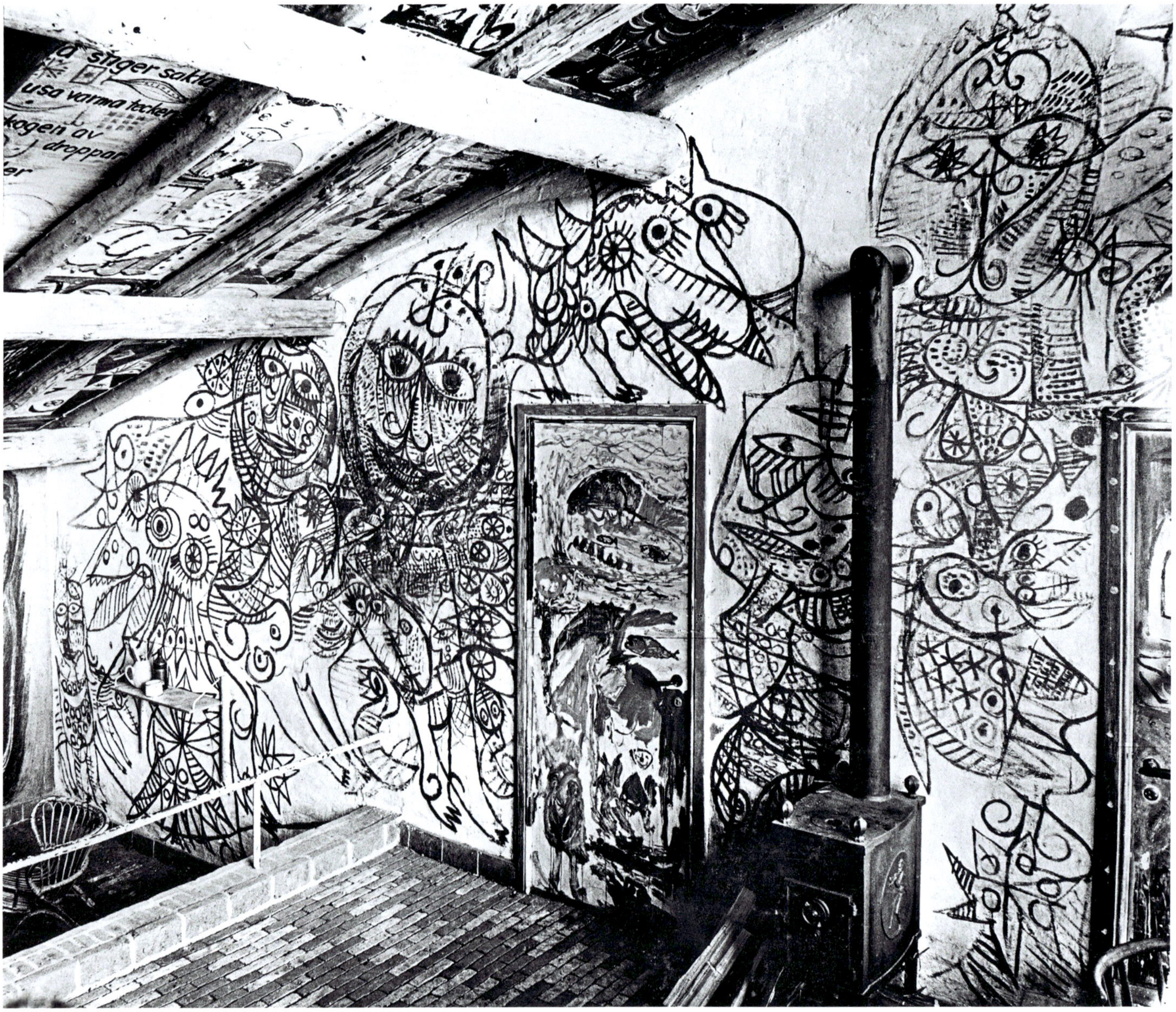

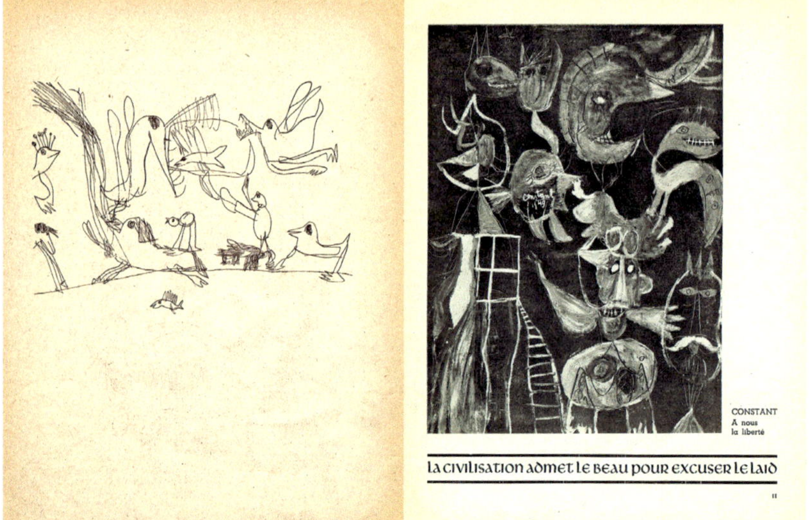

Abb. / Fig. **7**
Bregnerød bei Kopenhagen, Wandbemalung von
Carl-Henning Pedersen, Tür von Klaus Jorn, dem
siebenjährigen Sohn von Asger Jorn / Bregnerød near
Copenhagen, wall painting by Carl-Henning Pedersen,
door by Klaus Jorn, the seven-year-old son of Asger Jorn,
1949

Abb. / Fig. **8**
Ein Werk von Constant neben einer Kinderzeichnung /
A work by Constant next to a child's drawing, *Cobra*,
Nr. / No. 4 (November 1949)

1 Pierre Alechinsky, zit. nach Jonathan Fineberg, „Cobra und das Kind in uns", in: *Mit dem Auge des Kindes. Kinderzeichnung und moderne Kunst*, hg. von Helmut Friedel und Josef Helfenstein, Ausst.-Kat. Lenbachhaus, München/Kunstmuseum Bern, Stuttgart 1995, S. 212.

2 Zit. nach Willemijn Stokvis, *COBRA. The History of a European Avant-Garde Movement 1948–1951*, Rotterdam 2017, S. 197.

3 Zit. nach Jean-Clarence Lambert, *COBRA*, Königstein im Taunus 1985, S. 53.

4 Zit. nach *COBRA 1948–51*, Ausst.-Kat. Kunstverein in Hamburg, Hamburg 1982, S. 10.

5 Vgl. den Beitrag von Mathias Listl zur Bedeutung des Krieges für CoBrA im vorliegenden Band, S. 26–43.

6 Zit. nach Lambert 1985 (wie Anm. 3), S. 52.

7 Hans Prinzhorn, *Bildnerei der Geisteskranken*, Heidelberg 1922.

8 Zit. nach Ausst.-Kat. Hamburg 1982 (wie Anm. 4), S. 9.

9 Siehe ebd.

10 Siehe Sven Nommensen, *Asger Jorn. Das Frühwerk und die spontane Methode der malerischen Entfaltung*, Berlin 2002, S. 139.

11 Zit. nach Ausst.-Kat. Hamburg 1982 (wie Anm. 4), S. 14.

12 Zit. nach Pia Dornacher: „,... und begann von vorn wie ein Kind – frisch und neu'. Cobra und die Kinderzeichnung", in: *KinderBlicke – Kindheit und Moderne von Klee bis Boltanski*, Ausst.-Kat. Städt. Galerie Bietigheim-Bissingen, Ostfildern-Ruit 2001, S. 199.

13 Siehe Willemijn Stokvis, *COBRA: eine internationale Bewegung in der Kunst nach dem zweiten Weltkrieg*, Braunschweig 1989, S. 25.

14 Zit. nach Ausst.-Kat. Hamburg 1982 (wie Anm. 4), S. 18.

15 Zit. nach ebd., S. 54.

16 Der Begriff „Kunst der Primitiven" wird heute, da als abwertend verstanden, nicht mehr gebraucht. Die CoBrA-Künstlerinnen fassten darunter ohne jegliche Abwertung die Kunst der Naturvölker Afrikas, Ozeaniens und der Ureinwohner Amerikas.

17 Zit. nach Stokvis 1989 (wie Anm. 13), S. 30.

18 Siehe ebd., S. 19f.

19 Siehe *Klee und Cobra. Ein Kinderspiel*, Ausst.-Kat. Zentrum Paul Klee, Bern u. a., Ostfildern 2011.

20 Zit. nach ebd., S. 79.

21 Siehe Hanne Lundgren-Nielsen, „Die Klee-Rezeption bei den dänischen Cobra-Künstlern", in: ebd., S. 44.

22 Zit. nach: Ausst.-Kat. Hamburg 1982 (wie Anm. 4), S. 170.

23 Siehe Katja Weitering, „Paul Klee und der niederländische Zweig der Cobra-Bewegung", in: Ausst.-Kat. Bern u. a. 2011 (wie Anm. 19), S. 61.

24 Siehe Alechinsky 1995 (wie Anm. 1).

25 Siehe Josef Helfenstein, „Die Thematik der Kindheit im Spätwerk von Klee, in: Ausst.-Kat. Bietigheim-Bissingen 2001 (wie Anm. 12), S. 174.

26 Siehe Jonathan Fineberg, „Es war der Briefträger", in: Ausst.-Kat. München/Bern 1995 (wie Anm. 1), S. 14ff. Siehe auch den Essayband zu dieser Ausstellung: Jonathan Fineberg (Hg.), *Kinderzeichnung und die Kunst des 20. Jahrhunderts*, Stuttgart 1995.

27 Siehe Inge Herold, „Felix Hartlaub zeichnet", in: *Felix Hartlaub. Gezeichnete Welten*, Ausst.-Kat. Kunsthalle Mannheim, hg. von ders. und Ulrike Lorenz, Heidelberg 2012, S. 22ff.

28 Troels Andersen, „Magische Figuren: Jorn, Cobra und die Kinderzeichnung", in: Fineberg, Essayband 1995 (wie Anm. 26), S. 8–12.

29 Zit. nach: Ausst.-Kat. Bern u. a. 2011 (wie Anm. 19), S. 80.

30 Zit. nach: Ausst.-Kat. Hamburg 1982 (wie Anm. 4), S. 86.

31 Zit. nach: Fineberg, „Das Paradigma des Künstlers als Kind", in: Ausst.-Kat. Bern u. a. 2011 (wie Anm. 19), S. 24.

32 Siehe Fineberg, „Cobra und das Kind in uns", in: Ausst.-Kat. München / Bern 1995 (wie Anm. 1), S. 203.

33 Zit. nach ebd., S. 212.

34 Zit. nach Ausst.-Kat. Bern u. a. 2011 (wie Anm. 19), S. 84.

35 Zit. nach Lambert 1985 (wie Anm. 3), S. 64.

---

1 Pierre Alechinsky, quoted in Jean-Clarence Lambert, *Cobra*, trans. Roberta Bailey (New York, 1984), p. 182.

2 Quoted in Willemijn Stokvis, *Cobra: The History of a European Avant-Garde Movement, 1948–1951* (Rotterdam, 2017), p. 197.

3 Quoted in Lambert, *Cobra* (see note 1), p. 53.

4 Quoted in *COBRA, 1948–51*, exh. cat. Kunstverein in Hamburg (Hamburg, 1982), p. 10.

5 See the essay by Mathias Listl on the significance of the war for CoBrA in the present volume, p. 26–43.

6 Quoted in Lambert, *Cobra* (see note 1), p. 52.

7 Hans Prinzhorn, *Bildnerei der Geisteskranken* (Heidelberg, 1922).

8 Quoted in *COBRA* (see note 4), p. 9.

9 Asger Jorn, "Face to Face," in *Fraternité Avant Tout: Asger Jorn's Writings on Art and Architecture, 1938–1958*, ed. Ruth Baumeister, trans. Paul Larkin (Rotterdam, 2011), pp. 54–77, esp. p. 62.

10 See Sven Nommensen, *Asger Jorn: Das Frühwerk und die spontane Methode der malerischen Entfaltung* (Berlin, 2002), p. 139.

11 Quoted in *COBRA* (see note 4), p. 14.

12 Quoted in *Asger Jorn*, exh. cat. Solomon R. Guggenheim Museum (New York, 1982), p. 24.

13 See Willemijn Stokvis, *Cobra: An International Movement in Art after the Second World War* (New York, 1988), p. 25.

14 Quoted in *COBRA* (see note 4), p. 18.

15 Quoted in Michael Rush, *The Rose Art Museum Collection* (New York, 2009), p. 26.

16 The concept of "art of primitive people" is no longer used today, because it is understood to be disparaging. The CoBrA understood it to mean, with no disparagement at all, the art of the people of Africa, Oceania, and Native Americans.

17 Constant Nieuwenhuys, "Manifest," *Reflex* 1 (September–October 1948), translated by Leonard Bright in Stokvis, *Cobra* (see note 13), pp. 29–31, esp. p. 30.

18 See ibid., pp. 19–20.

19 See *Klee and Cobra: A Child's Play* (Ostfildern, 2011).

20 Quoted in ibid., p. 79.

21 See Hanne Lundgren-Nielsen, "The Reception of Klee by the Danish Cobra Artists," in ibid., pp. 43–58, esp. p. 44.

22 Carl-Henning Pedersen, "Paul Klee," *Helhesten* 1, no. 1 (March 13, 1941): pp. 2–5, esp. p. 2.

23 See Katja Weitering, "The Dutch Cobra Artists and Paul Klee," in *Klee and Cobra* (see note 19), pp. 59–72, esp. p. 61.

24 Quoted in Lambert, *Cobra* (see note 1), p. 182.

25 See Josef Helfenstein, "The Issue of Childhood in Klee's Late Work," trans. Andrew R. Ziarnik, in *Discovering Child Art: Essays on Childhood, Primitivism and Modernism*, ed. Jonathan Fineberg (Princeton, NJ, 1998), pp. 122–56.

26 See Jonathan Fineberg, "The Postman Did It," in Fineberg, *The Innocent Eye: Children's Art and the Modern Artist* (Princeton, NJ, 1997), pp. 2–23. See also Fineberg, *Discovering Child Art* (see note 25).

27 See Inge Herold, "Felix Hartlaub zeichnet," in *Felix Hartlaub: Gezeichnete Welten*, ed. Inge Herold and Ulrike Lorenz, exh. cat. Kunsthalle Mannheim (Heidelberg, 2012), pp. 22–41.

28 Troels Andersen, "Magic Figures: Jorn, Cobra, and Children's Drawings," trans. Andrew R. Ziarnik, in Fineberg, *Discovering Child Art* (see note 25), pp. 235–41.

29 Quoted in *Klee and Cobra* (see note 19), p. 80.

30 Constant Nieuwenhuys, "Cultuur en contra-cultuur," *Reflex: Orgaan van de experimentele groep in Holland*, no. 2 (1949), n.p.

31 Quoted in Jonathan Fineberg, "The Paradigm of the Artist/Child," in *Klee and Cobra* (see note 19), pp. 24–28, esp. p. 24.

32 See Jonathan Fineberg, "Cobra and the 'The Child Inside Oneself,'" in Fineberg, *The Innocent Eye* (see note 26), pp. 178–207, esp. p. 201.

33 Quoted in ibid., p. 206.

34 Quoted in *Klee and Cobra* (see note 19), p. 84.

35 Quoted in Lambert, *Cobra* (see note 1), pp. 63–64.

BELGIEN
FRANKREICH
TSCHECHOSLOW
DEUTSCHLAND
SCHWEDEN
SCHOTTLAND
UNGARN

Inge Herold

Pierre Alechinsky

Jean-Michel Atlan

Christian Dotremont
(in Zusammenarbeit mit / in cooperation with **Asger Jorn**)

Jacques Doucet

Stephen Gilbert

K. O. Götz

Anneliese Hager

Carl-Otto Hultén

Josef Istler

Zoltán Kemény

Madeleine Kemény-Szemere

Ernest Mancoba

Max Walter Svanberg

Raoul Ubac

Serge Vandercam

Abb. / Fig. **1**
Christian Dotremont, General-sekretär der CoBrA-Gruppe und Chefredakteur des *Cobra*-Magazins, an seiner Schreibmaschine in der Rue de la Paille, Brüssel, 1950. An der Wand (rechts) ein bemaltes Holzrelief von Constant / Christian Dotremont, secretary general of the CoBrA group and editor-in-chief of *Cobra* magazine, at his typewriter in rue de la Paille, Brussels, 1950. On the wall a painted wood relief by Constant
Foto von / photo by Serge Vandercam

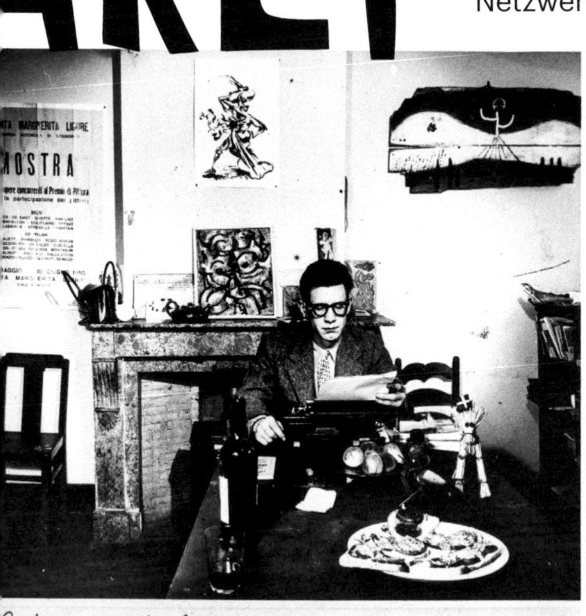

Wie keine andere Künstler*innengruppe war CoBrA durch die Erfahrung eines weltumfassenden Krieges und durch die Suche nach einer Bildsprache, die formal wie inhaltlich Freiheit visualisierte, geprägt. Wenngleich die Bedingungen in den verschiedenen Ländern unterschiedlich waren, entstanden schon früh Kontakte, und es begannen sich die gemeinsamen Interessen herauszukristallisieren. Während sich in Dänemark die Avantgarde schon vor Ausbruch des Krieges entwickelte, setzten die Niederländer nach der Isolation ganz neu an. In Belgien und Frankreich wiederum kreiste ab den 1930er-Jahren die künstlerische Auseinandersetzung um den Surrealismus und war durch die Zugehörigkeit vieler Künstler*innen zum Kommunismus deutlich politisch geprägt. Paris war und blieb ein Zentrum der Avantgarde, wo sich vor, während und nach dem Krieg Künstler*innen aus aller Welt niederließen und Netzwerke knüpften.

Like no other artists' group, CoBrA was shaped by the experience of a war that spanned the world and by the search for a pictorial idiom that visualized freedom of both form and content. Although the conditions in the various countries differed, contacts were made early on, and common interests began to crystallize. Whereas in Denmark the avant-garde had formed even before the war broke out, the Dutch started entirely anew after their isolation. In Belgium and France, in turn, the artistic debate had revolved around Surrealism since the 1930s and was clearly political, as many artists belonged to the Communist Party. Paris had been and remained a center of the avant-garde, where before, during, and after the war artists from all over the world settled and established networks.

The head of the Belgian movement was the painter and poet Christian Dotremont, for whom connecting text and image became crucial to a redesign of art during and after World War II. During the war years he visited Paris where he became acquainted with his compatriot Raoul Ubac and the Surrealist

„Die Spontaneität ist unsere Waffe […] es ist das Einzige, das wir gegen den Formalismus haben."

(CHRISTIAN DOTREMONT)

Kopf der belgischen Bewegung war der Maler und Lyriker Christian Dotremont, für den die Verbindung von Text und Bild maßgeblich für die Neugestaltung der Kunst während und nach dem Zweiten Weltkrieg wurde. Noch in den Kriegsjahren besuchte er Paris und machte dort die Bekanntschaft seines Landsmannes Raoul Ubac und der surrealistischen Gruppe La main à plume (Schreibhand). Nachdem im Juli 1947 der französische Surrealist André Breton das Manifest *Rupture inaugurale* (Eröffnungsunterbrechung)

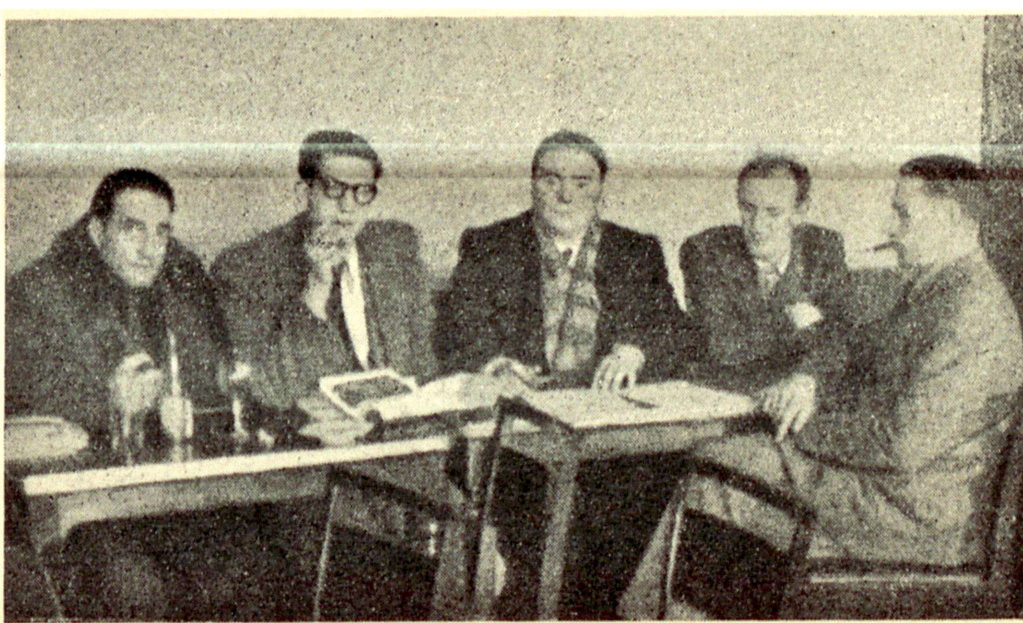

Abb. / Fig. 2
Gruppenfoto auf der ersten Seite des *Bulletin international du surréalisme révolutionnaire* / *Group portrait on the first page of the Bulletin international du surréalisme révolutionnaire*, Januar / January 1948.
Von links nach rechts / Left to right: Max Bucaille, Christian Dotremont, Noël Armand, Josef Istler, Asger Jorn
Stedelijk Museum, Amsterdam

"Spontaneity is our weapon. . . . It is the only one we have against formalism."

veröffentlicht hatte, in dem er alle Kontakte zwischen surrealistischen Künstler*innen und kommunistischen Anhänger*innen ablehnte, berief Dotremont im Oktober desselben Jahres als Gegenentwurf die Bewegung des Surréalisme révolutionnaire ins Leben, war er doch von der Verbindung marxistischer Gedanken und experimenteller Kunst überzeugt, wenngleich er schließlich wegen der Doktrin des Sozialistischen Realismus aus der kommunistischen Partei austrat. Er organisierte im Oktober 1947 in Brüssel eine internationale Konferenz und veröffentlichte im Anschluss das *Bulletin international du surréalisme révolutionnaire*, in dem auch Beiträge der Dänen Asger Jorn, Richard Mortensen und Robert Jacobsen zu finden waren. Vertreten waren jedoch auch Mitglieder der Experimentele Groep Nederland sowie die Franzosen Jean-Michel Atlan und Jacques Doucet. Laut Jorn war der Hauptfehler im malerischen Programm der französischen Surrealist*innen sein literarisches Übergewicht. „Man hat mit Visionen experimentiert, mit Bildern und mit Träumen, nicht aber mit Malerei und nicht mit Farbe [...]",[1] stellte er schon 1946 fest. Bei der Zusammenführung der unterschiedlichen Künstler*innen aus verschiedenen Ländern fungierte Dotremont neben Jorn als Initiator. Nach der Gründung von CoBrA wurde Dotremont zu deren Chefredakteur und theoretischem Kopf. Wenn auch in Belgien die Szene deutlich heterogener war als in den anderen Ländern, so steuerte sie doch etwas Neues bei, nämlich die Zusammenarbeit von Dichter*innen und Maler*innen sowie die Integration von Schrift in die Malerei, wie vor allem das Werk des Belgiers Pierre Alechinsky zeigt. Insgesamt waren die belgischen Künstler*innen von der französischen Lyrischen Abstraktion, etwa von Jean Bazaine, beeinflusst, während die dänischen und holländischen dies ablehnten.

Die franko-belgische Bewegung der revolutionären Surrealist*innen fand nach Kriegsende darüber hinaus Kontakt zur tschechoslowakischen Künstlergruppe Ra. Auch in der Tschechoslowakei hatte sich unter der deutschen Besatzung eine vom Surrealismus inspirierte Kunst entwickelt. Von 1945

group La main à plume (Writing Hand). After the French Surrealist André Breton published the manifesto *Rupture inaugurale* (Inaugural Rupture) in July 1947, in which he rejected all contacts between Surrealist artists and adherents of communism, Dotremont launched as an alternative the Surréalisme révolutionnaire in October of that year, because he was convinced that Marxist ideas and experimental art should be combined, even though he ultimately quit the Communist Party because of its doctrine of Socialist Realism. He organized an international conference in Brussels in October 1947 and subsequently published the *Bulletin international du surréalisme révolutionnaire*, which included contributions by the Danes Asger Jorn, Richard Mortensen, and Robert Jacobsen. Members of the Experimentele Groep Nederland were also represented as well as the Frenchmen Jean-Michel Atlan and Jacques Doucet. According to Jorn, the main mistake of the program for painting of the French Surrealists was its overemphasis on literature. "Painters have experimented with visions, images, dreams, but not with painting, not with color," he noted as early as 1946.[1] By bringing together various artists from different countries, Dotremont was an initiator alongside Jorn. After the founding of CoBrA, Dotremont became its editor-in-chief and theoretical mind. Although the scene in Belgium was clearly more heterogeneous than the others, it contributed something new, namely, the collaboration of writers and painters and the integration of writing into painting, as the work of the Belgian artist Pierre Alechinsky in particular shows. In general, the Belgian artists were influenced by French Lyrical Abstraction, such as that of Jean Bazaine, while the Danes and Dutch rejected it.

The Franco-Belgian movement of the Revolutionary Surrealists remained in contact with the Czechoslovakian artist's group Ra even after the war ended. In Czechoslovakia, too, an art inspired by Surrealism had emerged under German occupation. From 1945 to 1948, the Ra group appeared in public

bis 1948 trat die Gruppe unter dem Namen Ra an die Öffentlichkeit als eine Art Präfiguration oder Modell von CoBrA. An der von Dotremont 1947 organisierten Konferenz in Brüssel war einer ihrer Vertreter, der Maler Josef Istler, beteiligt. Tragischerweise wurde der gerade erst wieder mögliche internationale Austausch jedoch bald unterbrochen beziehungsweise unmöglich, denn mit der Errichtung des kommunistischen Regimes durfte Istler nicht mehr ausreisen. Lediglich einige seiner zurückgelassenen Werke konnten 1949 auf der ersten CoBrA-Ausstellung in Amsterdam gezeigt werden.

In Deutschland war mit Beginn der nationalsozialistischen Herrschaft jede avantgardistische Kunstentwicklung unmöglich; der künstlerische internationale Austausch gestaltete sich äußerst schwierig, zumal die Deutschen in den Nachbarländern als Besatzer das Leben steuerten. So wundert es nicht, dass an der Entwicklung von CoBrA lediglich zwei deutsche Künstler*innen beteiligt waren. Der erste Kontakt wiederum erfolgte über Paris: Constant, Corneille und Appel waren 1947 in der Pariser Galerie Les Deux-Isles auf Arbeiten von K.O. Götz aufmerksam geworden. Götz arbeitete in surrealistisch geprägter Formensprache und veröffentlichte von 1948 bis 1953 die Zeitschrift *Meta* für experimentelle Kunst und Poesie. Seine Frau Anneliese Hager, mit der er ab 1945 verheiratet war, stieß ebenfalls zu CoBrA und trat mit abstrakten Fotogrammen hervor.

Im skandinavischen Bereich kam es zwischen den Künstler*innen aus Dänemark und Schweden schon bald nach Kriegsende zu einem engen Austausch. So wanden sich Anders Österlin, Carl-Otto Hultén und Max Walter Svanberg mit ihren mehr oder weniger abstrakten oder märchenhaft surrealistisch geprägten Bildsprachen CoBrA zu. Gemeinsam hatten die drei bereits 1945 die Avantgardegruppe Imaginisterna gegründet, vereint in der Suche nach dem Unterbewussten und Traumhaften.

Der aus Schottland stammende Künstler Stephen Gilbert, beeinflusst vom Surrealismus André Massons, machte nach Kriegsende Paris zu seinem Lebensmittelpunkt. Dort lernte er Asger Jorn

---

like a kind of prefiguration of or model for CoBrA. One of its representatives, Josef Istler, participated in the conference in Brussels in 1947 organized by Dotremont. Tragically, the international interchange that had only just become possible again was soon interrupted or even became impossible, because once the Communist regime was established, Istler was no longer able to leave the country. Several of the works he had left behind could be shown at the first CoBrA exhibition in Amsterdam in 1949.

In Germany, any avant-garde art movement had become impossible when National Socialist rule began; international artistic exchange was extremely difficult, especially as Germany controlled life in its neighboring countries as the occupier. It is thus hardly surprising that only two German artists were involved in CoBrA. Initial contact was once again via Paris: Constant, Corneille, and Appel had noticed the works of K. O. Götz at the Galerie Les Deux-Isles in Paris in 1947. Götz was working in a Surrealist-influenced formal idiom and from 1948 to 1953 published the journal *Meta* for experimental art and poetry. Anneliese Hager, whom he had married in 1945, also joined CoBrA and stood out for her abstract photograms.

In Scandinavia, artists from Denmark and Sweden were in close exchange soon after the war. Anders Österlin, Carl-Otto Hultén, and Max Walter Svanberg, with their more or less abstract, fairy tale-like, and Surrealist-influenced idioms also joined CoBrA. They had previously founded the avant-garde group Imaginisterna in 1945, united in their search for the subconscious and dreamlike.

The Scottish artist Stephen Gilbert, who was influenced by the Surrealism of André Masson, moved to Paris after the war ended. There, he met Asger Jorn and became an active member of the CoBrA movement. He participated in both its exhibitions: in Amsterdam in 1949 and in Liège in 1951.

kennen und wurde zu einem aktiven Mitglied der CoBrA-Bewegung. Er nahm an beiden Ausstellungen, in Amsterdam 1949 und in Lüttich 1951, teil.

Den Kreis international agierender und vernetzter Künstler*innen erweitern der im ehemaligen Österreich-Ungarn geborene Zoltán Kemény mit seiner Frau Madeleine Kemény-Szemere. Sie lebten bereits ab 1930 in Paris, mussten die Stadt 1939 bei Kriegsbeginn allerdings als Staatenlose verlassen und fanden schließlich Zuflucht in der Schweiz. Künstlerisch waren beide weniger geprägt von den surrealistischen Tendenzen als vielmehr von der Art brut Jean Dubuffets. Über diesen lernten sie gleichgesinnte Künstler*innen aus dem Umfeld von Corneille kennen und kamen so zur ersten CoBrA-Gruppenausstellung 1949 in Amsterdam. Madeleine Kemény-Szemere beschäftigte sich intensiv und auf ebenso innovative wie archaische Art und Weise mit dem Thema Mutterschaft.

Ein weiteres Künstler*innenpaar wurde prägend für CoBrA und die Vorgeschichte der Gruppe. Die Dänin Sonja Ida Ferlov wandte sich nach einer malerischen Ausbildung an der Königlich Dänischen Kunstakademie Mitte der 1930er-Jahre der Skulptur zu und war von 1934 bis 1939 Teil der dänischen Gruppe Linien. Ab 1936 lebte sie in Paris und wurde zu einer wichtigen Vermittlerin zwischen der französischen und der dänischen Avantgarde. 1938 lernte sie den südafrikanischen Künstler Ernest Mancoba kennen, der dank eines Stipendiums an der der École nationale supérieure des arts décoratifs in Paris studierte. Auch Mancoba war durch den nationalsozialistischen Terror betroffen und blieb während des Krieges eine Zeit lang interniert. Nach Kriegsende siedelte das Paar nach Dänemark über, wo es die CoBrA-Bewegung mit seinen von der Auseinandersetzung mit präkolumbianischen und afrikanischen Kulturen geprägten Skulpturen entscheidend mitgestaltete.

1 Zit. nach Pia Dornacher, „‚… und begann von vorn wie ein Kind – frisch und neu'. Cobra und die Kinderzeichnung", in: *KinderBlicke – Kindheit und Moderne von Klee bis Boltanski,* Ausst.-Kat. Städtische Galerie Bietigheim-Bissingen, Ostfildern-Ruit 2001, S. 199.

The circle of internationally active and networked artists expanded to include Zoltán Kemény and his wife, Madeleine Kemény-Szemere, both of whom had been born in Austria-Hungary. They had been living in Paris since 1930, but because they were stateless they had to leave the city when the war began in 1939 and ultimately found refuge in Switzerland. Artistically, they were influenced less by Surrealist trends than by the Art Brut of Jean Dubuffet. Through him they met like-minded artists from Corneille's circle and then participated in the first CoBrA group exhibition in Amsterdam in 1949. Madeleine Kemény-Szemere was intensely engaged with the theme of motherhood in ways that were as innovative as they were ancient.

Other married artists were also crucial to CoBrA and its prehistory. After studying painting at the Kongelige Danske Kunstakademi, the Danish artist Sonja Ida Ferlov turned to sculpture in the mid-1930s and from 1934 to 1939 was part of the Danish group Linien (Line). From 1936, she lived in Paris and became an important mediator between the French and the Danish avant-garde. In 1938, she met the South African artist Ernest Mancoba, who was studying in Paris thanks to a scholarship at the École nationale supérieure des arts décoratifs in Paris. Mancoba was also affected by National Socialist terror and was interned for an extended period during the war. After the war ended, the couple moved to Denmark, where they were a crucial influence on the CoBrA movement with their sculptures, which were marked by their study of pre-Columbian and African cultures.

1 Quoted in *Asger Jorn*, exh. cat. Solomon R. Guggenheim Museum (New York, 1982), p. 24.

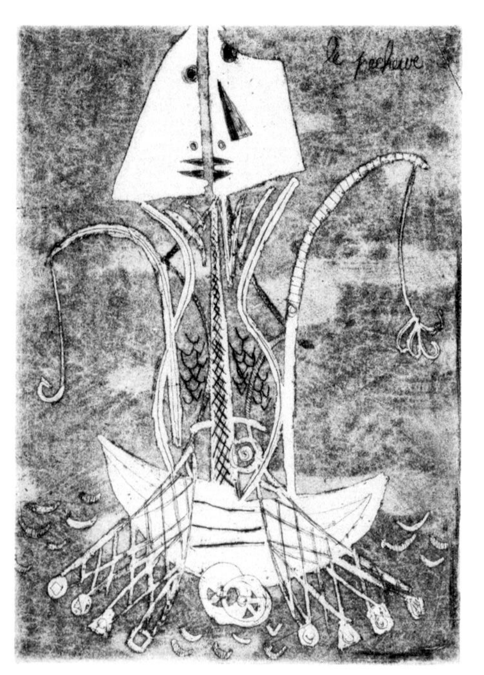
le pêcheur

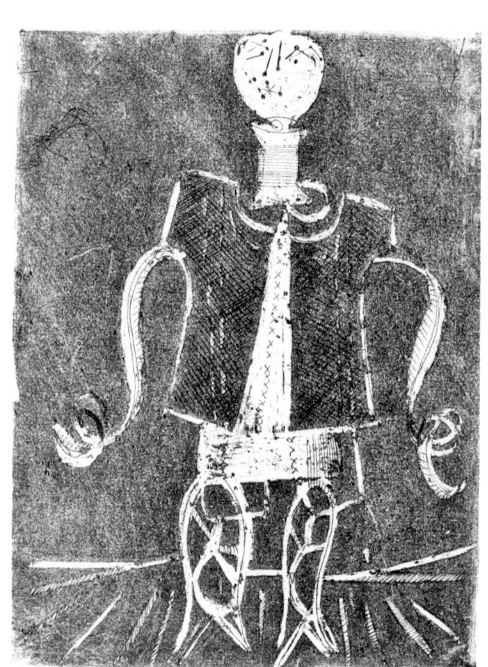

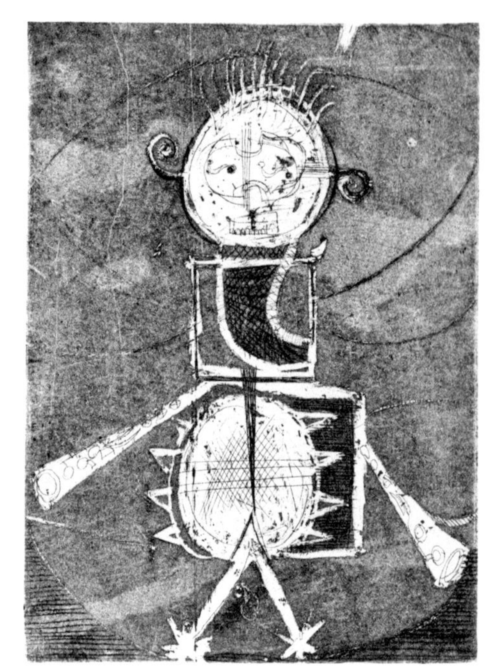

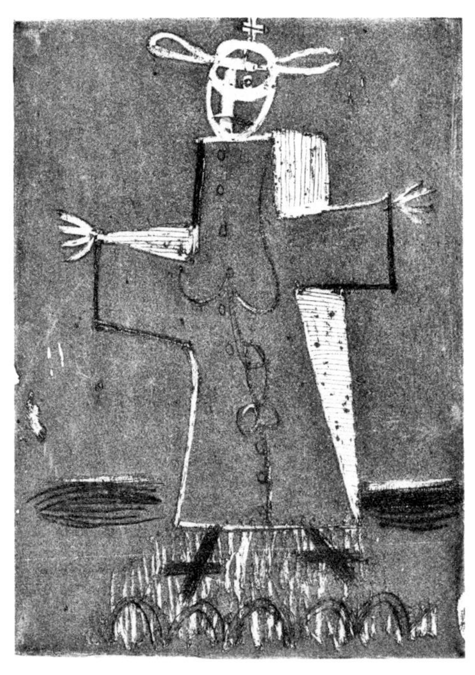
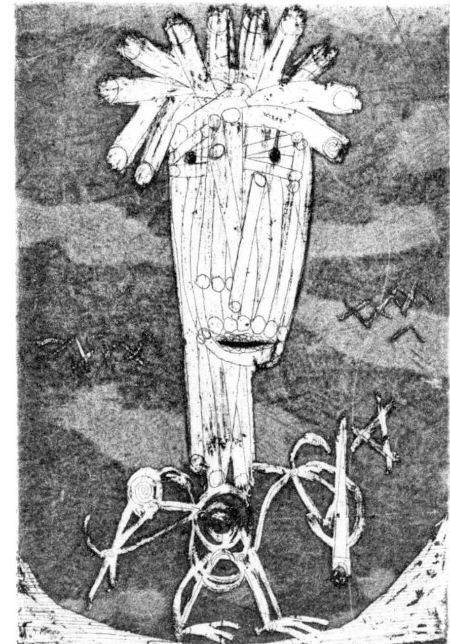
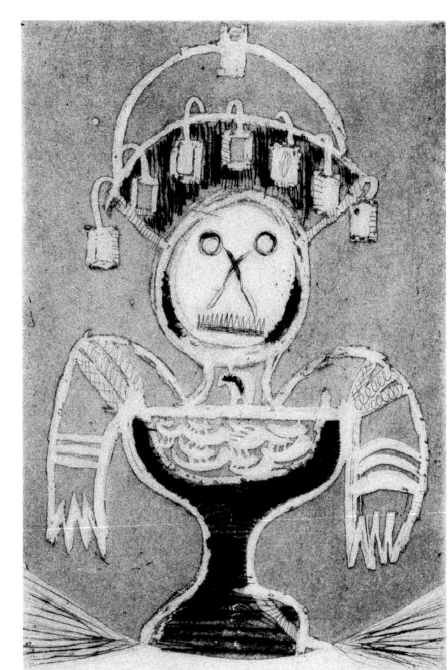
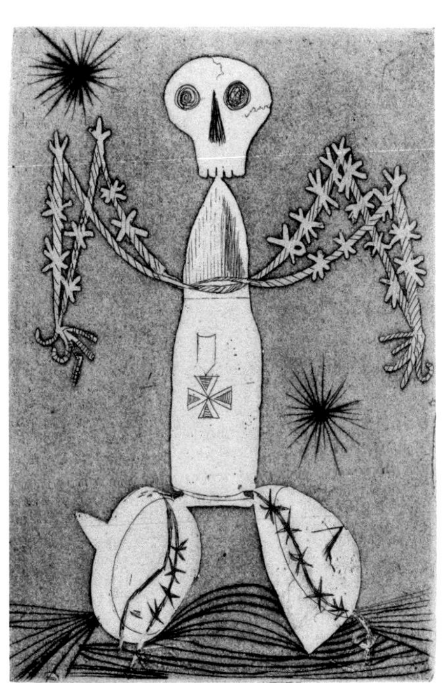
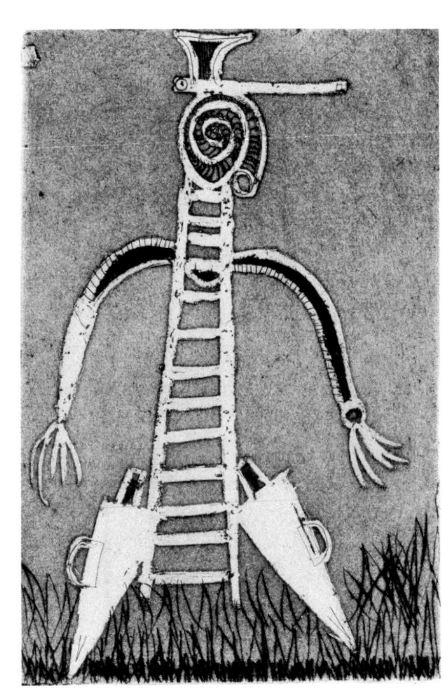
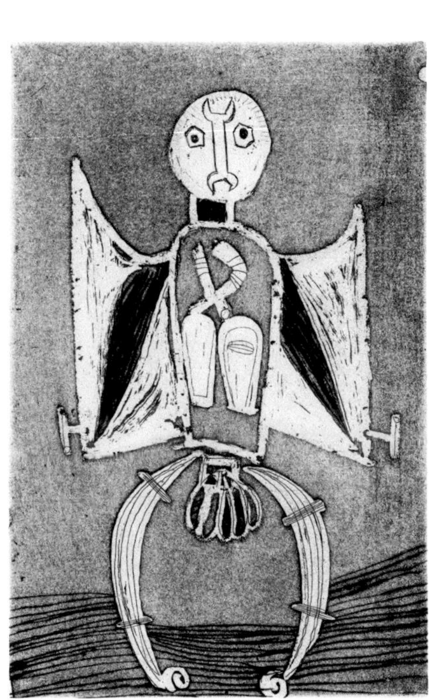

46–54 | Pierre Alechinsky
Les Métiers
1948

Centre Pompidou, Paris. Musée national d'art
moderne / Centre de création industrielle

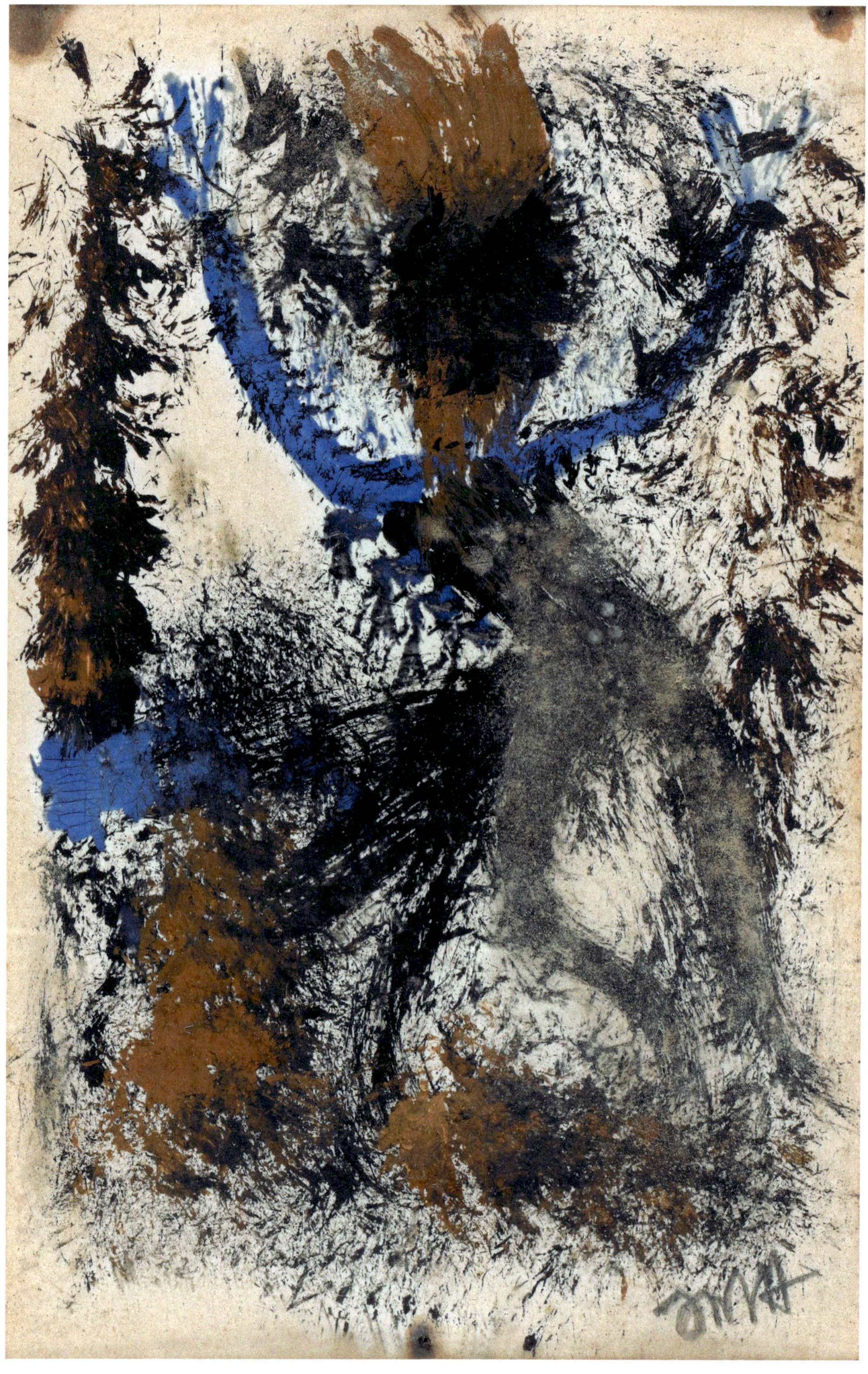

55 | Jean-Michel Atlan
Ohne Titel / Untitled
1941

Centre Pompidou, Paris. Musée national d'art
moderne / Centre de création industrielle

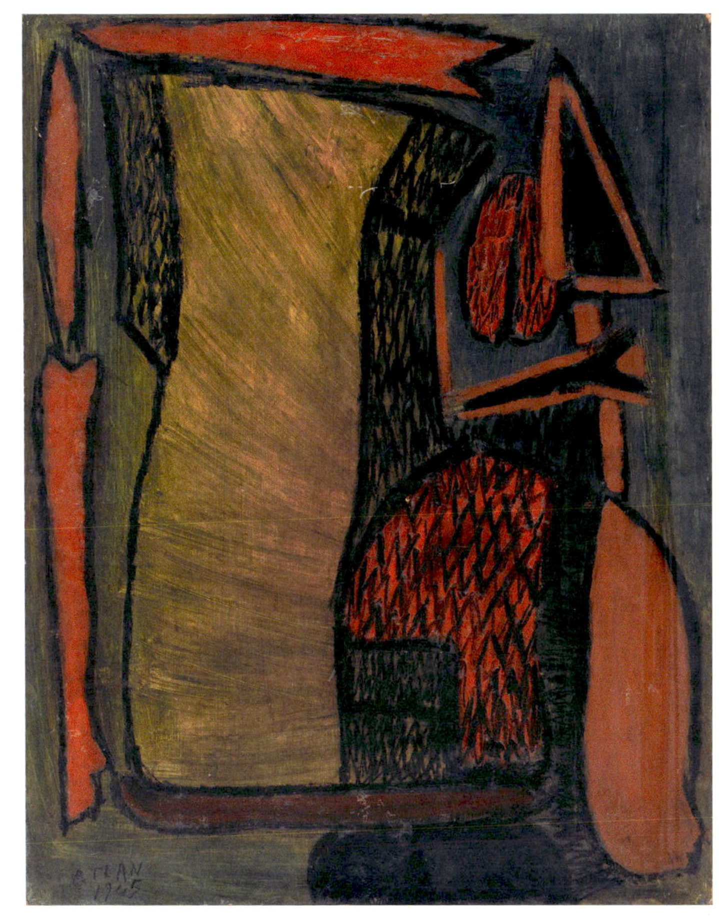

56 | Jean-Michel Atlan
Ohne Titel / Untitled
1945

Centre Pompidou, Paris. Musée national d'art
moderne / Centre de création industrielle

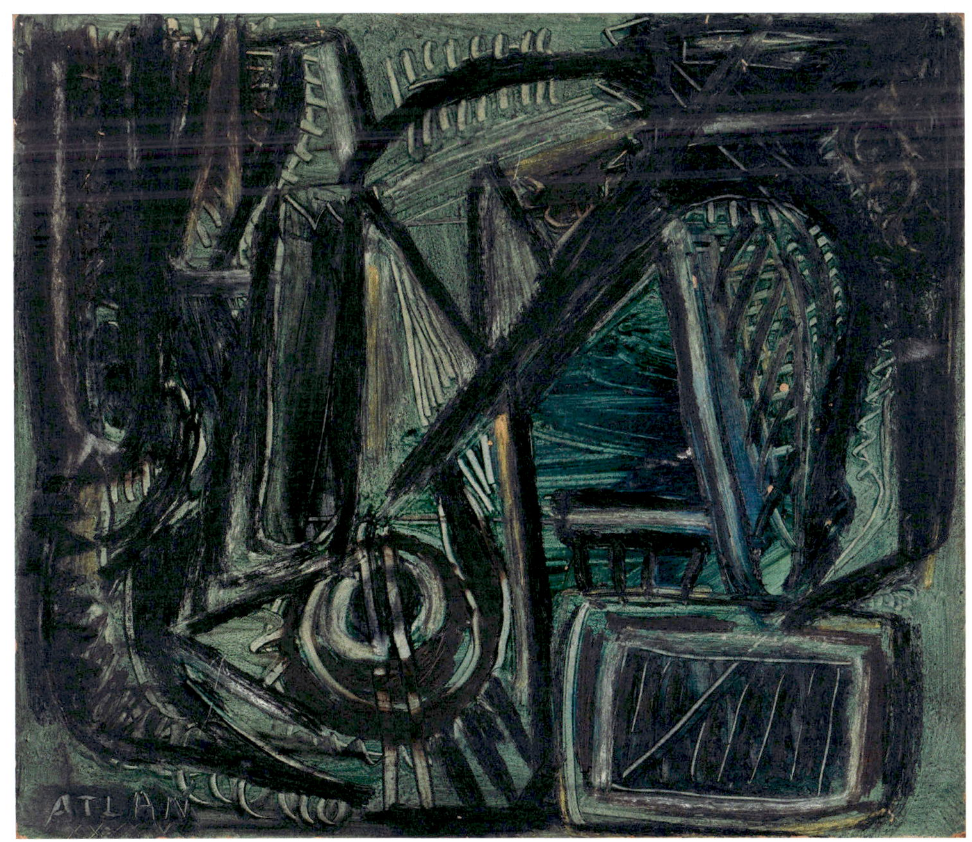

57 | Jean-Michel Atlan
Ohne Titel / Untitled
1945

Centre Pompidou, Paris. Musée national d'art
moderne / Centre de création industrielle

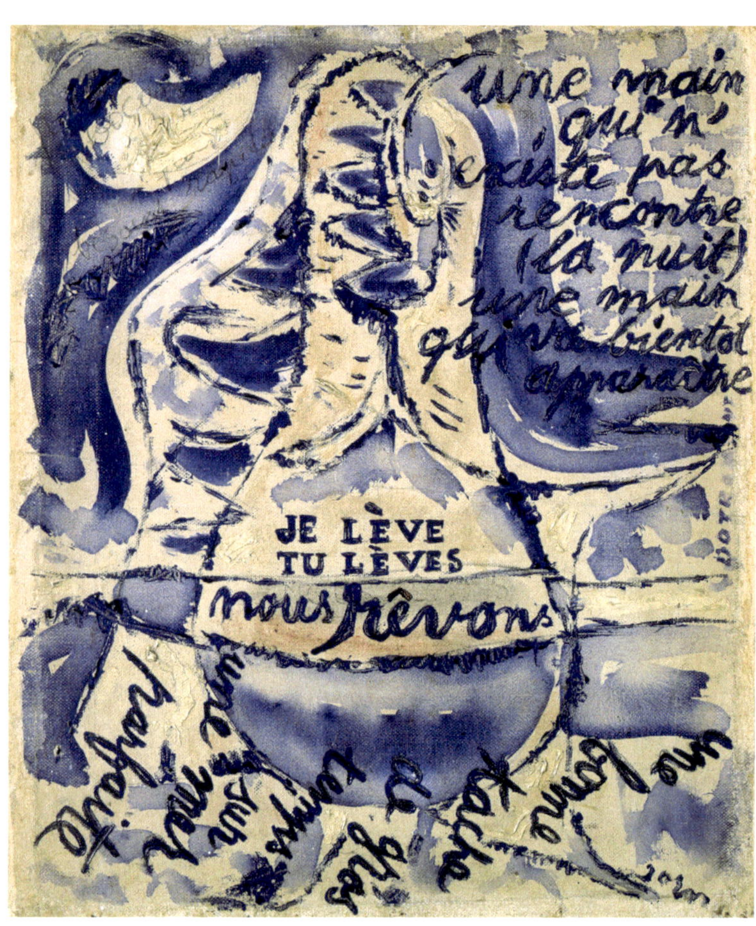

58 | Christian Dotremont und /
and Asger Jorn
Je lève, tu lèves, nous rêvons
1948
Privatsammlung / Private collection

59 | Christian Dotremont und /
and Asger Jorn
Ici la cheveluredes choses
1948
Privatsammlung / Private collection

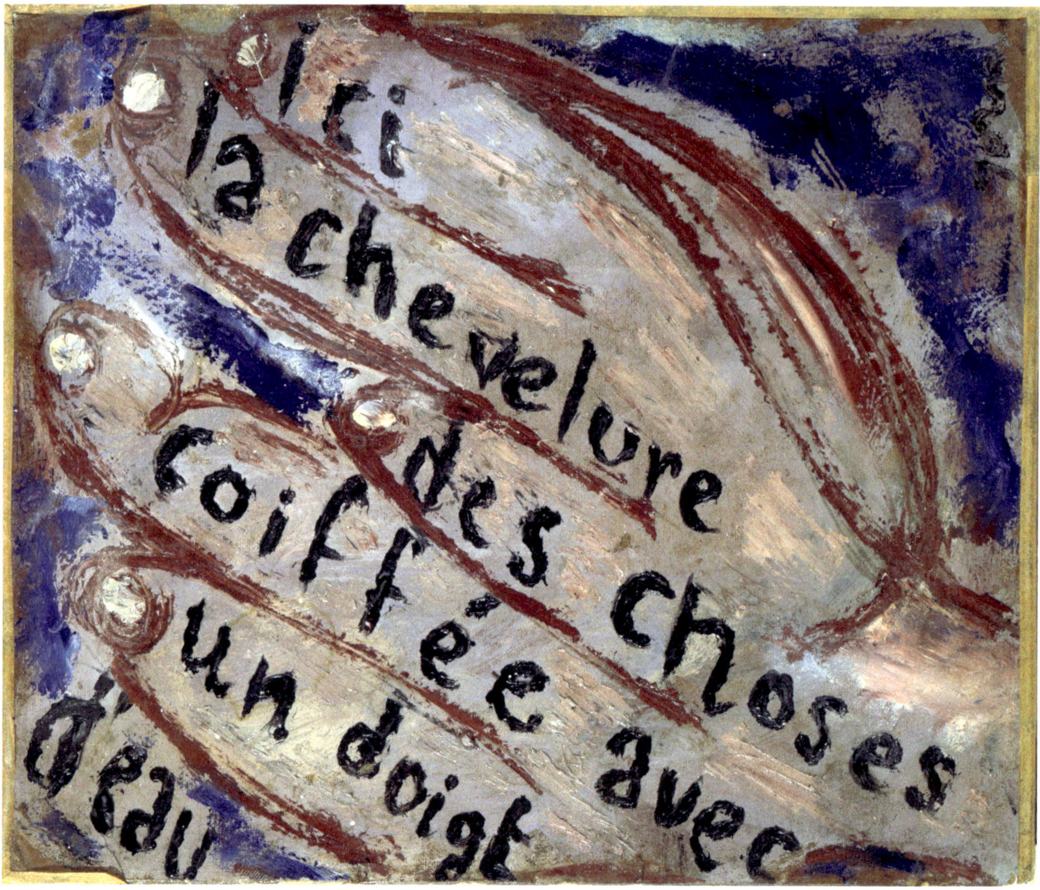

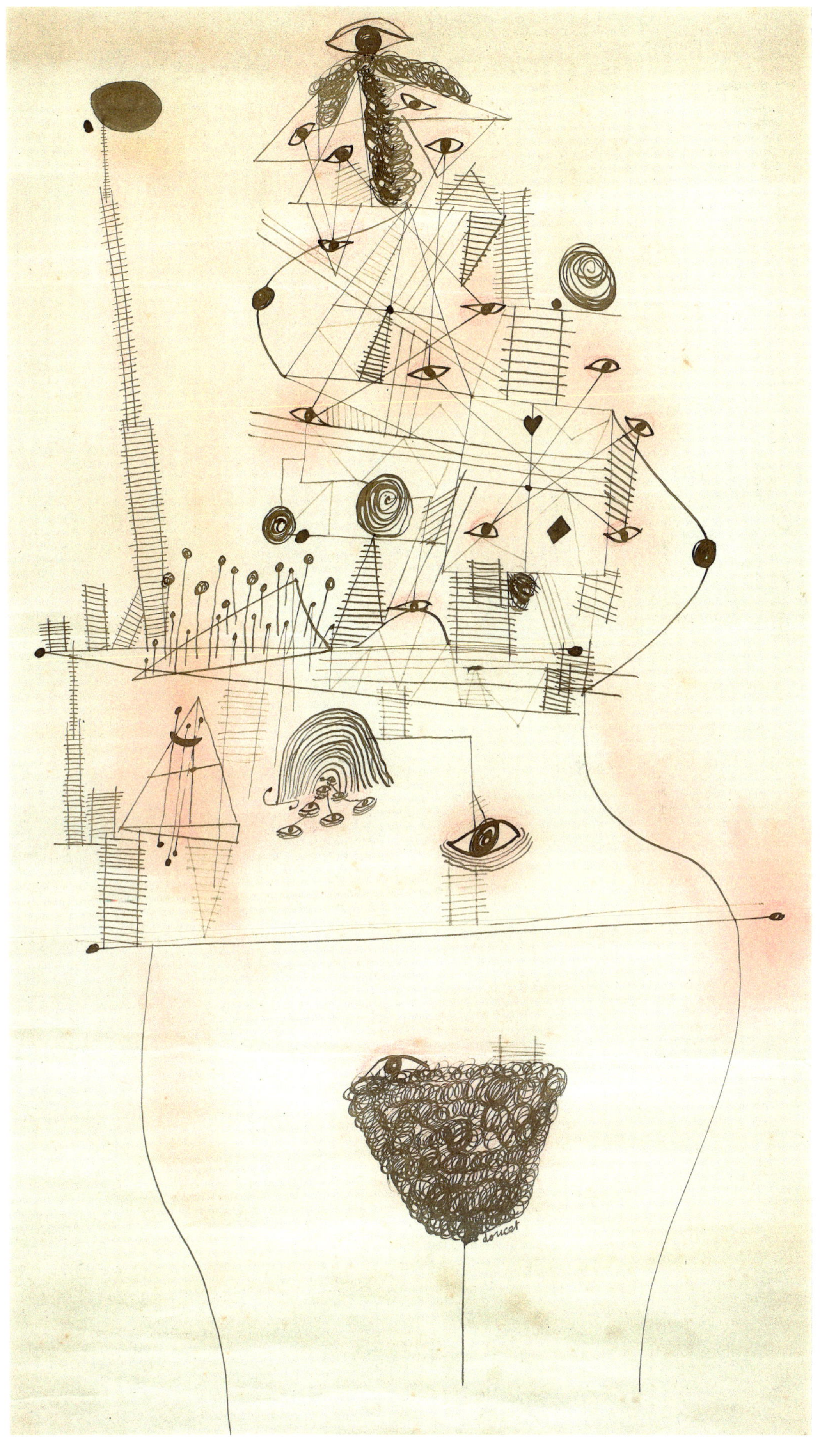

60 | Jacques Doucet
Naissance de Babel
1947

Centre Pompidou, Paris. Musée national d'art
moderne / Centre de création industrielle

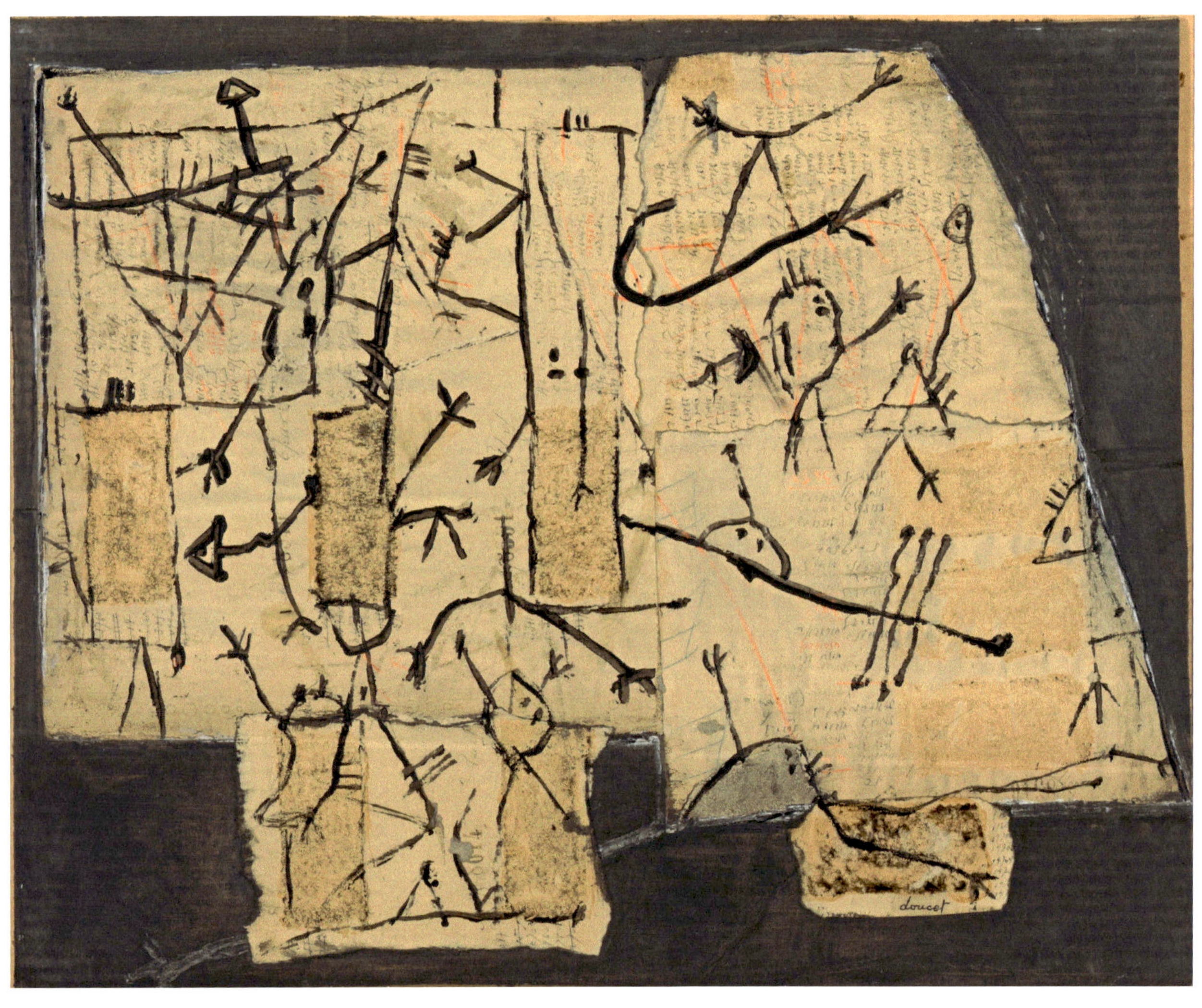

61 | Jacques Doucet
Le Bal Blomet
1948

Privatsammlung, Dauerleihgabe an das /
Private collection on loan to the Cobra
Museum of Modern Art, Amstelveen

63 | Jacques Doucet
L'Hiver hollandais
1948

Centre Pompidou, Paris. Musée national d'art
moderne / Centre de création industrielle

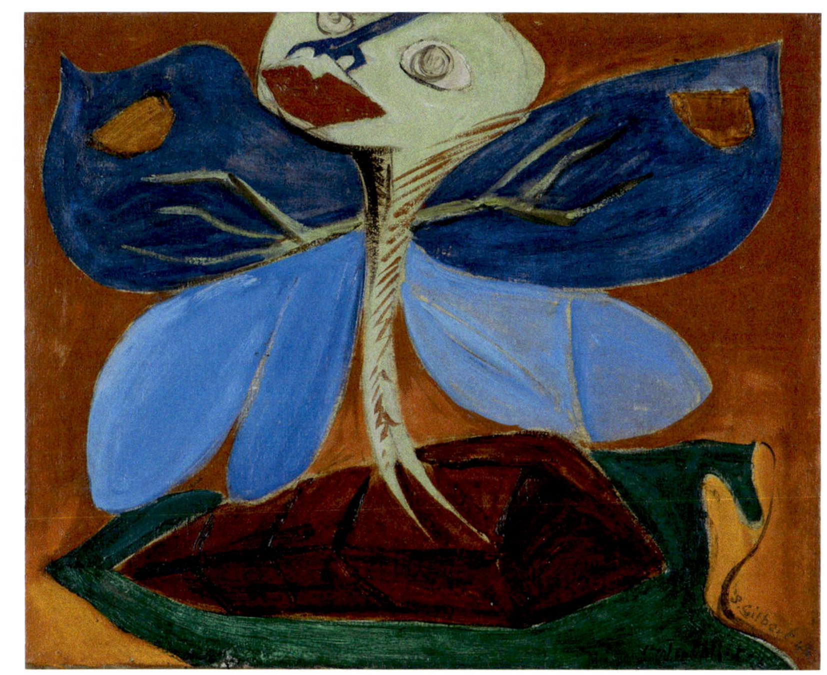

62 | Stephen Gilbert
Butterfly
1948
Privatsammlung, Dauerleihgabe an das /
Private collection on loan to the Cobra
Museum of Modern Art, Amstelveen

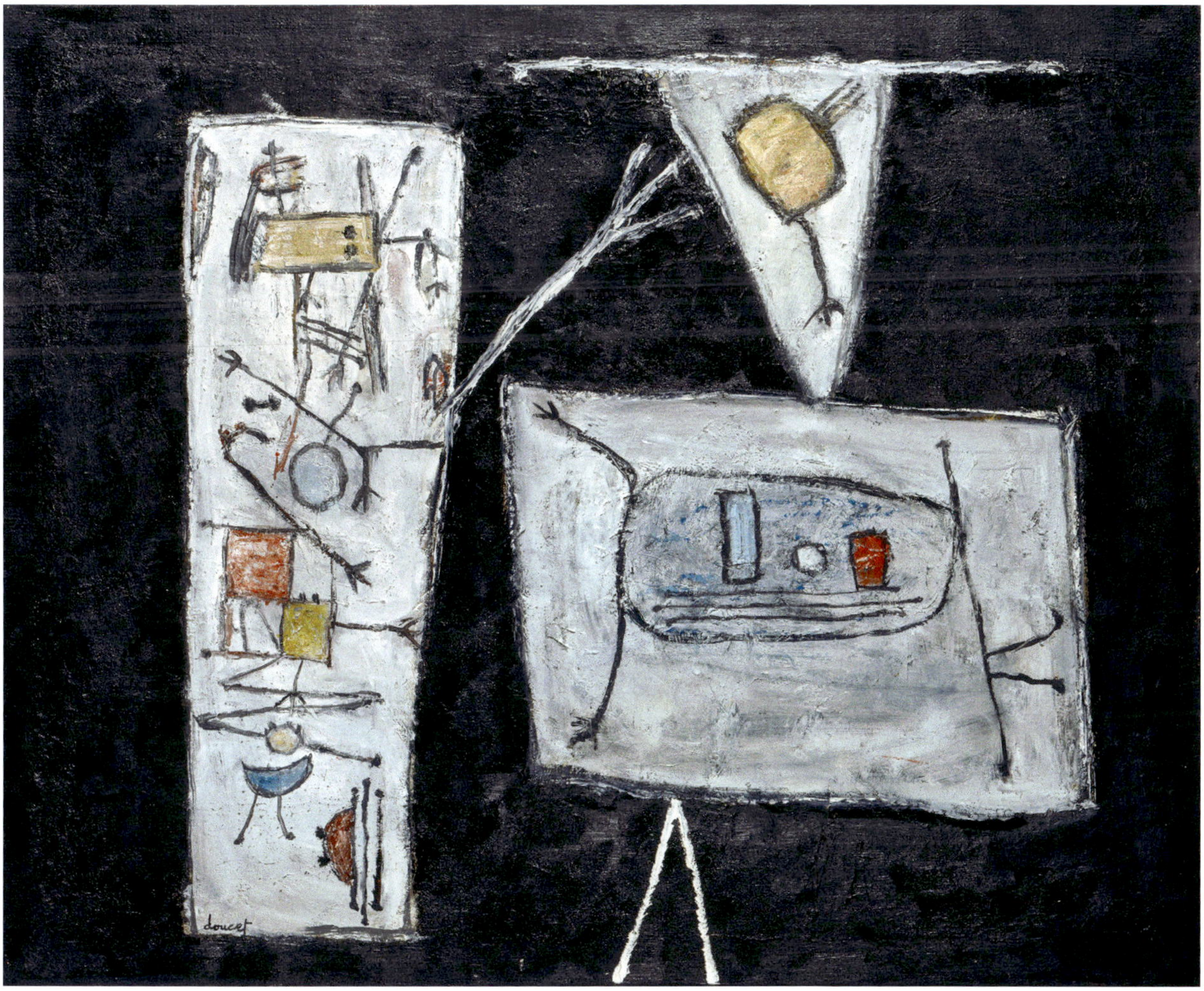

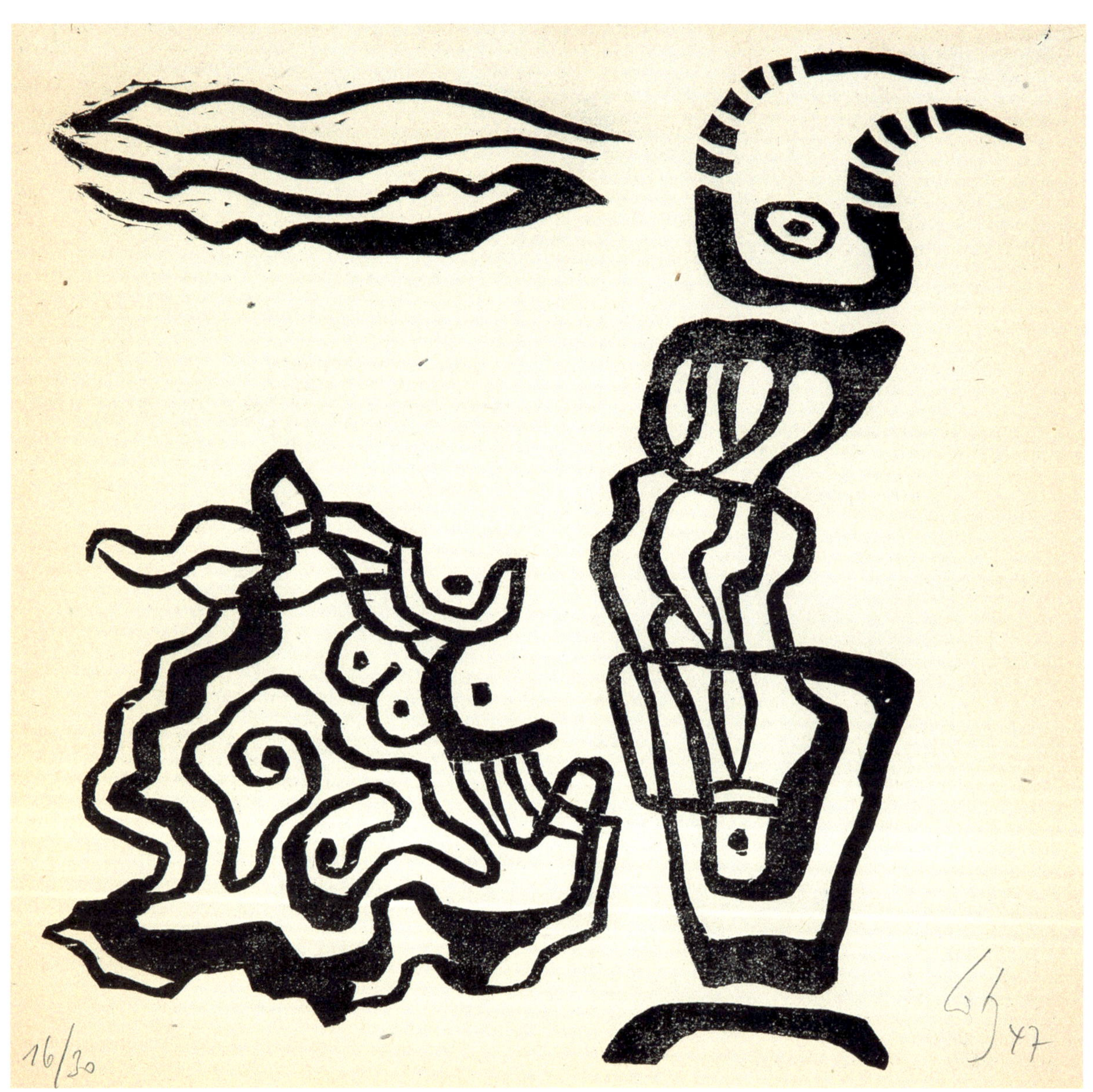

64 | K.O. Götz
Ein Holzschnitt
1947
Kunsthalle Mannheim

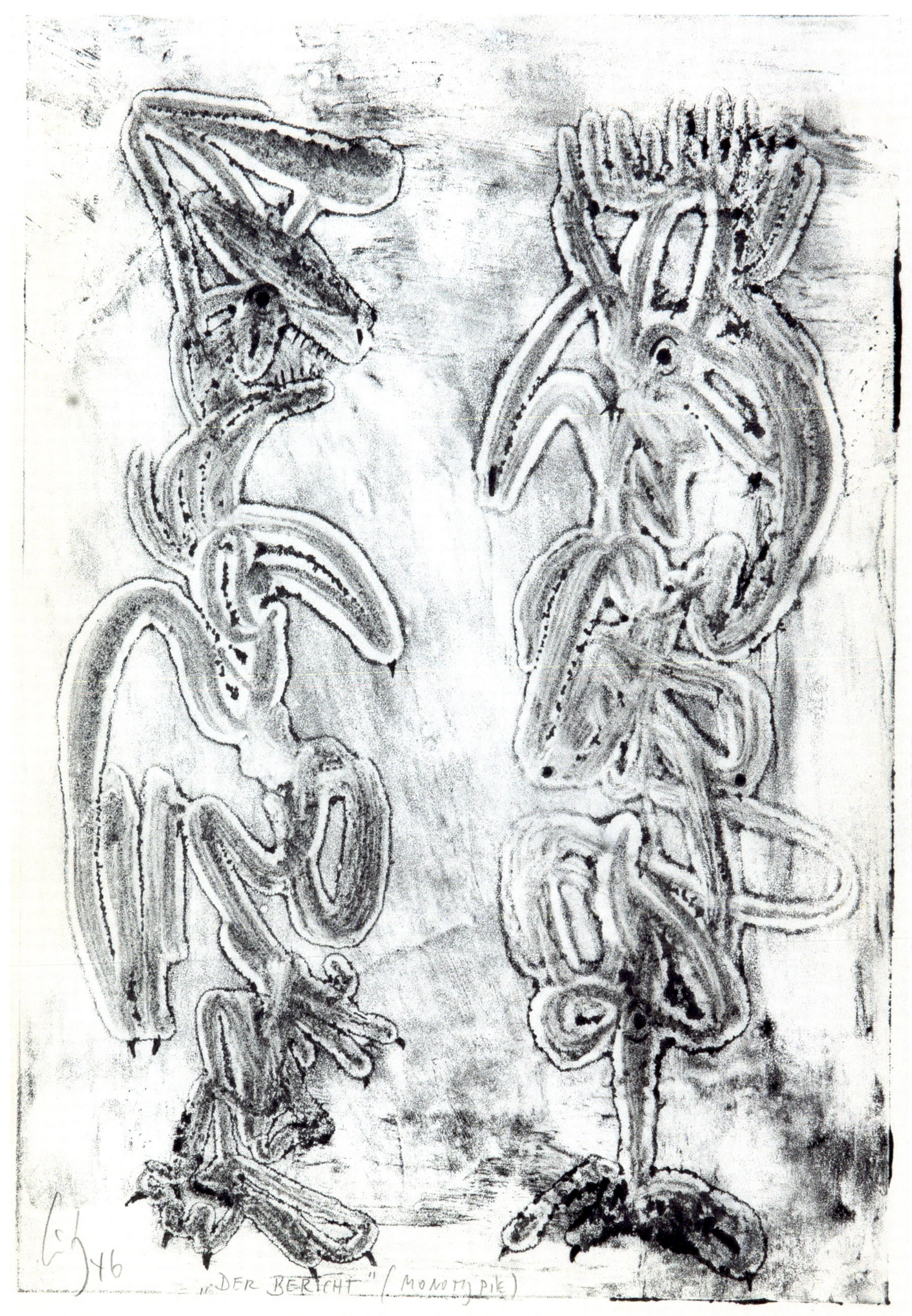

65 | K.O. Götz
Erzählung
1946
Kunsthalle Mannheim

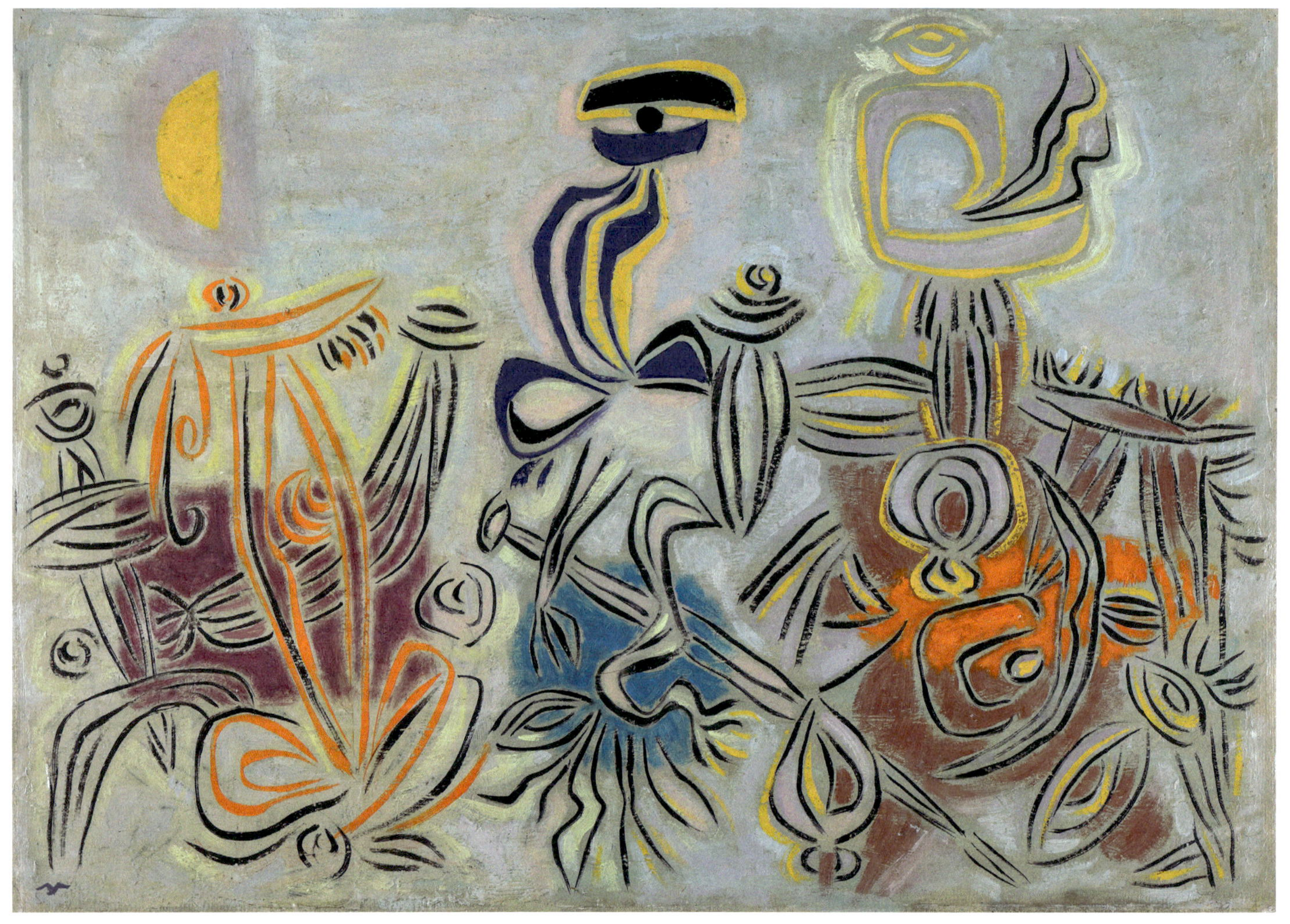

66 | K.O. Götz
Mondpflanzen
1947
Sammlung / Collection Prof. Karin Götz

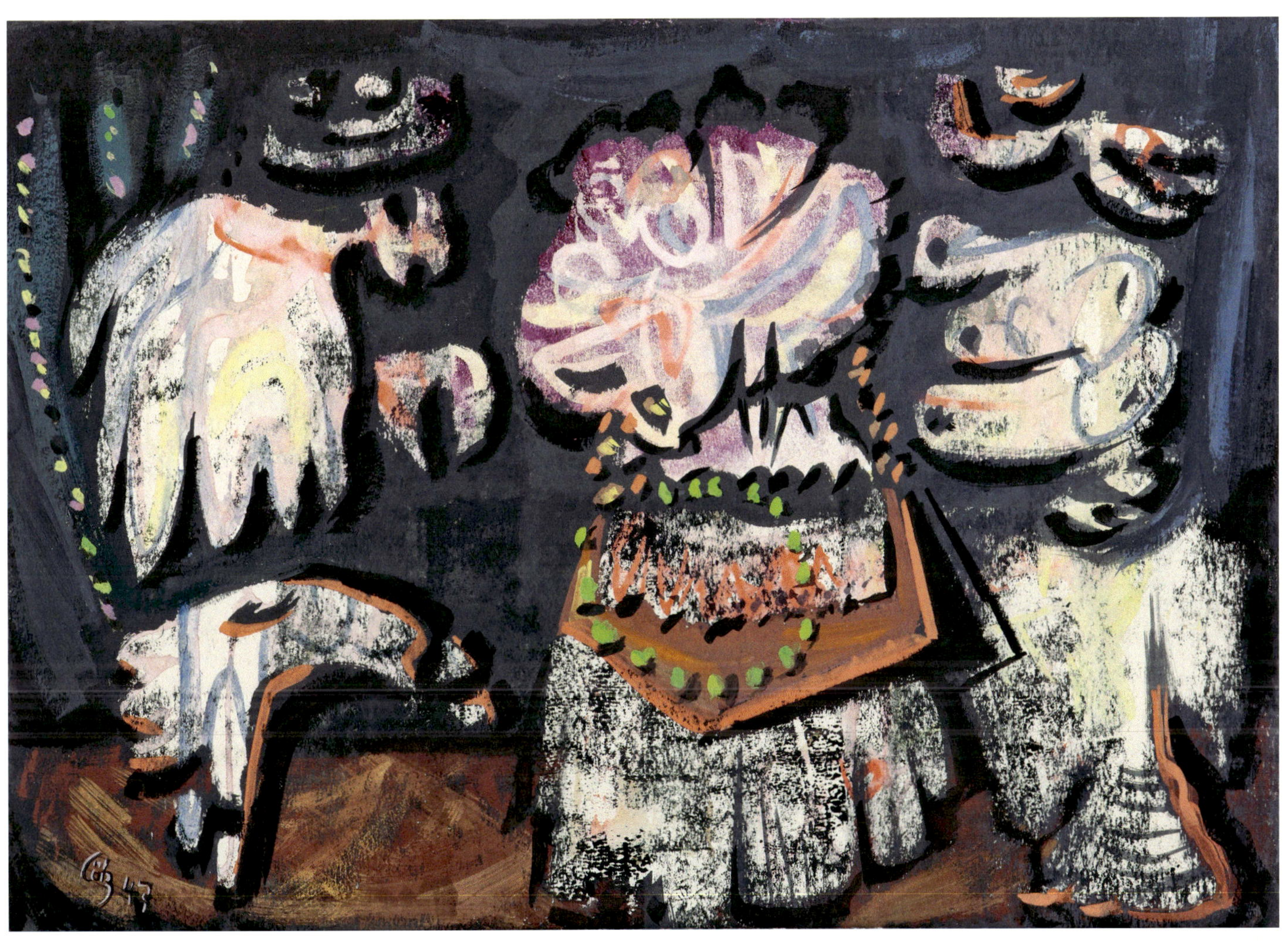

67 | K.O. Götz
Der Geburtstagstisch
1947
DIE GALERIE Frankfurt am Main

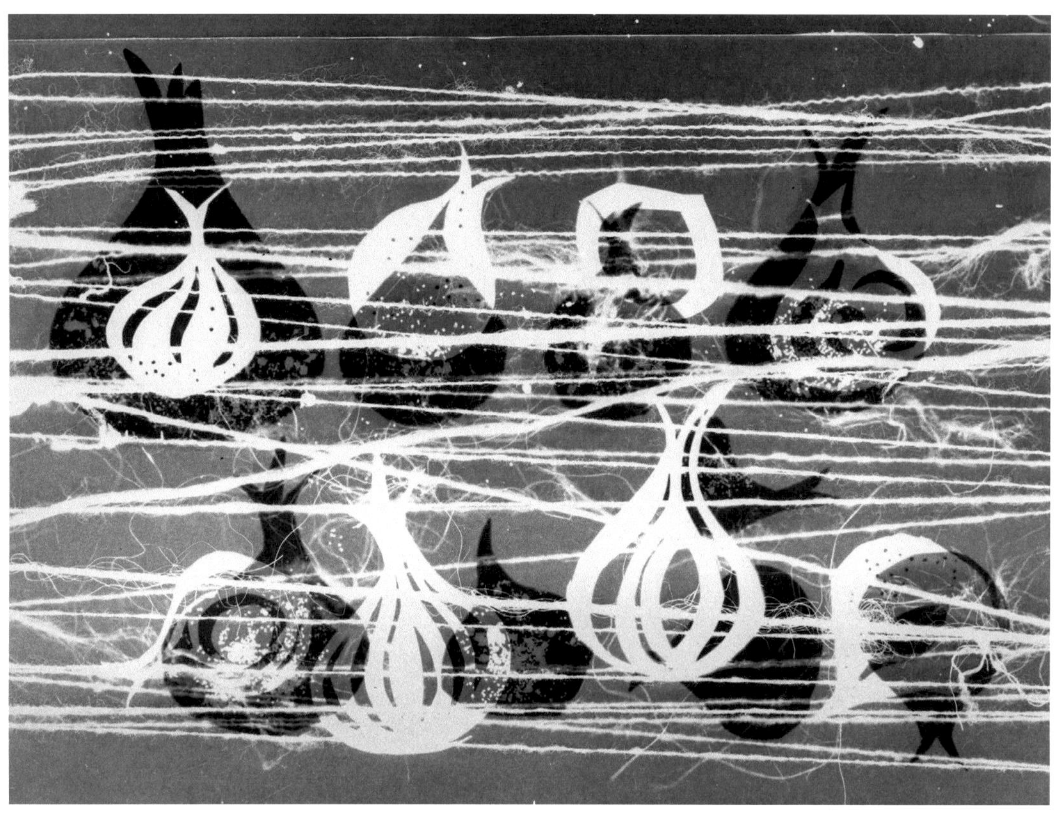

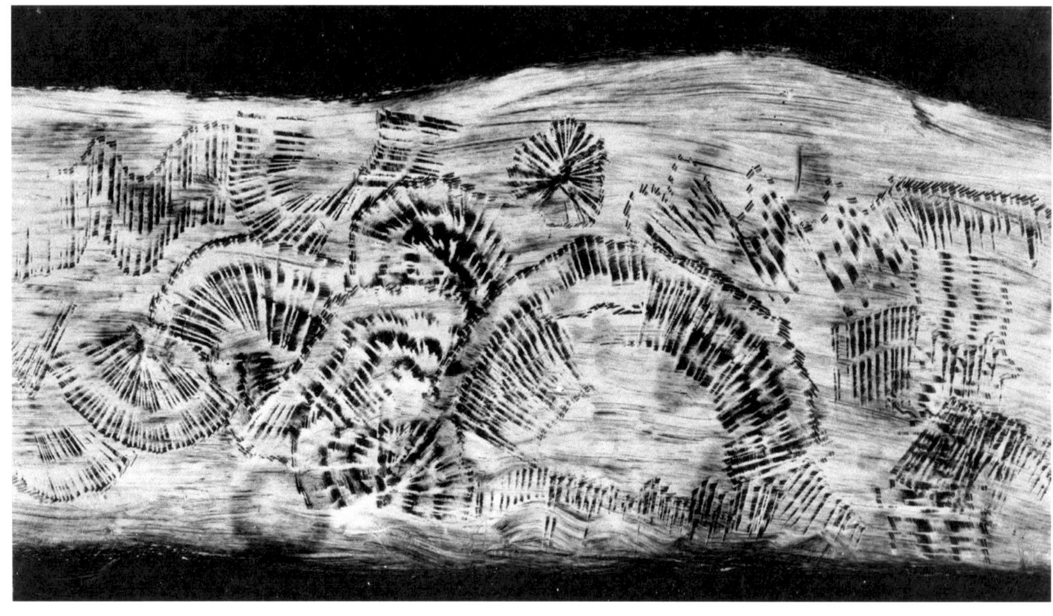

68 | Anneliese Hager
Reihung
1948
ZKM | Zentrum für Kunst und Medien,
Karlsruhe, Fotogramm-Archiv HeyneNeusüss

69 | Anneliese Hager
Sgraffito
1948
ZKM | Zentrum für Kunst und Medien,
Karlsruhe, Fotogramm-Archiv HeyneNeusüss

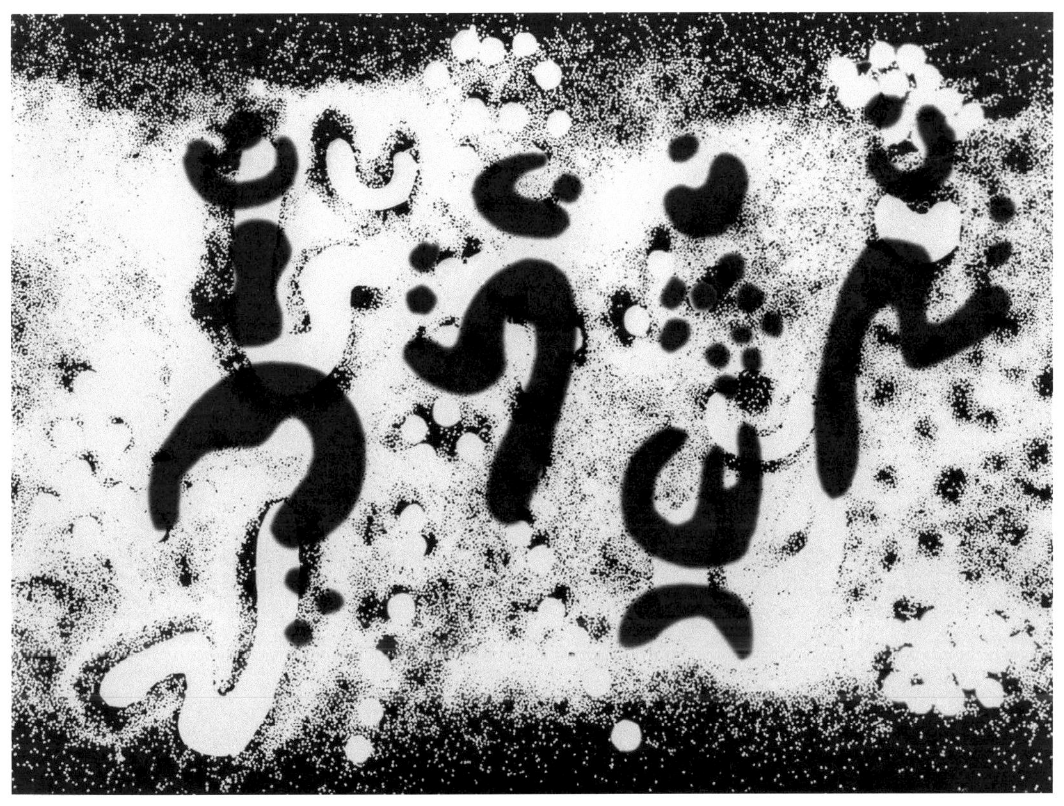

70 | Anneliese Hager
Ohne Titel / Untitled
1948

ZKM | Zentrum für Kunst und Medien,
Karlsruhe, Fotogramm-Archiv HeyneNeusüss

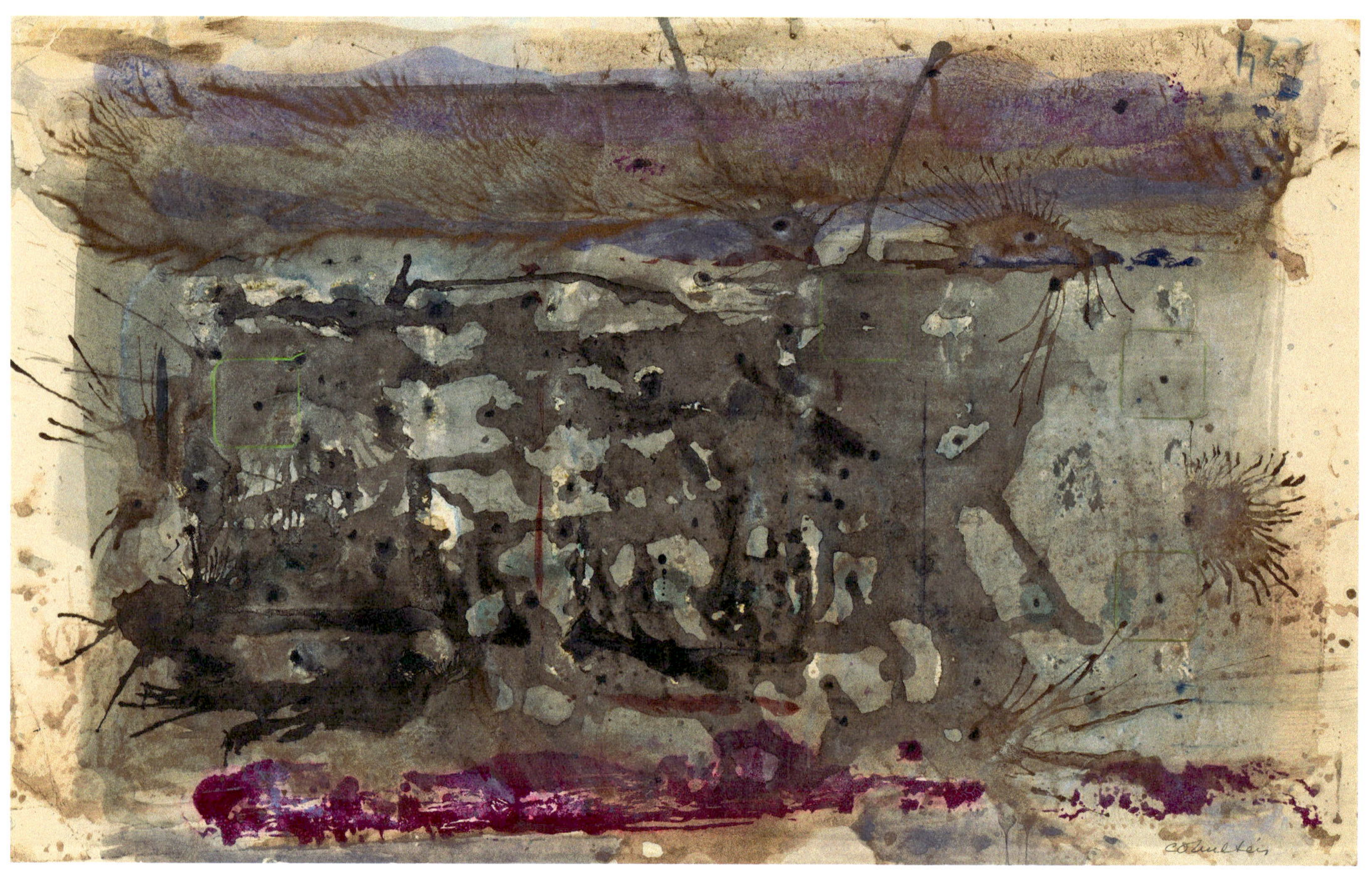

71 | Carl-Otto Hultén
Fri abstraktion
1945
Moderna Museet Stockholm

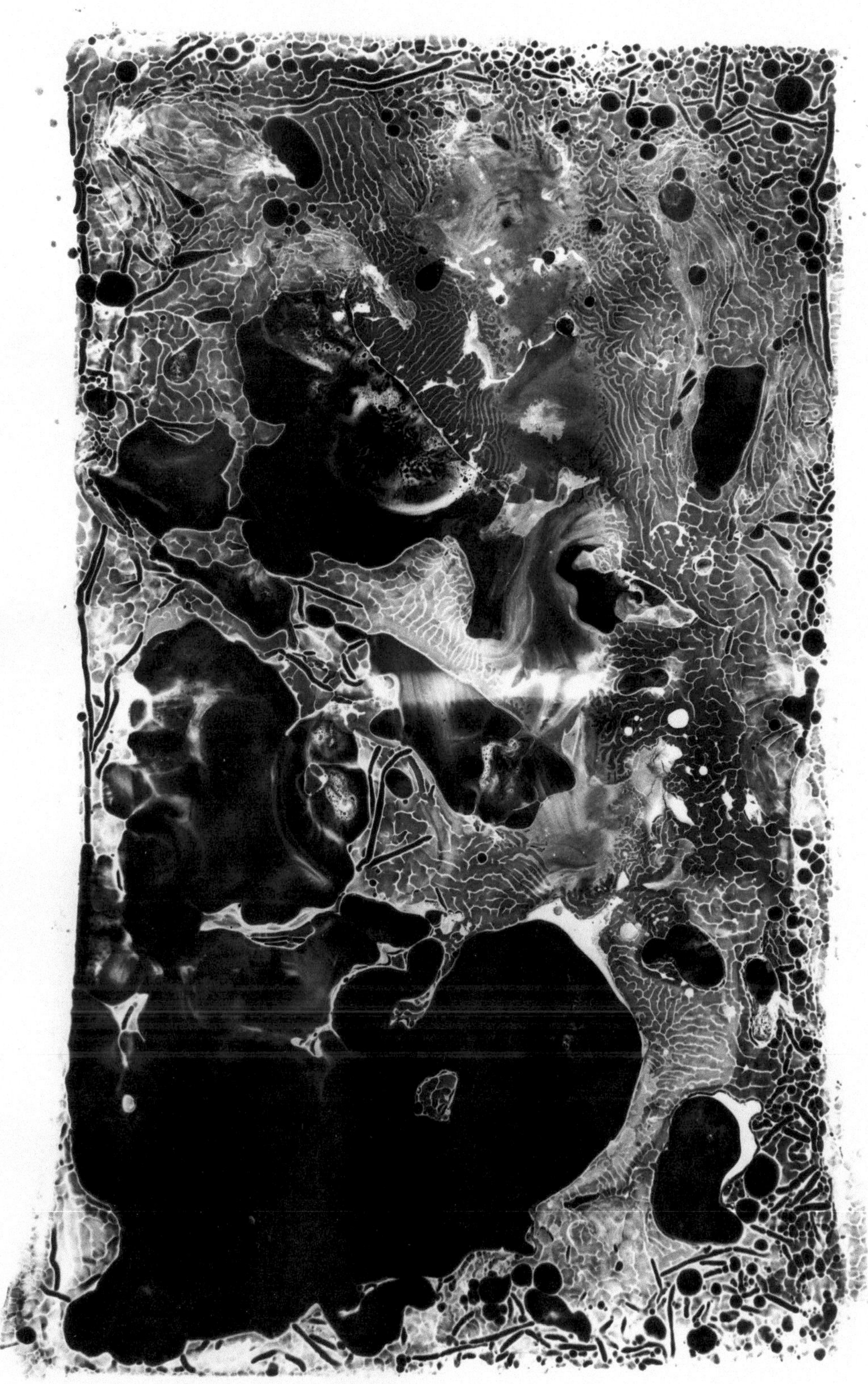

72 | Josef Istler
Ohne Titel / Untitled
1944

ZKM | Zentrum für Kunst und Medien,
Karlsruhe, Fotogramm-Archiv HeyneNeusüss

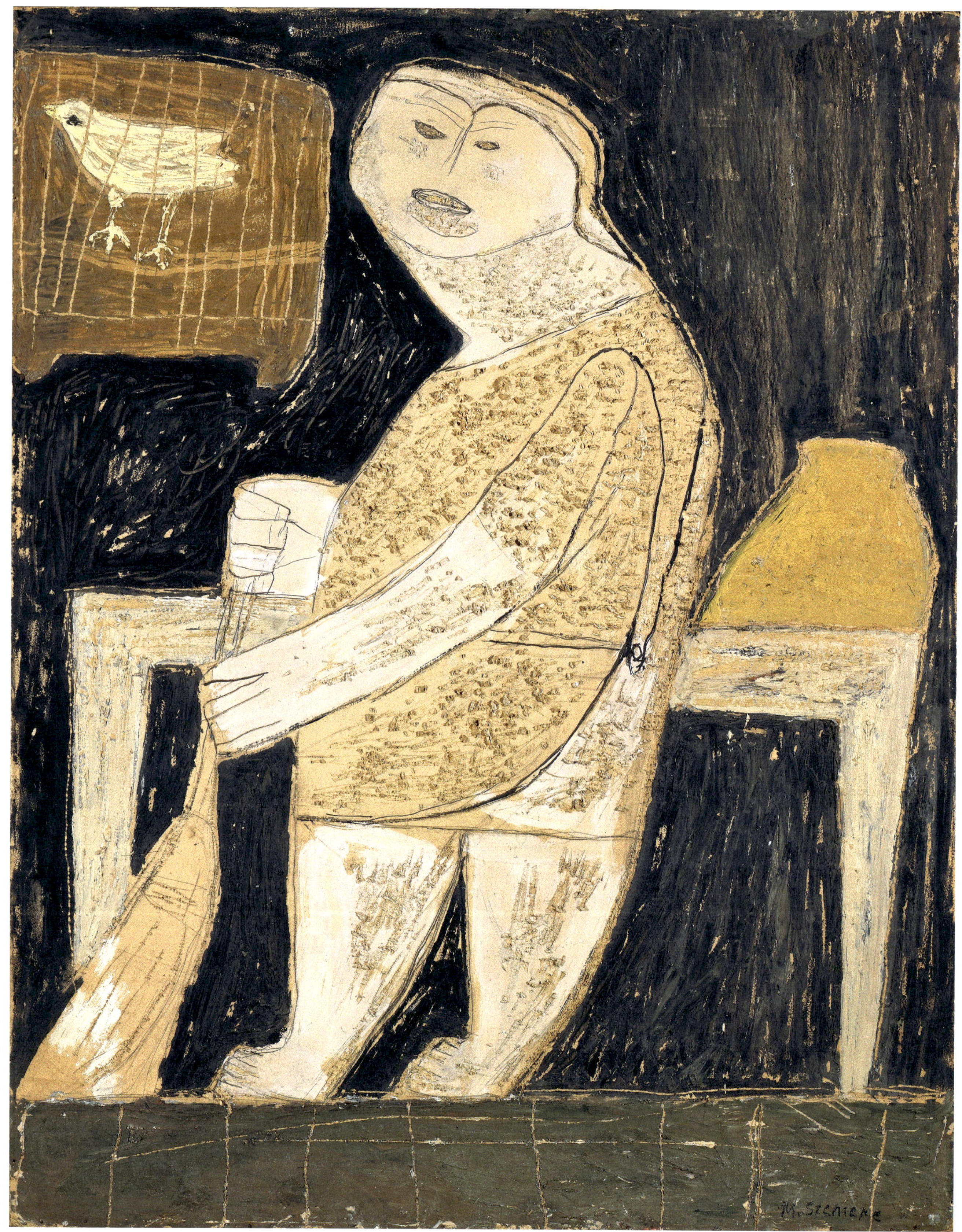

73 | Madeleine Kemény-Szemere
Femme et oiseau
1946
Privatsammlung / Private collection

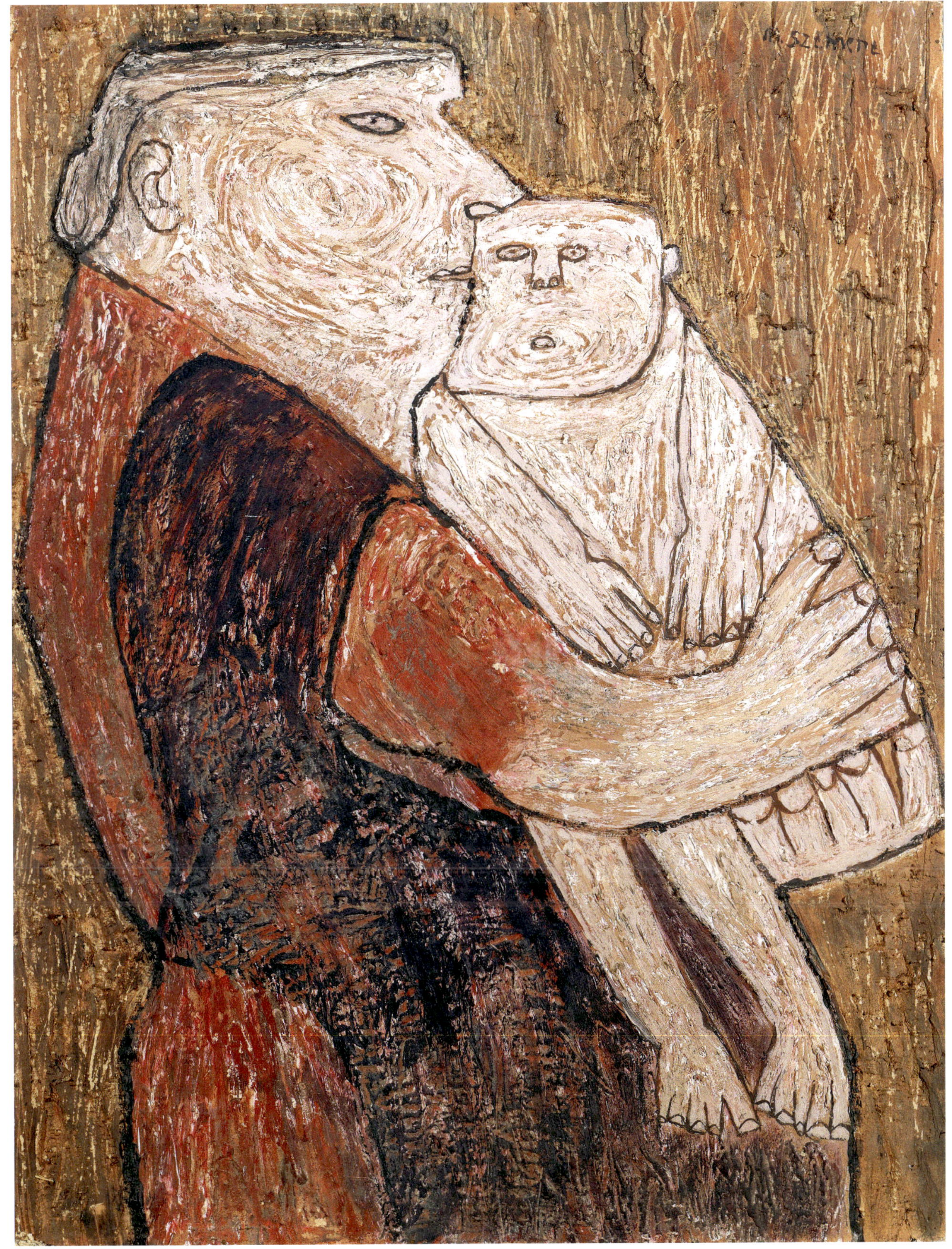

74 | Madeleine Kemény-Szemere
Mère
1947
Privatsammlung / Private collection

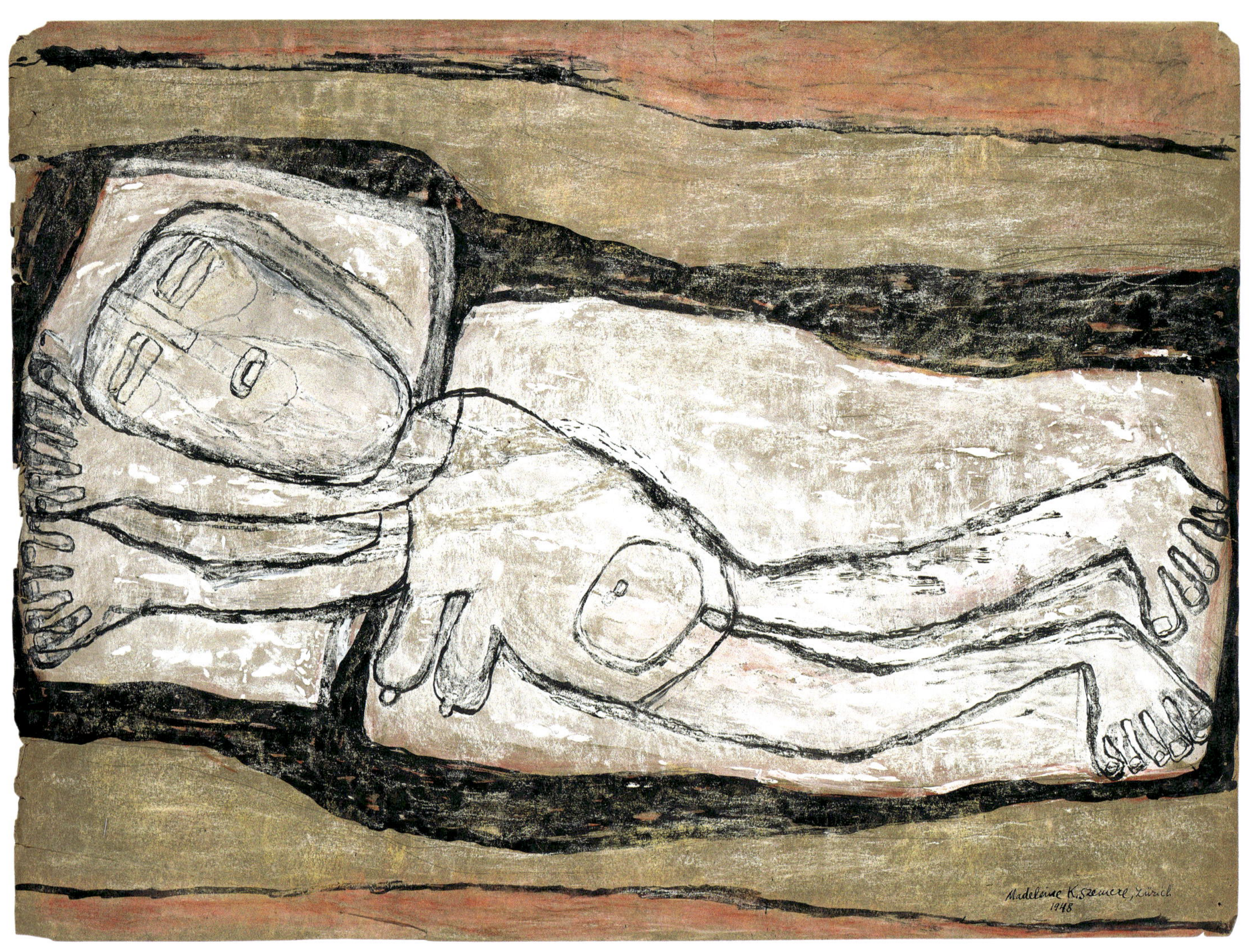

75 | Madeleine Kemény-Szemere
Dormeuse II
1948
Privatsammlung / Private collection

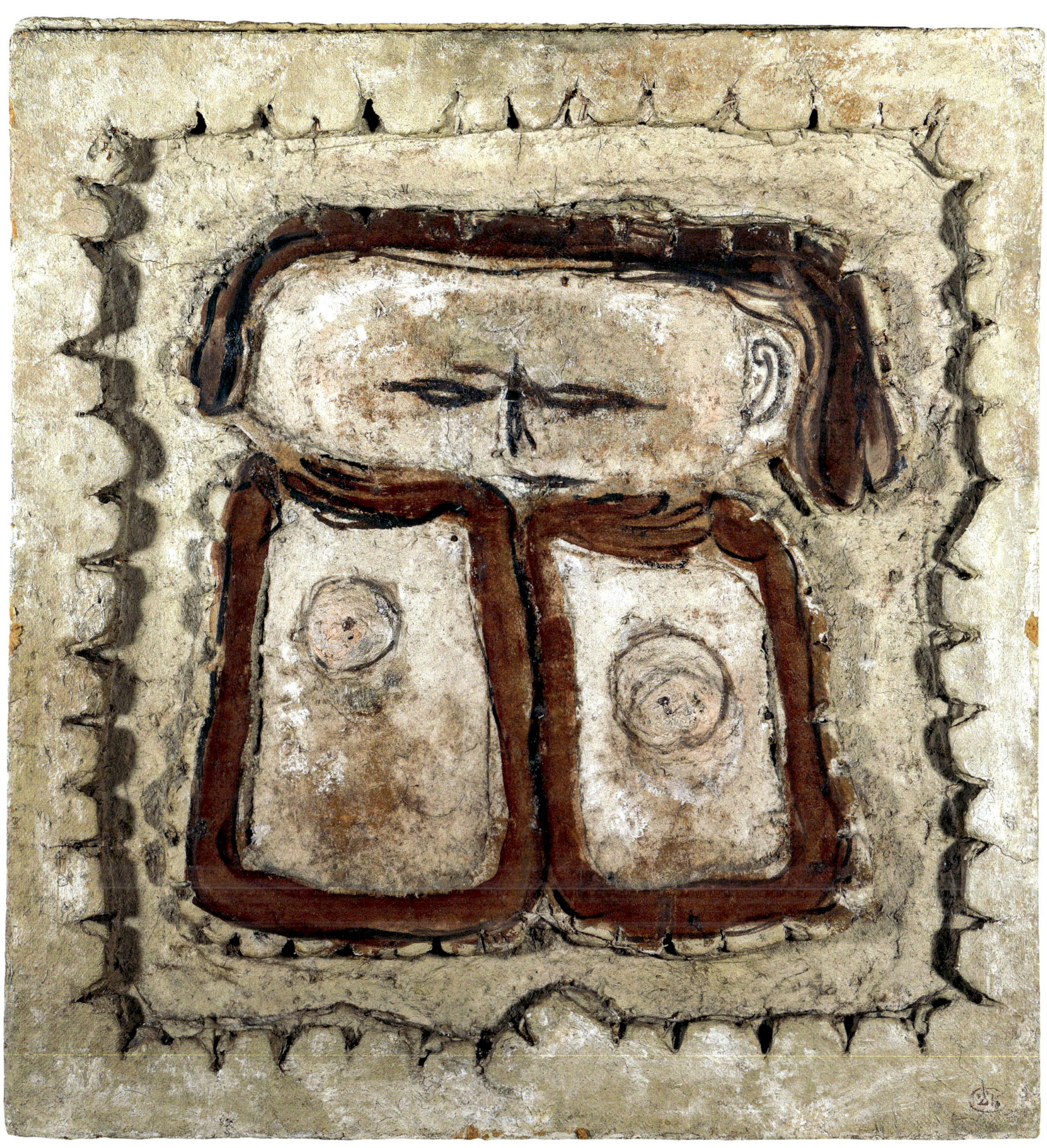

76 | Zoltán Kemény
Bordering
1947
Privatsammlung, Dauerleihgabe an das /
Private collection on loan to the Cobra
Museum of Modern Art, Amstelveen

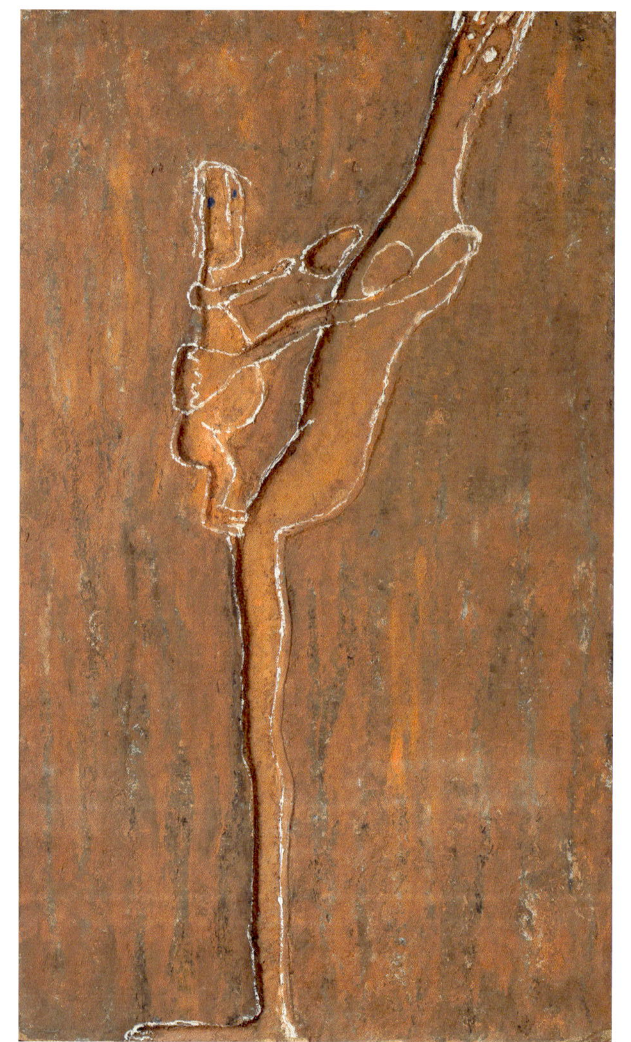

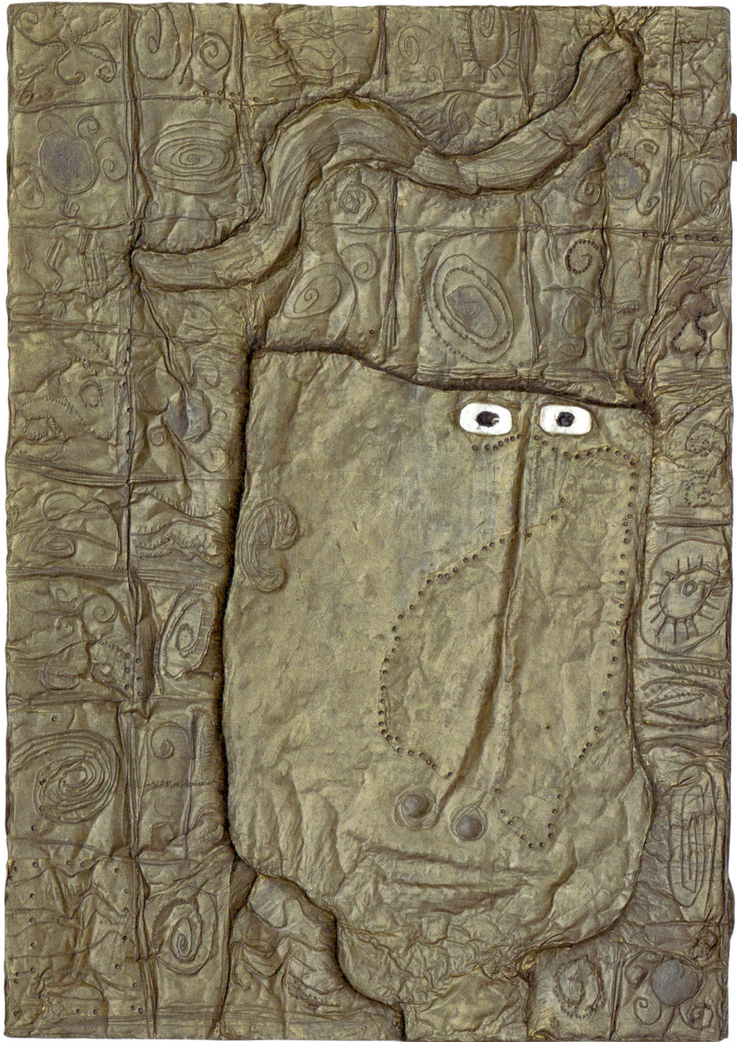

77 | Zoltán Kemény
Mère
1947

Kunstmuseum Bern

78 | Zoltán Kemény
Le Jardinier par l'Orfèvre
1948

Sammlung / Collection Loh, Zug

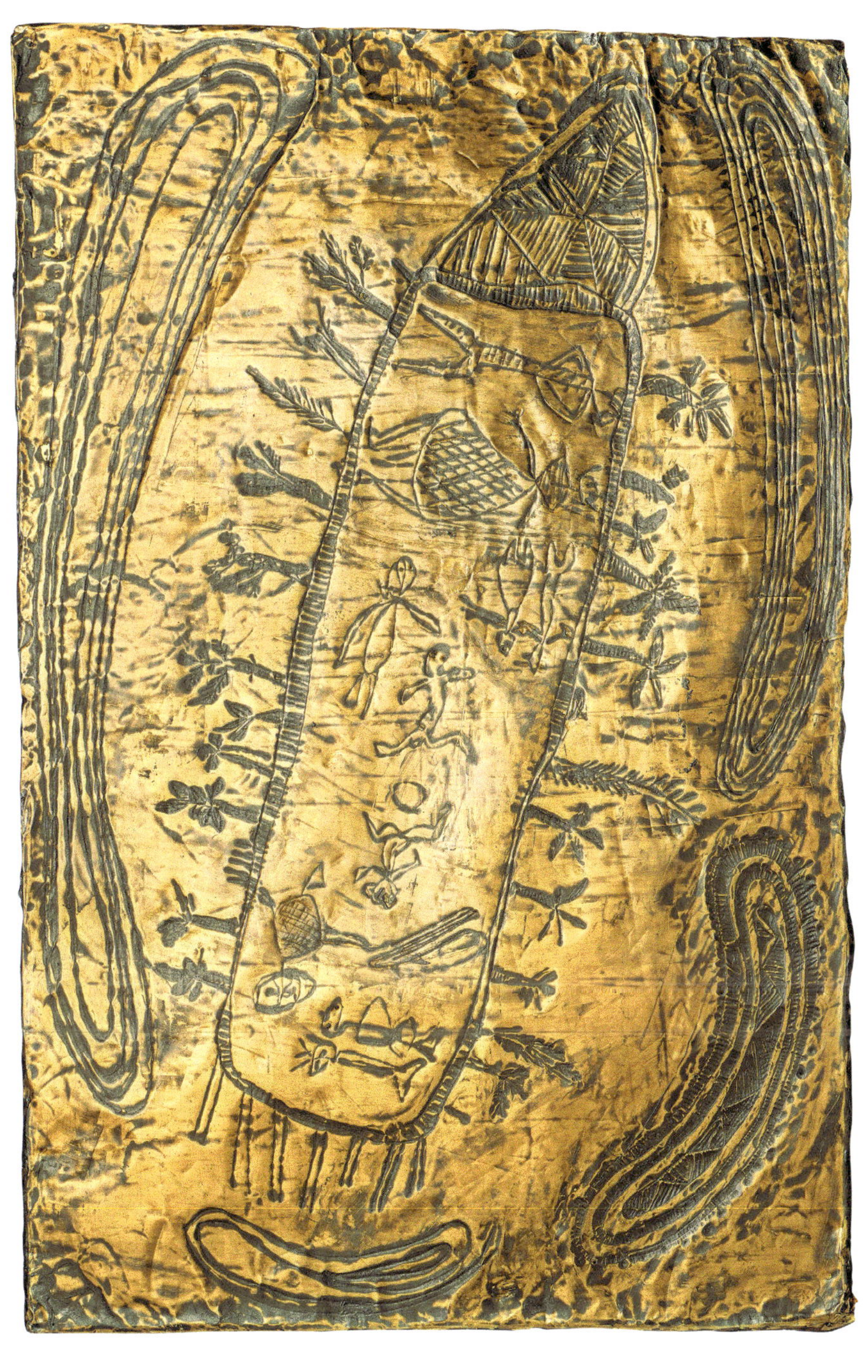

79 | Zoltán Kemény
Jardin d'enfants
1948

Privatsammlung / Private collection

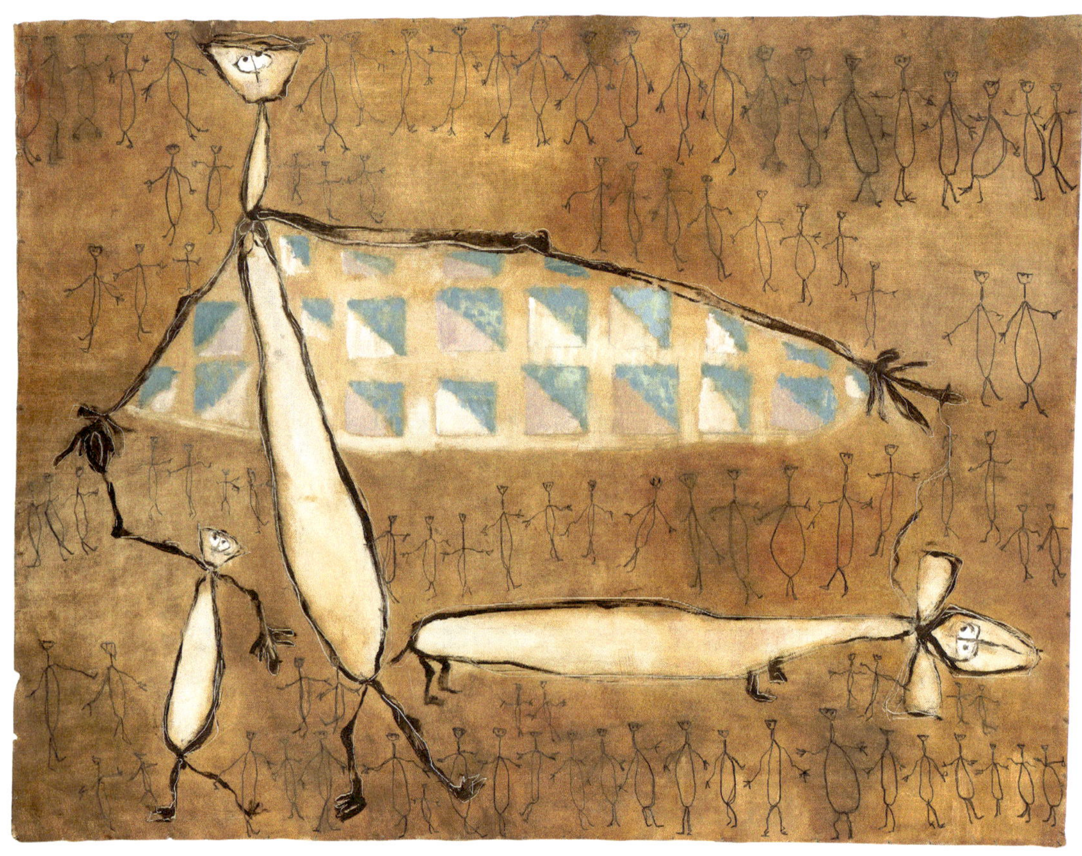

80 | Zoltán Kemény
La cape à carreaux no. 1
1948
Sammlung / Collection Loh, Zug

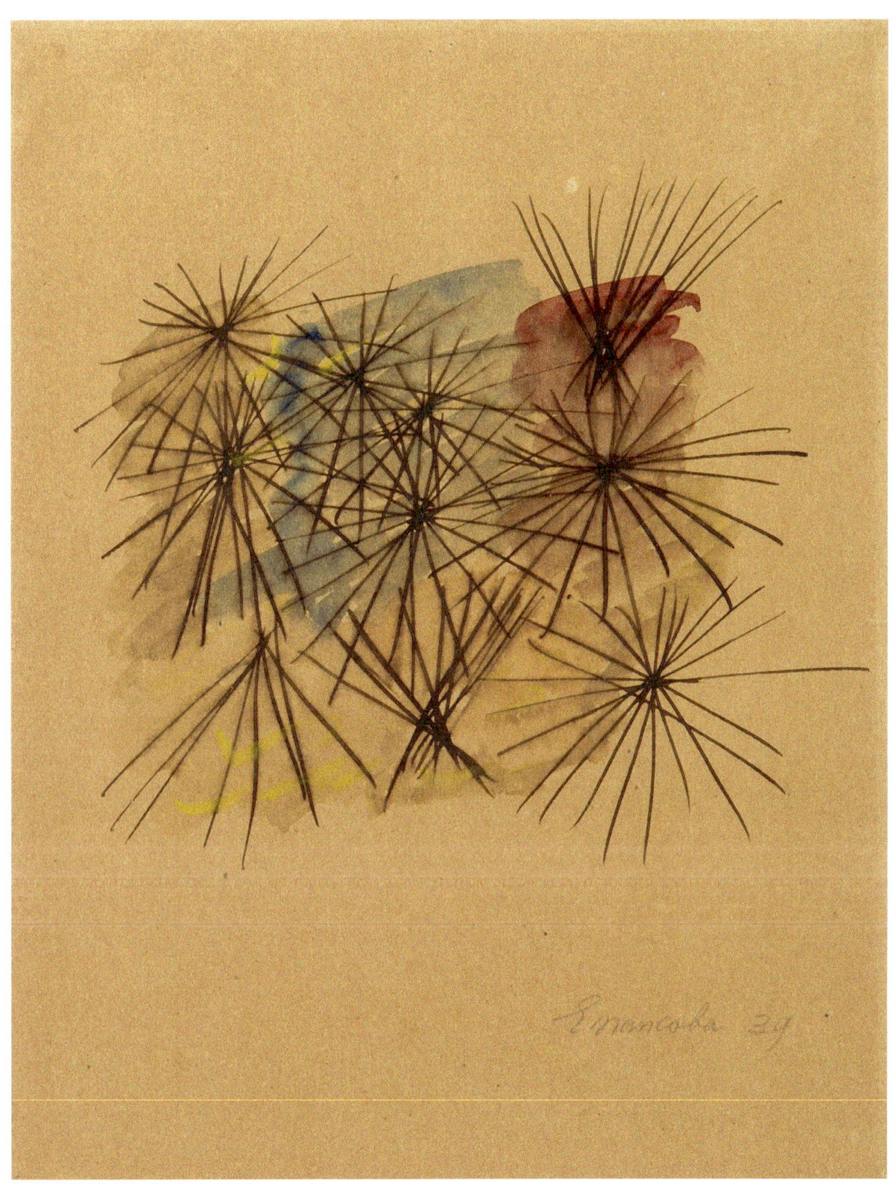

81 | Ernest Mancoba
Ohne Titel / Untitled
1939
Museum Jorn, Silkeborg

82 | Max Walter Svanberg
Minotaurus
1946
Moderna Museet Stockholm

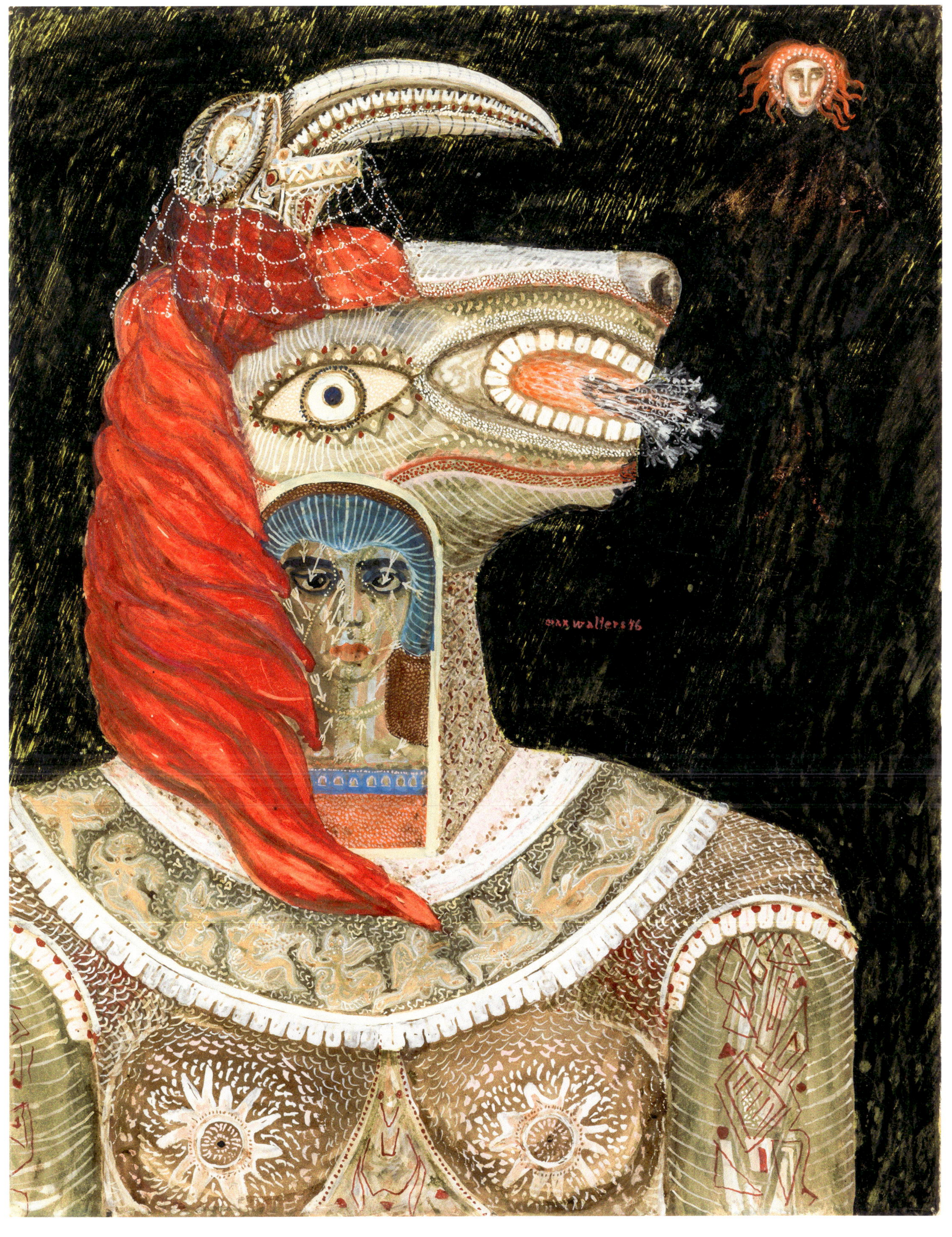

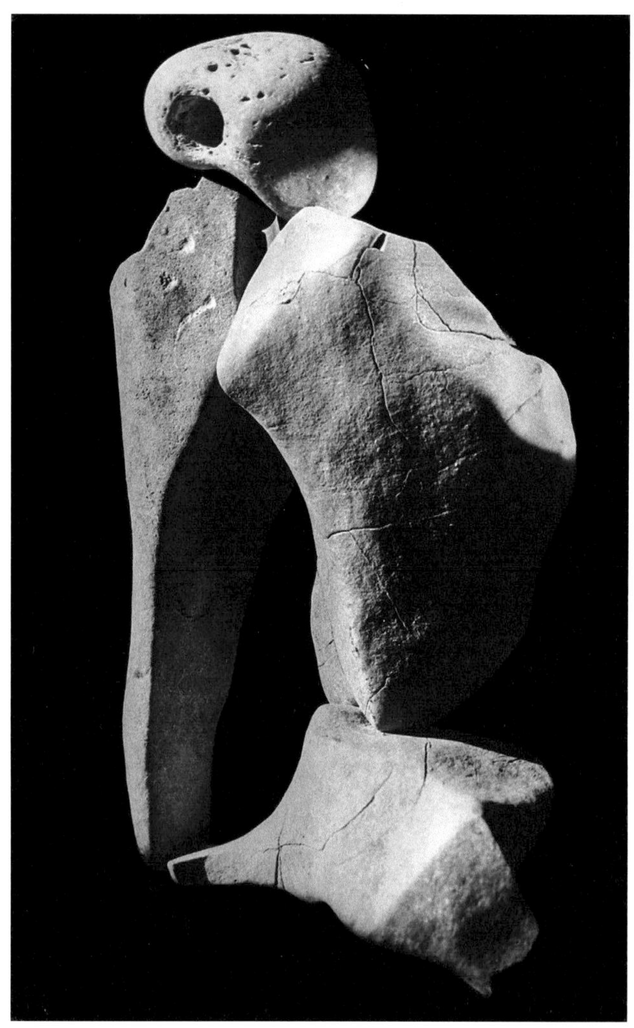

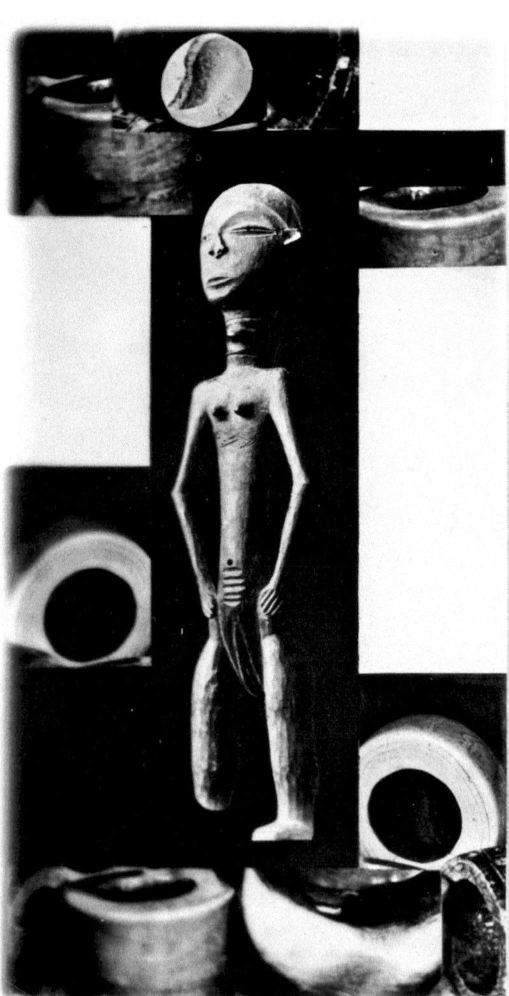

83 | Raoul Ubac
Pierres de Dalmatie
1932–33

Centre Pompidou, Paris. Musée national d'art moderne / Centre de création industrielle

85 | Raoul Ubac
Bestiaire
ca. 1938

Centre Pompidou, Paris. Musée national d'art moderne / Centre de création industrielle

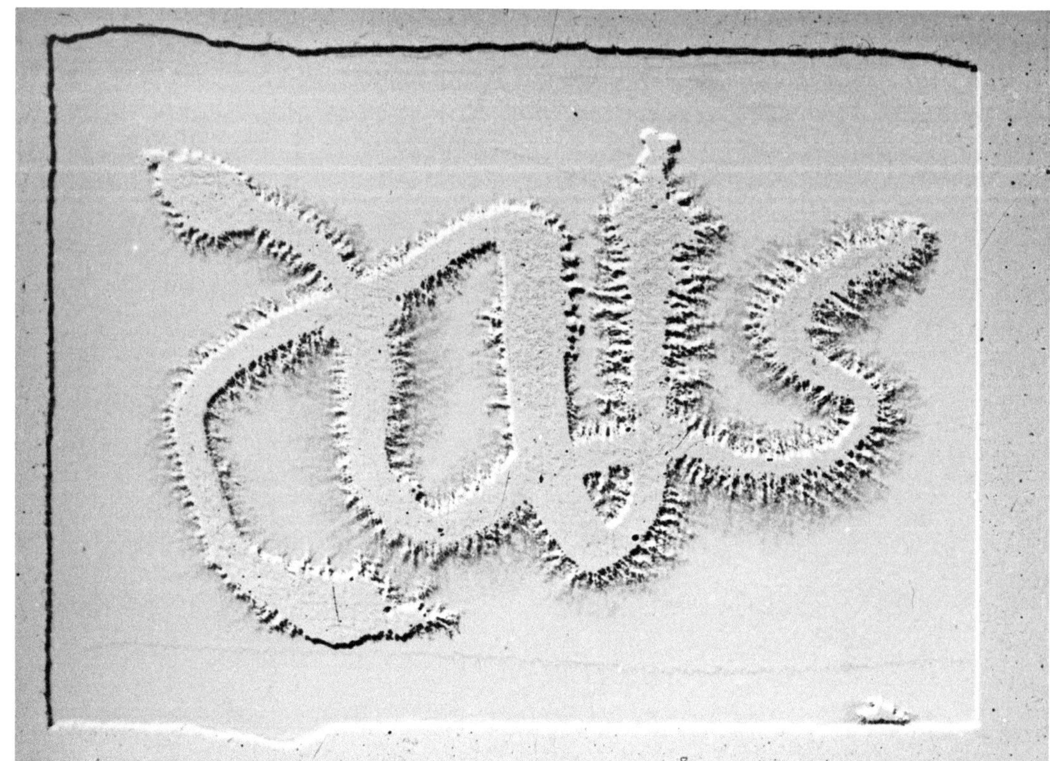

84 | Raoul Ubac
Statue
ca. 1932
Centre Pompidou, Paris. Musée national d'art
moderne / Centre de création industrielle

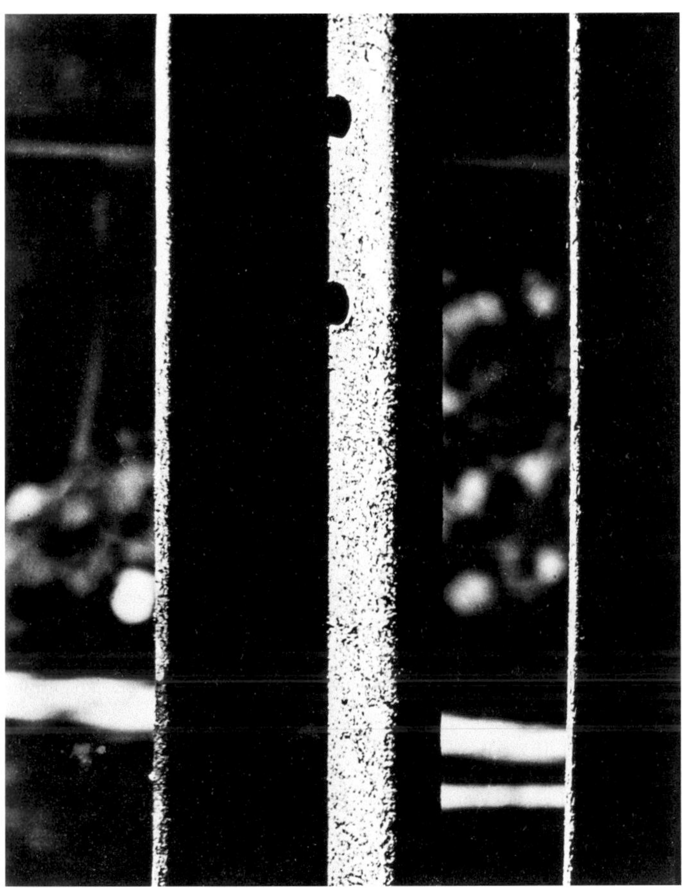

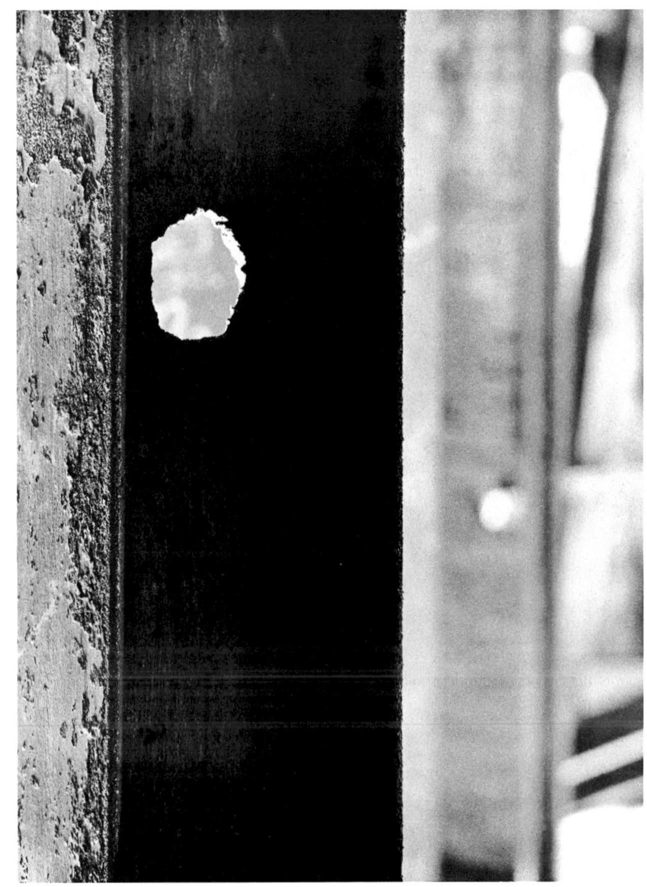

86 | Serge Vandercam
La poutre
1948 / 2001
Samuel Vanhoegaerden

87 | Serge Vandercam
Le trou
1948 / 2001
Samuel Vanhoegaerden

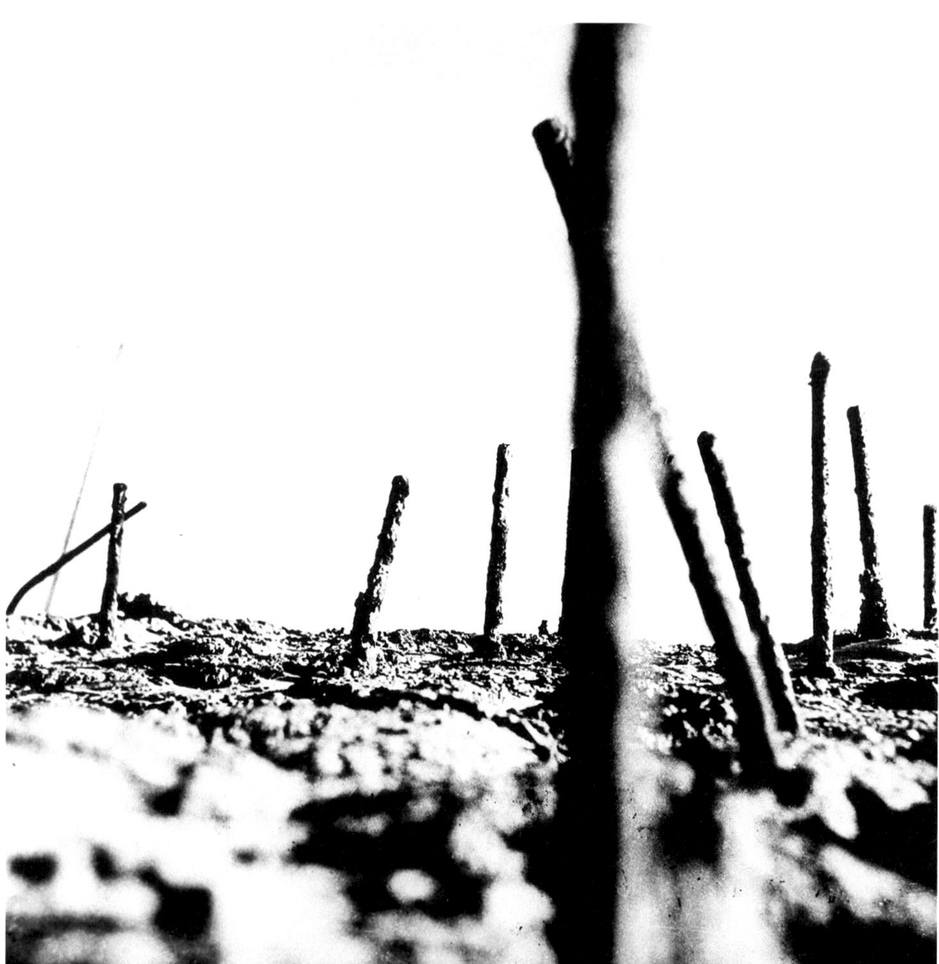

88 | Serge Vandercam
Le Bunker
1948 / 2001
Samuel Vanhoegaerden

89 | Serge Vandercam
Mer du Nord, Nieuport
1948 / 2001
Samuel Vanhoegaerden

90 | Serge Vandercam
L'oiseau
1948–49 / 2001
Samuel Vanhoegaerden

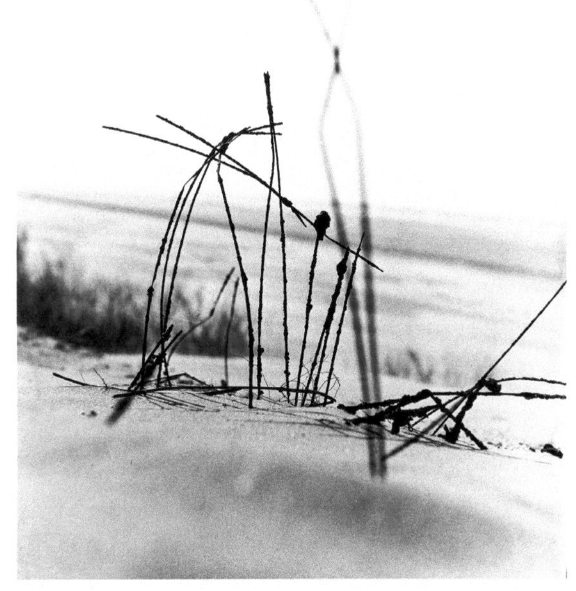

91 | Serge Vandercam
Hommage à Giacometti
1948 / 2001
Samuel Vanhoegaerden

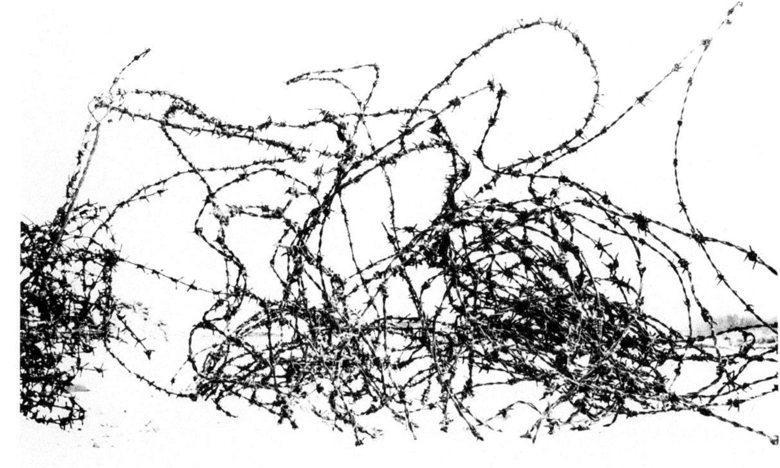

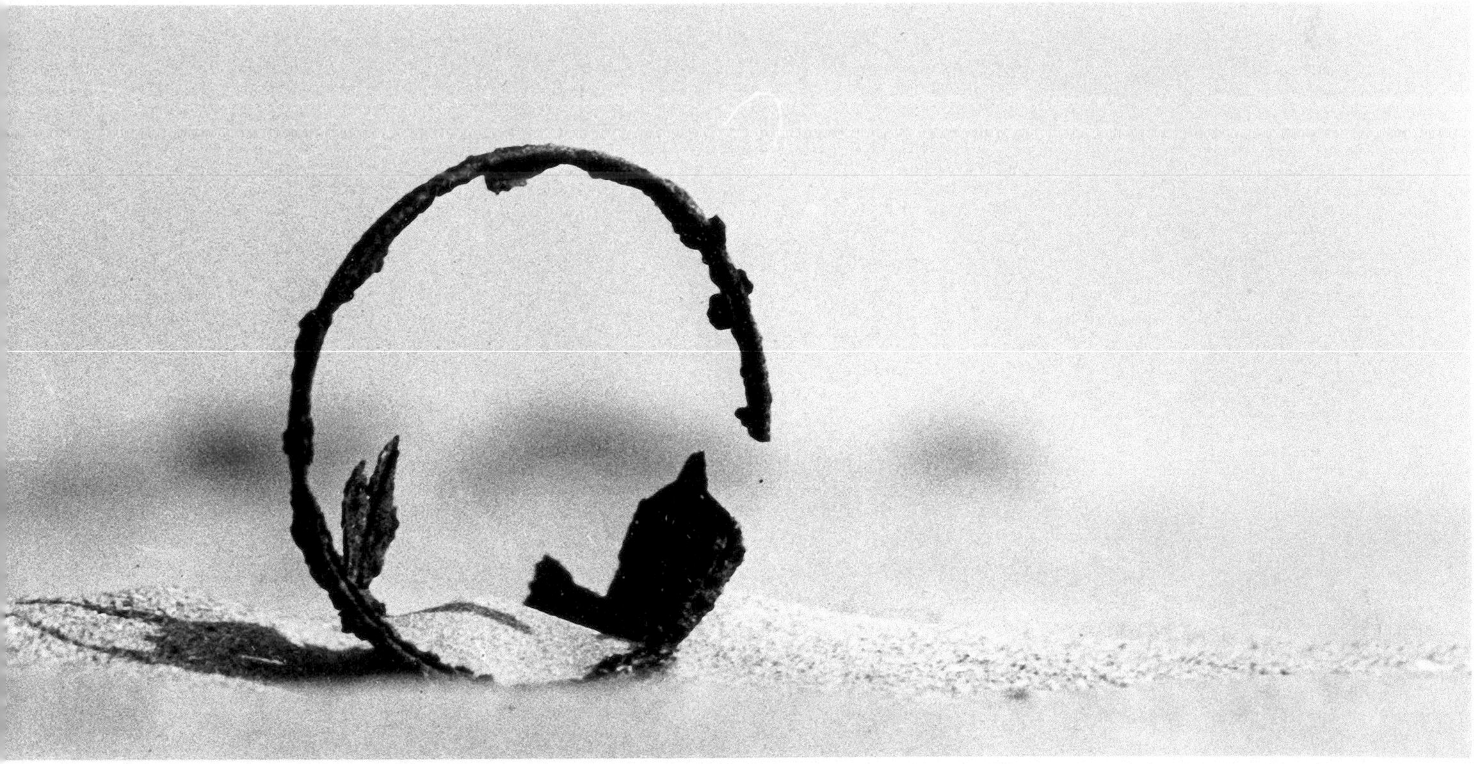

KUNST OHNE GRENZEN — VON BEFREITEN FORM LEBENDIGEN MATERIALI UND INTERDISZIPLINÄREN EXPERIM VOR COBRA

Christina Bergemann

„Es gibt mehr Dinge in der Erde
eines Gemäldes als im Himmel
der ästhetischen Theorie."

Il y a plus des choses dans la terre d'un tableau que dans le ciel de la ,,théorie esthétique.

"There are more things in the earth of a painting than in the heaven of aesthetic theory."

ART WITHOUT BORDERS: LIBERATED FORMS, LIVING MATERIALS, AND INTERDISCIPLINARY EXPERIMENTS PRIOR TO COBRA

Kurz vor der Gründung der internationalen Avantgardebewegung CoBrA entstanden 1948 im künstlerischen Austausch zwischen dem dänischen Maler Asger Jorn und dem belgischen Dichter Christian Dotremont eine Serie von sogenannten Wortmalereien (*peintures-mots*).[1] Die eingangs zitierte titelgebende Sentenz[2] aus der Feder Dotremonts rahmt die ineinanderfließenden Linien und Farben eines dieser Werke (Abb. 1), die von organischen Formen mit menschen- und tierähnlicher Zügen bestimmt werden. Im Wechsel gab Dotremont Worte vor, auf die Jorn unmittelbar malerisch antwortete; im Gegenzug setzte Jorn Farbe und Linie auf die Leinwand und inspirierte Dotremont zur Poesie. Beflügelt von den sich intensivierenden Kontakten sowohl zur niederländischen Gruppe um Constant, Corneille und Karel Appel als auch zu den Mitgliedern des dänischen Kollektivs Høst nahmen Jorn und Dotremont die Unstimmigkeiten über die Ausrichtung des Surréalisme révolutionnaire innerhalb der französischen und belgischen Sektionen der Bewegung zum Anlass, nach neuen, kollaborativen Formen des surrealistischen Automatismus zu suchen.[3] Das gattungsübergreifende Experimentieren mit spontan-expressiven Ausdrucksweisen in Malerei und Poesie war nicht nur eines der zentralen Anliegen der sich noch im selben Jahr formierenden Avantgardegruppierung CoBrA, sondern demonstriert überdies die antielitäre und kulturpolitische Haltung ihrer Mitglieder. Malerisch wie poetisch erklärten Dotremont und Jorn in den *peintures-mots* die gelebte Erfahrung und die Spuren des Lebens zum Ausgangspunkt künstlerischen Schaffens. Wesentlich wichtiger als der theoretische Horizont erschien den späteren CoBrA-Künstler*innen daher die Wiederbelebung und die Kreation „greifbarer Formen und einfacher [im Sinne universell verständlicher] Bilder, lesbar für alldiejenigen, die außerhalb des Elfenbeinturms der Kunst leben".[4] Die Suche nach neuen, egalitären Formen in Kunst und (Zusammen-)Leben bestand bereits seit Ende der 1930er- und 1940er-Jahre in den CoBrA-Vorgängerkollektiven und verfestigte sich unter dem Eindruck der Schrecken des Zweiten Weltkriegs sowie durch die Ausmaße der Entmenschlichung durch die Kriegsverbrechen der nationalsozialistischen Diktatur zusehends. Die Aufbruchsstimmung, die nach 1945 avantgardistische Künstler*innen erfasste, spiegelt sich auch in dem Wortgemälde *Je lève, tu lèves, nous rêvons* (Ich erhebe mich, du erhebst dich, wir träumen) (Kat. 58) wider, das ebenfalls von Dotremont und Jorn

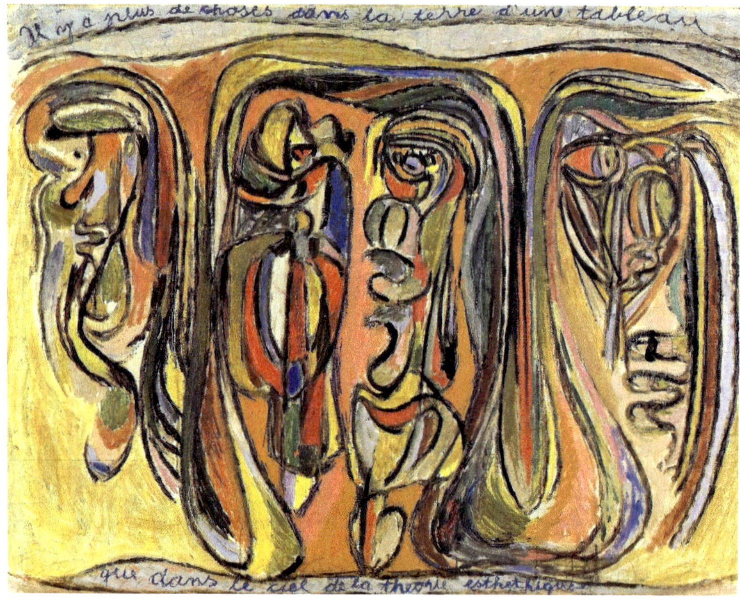

Abb. / Fig. **1**

Asger Jorn und / and Christian Dotremont, *Il y a plus de choses dans la terre d'un tableau que dans le ciel de la théorie esthétique / Es gibt mehr Dinge in der Erde eines Gemäldes als im Himmel der ästhetischen Theorie / There Are More Things in the Earth of a Painting than in the Heaven of Aesthetic Theory*, 1947, Öl auf Leinwand / Oil on canvas, 99 × 129 cm
Ehemals Sammlung / formerly Collection of Ernest van Zuylen Lüttich / Liège

Shortly before the CoBrA international avant-garde movement was founded, the Danish painter Asger Jorn and the Belgian poet Christian Dotremont produced a series of so-called word paintings (*peintures-mots*) in an artistic interchange.[1] The sentence cited in the epigraph,[2] penned by Dotremont, frames the lines and colors that flow in and out of one another in one of these works (fig. 1), which are characterized by organic forms with humanlike and animal-like features. In their exchange, Dotremont provided words, to which Jorn responded directly by painting; in return, Jorn put color and line on the canvas and inspired Dotremont to poetry. Inspired by growing contacts both to the Dutch group Constant, Corneille, and Karel Appel and to the members of the Danish collective Høst, Jorn and Dotremont took disagreements within the French and Belgians concerning the direction of Surréalisme révolutionnaire as an occasion to search for new, collaborative forms of Surrealist automatism.[3] This experimenting across genres with spontaneous forms of expression in painting and poetry was not just one of the central concerns of the avant-garde group CoBrA that formed that year, but also demonstrates its members' antielite stance on cultural politics. In painting and poetry, Dotremont and Jorn declared in their *peintures-mots* lived experience and the

stammt: Inmitten der ineinanderfließenden, blauweiß gefärbten Flächen, die an Luft- und Wasserströme erinnern, bildet sich eine organische, geschlossene Form in der Bildmitte heraus, in der die titelgebenden Worte zu lesen sind. Der Traum wird nicht wie in der surrealistischen Vorstellung von André Breton alleine geträumt, sondern wird zur kollektiven Erfahrung eines gemeinsamen Träumens neuer Formen in Kunst *und* Leben.[5] Die Umdeutung des surrealistischen Traumes zu einer Vielfalt an spontan-expressiven Ausdrucksformen der menschlichen Fantasie zwischen Abstraktion und Figuration verband die Vorläufer*innen der internationalen CoBrA-Bewegung über Ländergrenzen hinweg. So deklarierte die Experimentele Groep Nederland in Analogie zur kollaborativen Wortmalerei Jorns und Dotremonts: „Die Möglichkeiten [des künstlerischen Schaffens] müssen sich auf die unterbewussten Eindrücke stützen, die der tiefste Ausdruck des gemeinsamen Lebens sind und keinesfalls individuelle Wünsche und Bilder darstellen. Der Mensch ist für uns vor allem ein soziales Wesen."[6] Das Experimentieren war dabei nicht nur „ein Werkzeug zur Erkenntnis, es ist die Voraussetzung der Erkenntnis in einer Zeit, in der unsere Bedürfnisse den kulturellen Bedingungen nicht mehr entsprechen, die sie kanalisieren sollen".[7]

Im Folgenden wird deshalb nicht nur zu zeigen sein, zu welch vielfältigen Formen des Experimentierens die Vorgängerkollektive und -künstler*innen der späteren CoBrA-Bewegung fanden, sondern ebenso, wie sich deren künstlerische Vision bereits in den Jahren vor ihrem internationalen Zusammenschluss unter äußerst schwierigen politischen und gesellschaftlichen Bedingungen materialisierte und die Gründung der CoBrA-Avantgarde vorbereitete.

Breaking down the barriers: Schrift – Bild – Poesie – Graffiti

Die vielfältigen Formen der Zusammenarbeit und des Austauschs innerhalb der dänischen Gruppe Høst prägten Jorns Arbeit als Künstler, Theoretiker und Autor maßgeblich. In dem 1944 entstandenen Aufsatz *De profetiske harper* (Die prophetischen Harfen) thematisiert er in einer lyrisch-aphoristischen Sprache das Verhältnis von Malerei und Handschrift. Die Grenzen zwischen dem Gemalten und der Handschrift eines jeden Menschen, so Jorn, sind fließend und Teil einer Vielfalt an symbolisch verschlüsselten Bildern, die mit allen Sinnen erfasst werden können:[8]

---

traces of life to be the point of departure for artistic creation. To the later CoBrA artists, therefore, far more important than the theoretical horizon was the revival and creation of "tangible forms and simple images legible to those living outside art's ivory tower."[4] This search for new, egalitarian forms in art and life (together) had been going on in the collectives that preceded CoBrA since the late 1930s and the 1940s and was rapidly intensified under the impression of the horrors of World War II and the dimensions of dehumanization by the war crimes of the National Socialist dictatorship. The sense of a new dawn that seized avant-garde artists after 1945 is also reflected in the word painting *Je lève, tu lèves, nous rêvons* (I Rise, You Rise, We Dream) (cat. no. 58), which is also by Dotremont and Jorn: amid areas of blue and white that recall flowing air and water, an organic, self-contained form emerges from the center of the painting, on which stand the words of the title. The dream is not dreamed alone, as it is in André Breton's idea of Surrealism, but becomes a collective experience of dreaming together of new forms in art *and* life.[5] Reinterpreting the Surrealist dream as a multitude of spontaneous forms of expression of the human imagination between abstraction and figuration linked the precursors of the international CoBrA movement across national borders. The Experimentele Groep Nederland declared, analogously to Jorn and Dotremont's collaborative word painting: "The possibilities [of artistic creation] must be based on subconscious impressions, which are the profoundest expression of living together and by no means represent individual desires and images. For us, the human being is above all a social creature."[6] Experiment is not only "an instrument of knowledge, it is the very condition of knowledge in a period when our needs no longer correspond to the cultural conditions which should provide an outlet for them."[7]

I will therefore try to show not only the diverse forms of experimentation that the collectives and artists who preceded the later CoBrA movement found but also how their artistic vision materialized under extremely difficult political and social conditions in the years before the international merger and prepared for founding of the CoBrA avant-garde.

„Nur der Mensch, der den Inhalt einer Schrift fühlt, kann den Inhalt eines Bildes empfinden, da ein Buchstabe nicht allein ein Teil eines Wortes ist, eine Passage in einer Lautkombination, eine Note, nach der wir Worte singen. Er kann auch etwas anderes sein: ein Bild."[9]

In den Augen Jorns birgt die Handschrift eine visuelle Schönheit, während die Bewegungen der Hand und ihre Fähigkeit des Schreibens, Malens und Fühlens den Zugang zur Welt ermöglichen. Dotremont hatte bereits vier Jahre vor dem künstlerischen Austausch mit Jorn die surrealistische Zeitschrift *La main à plume* (Schreibhand) mitgegründet, aus der 1947 die französische und belgische Sektion des Surréalisme révolutionnaire hervorging. Nicht nur weil es sich um eine Gruppe von Dichtern handelte, war die Referenz auf die Handschrift im Titel der Zeitschrift von zentraler Bedeutung, sondern auch weil sie den Grundstein für die später entstehenden Logogramme legte – Dotremonts eigene Zeichensprache, die Poesie, Grafik und Kalligrafie miteinander verband. Der belgische Dichter Marcel Havrenne, der in engem Kontakt mit den Mitgliedern der CoBrA-Gruppe stand und seine Texte in der Zeitschrift *Cobra* publizierte, verwies zudem auf die enge Verbindung von Sprache und Natur: Die Sprache ist demnach mit einer Landschaft vergleichbar, die sich teils durch Zufall, teils durch die ihr eingeschriebenen und gewachsenen Naturgesetze ausdehnt und ihre eigene Zeichensprache besitzt.[10] Dass sich Materie und Unterbewusstsein kombinieren lassen, dass demnach Wissenschaft und Poesie nicht als voneinander getrennte Instanzen betrachtet werden müssen, geht auf den Materialismus des französischen Philosophen Gaston Bachelard zurück. Dessen Texte und Vorlesungen an der Pariser Sorbonne entsprachen dem Wunsch der jungen Avantgardist*innen nach der Freisetzung einer von der Materialität ausgehenden Vorstellungskraft.[11] Insbesondere die Abhandlung über den französischen Dichter Lautréamont und die Analyse seines prosaischen Gedichts *Les chants de Maldoror* (Die Gesänge des Maldoror; 1940) brachte ihnen dessen bildhafte, von Metaphern und Groteskem bestimmte Sprache nahe. Die Abgründe der menschlichen Existenz sollten zu einem der Hauptthemen der CoBrA-Künstler*innen werden:[12] Anton Rooskens stellt die Bestie, die sich wie ein Monster aus schwarzen Farbflecken den Betrachtenden zuwendet, gar in einer Hommage an Lautréamont dar (Kat. 121) und setzt dessen Prosa der düsteren Zustände

---

Breaking Down the Barriers: Writing, Image, Poetry, Graffiti

The diverse forms of collaboration and exchange within the Danish group Høst substantially influenced Jorn's work as an artist, theorist, and author. In his 1944 essay *De profetiske harper* (The Prophetic Harps), he addresses in a lyrical, aphoristic language the relation of painting and handwriting. The boundaries between the painted and any person's handwriting are fluid and part of a multitude of symbolically coded images that can only be grasped using all the senses:[8] "Only the person who feels the content of a text can sense the content of an image, since a letter is not just a part of a word, a passage in a combination of sounds, a musical note according to which we sing our words. It can also be something else: an image."[9]

In Jorn's eyes, a visual beauty is concealed in handwriting, whereas the movements of the hand and its ability to write, paint, and feel provide access to the world. Four years before his artistic exchange with Jorn, Dotremont had cofounded the Surrealist journal *La main à plume* (The Writing Hand), from which emerged the French and Belgian sections of the Surréalisme révolutionnaire in 1947. The reference to handwriting in the journal's title was of central importance, and not only because it was a group of poets, but also because it laid the cornerstone for the later logograms—Dotremont's own symbolic language, which combined poetry, graphics, and calligraphy. The Belgian poet Marcel Havrenne, who was in close contact with members of the CoBrA group and published his texts in the journal *Cobra*, also referred to the close connection of language and nature: in his view, language is comparable to a landscape that expands partly by chance and partly by organic natural laws inscribed within it and that has its own symbolic language.[10] The idea that the material world and the subconscious can be combined, and hence that science and poetry should not be regarded as authorities separated from each other, goes back to the materialism of the French philosopher Gaston Bachelard. His texts and his lectures at the Sorbonne in Paris were in keeping with the desire of the young avant-gardists for a liberation of the imagination based on materiality.[11] His treatise on the French poet Lautréamont and his

der menschlichen Psyche bildlich um, während Raoul Ubac die *Bestiaire* (Bestie) (Kat. 85) als schlangenartiges Monster experimentell in das Fotopapier hineinätzt.

Neben den Tiefen des (Unter-)Bewusstseins ist die Natur in den poetischen wie künstlerischen Bildern omnipräsent und inspiriert ihre Formen:[13] Worte verflüssigen sich zu Linien, Linien werden zu Netzen und Landschaften, Ideen werden mit dem Wachstum von Pflanzen und Bäumen gleichgesetzt, der Mensch richtet sich nach dem Vergehen von Tag und Nacht. Constant, der wortführend die Auffassungen der Experimentele Groep Nederland in Aufsätzen und Manifesten festhielt, erweiterte die organisch gewachsene Materialität der Worte um eine demokratische Vision von Gemeinschaft, in der neue soziale und kulturübergreifende, interdisziplinäre Beziehungen entstanden, ohne die Unterschiede der sich zusammenschließenden Individuen zu negieren.[14] Diese Verbindungen finden sich beispielsweise in ein Netz aus menschenähnlichen Körpern und Gesichtern in Corneilles Federzeichnung *Amour partout* (Liebe überall; 1948, Kat. 117) eingeschrieben, das ein pazifistisches Gegenbild zu Krieg und Gewalt darstellt. Noch deutlicher wird das Verlangen nach Freiheit, das alle Lebensbereiche – auch die sexuelle Befreiung – miteinschließt, in der zwei Jahre früher entstandenen Zeichnung *Accouplement* (Paarung; 1946; Kat. 104), deren Deutung Constant in seinem 1949 veröffentlichten Pamphlet *C'est notre désir qui fait la révolution* (Es ist unser Verlangen, das die Revolution macht) liefert: „Für diejenigen, die ihren Blick weit in das Gebiet des Verlangens schweifen lassen, ist auf der künstlerischen, der sexuellen, der gesellschaftlichen und jeder anderen Ebene das Experimentieren ein notwendiges Werkzeug, um den Ursprung und das Ziel unserer Sehnsucht, ihre Möglichkeiten und ihre Grenzen kennenzulernen."[15]

Als Mittel der Kommunikation untereinander nutzten die international vernetzten Kollektive Høst und die niederländische Gruppe um Constant die Zeitschriftenreihen *Helhesten* (1941–1944) und *Reflex* (1948) für ihre gattungsübergreifenden Experimente. Hier wirkten Vertreter*innen unterschiedlicher Disziplinen zusammen und zerlegten dialogisch die in ihren Augen überholten Kunstströmungen, machten die Werke der von den Nationalsozialisten als „entartet" diffamierten Künstler*innen wie Paul Klee oder Fernand Léger zugänglich und erforschten vergangene wie

analysis of his prose poem *Les chants de Maldoror* (The Songs of Maldoror; 1940) in particular conveyed to them his imagistic language characterized by metaphors and the grotesque. The abysses of human existence would become one of the major themes of the CoBrA artists:[12] Anton Rooskens even depicted the beast, turning to the viewers like a monster out of blotches of black paint, in an homage to Lautréamont (cat. no. 121) and renders visually the latter's prose about gloomy states of the human psyche into pictures, while in *Bestiaire* (Bestiary) (cat. no. 85) Raoul Ubac experimented with etching a snakelike monster into the photographic paper.

In addition to the depths of the (sub)conscious, nature is omnipresent in these poetic and artistic images and inspires their forms:[13] words liquefy into lines; lines become nets and landscapes; ideas are equated with the growth of plants and trees; people adjust themselves to the passage of day and night. Constant, who served as a spokesman for the Experimentele Groep Nederland in essays and manifestos, extended the organically grown materiality of works to include a democratic vision of community in which new social and cross-cultural, interdisciplinary relationships emerged without negating the differences between the individuals coming together.[14] These connections are expressed, for example, in a network of humanlike bodies and faces in Corneille's pen-and-ink drawing *Amour partout* (Love Everywhere) (1948, cat. no. 117), which represents a pacifist alternative to war and violence. The desire for freedom incorporating all spheres of life, including sexual liberation, is even clear in a drawing from two years earlier: *Accouplement* (Coupling) (1946, cat. no. 104), which Constant interprets in his pamphlet "C'est notre désir qui fait la révolution" (translated as "Our Own Desires Build the Revolution"), published in 1949: "For those of us whose artistic, sexual, social and other desires are farsighted, experiment is a necessary tool for the knowledge of our ambitions—their sources, goals, possibilities and limitations."[15]

The internationally networked collective Høst and the Dutch group around Constant used the journals *Helhesten* (1941–44) and *Reflex* (1948) as means to communicate among themselves

neue Formen von Ursprünglichkeit, die sowohl aus der eigenen Mythologie als auch aus außer-europäischen Kulturen stammten.[16] Im Medium der Zeitschrift hatten die Künstler*innen die Möglichkeit, sich in allen Disziplinen auszudrücken – vom gemalten und geschriebenen Wort über lyrische wie philosophische Texte bis zum grafischen Design. Ejler Bille oder Henry Heerup experimentierten beispielsweise mit synästhetischer Prosa im Zusammenhang mit Linien, der Vorgängergruppe von Høst, und verfassten Gedichte über den eigenen Schaffensprozess sowie über den anderer späterer CoBrA-Künstler*innen. In traumähnliche Szenarien und die Tiefen der menschlichen Seele drang Carl-Henning Pedersen in seinen *Drømmedigte* (Traumgedichte; 1945) vor, die er selbst mit schnellen grafischen Zeichnungen der im Traum vorkommenden Tierwesen illustrierte und in einer Reihe des sogenannten *Helhesten Forlag* publizierte.[17]

In *Helhesten* vollzog sich programmatisch wie illustratorisch vor allem aber die Aufhebung des ästhetischen Prinzips, welche die CoBrA-Bewegung später in der Gestaltung einer neuen, trans-kulturellen Volkskunst maßgeblich beschäftigte. Jorn dekonstruiert in seinem bahnbrechenden Text *Intime Banaliteter* (Intime Banalitäten), der 1941 in der zweiten Ausgabe von *Helhesten* veröf-fentlicht wurde, die Grenzen zwischen Hoch- und Populärkultur: Die westliche Kultur habe dem-nach den Bezug zur Volkskunst und zur Ganzheit menschlicher Ausdrucksmöglichkeiten verloren, die sie fälschlicherweise in Kitsch und Kunst aufteile. So plädiert Jorn für die Wiederbelebung der Vielfalt universeller kultureller Zeichen sowie die Rückbesinnung auf die immerwährende Bin-dung von Kunst und Leben(srealität), indem er unter dem Eindruck der deutschen Besatzer und im Widerstand gegen deren Kulturpropaganda schreibt: „Es geht nicht darum, auf irgendeine Weise zu selektieren, sondern in das ganze kosmische Gefüge der Rhythmen, der Kräfte und der Materie vorzustoßen, welches die reale Welt ist – vom Hässlichsten bis zum Schönsten, alles, was Charakter und Ausdruck hat, vom Gröbsten und Brutalsten bis zum Zartesten und Sanftesten, alles, was in seiner Eigenart zu uns spricht. [...] *Dies ist die Aufhebung des ästhetischen Prinzips.*"[18]

Grafisch integrierten die Herausgeber*innen in den Textfluss von Jorns Essay eine weich-gezeichnete Werbefotografie eines Models im Badeanzug oder das Bild der berühmt gewordenen Putti, die das Altarbild der Sixtinischen Madonna von Raffael rahmen. Darunter liest man: *De,*

---

about their cross-genre experiments. Representatives of different disciplines worked together and dissected in dialogue the art movements they regarded as outdated; provided access to the works of artists who had been defamed as "degenerate" by the National Socialists, such as Paul Klee and Fernand Léger; and studied both old and new forms of originality, both from their own mythol-ogy and from non-European cultures.[16] The medium of the journal gave artists the opportunity to express themselves in all disciplines, from the painted and written word by way of poetic and philosophical texts to graphic design. Ejler Bille and Henry Heerup, for example, experimented with synesthetic prose in Linien, the group that preceded Høst, and wrote poems about their own creative process as well as about other artists who later joined CoBrA. Carl-Henning Pedersen delved into dreamlike scenes and the depths of the human soul in his *Drømmedigte* (Dream Poems) (1945), which he illustrated himself with quick drawing drawings of the animals that occurred in the dream and published in a series with the *Helhesten Forlag.*[17]

In its program as well as its illustration, *Helhesten* pursued the repeal of the aesthetic prin-ciple that would later preoccupy CoBrA when creating a new, transcultural folk art. In his pio-neering text *Intime banaliteter* (Intimate Banalities), which was published in the second issue of *Helhesten* in 1941, Jorn deconstructed the lines between high and popular culture: Western culture is said to have lost its connection to folk art and to the totality of possibilities of human expres-sion, which was wrongly divided into kitsch and art. Jorn thus argued for reviving the diversity of universal cultural symbols and remembering the eternal connection of art and (the reality of) life, in which he wrote, under the impression of the German occupiers and in resistance to their cultural propaganda: "One cannot speak of choosing a direction but rather of penetrating the whole cosmic law of rhythms, forces, and material that is the real world, from which the ugliest to the most beautiful, all that has character and expression, from the crudest and most brutal to the tenderest and most gentle, that that speaks to us in its property of life. . . . *This is the repeal of the aesthetic principle.*"[18]

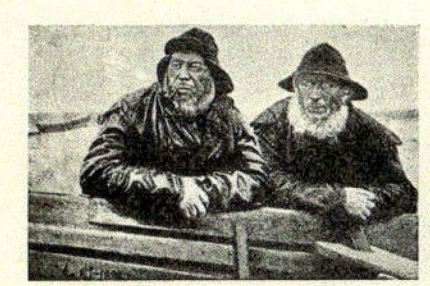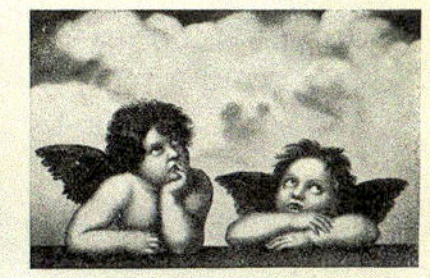

ningen pludselig blev grebet af en ganske betagende lyst til at spille paa smaa trylleløjter af celluloid. Man var som forhekset af dette lille instrument, der kunde slaa spinkle gennemtrængende triller op og ned, at man spillede overalt i byen, dag og nat, kun dette enkelte op og ned. Enhver dreng, enhver pige, mænd og koner, ja selv ældre ærværdige borgere gik i hemmelighed med den lille panfløjte i lommen, og tog den frem, naar de troede sig ubemærket, for at inddrikke nogle faa triller af dette fængslende vidunder. De mennesker, hvis egne indre strenge var bristede, led under denne, dem saa uvedkommende støj. Man skrev uden virkning i aviserne og holdt taler imod »spektaklet«, som man kaldte det.

Først da indflydelsesrige borgere formaaede politiet til at skride ind overfor urostifterne, indføre forbud mod salg af fløjterne og arrestere alle, der fandtes i besiddelse af det famøse celluloidapparat, greb den store angst igen ganske langsomt befolkningen i den lille by, saa man kunde vende tilbage til normale, og for sjælsroen og den afklarede samfundsform saa værdifulde depressioner.

For sanddruheden af denne hændelse kan jeg føre mange vidner, hvorimod der, saavidt mig bekendt, aldrig er frem-

kommet undersøgelser angaaende aarsagerne hertil.

Jens August Schade forekommer mig at være den eneste danske digter, der virkelig føler, hvilke primære værdier menneskene skaber og udnytter i banaliteterne, den eneste, der konsekvent baserer sin kunst paa dette livsvigtige stof og frigør det i den grad, at hans digtning stadig vokser og fornyer sig selv indefra, jo mere den bliver brugt; paa samme maade som H. C. Andersens æventyr.

De, der søger at bekæmpe produktionen af trommesalsbilleder, er fjender af den bedste kunst i dag. Disse skovsøer i tusinde stuer med guldbrunt tapet, hører til kunstens dybeste inspirationer. Det virker altid tragisk at se folk slide for at save den gren over, som de selv sidder paa.

De børn, der elsker glansbilleder og indklæber dem i Bøger med paatrykt

ALBUM

giver kunstnerne større haab end diverse kunstkritikere og museumsdirektører. Man hører mange pædagoger beklage sig over, at børn i tolv-aars alderen holder op med at lave gode tegninger. De burde glæde sig over denne udvikling, som er en betingelse for menneskets livserken-

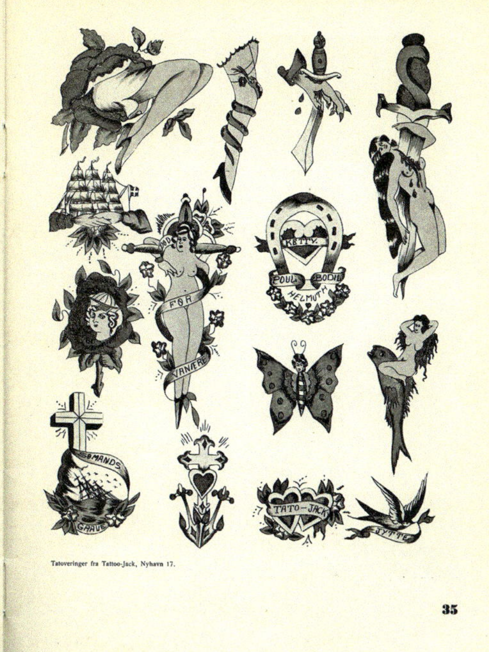

Tatoveringer fra Tattoo-Jack, Nyhavn 17.

34   35

Abb. / Fig. 2
Auszug aus dem Aufsatz / excerpt from the essay *Intime Banaliteter* / *Intime Banalitäten* / *Intimate Banalities* von / of Asger Jorn in *Helhesten* 1, Nr. / No. 2, 1941, mit abgebildeten Tattoos von / with pictured tattoos from Tattoo Jack Nyhavn 17, S. / pp. 34–35

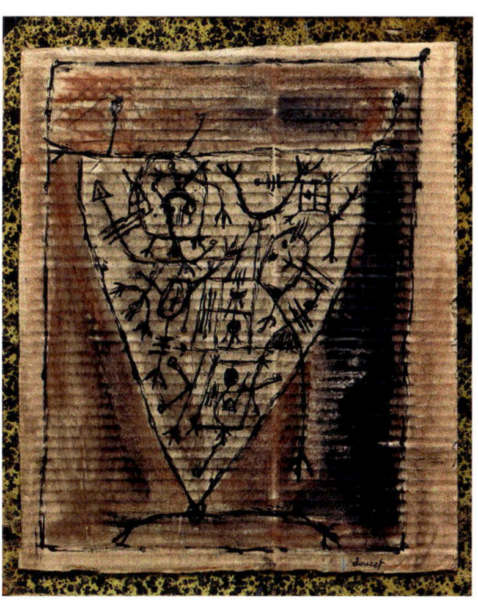

Abb. / Fig. 3
Jacques Doucet, *Personnage tatoué / Tätowierte Person / Tattooed Person*, 1948, Gouache, Tinte auf Wellpappe, auf Zeichenkarton geklebt / Gouache, ink on corrugated cardboard, on drawing cardboard

Centre Pompidou, Paris. Musée national d'art moderne / Centre de création industrielle

The editors integrated into the text flow of Jorn's essay a soft-focus advertising photograph of a model in a bathing suit and an image of the now famous putti that frame Raphael's Sistine Madonna altarpiece. One reads below it: *De, der søger at bekæmpe produktionen af trommesalsbilleder, er fjender af den bedste kunst idag* (Those who seek to fight the production of trivial art are enemies of the best art today); or aphorisms such as *Fantasien er underkastet love, som er lige saa exakte som fysikkens* (The imagination is subject to laws as exact as those of physics) as a caption for an image from the American film *King Kong* (1933) by Merian C. Cooper and Ernest B. Schoedsack. Models for tattoos form one of the first tattoo studios in Copenhagen—Tattoo Jack, Nyhavn 17 (fig. 2)—and take up an entire, prominently placed page, affirming the repeal of aesthetic classification that Jorn advocated.

The combination of body art and graphic design evokes associations with the drawings of the French artist Jacques Doucet. In the late 1940s, he was close both to the French section of the Surréalistes révolutionnaires and, through his friendship with Corneille, the Experimentele Groep Nederland, for which he helped design the second and final issue of its avant-garde journal *Reflex*. A gouache on corrugated cardboard from that same year—*Personnage tatoué* (Tattooed Person) (1948, fig. 3)—depicts an entirely abstract body expanding across a network of signs, symbols, and humanlike figures. In their reduced, line-based form, they resemble both figurative Stone Age cave paintings and children's drawings, and they derive from Doucet's interest in decorating his own body and his surroundings. His fascination with drawings and graffiti on the walls of buildings in Paris connected Doucet to the French photographer Brassaï, who from 1932 onward had documented wall drawings of many different kinds in photographs (fig. 4).[19] Initials, writing, and abstract drawing come together into spontaneous images: sometimes of childlike fantasy worlds, sometimes with political and socio-critical statements by sections of urban society. Doucet, who was active in the French Résistance against the German occupying forces was, as a member of the group L'Art libre (Free Art), imprisoned until 1945. He was fascinated there

der søger at bekæmpe produktionen af trommesalsbilleder, er fjender af den bedste kunst idag (Diejenigen, die die Produktion von Trommelsaalbildern [dän. Trivialkunst] bekämpfen wollen, sind heute Feinde der besten Kunst); oder Sentenzen wie: *Fantasien er underkastet love, som er lige saa exakte som fysikkens* (Die Fantasie ist Gesetzen unterworfen, ebenso wie die Physik), die die Illustration des amerikanischen Films *King-Kong und die weiße Frau* von Merian C. Cooper und Ernest B. Schoedsack (1933) untertiteln. An prominenter Stelle finden sich ebenso eine ganze Seite füllend Tattoovorlagen eines der ersten Kopenhagener Tattoostudios von Tattoo Jack, Nyhavn 17 (Abb. 2), die die von Jorn geforderte Aufhebung ästhetischer Klassifizierung bekräftigen.

Die Verbindung von Körperkunst und Grafikdesign lässt Assoziationen zu den Zeichnungen des französischen Künstlers Jacques Doucet zu. Dieser stand Ende der 1940er-Jahre sowohl der französischen Gruppe der Surréalistes révolutionnaires nahe als auch durch die Freundschaft mit Corneille der Experimentele Groep Nederland, für die er die zweite und letzte Ausgabe ihrer Avantgardezeitschrift *Reflex* mitgestaltete. Die im selben Jahr entstandene Gouache *Personnage tatoué* (Tätowierte Person; 1948; Abb. 3) auf Wellkarton zeigt einen gänzlich abstrahierten Körper, über den sich ein Netz aus Zeichen, Symbolen und menschenähnlichen Figuren ausdehnt. In ihrer reduzierten, linienbasierten Form ähneln diese sowohl figürlichen Darstellungen steinzeitlicher Höhlenmalereien als auch Kinderzeichnungen und entstammen dem Interesse Doucets an der Ausgestaltung des eigenen Körpers wie auch des Lebensumfelds. Die Faszination für Zeichnungen und Graffitis an Pariser Hauswänden und Mauern verband Doucet mit dem französischen Fotografen Brassaï, der Wandzeichnungen verschiedenster Art ab 1932 fotografisch dokumentiert hatte (Abb. 4):[19] Initialen, Schrift und abstrahierte Zeichnung fügen sich zu spontanen Bildern – mal zu kindlichen Fantasiewelten, mal zu politischen, sozialkritischen Aussagen von Teilen der urbanen Gesellschaft. Doucet, der in der französischen Résistance gegen die deutschen Besatzer wirkte, befand sich als Mitglied der Gruppe L'Art libre (Die freie Kunst) bis 1945 in Haft. Dort faszinierten ihn die rohen, unvermittelten Graffitis der vorherigen Gefangenen, die ihren Ängsten, aber auch ihrer Sehnsucht nach Freiheit in allgemeingültigen Zeichen auf den Gefängniswänden Ausdruck

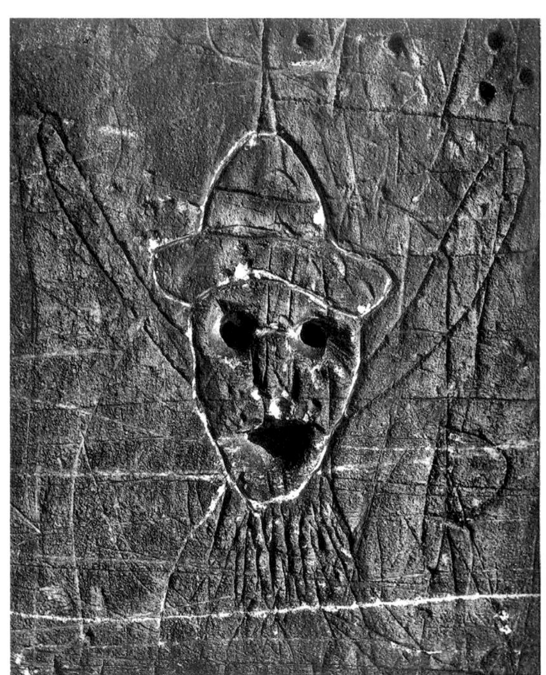

Abb. / Fig. **4**
**Brassaï, aus der Serie von /
from the series *Graffiti (VIII):
La Magie / Die Magie / Magic*, 1935**
Centre Pompidou, Paris. Musée national
d'art moderne / Centre de création industrielle

by the raw, unmediated graffiti of the previous prisoners, who expressed on the prison walls their anxieties but also their desire for freedom using universally intelligible symbols. The materiality of things was a central starting point when creating the image: the structure of the wall and existing holes provided occasion to think more about the line and inspired a spontaneous creative process.

One of the most important achievements of the artists later associated with CoBrA, as Karen Kurczynski rightly notes, is the recognition of the material and social qualities of a (visual and linguistic) image,[20] and it finds correspondences not only in graffiti art, with its corporeal expressivity and its roots in the culture of protest, but also in the interdisciplinary experiment with writing, image, and poetry.

Every Art Should Be Folk Art: From the Experiment with Materials to the Liberation of the Imagination

The everyday and materials existing in nature play an important role in a similar way in Henry Heerup's rough-hewn or painted work on stone. In him the members of the Linien and Høst collectives found an artist who, already from the 1930s onward, was turning their materialist, universal vision of art into archaic-looking structures. Heerup always set out from the material itself, as he wrote in *Helhesten* in 1943: "Is it not permitted to fantasize in stone? God, yes! One must. Shouldn't one be guided by chance, for chance has its laws, the material's inherent form, the power of the material, and the first law of all art."[21]

verliehen hatten. Die Materialität der Dinge war dabei zentraler Ausgangspunkt der Bildgestaltung: Die Struktur der Mauer oder vorhandene Löcher gaben Anlass zum Weiterdenken einer Linie und inspirierten den spontanen, künstlerischen Schaffensprozess.

Eine der wichtigsten Errungenschaften der späteren mit CoBrA assoziierten Künstler*innen ist die Anerkennung der materiellen und sozialen Eigenschaft eines – visuellen wie sprachlichen – Bildes, die, wie Karen Kurczynski zurecht feststellt,[20] in der Graffitikunst mit ihrer körperlichen Expressivität und ihrer Verwurzelung in der Protestkultur, aber auch im interdisziplinären Experiment mit Schrift, Bild und Poesie ihre Entsprechung findet.

Jede Kunst sollte Volkskunst sein – von Materialexperimenten zur Befreiung der Fantasie

Der Alltag und das in der Natur vorgefundene Material spielen auf ähnliche Art und Weise in Henry Heerups grob behauenen oder bemalten Arbeiten aus Stein eine wichtige Rolle. Mit ihm fanden die Mitglieder der Kollektive Linien und Høst einen Künstler, der bereits ab den 1930er-Jahren ihre materialistisch-universelle Kunstvision in archaischen Skulpturen umsetzte. Heerups Ausgangspunkt war dabei immer das Material selbst, wie er 1943 in *Helhesten* schreibt: „Ist es nicht möglich im Stein zu fantasieren? Ja! Und man muss es sogar. Wieso sollte man sich nicht vom Zufall leiten lassen; der Zufall hat seine eigenen Gesetze, die intrinsische Form des Materials, die Kraft des Materials und das Recht auf freie Rede des Materials in jeder Kunst."[21]

Die in den Steinblöcken selbst angelegten Figuren und Geschichten arbeitete Heerup dem Material folgend heraus und legte sie frei, wie etwa in *Baggaardsdrengen* (Hinterhofjunge; 1941; Kat. 21). Dort, wo es der Stein verlangte, so der Künstler, wurden Konturen und Umrisse zusätzlich bemalt.[22] Das humorvolle Spiel mit dem Zufall trieb Heerup noch weiter, indem er aus Sperrholz und gefundenen Möbelstücken beispielsweise eine *Dyremaske* (Tiermaske) (Kat. 20) modelliert. In ihrer unmittelbaren Zusammensetzung aus Heurechen und bemalten Holzgriffen lässt diese wiederrum Assoziationen zu Pablo Picassos *Stierkopf* (1942) aus Fahrradsattel und -lenker zu. Seine

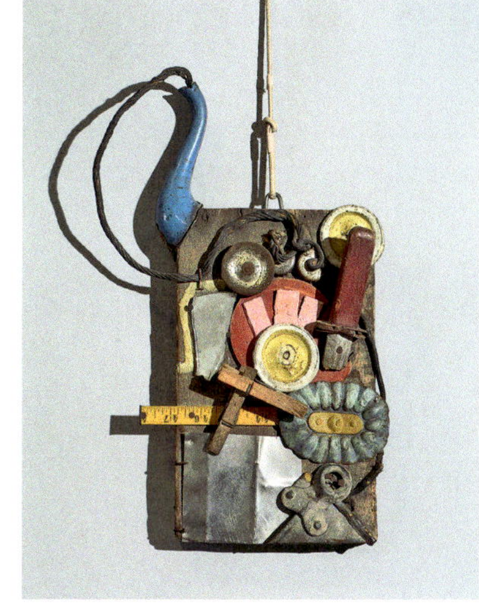

Abb. / Fig. 5
Henry Heerup, *Skraldemodel/ Müllmodell/Trash Model*, 1937
Statens Museum for Kunst, Kopenhagen / Copenhagen

Heerup followed the material in order to expose the figures and stories inherent in the stone blocks, for example in *Baggaardsdrengen* (The Backyard Boy) (1941, cat. no. 21). Where the stone called for it, as the artist explained, contours and outlines were also painted.[22] Heerup took the humorous play with chance even further by modeling, for example, a *Dyremaske* (Animal Mask) (cat. no. 20) from plywood and found items of furniture. With its direct combination of hay rake and painted wooden handle, the work triggers associations with Pablo Picasso's *Tête de taureau* (Bull's Head) (1942), made from a bicycle seat and handlebars. Heerup's recycled sculptures, which he called *Skraldemodeller* (Trash Models) (fig. 5), expand the concept of folk art in that Heerup not only pays homage to the uniqueness of every ordinary object but also thereby recognizes the ability of anyone to create art in this way: "Everyone makes his [or her] 'Trash Model,'"[23] Heerup declares in an issue of *Helhesten* in 1943 and a year later, in his essay "Al kunst bør være folkelig" (All Art Should Be Folk Art), gives his readers instructions to produce their own "trash models."[24] Heerup's art, which is grounded and close to everyday life, struck the core of the materialist view of art of the precursor collectives in Denmark, Belgium, and the Netherlands that would later merge to form CoBrA. In the so-called nine points of the Experimentele Groep Nederland, who saw their task as revolutionary artists as the destruction of the previous concept of beauty and the associated "liberation of the imagination" that went hand in hand with it, reads: "We refuse to see art as the property of geniuses, and we believe that all people have enough possibilities in them to participate actively in the process of creating art."[25]

In addition to the reality of one's own life, everyday experience, and the socio-artistic experiment, the future CoBrA artists were also open to the diversity of non-European cultures; in addition to folk art, they were interested especially in diverse forms of folklore, rites, and music. From 1929 and over the course of the 1930s, Eugène Brands assembled a wide-ranging collection of non-Western art and music that included works ranging from the South Pacific, Indonesia, China, and Thailand to African cultures. Of the hundreds of recordings in his collection of world

recycelten Skulpturen, die er *Skraldemodeller* (Müllmodelle; Abb. 5) nannte, erweitern den Begriff der Volkskunst, indem Heerup mit ihnen nicht nur die Eigenart eines jeden Alltagsobjekts würdigt, sondern hierdurch auch in jeder*em die Fähigkeit erkennt, Kunst zu schaffen: „Jeder Mensch macht sein ‚Müllmodell'",[23] deklariert Heerup 1943 in einer Ausgabe von *Helhesten* und gibt ein Jahr später in seinem Aufsatz *Al kunst bør være folkelig* (Jede Kunst sollte Volkskunst sein) den Leser*innen eine Anleitung zur Herstellung eines eigenen „Müllmodells" an die Hand.[24] Heerups bodenständige und alltagsnahe Kunst traf den Kern der materialistischen Kunstauffassung der sich später fusionierenden CoBrA-Vorgängerkollektive aus Dänemark, Belgien und den Niederlanden. In den sogenannten neun Punkten der Experimentele Groep Nederland, die ihre Aufgabe als revolutionäre Künstler in der Zerstörung des bisherigen Schönheitsbegriffs und der damit einhergehenden „Befreiung der Fantasie" sahen, heißt es: „Wir weigern uns, die Kunst als das Eigentum genialer Menschen zu betrachten, und wir glauben, dass das ganze Volk genügend Möglichkeiten in sich trägt, um aktiv am künstlerischen Schaffensprozess teilzunehmen."[25]

Zwischen der eigenen Lebensrealität, dem Alltag, und dem soziokünstlerischen Experiment öffneten sich die späteren CoBrA-Künstler*innen auch für die Vielfalt außereuropäischer Kulturen; neben der Volkskunst interessierten sie sich insbesondere für diverse Formen von Folklore, Riten und Musik. Eugène Brands legte ab 1929 und im Lauf der 1930er-Jahre eine breitgefächerte Sammlung nichtwestlicher Kunst und Musik an, die von Werken aus den Regionen des Südpazifiks, aus Indonesien, China und Thailand bis hin zu afrikanischen Kulturkreisen reichte. Aufnahmen einer im Kongo lebenden Gruppe der Pygmäen aus seiner Hunderte Musikstücke umfassenden Sammlung von Weltmusik wurden auch 1949 zur Eröffnung der ersten großen CoBrA-Gruppenausstellung im Amsterdamer Stedelijk Museum gespielt.[26] Inspiriert von Künstler*innen, die mit natürlichen Materialien und mit reduzierten, universellen Formensprachen arbeiteten, legte er zudem eine facettenreiche Maskensammlung an; die Masken waren ihm durch seine Reisen, aber vor allem durch seine Freundschaften zu niederländischen Kunsthändlern wie Louis Lemaire zugänglich. Brands ebenso wie Constant übten scharfe Kritik an menschenunwürdigen Praktiken kolonialistischer Strukturen, in denen sie letztlich das Scheitern

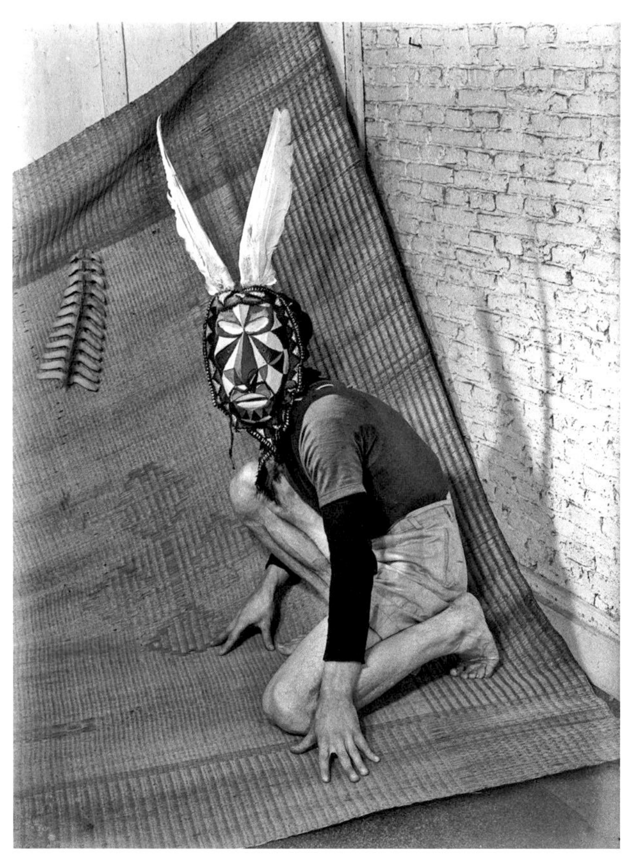

Abb. / Fig. **6**
Eugène Brands mit selbst gefertigter Maske/ with self-made mask, 1947
Stichting Eugène Brands

music, those of a group of Pygmies living in the Congo were selected to be played at opening of the first large CoBrA group exhibition at the Stedelijk Museum in Amsterdam.[26] Inspired by artists working with natural materials and reduced, universal formal languages, he also assembled a diverse collection of masks; he acquired the masks on his travels but above all through friendships with Dutch art dealers such as Louis Lemaire. Both Brands and Constant were harshly critical of the inhumane practices of colonialist structures, in which they ultimately recognized the failure of so-called Western high culture and also questioned the self-image of their artistic role models such as Paul Gauguin and Paul Klee.[27] Nevertheless, they profited from their privileges as white, European men as well as from the trade in art and cult objects of Oceanic and African origin that was supported by colonialism.[28] The diversity of folk art globally made a lasting impression on Brands, and he himself made masks of papier-mâché and clay and decorated them with feathers and other natural materials such as crushed eggshells and grasses. With his wife Toos they would perform in masks they had made and had Lemaire and his son Frits take pictures of them (fig. 6).[29] In that respect, Brands's art is also close to the intercultural formal idiom of the sculptures of Sonja Ferlov Mancoba and the paintings of Ernest Mancoba, who sought dialogue between European and African cultures. For Sonja Ferlov Mancoba, the expressive masks of African, Mexican, and other cultural spheres were above all symbols of the diversity of human expression and a connecting element across national borders.[30] This fusion of experimenting

der sogenannten westlichen Hochkultur erkannten und auch das Selbstverständnis ihrer künstlerischen Vorbilder wie Paul Gauguin oder Paul Klee infrage stellten.[27] Dennoch profitierten sie von ihren Privilegien als weiße, europäische Männer ebenso wie von dem durch den Kolonialismus beförderten Handel mit Kunst- und Kultobjekten ozeanischer und afrikanischer Herkunft.[28] Die Vielfalt globaler Volkskunst hinterließ nachhaltig Eindruck auf Brands, und so fertigte er selbst Masken aus Pappmaschee und Ton und dekorierte sie mit Federn, natürlichen Materialien wie zerstoßenen Eierschalen oder Gräsern. Gemeinsam mit seiner Frau Toos inszenierte er sich performativ mit den selbst gefertigten Masken und ließ sich dabei von Lemaire und dessen Sohn Frits

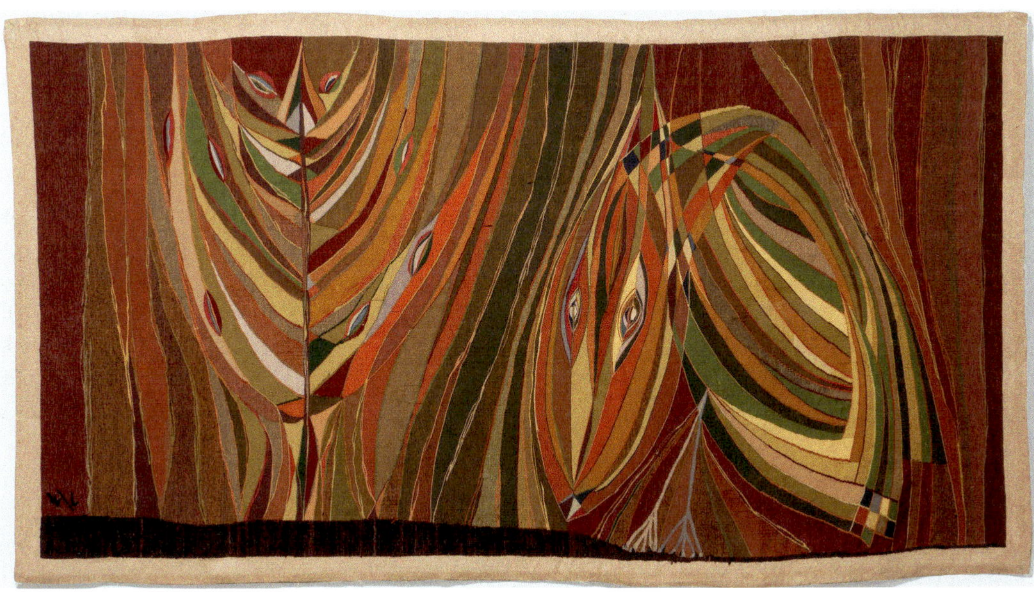

155

Abb. / Fig. **7**
Asger Jorn und Pierre Wemaëre
L'oiseau dans la forêt/
Der Vogel im Wald
Tapisserie, 96 × 205 cm,
gezeichnet und gewebt 1947.
Die Abbildung zeigt die zweite
entstandene Webarbeit,
134 × 252 cm, 1957 angefertigt von
Paola Faimali für das Museum Jorn
Silkeborg/
Asger Jorn and Pierre Wemaëre,
L'oiseau dans la forêt/
Bird in the Forest
tapestry, 96 × 205 cm, sketched
and woven in 1947.
The illustration shows the second
weaving, 134 × 252 cm, made in
1957 by Paola Faimali for the
Silkeborg Kunstmuseum (now
Museum Jorn Silkeborg).
Die Originaltapisserie befindet sich in
Privatbesitz / The original tapestry is in
a private collection.

with material and bringing together very different cultures, which all the precursor collectives of CoBrA had in common, was described by Constant in retrospect as a "proclamation of experimental cultural research."[31] The reform of the avant-gardes before and during CoBrA's existence consisted of reflecting on a rooting in folk art as a transcultural resource for human creativity and social revolution that was intended to make peaceful and democratic coexistence possible:[32] "As a basic task we propose liberation of social life, which will open the way to the new world—a world where all the cultural aspects and inner relationships of our ordinary lives will take on new meaning."[33]

The search for cultural universality and recognition of individuality in art and life also included experiments with art, crafts, design, and architecture. While studying with Fernand Léger in Paris, Jorn met the painter Pierre Wemaëre, whom he visited in France after the war ended. With the intention of developing the motif of their work spontaneously with a preestablished design, they began to weave carpets together.[34] Because weaving requires some planning, however, they agreed to allow the interplay of colors in the composition to emerge in a free artistic exchange and as a production of "improvisation and material imagination."[35] The resulting image shows a bird in the forest (*L'oiseau dans la forêt*, fig. 7), which consists of rhythmically meshing lines in shades of brown and green. This collaborative work is not the only one in which the bird appears as a symbol of freedom; it is almost omnipresent in the later works by CoBrA. The bird, which can move independently in the wind, served the CoBrA artists as a symbol of liberty because it "is the perfect image of movement" and at the same time an embodiment of their artistic vision in which "the imagination becomes the means to perceive reality."[36] Animals as an opposite pole to an art guided by the intellect embody Asger Jorn's concept of the *menneskedyr* (human animal), which represents human instincts as well as their playful and humorous side.[37] Design objects of the applied arts, such as the ceramics by the artists of the Experimentele Groep Nederland, were also populated by animals and hybrid creatures. Thanks to Anton Rooskens's personal connection to the director of the ceramics department of a brick factory in Tegelen, Appel, Constant, Corneille, and Rooskens were

fotografieren (Abb. 6).[29] Brands' Kunst steht gerade in dieser Hinsicht auch der interkulturellen Formensprache der Skulpturen von Sonja Ferlov Mancoba und der Malerei von Ernest Mancoba nahe, die einen Dialog zwischen europäischen und afrikanischen Kulturen anstrebten. Für Sonja Ferlov Mancoba waren die Masken aus afrikanischen, mexikanischen und anderen Kulturkreisen vor allem Sinnbilder der Vielfalt menschlicher Ausdrucksweisen und ein diese über Ländergrenzen hinweg verbindendes Element.[30] Diese Fusion von Materialexperimenten und die Zusammenführung verschiedenster Kulturen, die die Vorgängerkollektive von CoBrA einten, bezeichnete Constant rückblickend auch als „Proklamation einer experimentellen Kulturforschung".[31] Die Reform der Avantgarden vor und während des Bestehens von CoBrA bestand darin, die Verwurzelung in der Volkskunst als eine Kulturen übergreifende Ressource menschlicher Kreativität und der gesellschaftlichen Revolution zu denken, die ein friedvolles und demokratisches Zusammenleben ermöglichen sollte:[32] „Nun wird die Befreiung unseres gesellschaftlichen Lebens, die wir uns als eine wesentliche Aufgabe stellen, uns die Tür öffnen, die zu der neuen Welt führt – einer Welt, in der alle kulturellen Aspekte und alle inneren Beziehungen unserer vereinten Lebensweisen einen anderen Wert bekommen."[33]

Die Suche nach kultureller Universalität und Anerkennung von Individualität in Kunst und Leben schloss darüber hinaus auch Experimente zwischen Kunst, Handwerk, Design und Architektur mit ein: Während seiner Studienzeit bei Fernand Léger in Paris lernte Jorn den Maler Pierre Wemaëre kennen, den er nach Kriegsende 1947 in Frankreich besuchte. Mit dem Vorsatz, dass sich das Motiv ihrer Arbeit spontan und ohne vorher festgelegten Entwurf entwickeln sollte, begannen sie gemeinsam Teppiche zu weben.[34] Da das Weben jedoch eine gewisse Planung voraussetzt, einigten sie sich darauf, das farbliche Zusammenspiel der Bildkomposition im freien künstlerischen Austausch und als ein Produkt von „Improvisation und materieller Imagination"[35] entstehen zu lassen. Das hieraus hervorgegangene Bild zeigt einen Vogel im Wald (*L'oiseau dans la forêt*, Abb. 7), der sich aus ineinandergreifenden, rhythmischen Linien aus Braun- und Grüntönen ergibt. Nicht nur in dieser Gemeinschaftsarbeit taucht der Vogel als Sinnbild der Freiheit auf, sondern er ist in den späteren Arbeiten von CoBrA geradezu omnipräsent. Der Vogel, der sich unabhängig im Wind

given the opportunity to spend two weeks experimenting with painting ceramics.[38] The animals on Constant's ceramic plates are floating, fleet-footed creatures whose reduced bodies sometimes have human hair or resemble a one-eyed monster and sometimes have a beak, feathers, or menacing incisors (cat. nos. 110–112). Whereas for his ceramics Appel had recourse to earth tones and a design employing reduced colors and forms in the manner of Art brut (cat. no. 98), Rooskens sought his source of inspiration in the ornamental and abstract manner of Native Americans. The result was a composition that balanced abstraction and figuration in which mask motifs and arrow symbols produce a magical and mythical world (cat. no. 123).[39]

Free Form in the Moving Image: On the Fusion of Film, Music, and Painting

In the 1940s, the avant-garde artists' urge to liberate the imagination and subconscious in expressive possibilities that were as diverse as possible led to experiments with materials and genres in Denmark's film scene as well. In Høst circles, the young painter Albert Mertz and the documentary filmmaker Jørgen Roos joined forces to employ more experimental visual languages to express their critique of the naturalistic view of the Danish film industry.[40] They regarded the medium of film not as a way to replicate the real world but rather used montage such that the situation depicted undergoes a "temporal development that is distinguished from reality. That is the best proof that a film recording is not reproductive but rather creative."[41] Together they showed the sculptor Robert Jacobsen in the short film *Flugten* (The Escape) (1942)[42] as a murderer fleeing the police, society, and his own conscience (cat. no. 36): driven by the gazes of unsuspecting residents of the city, the murderer flees into the forest and into the countryside. Running toward the uncertain, a ceaseless search for a way out, and the movement of running determine the film's dynamic, which in rhythmically repeated sequences is relaxed in brief pauses—because the murderer is thirsty or bewildered—only to build up again even more urgently.

bewegen kann, diente den CoBrA-Künstler*innen als ein Sinnbild der Freiheit, denn er „ist das vollkommenste Abbild der Bewegung" und gleichzeitig die Verkörperung ihrer künstlerischen Vision, durch die „die Fantasie [...] zum Mittel der Erkenntnis der Realität" wird.[36] Die Tiere als Gegenpole zu einer vom Intellekt geleiteten Kunst verkörpern Asger Jorns Konzept des „Menschentiers", das die menschlichen Instinkte ebenso wie seine verspielte und humorvolle Seite repräsentiert.[37] Auch Designobjekte der angewandten Kunst werden von Tier- und Mischwesen bevölkert, wie die 1948 entstandenen Keramikarbeiten der Künstler der Experimentele Groep Nederland. Über den persönlichen Kontakt von Anton Rooskens zum Direktor der Abteilung für Keramik in der Ziegelfabrik in Tegelen erhielten Appel, Constant, Corneille und Rooskens die Möglichkeit, für einen Zeitraum von zwei Wochen mit der Bemalung von Keramiken zu experimentieren.[38] Die Tiergestalten auf Constants Keramiktellern sind schwebende, leichtfüßige Wesen, deren reduzierte Körper mal mit menschlichen Haaren oder als einäugiges Monster in Erscheinung treten, oder mal mit Schnabel, Federn oder gefährlichen Schneidezähnen versehen sind (Kat. 110–112). Während Appel auf Erdtöne und eine farblich wie formal reduzierte, an der Art brut orientierte Gestaltung seiner Keramiken zurückgriff (Kat. 98), suchte Rooskens seine Inspirationsquelle in ornamentalen und abstrahierten Darstellungsweisen der Native Americans. Hierbei fand er zu einer ausgewogenen abstrakt-figurativen Komposition, in der Maskenmotive und Pfeilsymbole eine magisch-mythische Welt hervorrufen (Kat. 123).[39]

Die freie Form im bewegten Bild – zur Fusion von Film, Musik und Malerei

In den 1940er-Jahren führte der Drang der avantgardistischen Künstler*innen nach der Befreiung der Fantasie und des Unterbewussten in den unterschiedlichsten künstlerischen Ausdrucksmöglichkeiten ebenso stark in der Filmszene Dänemarks zu Material- und Gattungsexperimenten. Im Umfeld von Høst taten sich der junge Maler Albert Mertz und der Dokumentarfilmer Jørgen Roos zusammen, um ihre Kritik an der naturalistischen Auffassung der dänischen Filmindustrie in experimentelleren Bildsprachen künstlerisch umzusetzen.[40] Das filmische

Mertz and Roos thus offer the viewers of their collaborative experimental film psychological insight into the murder and a look at his subconscious in the form of flashbacks manifested as metaphorical images and surrealistically distorted elements, while the urgency is heightened by the rapid drumming of the soundtrack. Especially under National Socialist occupation and in the context of the decidedly pacifist stance of the young Danish avant-garde, the subject is no coincidence, as the film clearly shows the abysses of the human psyche in the face of violence, murder, and the terrible consequences of the war, which in the film traumatize in equal measure the civilian population, who are also present in the film as actors, and the soldiers. After the film premiered in Copenhagen as part of an art exhibition in the Udstillings Bygning—an "independent exhibition venue"—the Høst organized an auction to finance another film by Mertz and Roos (*Hjerteyven* [The Heart Thief], 1943).[43] This sort of collaboration between the perspective of an artist and that of a documentary filmmaker characterized not only the Danish experimental film scene of the 1940s but also the artistic cooperation in the CoBrA circle (fig. 8): for example, the documentary films about Richard Mortensen, cofounder of the Linien collective, and his abstract painting, as well as one about the contemporaneous Danish painting, with footage of Asger Jorn, which was begun by Robert Jacobsen in collaboration with the writer Ole Sarvig but is no longer extant.[44] The alternating between abstraction and figuration that is characteristic of the later movement also runs through the experimental films, which translate the painterly into the moving image: in the 1948 short film *La Larme* (The Tear) (cat. no. 37), Melson depicts the endless flow of a tear in the form of rhythmically dancing black lines that he applied with ink directly to the film stock. Melson, who was part of the circle around Albert Mertz, was active as a film director and documentary filmmaker and was close to the Linien II group after the war.[45] In an essay titled "For filmkunstens frihed" (For the Freedom of the Art of the Film) (1947), Mertz had called on readers to scratch spontaneous, abstract lines on the film stock: "It is the purest work of the art of the film, going directly to the strip and creating with it, working with film's innermost nerve. . . . We must struggle for a cinematic art that is completely free."[46]

Medium galt ihnen nicht als Mittel, die reale Welt zu replizieren, sondern die Schnitttechnik so zu nutzen, dass „die dargestellte Situation [...] eine zeitliche Weiterentwicklung [erfährt], die sich von der Realität abgrenzt. Das ist der beste Beweis dafür, dass das Filmen nicht reproduktiv, sondern kreativ ist."[41] Gemeinsam inszenierten sie den Bildhauer Robert Jacobsen in dem Kurzfilm *Flugten* (Die Flucht 1942)[42] als Mörder auf der Flucht vor der Polizei, der Gesellschaft und seinem eigenen Gewissen (Kat. 36): Von den Blicken der noch nichtsahnenden Bewohner*innen der Stadt getrieben, flüchtet der Mörder in den Wald und aufs Land. Das Rennen ins Ungewisse, die rastlose Suche nach einem Ausweg und die Bewegung des Laufens bestimmen die Dynamik des Filmes, die durch kurze Pausen des Innehaltens – den Durst oder die Ratlosigkeit des Mörders – in rhythmisch wiederkehrenden Sequenzen stets aufs Neue entladen wird, um sich dann noch drängender wiederaufzubauen.

So ermöglichen Mertz und Roos in ihrem filmisch-kollaborativen Experimentalfilm den Zuschauer*innen eine psychologische Innensicht des Mörders und einen Blick in sein Unterbewusstsein, das sich in Form von Rückblenden, metaphorischen Bildern und surrealistisch verzerrten Elementen manifestiert, während dessen Dringlichkeit durch die schnellen Trommeln der Filmmusik noch verstärkt wird. Das Sujet scheint jedoch gerade in Zeiten der Besatzung der Nationalsozialisten und im Kontext der dezidiert pazifistischen Haltung der jungen dänischen Avantgarde kein Zufall zu sein, zeigt der Film doch deutlich die Abgründe der menschlichen Psyche im Angesicht von Gewalt, Mord und der grausamen Folgen des Krieges, welche die im Film ebenfalls als Darsteller*innen präsente Zivilbevölkerung wie auch die Soldaten gleichermaßen traumatisierten. Nachdem der Film erstmalig im Rahmen einer Kunstausstellung im *Udstillings Bygning* – dem „unabhängigen Ausstellungshaus" – in Kopenhagen gezeigt worden war, organisierte das Høst-Kollektiv eine Auktion, um einen weiteren Film von Mertz und Roos (*Hjerteyven* [Der Herzensdieb]; 1943) zu finanzieren.[43] Deren Form der Zusammenarbeit aus den Perspektiven eines Künstlers und eines Dokumentarfilmers prägte nicht nur die Szene des dänischen Experimentalkinos der 1940er-Jahre, sondern auch die künstlerischen Kooperationen im Umfeld von CoBrA (Abb. 8). So entstanden beispielsweise

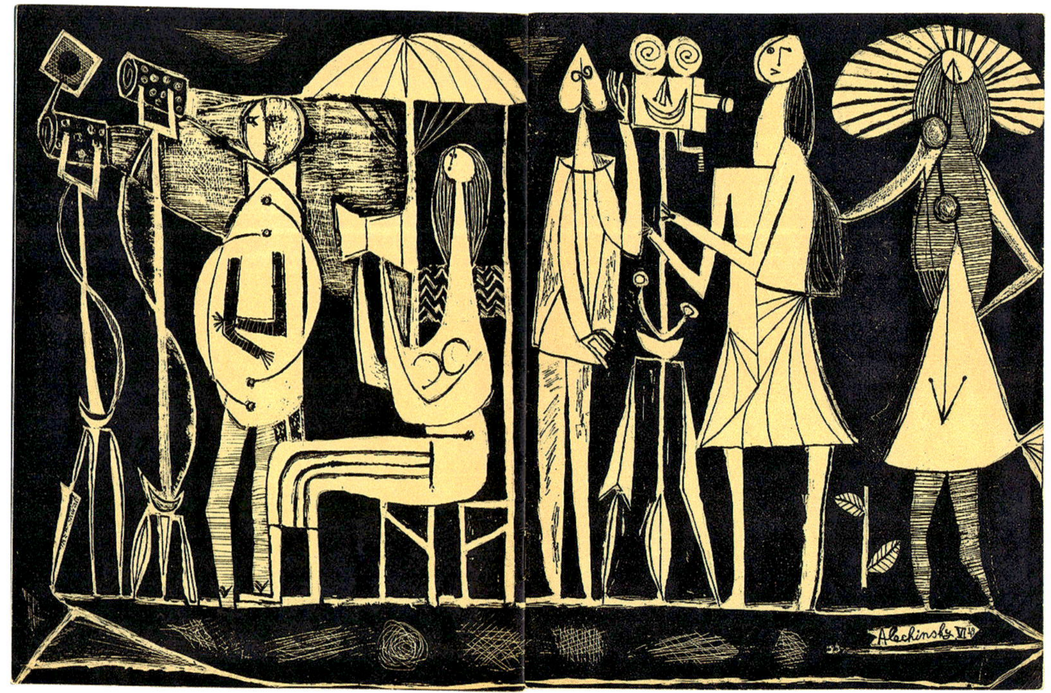

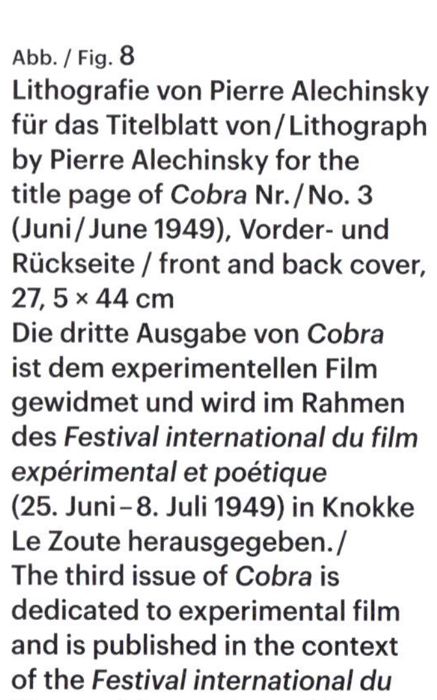

Abb. / Fig. 8
Lithografie von Pierre Alechinsky für das Titelblatt von / Lithograph by Pierre Alechinsky for the title page of *Cobra* Nr. / No. 3 (Juni / June 1949), Vorder- und Rückseite / front and back cover, 27, 5 × 44 cm
Die dritte Ausgabe von *Cobra* ist dem experimentellen Film gewidmet und wird im Rahmen des *Festival international du film expérimental et poétique* (25. Juni – 8. Juli 1949) in Knokke Le Zoute herausgegeben. / The third issue of *Cobra* is dedicated to experimental film and is published in the context of the *Festival international du film expérimental et poétique* (June 25-July 8, 1949) in Knokke Le Zoute.

Dokumentarfilme über den Mitgründer des Kollektivs Linien, Richard Mortensen, und seine abstrakte Malerei sowie über die zeitgenössische dänische Malerei mit Aufnahmen von Asger Jorn, der von Robert Jacobsen in Zusammenarbeit mit dem Schriftsteller Ole Sarvig begonnen wurde und heute nicht mehr überliefert ist.[44] Das für die spätere Bewegung charakteristische Changieren zwischen Abstraktion und Figuration durchzieht auch die experimentellen Filmformate, die das Malerische in das bewegte Bild übertragen: In dem 1948 entstandenen Kurzfilm *La Larme* (Die Träne; Kat. 37) setzt Søren Melson das endlose Fließen einer Träne in Form von rhythmisch tänzelnden schwarzen Linien um, die er in Tusche direkt auf das Filmmaterial auftrug. Melson, der aus dem Umfeld von Albert Mertz stammte, war als Filmregisseur und Dokumentarfilmer tätig und stand nach Kriegsende der Gruppe Linien II nahe.[45] Mertz hatte zuvor in einem Aufsatz mit dem Titel *For Filmkunstens Frihed* (Für die Freiheit des Films; 1947) die Leser*innen zum Einritzen abstrakt-spontaner Linien auf dem Filmmaterial aufgerufen: „Das ist die reinste Form kinematografischer Kunst, indem man direkt mit dem Filmstreifen hantiert und auf ihm zeichnet, sodass man mit dem innersten Nervenstrang des Kinos arbeitet. [...] Wir müssen für eine kinematographische Kunst kämpfen, die vollständig frei ist."[46]

Der von Melson gezeichnete Tränenfluss im Film greift zudem die Rhythmik eines von Bernhard Christensen komponierten Jazzstücks auf. Tränen- und Musikfluss sind symbiotisch aufeinander ausgerichtet, sodass kaum mehr unterschieden werden kann und soll, ob die visuelle oder akustische Abfolge formgebend war. Die Betonung spontaner Kreativität, das Ausloten künstlerischer Affekte und ihrer Steigerung, die sich in verschiedensten Variationen des Jazz Bahn bricht, entsprach der Vorstellung der Malerei als visueller Musik, die sich in Melsons filmischer Interpretation in Form einer dynamischen Linienkomposition niederschlägt. Als Sinnbild der Freiheit und Inbegriff der künstlerischen Improvisation galt den CoBrA-Künstler*innen insbesondere die Richtung des New-Orleans-Jazz, dessen Spielarten und Rhythmen sie in das Medium der Malerei zu übertragen versuchten. In dem 1950 entstandenen Gemälde *Hommage à Armstrong* (Abb. 9) bauen sich vor einem bühnenartigen schwarzen Hintergrund abstrakte Farbflächen, vibrierende Linien und sich staffelnde Farbnuancen in Analogie zu den sich überlagernden und

The flow of the tear recorded by Melson in the film takes up the rhythm of the jazz number composed by Bernhard Christensen. The flow of the tear and that of the music are arranged symbiotically so that it can and should no longer be determined whether the visual or the acoustic sequence determined the form. The emphasis on spontaneous creativity and the exploring and heightening of emotions artistically—areas in which many variations of jazz were pioneering— were in keeping with the idea of painting as visual music that is expressed in Melson's cinematic interpretation in the form of a dynamic composition of lines. The CoBrA regarded New Orleans jazz in particular as a symbol of freedom and epitome of artistic improvisation and tried to translate its styles and rhythms into the medium of painting. In the painting *Hommage à Armstrong* of 1950 (fig. 9), abstract color fields, vibrating lines, and staggered nuances of color build up in front of a black background that resembles a stage in a way analogous to the overlapping and repeating riffs of the influential jazz music of Louis Armstrong. The rectangular, clearly defined forms are pierced by feet, arms, and hands in motion reminiscent of the dance floors of jazz bars and clubs that Doucet regularly visited in Paris.[47] He dedicated a drawing to one of these nightclubs, the Bal Blomet in Montparnasse (cat. no. 61), which had been in operation since 1924, in which he arranged a kind of dance floor on scraps of paper he assembled and wrote on: liberated, dynamic lines become dancers whose fleeting ecstasy and dancing movements are inscribed into the sheet of paper. Doucet's works can be understood, very much in the spirit of the interplay of individual improvisation and collective harmony that Armstrong perfected, as impressive examples of translating musical rhythms into the form of the moving image. At the same time, in many respects they continue the abstract trends of the early twentieth century that regarded painting as visual music. Conveying an urban way of life and the contemporaneous musical forms associated with its dynamic was the aim of many of the artists pursuing abstraction, such as Wassily Kandinsky, Sonia Delaunay-Terk, and František Kupka. Artists from the circle of the CoBrA movement, such as Egill Jacobsen, Jacques Doucet, and Corneille, took up the thread of

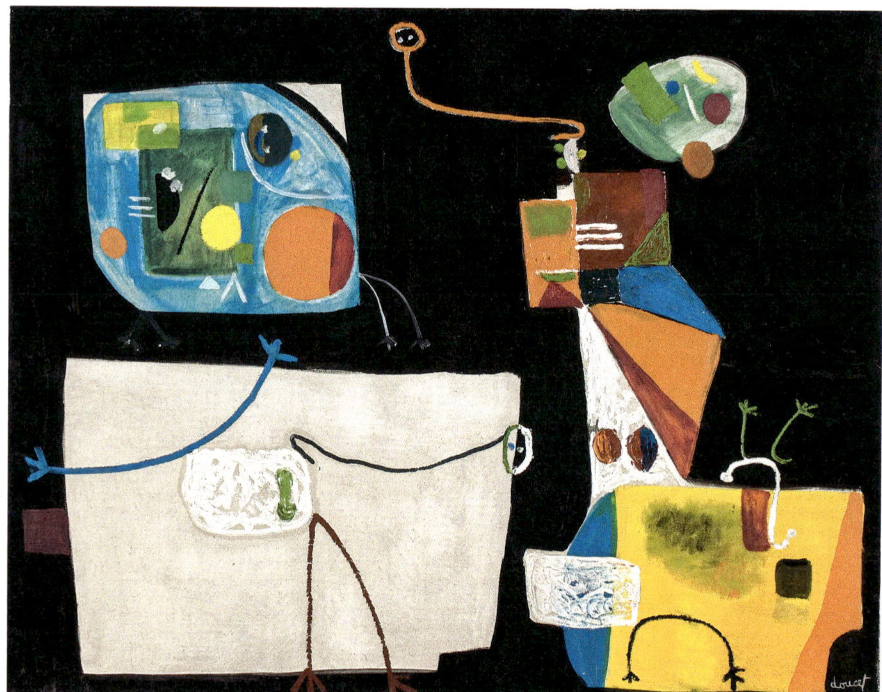

Abb. / Fig. **9**
Jacques Doucet, *Hommage à Armstrong* / Homage to Armstrong,
1950, Öl auf Leinwand / Oil on canvas, 88,5 × 115,5 cm
Museum Jorn, Silkeborg, Schenkung / donation Asger Jorn

wiederholenden Riffs des einflussreichen Jazzspiels von Louis Armstrong auf. Die rechteckigen, klar definierten Formen werden von Füßen, Armen und Händen in Bewegung durchbrochen, die an Tanzflächen von Jazzclubs und -bars erinnern, die Doucet in Paris regelmäßig besuchte.[47] Einem dieser Nachtlokale, dem seit 1924 bestehenden Bal Blomet (Kat. 61) in Montparnasse, widmete er eine Collage-Zeichnung, in der er auf zusammengefügten, beschriebenen Papierfetzen eine Art Tanzfläche arrangierte: Befreite, dynamische Linien werden zu tanzenden Personen, deren flüchtige Ekstase und tänzerische Bewegung in das Blatt eingeschrieben sind. Doucets Arbeiten sind ganz im Sinne des von Armstrong verfeinerten Wechselspiels von individueller Improvisation und kollektivem Mehrklang eindrückliche Beispiele der Übersetzung musikalischer Rhythmik in die Form des bewegten Bildes. Zudem in mehrfacher Hinsicht Weiterführungen abstrakter Tendenzen des beginnenden 20. Jahrhunderts, die Malerei als visuelle Musik aufzufassen: Die Übertragung einer urbanen Lebensweise und der mit ihr verbundenen Dynamik zeitgenössischer Musikformen war das Anliegen

those developments again, but they did not by any means limit themselves to an abstract visual language but rather included figurative elements.

The diverse cross-genre references in the art and collaborations of the collectives that preceded CoBrA, which ranged from experiments with materials using recycled everyday objects and trash by way of the interaction of visual and written poetry to the symbiosis of film, music, and painting were not only a regular programmatic component of the later movement but also expressions of the search for a universal (folk) art and an "art without borders,"[48] which sought to realize the vision of new forms of experiencing art and of coexisting in society: "In addition to emotion and the production of knowledge, we are looking for a third factor in art, the immediate experience of something singular, new and original, something that is neither form nor content but simply effect, sensation, or immediate impact."[49]

vieler die Abstraktion vorantreibender Künstler*innen wie Wassily Kandinsky, Sonia Delaunay-Terk oder František Kupka. Künstler*innen aus dem Umfeld der CoBrA-Bewegung wie Egill Jacobsen, Jacques Doucet oder Corneille knüpften an diese Entwicklungen zwar an, beschränkten sich dabei jedoch keineswegs auf eine abstrakte Ausdrucksweise, sondern forcierten stattdessen eine abstrakt-spontane Bildsprache, die figurative Elemente mit einbezog.

Die diversen gattungsübergreifenden Bezugnahmen in der Kunst und den Kollaborationen der Vorgängerkollektive von CoBrA, die von Materialexperimenten mit recycelten Alltags- und Müllobjekten über die Wechselwirkung von bildnerischer und schriftlicher Poesie bis hin zur Symbiose von Film, Musik und Malerei reichten, bilden nicht nur einen festen programmatischen Bestandteil der späteren Bewegung, sondern sind darüber hinaus auch Ausdruck der Suche nach einer universellen (Volks-)Kunst, einer *Kunst ohne Grenzen*,[48] die die Vision neuer Formen der Kunsterfahrung und des gesellschaftlichen Zusammenlebens einzulösen suchte: „Neben dem Gefühl und der Produktion von Wissen, suchen wir nach einem dritten Faktor in der Kunst, nämlich nach der unmittelbaren Erfahrung von etwas Singulärem, etwas Neuem und Originellem, das weder Form noch Inhalt sein kann, sondern schlicht Effekt, Empfindung oder spontan-direkte Umsetzung bedeutet.“[49]

1 See Clotilde De Penaranda, "Cobra, ou, 'L'enfange de l'art': Histoire d'une amitié partagée," in *Cobra en Fange: Vandercam-Dotremont: Dessin, Écriture, Matière, 1958–1960*, ed. Michel Draguet (Brussels, 1994), pp. 63–119, esp. p. 71; Willemijn Stokvis, *CoBrA: The History of a European Avant-Garde Movement, 1948–1951* (Rotterdam, 2017), pp. 112–13.

2 The aphorism of the word painting refers to Horatio's admonishment by Hamlet in William Shakespeare's eponymous tragedy, in which Hamlet, just like Jorn and Dotremont, places the meaning of everyday life above that of academic thought. See Karen Kurczynski, *The Cobra Movement in Postwar Europe: Reanimating Art* (New York, 2021), p. 80.

3 See Stokvis, *CoBrA* (see note 1), p. 113; Kurczynski, *The Cobra Movement in Postwar Europe* (see note 2), p. 79.

4 Kurczynski, *The Cobra Movement in Postwar Europe* (see note 2), p. 30.

5 Ibid., pp. 79–80. In connection with the reinterpretation of Surrealist automatism as spontaneity in the works of the CoBrA, Kurczynski employs the term "interpersonal" experience. The point of departure for individual spontaneous forms of expression is said to be the conscious interaction of artists with the social and physical contexts that surround them.

6 Constant, "Les Neufs Points du Groupe Expérimental Hollandais", *Le Petit Cobra,* no. 1 (1949), p. 6.

7 Constant, "Our Own Desires Build the Revolution," trans. Lucy R. Lippard, in *Theories of Modern Art: A Source Book by Artists and Critics*, ed. Herschel B. Chipp (Berkeley, CA, 1968), pp. 601–3, esp. pp. 601–2.

8 Graham Birtwistle, *Living Art: Asger Jorn's Comprehensive Art between Helhesten and Cobra, 1946–1949* (Utrecht, 1986), pp. 41–42.

9 Asger Jorn, "De profetiske harper," *Helhesten* 2, nos. 5–6 (1944): 145–54, esp. p. 145.

10 See De Penaranda "Cobra'" (see note 1), p. 69 and Luc de Heusch, "Le mythe fondateur de Cobra," in *Cobra: Copenhague, Bruxelles, Amsterdam; Art expérimental*, 1948–1951, ed. Troels Andersen, exh. cat. Musée cantonal des Beaux-Arts, Lausanne et al. (Munich, 1997), pp. 17–27, esp. p. 20. The natural forces fire, water, and wind also play a central role in Bachelard's reflections on the symbiosis of the world of images and the language of images in, for example, *La psychanalyse du feu* (1949).

11 On this, see Stokvis, *CoBrA* (see note 1), p. 66; De Penaranda 1994 (see note 10), pp. 66–67.

12 Peter Shield, "Cobra—eine Psychogeographie," in *Cobra: Copenhagen, Brüssel, Amsterdam*, ed. Jörg Zutter and Troels Andersen, exh. cat. Musée cantonal des Beaux-Arts, Lausanne et al. (Munich, 1997), pp. 29–47, esp. pp. 34–35; De Penaranda "Cobra'" (see note 1), p. 66.

13 On this, see De Penaranda "Cobra'" (see note 1), p. 69.

14 On the significance of the word paintings for the evolution and social vision of the CoBrA movement, see also Kurczynski, *The Cobra Movement in Postwar Europe* (see note 2), pp. 81–82; Constant, "Our Own Desires" (see note 7), p. 601.

15 Constant, "Our Own Desires" (see note 7), p. 601.

16 For more on this, see Kerry Greaves, "Smile at the World, and It Will Laugh at You: Helhesten's Folkelig Avant-Garde," in *A Cultural History of the Avant-Garde in the Nordic Countries 1925–1950*, ed. Benedikt Hjartarson et al., Avant-Garde Critical Studies 36 (Leiden, 2019), pp. 257–71.

17 For more on this, see Marianne Olholm, "'*Everybody must participate in everything*': Cross-Aesthetic Practices in and around the Danish Magazine *linien (1934–1939)*," in Hjartarson, *A Cultural History of the Avant-Garde* (see note 16), pp. 225–40; Stokvis, *CoBrA* (see note 1), p. 62.

18 Asger Jorn, "Intime banaliteter," *Helhesten* 1, no. 2 (1941): 33–38, esp. p. 37 (emphases original): "Der kan ikke være tåle om en udvælgelse 1 nogen retning, men om åt trænge ind i hele den kosmiske lov af rytmer, kræfter og stof, som er den reelle verden, fra det grimmeste til det smukkeste, alt der har karakter og udtryk fra det groveste og brutaleste til det sarteste og blideste, alt der i sin egenskab af liv taler til os. . . . *Det er ophævelsen af det æstetiske princip.*" On this, see also Birtwistle, *Living Art* (see note 8), pp. 41–42, and *Cobra. 1948–51*, ed. Uwe M. Schneede, exh. cat. Hamburger Kunstverein (Berlin, 1982), pp. 9–10.

19 *Minotaure*, the Parisian journal of the Surrealists, published Brassaï's first photographs of graffiti. In 1933, Brassaï also published the essay "Du mur des cavernes au mur d'usine (From Cave Wall to Factory Wall). On this, see Jean-Claude Gautrand, *Brassaï (1899–1984): Brassaï's Universal Art / Brassaï, der Vielseitige / Brassaï l'universel* (Cologne, 2004), pp. 14–15.

20 See Kurczynski, *The Cobra Movement in Postwar Europe* (see note 2), pp. 95–96.

21 Henry Heerup, "HVAD ER EN ‚BROK'? TILEGNET OPPONENTERNE," *Helhesten,* 2, no. 4, 1943, p. 94: "Maa Man ikke Fantasere i Sten? Jo Gu! maa man saa. Skulde man ikke Lade sig Lede af en

1 Vgl. Clotilde De Penaranda, „Cobra ou ‚l'enfange de l'art'. Histoire d'une amitié partagée", in: Michel Draguet (Hg.), *Cobra en Fange. Vandercam-Dotremont: Dessin – Écriture – Matière (1958–1960)*, Brüssel 1994, S. 63–119, hier S. 71; Willemijn Stokvis, *CoBrA. The History of a European Avant-Garde Movement 1948–1951*, Rotterdam 2017, S. 112f.

2 Die Sentenz der Wort-Malerei nimmt Bezug auf die Ermahnung Horatios durch Hamlet in William Shakespeares gleichnamiger Tragödie, in der Hamlet ebenso wie Jorn und Dotremont die Bedeutung des alltäglichen Lebens über die des akademischen Denkens stellt. Vgl. Karen Kurczynski, *The Cobra Movement in Postwar Europe. Reanimating Art*, New York/London 2021, S. 80.

3 Vgl. Stokvis 2017 (wie Anm. 1), S. 113; Kurczynski 2021 (wie Anm. 2), S. 79.

4 Kurczynski 2021 (wie Anm. 2), S. 30: „The Cobra artists sought to create a new vitality in tangible forms and simple images legible to those living outside art's ivory tower."

5 Kurczynski 2021 (wie Anm. 2), S. 79f. Kurczynski hat im Zusammenhang mit der Umdeutung des surrealistischen Automatismus zur Spontaneität in den Werken der CoBrA-Künstler*innen den Begriff der „interpersonellen" Erfahrung geprägt. Der Ausgangspunkt individuell-spontaner Ausdrucksformen sei die bewusste Interaktion der Künstler*innen mit den sie umgebenden sozialen und physischen Kontexten.

6 Zit. nach der deutschen Übersetzung ihres 1949 in *Le Petit Cobra* (Nr. 1, Brüssel) veröffentlichten Textes in Pierre Gallissaires (Hg.), *Cobra. Nach uns die Freiheit!*, Hamburg 1995, S. 13.

7 Constant, „Unser Verlangen macht die Revolution", in: Gallissaires 1995 (wie Anm. 6) [Cobra Nr.4, Amsterdam 1949], S. 37–42, hier S. 39.

8 Graham Birtwistle, *Lebendige Kunst. Asger Jorns Kunsttheorie von Helhesten bis Cobra (1946–1949)*, München 1996, S. 42f.

9 Asger Jorn, „De profetiske harper", in: *Helhesten*, 2.5 (Nr. 6), 1944, S. 145–154, hier S. 145; zit. nach Klaus Müller-Wille, „Prophetische Harfen, analphabetischer Illettrismus und Gastrophonie. Asger Jorn und die Dringlichkeit der Sprache", in: *Figurationen*, Nr. 2, 2013, S. 101–115, hier S. 107.

10 Vgl. hierzu De Penaranda 1994 (wie Anm. 1), S. 69 sowie Luc de Heusch, „Der mythische Ursprung der Cobra-Bewegung", in: Jörg Zutter und Troels Andersen (Hg.), *Cobra. Copenhagen, Brüssel, Amsterdam,* Ausst.-Kat. Musée cantonal des Beaux-Arts, Lausanne u. a., München 1997, S. 17–27, hier S. 20. Die Naturgewalten Feuer, Wasser und Wind spielen aber auch in Bachelards Überlegungen zur Symbiose von Bildwelt und Bildsprache eine zentrale Rolle, wie in *La Psychanalyse du feu*, (1949).

11 Vgl. hierzu Stokvis 2017 (wie Anm. 1), S. 66; De Penaranda 1994 (wie Anm. 1), S. 66f.

12 Peter Shield, „Cobra – eine Psychogeographie", in: Ausst.-Kat. Lausanne u. a. 1997 (wie Anm. 10), S. 29–47, hier S. 34f.; De Penaranda 1994 (wie Anm. 1), S. 66.

13 Vgl. hierzu De Penaranda 1994 (wie Anm. 1), S. 69.

14 Vgl. weiterführend zur Bedeutung der Wortmalereien für die Entwicklung und die gesellschaftliche Vision der CoBrA-Bewegung Kurczynski 2021 (wie Anm. 2), S. 81f.; Constant 1995 [1949] (wie Anm. 7), S. 38.

15 Constant 1995 [1949] (wie Anm. 7), S. 37.

16 Vgl. weiterführend Kerry Greaves, „Smile at the World, and It will Laugh at You – Helhesten's Folkelig Avant-Garde", in: Benedikt Hjartarson u. a. (Hg.), *A Cultural History of the Avant-Garde in the Nordic Countries 1925–1950*, Leiden/Boston 2019 (=Avant-Garde Critical Studies, 36), S. 257–271.

17 Vgl. hierzu weiterführend Marianne Olholm, „‚*Everybody* must participate in *everything*' – Cross-Aesthetic Practices in and around the Danish Magazine *linien* (1934–1939)", in: Hjartarson u. a. 2019 (wie Anm. 16), S. 225–240; Stokvis 2017 (wie Anm. 1), S. 62.

18 Asger Jorn, „Intime Banaliteter", in: *Helhesten*, 1, Nr. 2, 1941, S. 33–38, hier S. 37 (Hervorhebungen im Original). Im Original heißt es: „Der kan ikke være tåle om en udvælgelse 1 nogen retning, men om åt trænge ind i hele den kosmiske lov af rytmer, kræfter og stof, som er den reelle verden, fra det grimmeste til det smukkeste, alt der har karakter og udtryk fra det groveste og brutaleste til det sarteste og blideste, alt der i sin egenskab af liv taler til os. [...] *Det er ophævelsen af det æstetiske princip.*" Vgl. hierzu auch Birtwistle 1996 (wie Anm. 8), S. 41f.; *Cobra. 1948–51*, hg. von Uwe M. Schneede, Ausst.-Kat. Hamburger Kunstverein, Hamburg, Berlin 1982, S. 9f.

19 In *Minotaure*, der Zeitschrift der Surrealist*innen in Paris, wurden erste Aufnahmen der von Brassaï festgehaltenen Graffitis veröffentlicht. Von Brassaï selbst erschien 1933 auch der Aufsatz *Du mur des cavernes au mur d'usine* (Von der Höhlenmalerei zur Fabrikmauer). Vgl. hierzu Jean-Claude Gautrand, *Brassaï (1899–1984). Brassaï's Universal Art / Brassaï, der Vielseitige / Brassaï l'universel*, Köln 2004, S. 14f.

20 Vgl. Kurczynski 2021 (wie Anm. 2), S. 95f.

21 Henry Heerup, „HVAD ER EN ‚BROK'? TILEGNET OPPONENTERNE", in: *Helhesten*, 2, Nr. 4, 1943, S. 94. Im Original heißt es: „Maa Man ikke Fantasere i Sten? Jo Gu! maa man saa. Skulde man ikke Lade sig Lede af en Tilfældighed, Tilfældigheden har sine Love, Materialets Egen Form, Stoffets Magt og Første Ret i Al Kunst."

22 Die Art des Bemalens von rauem Stein geht auf die sogenannten Runensteine von Jelling zurück, die in Dänemark im 10. Jahrhundert entstanden sind. Vgl. Stokvis 2017 (wie Anm. 2), S. 48.

Tilfældighed, Tilfældigheden har sine Love, Materialets Egen Form, Stoffets Magt og Første Ret i Al Kunst."

22 This painting on raw stone goes back to the so-called Jelling rune stones in Denmark from the tenth century. See Stokvis 2017 (see note 2), p. 48.

23 Henry Heerup, "SKRALDEMAND & "SKRALDE-MODELL," *Helhesten* 2, no. 4 (1943): 94: "Ethvert Menneske laver Sin 'Skraldemodel."

24 Henry Heerup, "Al kunst bør være folkelig," *Helhesten* 2, nos. 5–6 (1944): 111–12.

25 Constant, "Les Neufs Points du Groupe Expérimental Hollandais" (see note 6), p. 6.

26 See Kurczynski, *The Cobra Movement in Postwar Europe* (see note 2), pp. 110–11. His extensive collection of music also included blues songs from the African American community and jazz.

27 Ibid.

28 See ibid.; see also, Karen Vedel, "Corporeal Aesthetics: Primitivism and the Reception of African American Performing Arts around 1930," in Hjartarson, *A Cultural History of the Avant-Garde* (see note 16), pp. 441–58.

29 See Stokvis, *CoBrA* (see note 1), p. 155ff.

30 See Dorthe Aagesen and Mikkel Bogh, "Sonja Ferlov Mancoba: La figure, les voix et l'espace," in *Sonja Ferlov Mancoba: Sculptures, Dessins, Collages*, ed. Jonas Storsve, exh. cat. Centre Pompidou, Paris (Paris, 2019), pp. 11–73, esp. p. 72.

31 Constant, "The Friends of Cobra and What They Represent," *Internationale situationniste*, December 2, 1958, trans. Reuben Keehan, *Situationist International Online*, https://www.cddc.vt.edu/sionline/si/cobra.html (accessed July 11, 2022).

32 See Greaves, "Smile at the World" (see note 16), p. 260.

33 Constant, "Our Own Desires" (see note 7), p. 601.

34 See. Karen Kurczynski, *The Art and Politics of Asger Jorn: The Avant-Garde Won't Give Up* (London, 2014), pp. 133–34 and p. 138. According to Jorn, their joint development of the woven image was in keeping with the artistic principles of free jazz.

35 Later Jorn described their collaboration approach as improvisation and material imagination. See Ruth Baumeister, "Other Stories: Asger Jorn's and Pierre Wemaëre's Le Long Voyage, 1959–1960," paper presented at the Material Narratives Conference, Johannesburg, South Africa, 2019, pp. 1–27, esp. p. 8, https://adk.elsevierpure.com/en/publications/other-stories-asger-jorns-and-pierre-wemares-le-long-voyage (accessed August 5, 2022).

36 Corneille, quoted in Karl Ruhrberg, "Heiter das Leben—Heiter die Kunst: Anmerkungen zum malerischen Werk von Corneille," in *Corneille: Von COBRA bis heute*, exh. cat. DIE GALERIE (Frankfurt am Main, 2001), pp. 3–21, esp. p. 14.

37 See Kurczynski, *The Cobra Movement in Postwar Europe* (see note 2), pp. 74–75.

38 See Stokvis, *CoBrA* (see note 1), p. 109; Willemijn Stokvis, *Cobra 3 Dimensions: Work in Wood, Clay, Metal, Stone, Plaster, Waste, Polyester, Bread, Ceramics*, exh. cat. Cobra Museum, Amstelveen, London u. a. 1999, p. 100.

39 See Stokvis, *CoBrA* (see note 1), p. 23.

40 See Helge Krarup and Carl Nørrested, "The Rise of Danish Avant-Garde Cinema in the 1940s," in Hjartarson, *A Cultural History of the Avant-Garde* (see note 16), pp. 653–63, esp. pp. 654–55. The avant-garde artists were influenced not only by the Marx brothers and Charlie Chaplin but also by the animated films of Walt Disney, especially for their use of anthropomorphic animals as leading characters. On this, see "Nogle løse betragtninger I anledning al lo smaa experimentalfilm," *Helhesten*, 2, no. 4 (1943): 80–80.

41 Albert Mertz, "Den rene film," *Helhesten* 1, no. 2 (1941): 52: "Situationen faar ved sin placering i montagen et fra virkeligheden tids- mæssigt forskelligt forløb ved at blive føjet sammen med situationer, hvis tidsmæssighed maaske er en kontrast til den. Dette er det bedste bevis paa, at en filmsoptagelse ikke er eller bliver reproducerende, men skabende."

42 This short film is considered the first avant-garde film in Denmark and triggered a new wave of experimental films in Danish narrative cinema of the 1940s. On this, see Krarup and Nørrested, "The Rise of Danish Avant-Garde Cinema" (see note 40), p. 653.

43 See Krarup and Nørrested, "The Rise of Danish Avant-Garde Cinema" (see note 40), p. 655; Carl Nørrested, "Cobra und der Film," in Zutter and Andersen, *Cobra* (see note 12), p. 223.

44 See Zutter and Andersen, *Cobra* (see note 12), pp. 223ff. The short films of the Danish avant-garde were also shown in the *Festival du Film Experimental* in Knokke-le-Zoute (June 25–July 8, 1949). The CoBrA artists dedicated the third issue of the journal *Cobra* to the avant-garde film.

45 Melson's short film was also shown in the small festival during the second and final international group exhibition of the CoBrA group in Liège in 1951, organized by the Belgian artist and filmmaker Jean Raine. See Stokvis, *CoBrA* (see note 1), pp. 169–70.

23 Henry Heerup, „SKRALDEMAND & „SKRAL-DEMODELL", in: *Helhesten*, 2, Nr. 4, 1943, S. 94: „Ethvert Menneske laver Sin ‚Skraldemodel'."

24 Henry Heerup, „Al kunst bør være folkelig", in: *Helhesten*, 2, Nr. 5–6, 1944, S. 111f.

25 Zit. nach der dt. Übersetzung in: „Die neun Punkte der Holländischen Experimentellen Gruppe" [Le Petit Cobra Nr. 1, Brüssel 1949], in: Gallissaires 1995 (wie Anm. 6), S. 12–14, hier S. 13.

26 Vgl. Kurczynski 2021 (wie Anm. 2), S. 110f. Seine umfassende Musiksammlung beinhaltete auch Blues-Songs der afroamerikanischen Community sowie Jazztitel.

27 Ebd.

28 Vgl. ebd.; weiterführend: Karen Vedel, „Corporeal Aesthetics – Primitivism and the Reception of African American Performing Arts around 1930", in: Hjartarson u. a. 2019 (wie Anm. 16), S. 441–458.

29 Vgl. Stokvis 2017 (wie Anm. 1), S. 155ff.

30 Vgl. Dorthe Aagesen und Mikkel Bogh, „Sonja Ferlov Mancoba: la figure, les voix et l'espace", in: *Sonja Ferlov Mancoba. Sculptures, Dessins, Collages*, hg. von Jonas Storsve, Ausst.-Kat. Centre Pompidou, Paris, Paris 2019, S. 11–73, hier S. 72.

31 Constant, „The Friends of Cobra and What they Represent", in: *Internationale situationniste*, 2, Dezember 1958, übers. von Reuben Keehan, *Situationist International Online*, https://www.cddc.vt.edu/sionline/si/cobra.html (11.7.2022).

32 Vgl. Greaves 2019 (wie Anm. 16), S. 260.

33 Constant 1995 [1949] (wie Anm. 7), S. 38.

34 Vgl. Karen Kurczynski, *The Art and Politics of Asger Jorn. The Avant-Garde Won't Give Up*, London/New York 2014, S. 133f. und S. 138. Die gemeinsame Entwicklung des gewebten Bildes habe laut Jorn den Gestaltungsprinzipien des freien Jazz entsprochen.

35 Später beschrieb Jorn ihr kollaboratives Vorgehen als Improvisation und materielle Imagination. Vgl. Ruth Baumeister, Other Stories: Asger Jorn's and Pierre Wemaëre's Le Long Voyage. 1959–1960, Paper presented at Material Narratives Conference, Johannesburg, South Africa, 2019, S. 1–27, hier S. 8, https://adk.elsevierpure.com/en/publications/other-stories-asger-jorns-and-pierre-wemares-le-long-voyage (5.8.2022).

36 Corneille, zit. nach Karl Ruhrberg, „Heiter das Leben – Heiter die Kunst. Anmerkungen zum malerischen Werk von Corneille", in: *Corneille. Von COBRA bis heute*, Ausst.-Kat. DIE GALERIE, Frankfurt am Main 2001, S. 3–21, hier S. 14.

37 Vgl. Kurczynski 2021 (wie Anm. 2), S. 74f.

38 Vgl. Stokvis 2017 (wie Anm. 1), S. 109; Willemijn Stokvis, *Cobra 3 Dimensions. Work in Wood, Clay, Metal, Stone, Plaster, Waste, Polyester, Bread, Ceramics*, Ausst.-Kat. Cobra Museum, Amstelveen, London u. a. 1999, S. 100.

39 Vgl. Stokvis 2017 (wie Anm. 1), S. 23.

40 Vgl. Helge Krarup und Carl Nørrested, „The Rise of Danish Avant-Garde Cinema in the 1940s", in: Hjartarson u. a. 2019 (wie Anm. 16), S. 653–663, hier S. 654f. Neben den Marx Brothers und Charlie Chaplin beeinflussten auch die Zeichentrickfilme von Walt Disney die Avantgardekünstler*innen; die Filme fanden besonders wegen den menschenähnlichen Tierwesen als Hauptprotagonist*innen Zuspruch. Vgl. hierzu „Nogle løse betragtninger I anledning al lo smaa experimentalfilm", in: *Helhesten*, 2, Nr. 4, 1943, S. 80f.

41 Albert Mertz, „Den rene Film", in: *Helhesten*, 1, Nr. 2, 1941, S. 52. Im Original heißt es: „Situationen faar ved sin placering i montagen et fra virkeligheden tids- mæssigt forskelligt forløb ved at blive føjet sammen med situationer, hvis tidsmæssighed maaske er en kontrast til den. Dette er det bedste bevis paa, at en filmsoptagelse ikke er eller bliver reproducerende, men skabende."

42 Der Kurzfilm gilt als erster avantgardistischer Film in Dänemark und war der Auslöser einer neuen Welle von Experimentalfilmen innerhalb des narrativen Kinos im Dänemark der 1940er-Jahre. Vgl. hierzu Krarup/Nørrested 2019 (wie Anm. 40), S. 653.

43 Vgl. Krarup/Nørrested 2019 (wie Anm. 40), S. 655; Carl Nørrested, „Cobra und der Film", in: Ausst.-Kat. Lausanne u. a.1997 (wie Anm. 10), S. 223.

44 Vgl. Ausst.-Kat. Lausanne u. a.1997 (wie Anm. 10), S. 223ff. Die Kurzfilme der dänischen Avantgarde wurden auch im Rahmen des *Festival du Film Experimental* in Knokke – Le Zoute (25.6.–8.7.1949) gezeigt. Die dritte Ausgabe des *Cobra*-Magazins widmeten die CoBrA-Künstler*innen dem Genre des Avantgardefilms.

45 Melsons Kurzfilm wurde zudem im Rahmen eines kleinen Filmfestivals während der zweiten und letzten internationalen Gruppenausstellung der CoBrA-Gruppe 1951 in Lüttich gezeigt, das von dem belgischen Künstler und Filmemacher Jean Raine organisiert wurde. Vgl. Stokvis 2017 (wie Anm. 1), S. 169f.

46 Zit. und übersetzt ins Deutsche nach Krarup/Nørrested 2019 (wie Anm. 40), S. 657.

47 Vgl. Kurczynski 2021 (wie Anm. 2), S. 216.

48 *Kunst ohne Grenzen* – so lautet der Titel eines kurzen Statements von Asger Jorn, in dem er den Begriff der Volkskunst als „Kunst des Welt-Volkes" und „Freiheit des Volkes" beschreibt. Siehe Asger Jorn, „Kunst ohne Grenzen", in: ders. und Hanna Mittelstädt, *Heringe in Acryl. Heftige Gedanken zu Kunst und Gesellschaft*, Hamburg 1987, S. 38.

49 Übersetzt und zit. nach Asger Jorn, „Wonder, Admiration, Enthusiasm", ins Englische übers. von Karen Kurczynski und Niels Henriksen, in: *OCTOBER*, 141, 2012, S. 59–69, hier S. 62.

46 Albert Mertz, "For filmkunstens frihed," *Linien II* (1947): n.p.

47 See Kurczynski, *The Cobra Movement in Postwar Europe* (see note 2), p. 216.

48 "L'art sans frontières" (Art without Borders) is the title of a brief statement by Asger Jorn in which he describes the concept of folk art as the "art of the people of the world" and the "freedom of the people." See Asger Jorn, "L'art sans frontières." *Cobra*, no. 6 (April 1950): 6.

49 Asger Jorn, "Wonder, Admiration, Enthusiasm," trans. Karen Kurczynski and Niels Henriksen, *October*, no. 141 (Summer 2012): pp. 59–69, esp. p. 62.

Karen Kurczynski

INTERPERSONELLER AUSDRUCK: DIE KÜNSTL VON COBRA

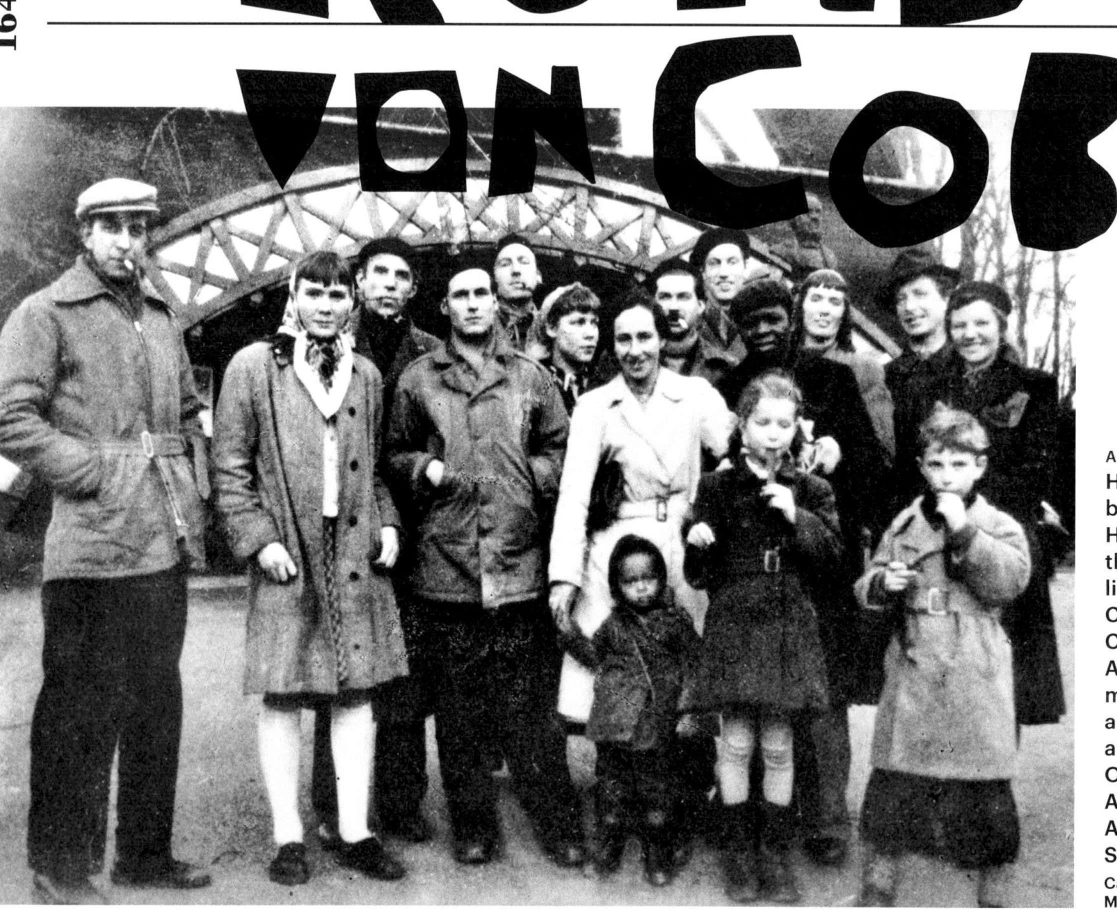

Abb. / Fig. **1**
Høst- und CoBrA-Künstler*innen besuchen den Zoo in Kopenhagen / Høst and CoBrA artists visiting the Copenhagen zoo, 1948. Von links nach rechts / Left to right: Constant, Vibeke Alfelt, Ejler Bille, Corneille, Knud Nielsen, Tony Appel, Sonja Ferlov Mancoba mit ihren Armen um / with arms around Wonga Mancoba und / and Kari Alfelt, Karel Appel, Erik Ortvad, Ernest Mancoba, Else Alfelt, Carl-Henning Pedersen, Agnete Therkildsen, Ortvads Sohn / Ortvad's son.
Carl-Henning Pedersen & Else Alfelts Museum, Herning

„Frauen hatten schon immer mit der Produktion von Kunst zu tun, aber [...] unsere Kultur will das nicht eingestehen [...] Noch im zwanzigsten Jahrhundert hat die Kunstgeschichte Künstlerinnen systematisch aus den Aufzeichnungen getilgt."

Um die Arbeit von Künstlerinnen zu verstehen, müssen wir als Betrachter*innen von Kunst zunächst unsere eigene Voreingenommenheit und Erwartungshaltung gegenüber Frauen hinterfragen. Die gesamte Neuzeit hindurch war die Kritik über Künstlerinnen von Vorurteilen gegenüber weiblichen Charakteristiken und dem Potenzial von Frauen geprägt, obwohl sie in allen größeren Kunstbewegungen vertreten waren, unter anderen CoBrA. In ihrer wegweisenden Studie *Vision and Difference* (Vision und Unterschied) aus dem Jahr 1988 beschreibt Griselda Pollock, dass das Untersuchen der Rezeption von Künstlerinnen die Kunstgeschichte vor eine grundlegende Herausforderung stellt. Wie sich zeigt, sind Frauen nicht allein Opfer der Diskriminierung, die sie in der Welt der Kunst erfahren – das Problem ist noch viel tiefschürfender. Pollock schreibt, dass „die Anzeichen dafür sprechen, dass es einen bewusst konstruierten Unterschied, bewusst

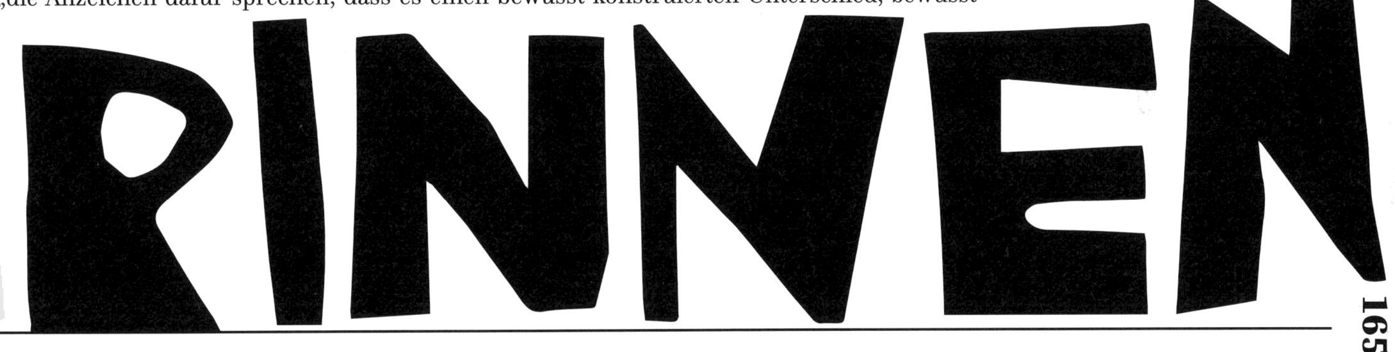

Understanding the work of women artists demands that viewers of art first examine our own biases and expectations about women. Biases about feminine characteristics and potential have shaped the criticism of women artists throughout the modern period, despite their presence in all the major movements, including the CoBrA movement. In her groundbreaking 1988 study *Vision and Difference*, Griselda Pollock describes how studying the reception of women artists presents a fundamental challenge to art history. Women, it turns

getrennte Sphären für die Arbeiten von Männern und Frauen gibt, sogar verschiedenartige Identitäten für den Künstler, der ein Mann ist – *artist* –, und solche für den Künstler, der eine Frau ist – *woman artist*".[2] Die gönnerhafte Herablassung beziehungsweise unverblümte Herabsetzung der Werke von Künstlerinnen hat in der Geschichtsschreibung in Bezug auf Kunstbewegungen eine strukturelle Rolle gespielt. Die Werke von Frauen sind im Zirkelschluss systematisch mit ihrem Geschlecht gleichgesetzt und dann wegen ihrer femininen Charakteristiken abgelehnt worden. „Das weibliche Stereotyp", konstatiert Pollock, „fungiert als ein notwendiges Unterscheidungsmerkmal, als ein Kontrast, demgegenüber das nie eingestandene männliche Privileg in der Kunst aufrechterhalten werden kann. Wir sprechen nie von einem männlichen Künstler oder dem Kunstwerk eines Mannes, wir sagen einfach Kunst und Künstler."[3] Im Nachhinein können wir die historische Wahrnehmung von Künstlerinnen überdenken, und in vielen Fällen sehen wir, wie willkürlich und unbegründet die Urteile und Ablehnungen waren, wie herablassend die Sprache war, wie stereotyp die Unterstellungen, die das Werk von Künstlerinnen viel zu lange in der Unsichtbarkeit verharren ließen.

Die zentrale Figur der Geschichte der modernen Kunst ist der Künstler, „der als unbeschreibliches Ideal dargestellt wird, das die bürgerlichen Mythen eines universellen, klassenlosen Menschen vervollständigt".[4] Solche Mythen über den Künstler sind im Expressionismus vorherrschender als in jeder anderen Kunstrichtung, eben deshalb, weil die Vorstellung von „Expressionismus" auf der Person des Künstlers beruht, der sich „ausdrückt". Während in den experimentelleren Bewegungen des Dadaismus und Surrealismus eine beträchtliche Zahl an Künstlerinnen in den Ausstellungen vertreten waren, sind sowohl Expressionismus, abstrakter Expressionismus als auch Neoexpressionismus wegen ihres Mangels an Künstlerinnen sowie ihrer stereotypen Darstellung von Frauen als Gegenstand der Kunstwerke kritisiert worden. In den 1950er-Jahren, der Ära des Liberalismus im Kalten Krieg und des Wiederaufblühens des individuellen Humanismus, kehrte mit voller Kraft auch die Vorstellung vom expressionistischen Künstler als lebensstrotzend und männlich zurück. Die erste internationale Kunstausstellung *documenta* in Kassel im Jahr 1955 stellte den Expressionismus des frühen 20. Jahrhunderts nicht als eine kollektive Avantgarde dar,

---

out, have not just been the victims of art world discrimination; the problem lies much deeper. Pollock writes that "the evidence suggests the active construction of difference, of separate spheres for men's and women's work, distinct identities for the artist who was a man – the artist, and the artist who was a woman – the woman artist."[2] The patronizing condescension or outright disparagement of women artists' work has played a structural role in defining the histories of art movements. Women's work has been systematically equated to their gender and then dismissed for its feminine characteristics, thanks to circular reasoning. "The feminine stereotype," Pollock asserts, "operates as a necessary term of difference, the foil against which a never-acknowledged masculine privilege in art can be maintained. We never say man artist or man's art; we simply say art and artist."[3] With the benefit of hindsight, we can revisit the historic reception of women artists and see in many cases how arbitrary the judgments and dismissals were, how condescending the language, how stereotypical the assumptions that kept the work of women artists invisible for far too long.

The central figure of modern art history is the artist, "presented as an ineffable ideal which complements the bourgeois myths of a universal, classless Man."[4] Such myths of the artist are more prominent in Expressionism than any other movement, precisely because the idea of "expressionism" is based on the figure of the artist who is doing the "expressing." While the more experimental Dada and Surrealist movements included substantial numbers of women artists in their exhibitions, Expressionism, Abstract Expressionism, and Neo-Expressionism have all been critiqued for their lack of women artists as well as their stereotypical depictions of women subjects. In the 1950s, the era of Cold War liberalism and the revival of individual humanism, the presumption of the Expressionist artist as virile and masculine returned with a vengeance. The first international *documenta* exhibition in Kassel in 1955 framed early twentieth-century Expressionism not as a collective avant-garde, but as a set of individual modern masters. The exhibition included 146 artists: 140 men and only 6 women, for an abysmal total of only 4% women artists. Art historians in the United

sondern als eine Reihe von individuellen Meistern der Moderne. An der Ausstellung beteiligten sich 146 Künstler: 140 Männer und nur sechs Frauen, was einer Beteiligung von Künstlerinnen von gerade einmal vier Prozent entspricht. Kunsthistoriker*innen in den Vereinigten Staaten haben die Ausgrenzung von Künstlerinnen in der Bewegung des abstrakten Expressionismus – CoBrAs amerikanischem Gegenstück – in gleicher Weise dokumentiert.[5] Voreingenommene Annahmen zu Genderidentität(en) in Kombination mit stereotypen Vorurteilen gegenüber Ethnien und sexuellen Orientierungen haben das Verständnis von CoBrA (1948–1951) sowie ihren dänischen Vorläufern Linien (1934–1939) und Høst (1934–1949) auf ähnliche Weise eingeschränkt.

Die beiden CoBrA-Ausstellungen im Stedelijk Museum in Amsterdam im Jahr 1949 und dem Palais des Beaux-Arts in Lüttich in Belgien im Jahr 1951 definierten CoBrA im Wesentlichen als eine Bewegung. Im Hinblick auf das Vertreten-Sein von Künstlerinnen war es um sie nahezu so jämmerlich bestellt wie bei der ersten *documenta*. In der Ausstellung 1949 waren die dänische Malerin der Høst-Bewegung, Else Alfelt, die ungarische Künstlerin Madeleine Kemény-Szemere sowie die deutsche Fotografin Anneliese Hager unter den 29 im Katalog von *Cobra 4* aufgeführten Künstler*innen vertreten, was einem Frauenanteil von ungefähr zehn Prozent entspricht (Abb. 2). In der CoBrA-Ausstellung in Lüttich im Jahr 1951, die von dem belgischen CoBrA-Gründer Christian Dotremont und dem belgischen Künstler Pierre Alechinsky kuratiert wurde, war nicht eine einzige Künstlerin vertreten. An der Schau des Jahres 1949 hatten eigentlich Bildhauerin Sonja Ferlov Mancoba und ihr Mann, der Schwarze südafrikanische Künstler Ernest Mancoba, teilnehmen sollen, aber ihre Werke wurden nicht gezeigt. Die Gründe dafür liegen im Verborgenen, doch vermutlich hatten sie mit ihrer Selbstisolation als interkulturelles Paar in einer Kunstwelt zu tun, die nicht bereit war, sie zu akzeptieren.[6] Ihr Werk wird genau wie jenes von Alfelt erst seit Kurzem in der Geschichte CoBrAs – oder allgemeiner: des globalen Modernismus – berücksichtigt. Eine Anzahl weiterer dänischer Künstlerinnen waren mit CoBrA locker verbunden, darunter Grete Balle, Kujahn Blask, Else Fischer-Hansen, Elna Fonnesbech-Sandberg, Agnete Therkildsen und Anna Thommesen – von denen keine einzige in der internationalen Literatur über CoBrA auftaucht.[7]

States have equally documented the marginalization of women artists in the Abstract Expressionist movement, CoBrA's American counterpart.[5] Assumptions about gender identity, together with stereotypes about race and sexuality, have similarly limited our understanding of CoBrA (1948–51) as well as its Danish predecessors Linien (1934–39) and Høst (1934–49).

The two *International Exhibitions of Experimental Artists* at the Stedelijk Museum, Amsterdam, in 1949 and the Palais des Beaux-Arts, Liège, Belgium, in 1951, largely defined CoBrA

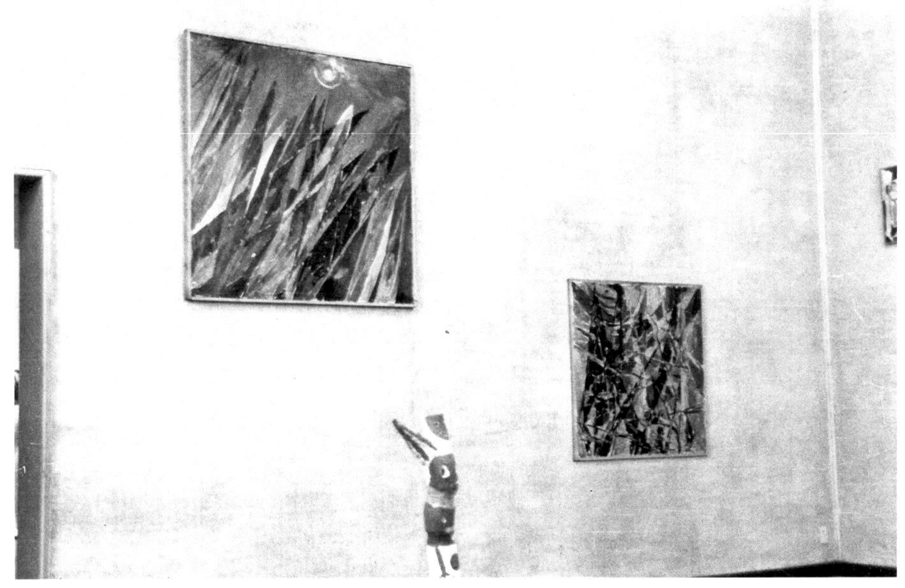

Abb. / Fig. 2
Else Alfelt, *Spidser der rækkler mod himlen/ Punkte, die in den Himmel ragen/Points Reaching Toward Heaven,* 1945, and *Universelt- grønt/Universell–Grün/Universa–Green,* 1943, hinter/behind Karel Appel's Totem, 1948, Gouache auf Holz/Gouache on wood, in der ersten internationalen Ausstellung für experimentelle Kunst/first International exhibition of experimental art, 1949
Stedelijk Museum, Amsterdam, Marinus Andersen Archives, Museum Jorn, Denmark Archives, Museum Jorn

In der von CoBrA produzierten Kunst und Literatur wird Kitsch über die sogenannte „Hochkultur" gestellt, die Unvernunft über die Vernunft, die Mehrdeutigkeit über die objektive Wahrheit, die Dinglichkeit über die spirituelle Transzendenz, der Dilettantismus über die Spezialisierung, das Organische über das Geometrische, die körperliche Empfindung über analytische Strukturen und das Heidentum über das Christentum, doch ohne die feministischen Implikationen hinter vielen dieser Ideen anzuerkennen. Der dänische CoBrA-Gründer Asger Jorn begriff die Bewegung als expliziten Angriff auf den Modernismus der 1950er-Jahre. Er lehnte die Art und Weise ab, auf die sich amerikanische Kritiker wie Clement Greenberg der Reklamesprache von medienfreundlichen Sportarten wie dem Boxen bedienten, um die „Stärke" verschiedener Maler zu beschreiben.[8] Aber er kritisierte nicht, dass die Ideen von Ernsthaftigkeit und Stärke, die in der Kritik des „Action Painting" betont wurden, auch offenkundig maskuline Werte waren.

Bei jeglicher Diskussion über die Künstlerinnen von CoBrA ist besonders wichtig, dass das, was man als feministische Forderungen nach einer offeneren und egalitäreren Herangehensweise an die Betrachtung des künstlerischen Ausdrucks bezeichnen könnte, insbesondere unter den dänischen CoBrA-Künstler*innen – geprägt von ihren früheren Erfahrungen bei den Bewegungen Linien und Høst – vertreten war. In Dänemark war die Geschichte der Abstraktion in der Kunst eng mit Fragen um Genderzugehörigkeit und sexueller Befreiung verbunden; die Linien-Gruppe brachte sich aktiv in die progressiven Entwicklungen der 1920er- und 1930er-Jahre ein, die von pädagogischen Neuerungen bis hin zur Psychoanalyse reichten. Während des Zweiten Weltkriegs strebten sie in Richtung eines kollektivistischeren und kommunistischeren Diskurses der sozialen Befreiung, was auch den Ideen von niederländischen CoBrA-Künstler*innen wie Constant entsprach. Ihre Werke boten den rassistischen Ansichten des Faschismus und der Erneuerung patriarchalischer Rollenverteilungen aktiv die Stirn. Die Künstler*innen der Gruppe Høst sahen die moderne Kunst als eine egalitäre und progressive Kraft und proklamierten, dass das „kreative abstrakte Gemälde [...] eine Brücke über Vorurteile und Angst, Dummheit und dunkle Mächte" darstelle.[9] Sie glaubten, dass Kunst Menschen untereinander und mit der Natur verbinden könne, wie es Else Alfelt mit ihrer Aussage zusammenfasst: „Wir erobern nichts – wir sind selbst ein Teil

---

as a movement. With regard to women artists' representation, they were almost as dismal as *documenta* I. The 1949 exhibition included Danish Høst painter Else Alfelt, Hungarian artist Madeleine Kemény-Szemere, and German photographer Anneliese Hager among the 29 artists listed in the catalog in *Cobra* 4, for a total of 10% women (fig. 2). Not a single woman artist was included in the 1951 CoBrA show in Liège curated by Belgian CoBrA founder Christian Dotremont and Belgian artist Pierre Alechinsky. The 1949 exhibition was to include sculptor Sonja Ferlov Mancoba and her husband, Black South African artist Ernest Mancoba, but their work was not shown. The reasons remain unclear, but were likely related to their self-isolation as a biracial couple in an art world not yet ready to accept them.[6] Their work, like that of Alfelt, has only recently been rewritten into the history of CoBrA and global modernism more generally. A number of other Danish women artists were loosely related to CoBrA, including Grete Balle, Kujahn Blask, Else Fischer-Hansen, Elna Fonnesbech-Sandberg, Agnete Therkildsen, and Anna Thommesen—none of whom appear in the international CoBrA literature.[7]

The art and literature of CoBrA celebrate kitsch over "high art," irrationality over reason, ambiguity over objective truth, materiality over spiritual transcendence, amateurism over specialization, the organic over the geometric, bodily sensation over analytical structures, and paganism over Christianity, but without recognizing the feminist implications of many of these ideas. Danish CoBrA founder Asger Jorn framed the movement as an explicit attack on 1950s modernism. He rejected the way American critics like Clement Greenberg drew on the publicity language of media-friendly sports like boxing in descriptions of the "strength" of various painters.[8] But he did not critique the way the ideas of seriousness and strength emphasized throughout the criticism of "action painting" were also overtly *masculine* values.

Especially important for any discussion of the women artists of CoBrA is that what could be called feminist demands for a more open and egalitarian approach to artistic expression were widely shared among the Danish CoBrA artists in particular, shaped by their earlier experiences

davon – in einem Weltraum voller Planeten, Sonnen und Monde".[10] Alfelt schlägt eine dekoloniale Sichtweise vor – „wir erobern nichts" –, die die materielle Vernetzung zwischen Mensch und nichtmenschlichen Dingen in einer Dichtkunst anerkennt, welche dem Zelebrieren fundamentaler Rhythmen, Muster und Farben in ihren Gemälden entspricht (Kat. 2). Ihr Werk war in seinem Feiern natürlicher Formen und egalitärer Politik bezeichnend für die Avantgarde der dänischen Künstlervereinigung Høst – und eine weithin übersehene, ruhigere Seite von CoBrA.

Alfelt und Ferlov – in Dänemark von zentraler Bedeutung, im Ausland unsichtbar

Die aggressiven Provokationen der „männlichen Künstler" von CoBrA wie Asger Jorn und Karel Appel haben die Bewegung mit ihren animalistischen und kindlichen Kunstwerken geprägt. Künstlerinnen wie Ferlov Mancoba und Alfelt, die sich Techniken des künstlerischen Ausdrucks bedienten, die bereits als maskulin gekennzeichnet waren, blieben indes insbesondere außerhalb Dänemarks unbeachtet. Das Werk von Alfelt, Ferlov Mancoba, Hager, Kemény-Szemere, der niederländischen Bildhauerin Lotti van der Gaag und weiterer Künstlerinnen, die mit CoBrA in Verbindung gebracht werden, legt eine revisionistische Geschichte der Bewegung nahe, die auf ihren eigenen populistischen Idealen und dem erklärten Angriff auf das liberal-humanistische Verständnis des persönlichen Ausdrucks beruht, das in den 1950er-Jahren vorherrschte. Die Weltanschauungen der Künstlerinnen verwerfen die unausgesprochenen männlichen Prämissen bezüglich des individuellen Ausdrucks. Darauf zu bestehen, die Künstlerinnen in die Geschichte einer Bewegung aufzunehmen, die sie de facto zu erschaffen halfen, gestattet uns, die vielfältigen Arten zu verstehen, auf die CoBrA anerkannte, dass künstlerischer Ausdruck stets gesellschaftlich definiert ist – und spiegelt eher interpersonelle denn persönliche Bedeutungen wider.

Alfelt und Ferlov Mancoba waren die zentralen CoBrA-Künstlerinnen. Else Alfelt nahm an der berühmten, von den Herausgebern des Kunst- und Literaturmagazins *Helhesten* Jorn und Robert Dahlmann Olsen im Jahr 1941 organisierten Zeltausstellung teil, und beide Frauen waren bei dem richtungsweisenden Treffen internationaler Künstler*innen der Gruppen Høst und CoBrA

---

in Linien and Høst. The history of artistic abstraction was closely allied to gender and sexual liberation in Denmark: the Linien group actively participated in the progressive developments in the 1920s–30s, from pedagogical innovations to psychoanalysis. They moved toward a more collectivist and communist discourse of social liberation (parallel to ideas shared by Dutch CoBrA artists like Constant) during World War II, when their work actively defied Fascism's racist values and renewal of patriarchal gender roles. The Høst artists viewed modern art as an egalitarian and progressive force, proclaiming that "creative abstract painting is . . . a bridge over prejudice and anxiety, stupidity and dark forces."[9] The artists believed that art could connect people to each other and to the natural world, as summarized in Else Alfelt's statement that, "we conquer nothing – we ourselves are a part – in a space of planets, suns and moons."[10] Alfelt proposes a decolonial perspective—"we conquer nothing"—that recognizes the material interconnections among human and nonhuman things, in a poetry equivalent to her paintings' celebration of fundamental rhythms, patterns, and colors (cat. no. 2). In its celebration of natural forms and egalitarian politics, her work was typical of the Danish Høst avant-garde and a widely overlooked, quieter side of CoBrA.

Alfelt and Ferlov: Central in Denmark, Invisible Abroad

The aggressive provocations of the CoBrA "men artists" like Asger Jorn and Karel Appel have defined the movement with their animalistic and childlike artworks. Meanwhile, artists like Ferlov Mancoba and Alfelt, who negotiated techniques of artistic expression already coded as masculine, have been overlooked, particularly outside Denmark. The work of Alfelt, Ferlov Mancoba, Hager, Kemény-Szemere, Dutch sculptor Lotti van der Gaag, and other women artists associated with CoBrA suggests a revisionist history of the movement based on its own populist ideals and declared attack on the liberal humanist understanding of personal expression that dominated the 1950s. The women artists' perspectives reject the unspoken masculine assumptions about personal expression. Insisting on their inclusion in the history of a movement that

in Kopenhagen im Jahr 1948 zugegen (Abb. 1). Sonja Ferlov Mancoba spielte vor und nach ihrer Zeit in Paris von 1936 bis 1946 sowohl für Linien als auch für Høst eine bedeutsame Rolle.

Die biomorph-abstrakten Skulpturen und expressiven Gemälde Ferlov Mancobas aus den 1930er-Jahren vermitteln gleichzeitig den Eindruck von spontaner Entwicklung und aggressiver Gewalt – anders ausgedrückt, von Charakteristiken, die als maskulin ebenso wie als feminin bezeichnet werden können. Während eines Sommeraufenthalts auf der Insel Bornholm mit den Linien-Künstlern im Jahr 1935 schuf sie experimentelle Treibholzskulpturen, die sie *Levende Grene* (Lebende Äste) nannte. Mit diesen Skulpturen, die die Schönheit der spontanen organischen Form feierten, gelang ihr der künstlerische Durchbruch. Später im selben Sommer schuf sie die Plastik *To levende væsener* (Zwei Lebewesen; Kat. 10), geschmeidige, ineinander verschränkte Formen. Die abstrakte Darstellung eines Paares nimmt durch ei- und vogelartige Konturen Gestalt an, die sich in komplementärer Beziehung zueinander in die Höhe winden. In dem Werk spiegelt sich die künstlerische Inspiration wider, die Ferlov Mancoba aus Arbeiten schöpfte wie Hans Arps „biomorpher Concretion Humaine", Joan Mirós surrealistischen Angriffen auf die Malerei, den die Geschlechtergrenzen aufhebenden Experimenten von Alberto Giacometti und Max Ernst sowie des Linien-Künstlers Ejler Bille, dessen frühe Bronzeskulpturen in ähnlicher Weise das Aussehen von Lebewesen zwischen Tier und Pflanze annahmen.[11] Die kommenden zehn Jahre verblieb ihre Gipsskulptur in der Sammlung des Malers Richard Mortensen, ein Zeugnis ihrer engen Verbindung zu jener Zeit; dann wurde sie an Elise Johansen verkauft, eine bedeutende Kunstsammlerin, deren Unterstützung den Künstler*innen der Høst-Gruppe zu deren Vorrangstellung in der dänischen Avantgarde verhalf.

Was Ferlov Mancoba in ihrer Bildhauerei ausdrückte, nahm direkten Bezug auf das Motiv der Harmonie in Paarbeziehungen, das auch in den Gemälden von Bille und Jorn sowie den Plastiken des Høst-Künstlers Erik Thommesen zum Ausdruck kommt. Während das Motiv von sexueller Harmonie zur fortschrittlichen politischen Einstellung der Künstler*innen gehörte, wurden genderspezifische Unterschiede in ihren Kunstwerken, die stattdessen für die Komplementarität abstrakter Formen standen, heruntergespielt. Erik Thommesen schuf im Verlauf seiner Karriere viele Darstellungen

---

they in fact helped to create allows us to recognize the diverse ways CoBrA acknowledged that artistic expression is always socially defined—and reflects interpersonal, rather than personal, meanings.

Alfelt and Ferlov Mancoba were the most central CoBrA women artists. Else Alfelt took part in the famous *Tent* exhibition organized by *Helhesten* editors Jorn and Robert Dahlmann Olsen in 1941 and both women were present in the landmark meeting of international Høst and CoBrA artists in Copenhagen in 1948 (fig. 1). Sonja Ferlov Mancoba played a significant role in both Linien and Høst both before and after her time in Paris from 1936–46.

Ferlov Mancoba's 1930s biomorphic abstract sculptures and expressive paintings suggest spontaneous development and aggressive violence at the same time—in other words, characteristics that could be described as both feminine and masculine. During a summer spent on the island of Bornholm with the Linien artists in 1935, she made experimental driftwood sculptures called *Levende grene* (Living Branches) that celebrated the beauty of spontaneous organic form, leading to an artistic breakthrough. Later that summer, she produced the smooth, interlocking forms of *To levende væsener* (Two Living Beings) (cat. no. 10). The abstract depiction of a couple takes form through egglike and birdlike shapes, spiraling upward together in a complementary relationship. The work reflects her artistic inspirations in Jean Arp's biomorphic "concretions," Joan Miró's Surrealist attacks on painting, the gender-bending experiments of Alberto Giacometti and Max Ernst, and the Linien artist Ejler Bille, whose early bronze works similarly took on the appearance of creatures between the animal and the botanical.[11] Ferlov's plaster sculpture remained in the collection of painter Richard Mortensen for the next ten years, a testament to their close relationship at the time, until it was sold to Elise Johansen, an important woman collector whose support for the Høst artists helped establish their preeminence in the Danish avant-garde.

Ferlov's sculptural expressions related directly to themes of harmony in relationships among couples expressed in the painting of Bille and Jorn and the sculpture of Høst artist Erik

von Paaren, schrieb ihnen jedoch nur einen „minimalen" inhaltlichen Bezug auf gender-spezifische Themen zu (Abb. 3).[12] Statt Genderdifferenzen hervorzuheben, erkundete er mit seinen Arbeiten das interpersonelle Gleichgewicht. Nach Ansicht von Kunstkritiker Henning Jørgensen transportieren Thommesens Skulpturen „Gemeinschaft, Liebe und Menschlichkeit, wie in dem fundamentalen Ebenmaß und den an pflanzliches Wachstum erinnernden Formen wahrgenommen werden kann".[13] Thommesens parallele Formen streben nach oben und beugen sich auf harmonische Weise einander entgegen. Sie sind vielleicht etwas anmutiger im Vergleich zu Ferlov Mancobas Skulpturen, die zugespitzter und aggressiver sind, doch beide Künstler loten die Vorstellungen von Harmonie und Komplementarität aus.

Während des Zweiten Weltkriegs erfuhr Ferlov, die Ernest Mancoba 1942 geheiratet hatte und ausgelöst durch ihre dramatische Trennung in der Folgezeit, mit ihren Skulpturen einen Durchbruch. Ihre titellose Skulptur aus den Jahren 1940 bis 1946 (Kat. 13), die wuchtiger war als eine der anderen Arbeiten, die sie bis zu diesem Zeitpunkt geschaffen hatte, hatte sie in den sechs turbulenten Jahren verwirklicht, in denen sie von Mancoba getrennt leben musste. Mancoba wurde als britisch-südafrika-nischer Bürger als ein feindlicher Nichtkombattant angesehen und im besetzten Paris in ein Internierungslager geschickt. Ferlov schreibt, „die Geschwindigkeit, in der sich die Ereignisse überstürzten, überstieg meine Fähigkeit, den Ausdruck im Material festzu-halten".[14] Das Werk muss der Versuch gewesen sein, die Kontrolle über die verwirren-den Emotionen jener Zeit wiederzuerlangen. Der belgische Poet Christian Dotremont würdigt in seinem Text über Ferlov für die CoBrA-Buchreihe *Artistes libres* aus dem Jahr 1950, die von Asger Jorn herausgegeben wurde, die einzigartige bildhauerische Ästhetik ihrer Arbeiten. Dotremont beschreibt anschaulich, dass ihr Arbeitsprozess Ähnlichkeit mit dem Erschaffen von Leben hat. Er schreibt, dass Ferlov ihre Skulptur genauso auf-zieht, wie sie das Kind großzieht, das sie auf dem Schoß hält – Wonga Mancoba. Wie beim Gebären und Großziehen eines Kindes gibt es auch in ihrer Bildhauerei „Fehlgeburten,

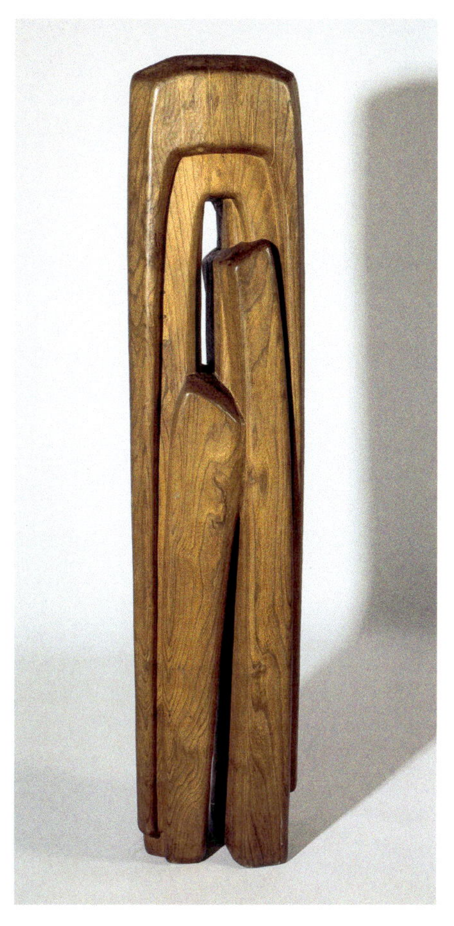

Thommesen. While images of sexual harmony were part of the artists' progressive politics, their artworks deemphasized gender differences, representing instead the complementarity of abstract forms. Erik Thommesen produced many images of couples throughout his career, but he con-sidered their gender content "minimal" (fig. 3).[12] Rather than reinforce gender differences they explore interpersonal balance. For critic Henning Jørgensen, Thommesen's sculptures convey "community, love and humanity, as can be sensed in the fundamental rhythm and the growth-filled forms."[13] Thommesen's parallel forms surge up and bend harmoniously toward each other. They may be more graceful while Ferlov Mancoba's are more pointed and aggressive, but both artists explore ideas of harmony and complementarity.

During World War II, Ferlov had a sculptural breakthrough precipitated by her dramatic isolation from Ernest Mancoba, whom she married in 1942. Her untitled sculpture from 1940–46 (cat. no. 13), more massive than any work she had produced thus far, was the accomplishment of six tumultuous years during which she lived apart from Mancoba. A British-South African citizen, he was deemed an enemy non-combatant and sent to an internment camp in occupied Paris. She writes that "the speed of events exceeded my ability to hold onto the expression in the material."[14] The work must have been an attempt to regain control over the bewildering emotions of the time. The Belgian poet Christian Dotremont appreciates her work's unique sculptural aesthetic in his text on Ferlov for the 1950 CoBrA *Artistes libres* book series edited by Asger Jorn. Dotremont vividly describes her process as akin to the creation of life. He writes that Ferlov raises her sculpture just as she raises the child—Wonga Mancoba—that sits on her knee. Like a child, her sculpture "has its miscarriages, caesareans, placenta, a sculpture has its growth crises, mumps, scarlet fever, and tells us thus what is more automatic, in sculpture and in love."[15] The description is striking both for its vivid metaphors and for the male writer's inability to separate Ferlov's artistic production from her situation of motherhood (and Ferlov may well have agreed with this integration of her life and her work). Dotremont would not describe any male CoBrA artist in relation to their children.

Abb. / Fig. **3**
Erik Thommesen
To mennesker / Zwei Menschen /
Two People, 1953
Ulmenholz / Elm,
Höhe / Height 153 cm,
Statens Museum for Kunst, Kopenhagen /
Copenhagen

Kaiserschnitte, eine Plazenta, eine Skulptur hat Wachstumskrisen, bekommt Mumps und Scharlach und erzählt uns dadurch davon, was in der Bildhauerei und der Liebe von selbst dazugehört".[15] Die Beschreibung sticht zum einen wegen ihrer lebendigen Metaphern und zum anderen wegen der Unfähigkeit des männlichen Schreibers hervor, Ferlovs künstlerisches Schaffen von ihrer Mutterschaft zu trennen (wobei Ferlov dieser Verflechtung ihres Lebens und ihrer Arbeit zugestimmt haben dürfte). Allerdings hätte Dotremont keinen männlichen CoBrA-Künstler unter Bezugnahme auf dessen Kinder beschrieben. Bei Constants Malerei betont er im Gegensatz dazu den Geschlechtsverkehr als einen Akt der Überlegenheit und der Missachtung: „er dringt in das Medium ein, als sei es eine Frau", doch nur, um „die beschämenden Körperteile des Mannes" dabei zu entdecken.[16] Künstlerisches Schaffen mit dem Gebären eines Kindes zu vergleichen, ist eine althergebrachte, modernistische Metapher, und doch ist es bezeichnend, dass Dotremont Ferlov eben gerade dafür lobt, beides zusammen zu bewerkstelligen.

Dotremont beschreibt ihre Skulpturen treffend als lebendige und vulnerable Geschöpfe. Ihre imposante Plastik aus den Jahren 1940 bis 1946, die sie fertigstellte, als sie mit Wonga schwanger war, erscheint auf den ersten Blick plattenartig. Ganz langsam, doch unaufhaltsam scheint sie in einem Winkel anzusteigen, und weist Elemente auf, die an gedehntes und gefaltetes Fleisch, intime Falten und Aushöhlungen denken lassen. Die Plastik wirkt gleichzeitig organisch und mineralisch, wie ein vom Wasser ausgehöhlter Stein. Dotremont offenbart den Kern von Ferlovs Ästhetik, beschreibt die Skulptur als eine lebendige Kraft, die langsam wächst, sich entwickelt, verletzt wird und wieder heilt, vor unseren Augen erscheint, wie in einem Zustand permanenter Entstehung gefangen. Ferlov verschmilzt ihre bildhauerischen Formen zu einer subtil-expressiven Synthese, statt sie in einem Ausbruch expressionistischer Energie herauszuschleudern. In ihrer „langsamen Bildhauerei" steckt die Energie in eindrucksvollen, zurückhaltenden Formen.

Die Kraft von Ferlov Mancobas Bildhauerkunst war unter dänischen Künstlern und Kunstkritikern, die Künstlerinnen weitgehend als künstlerisch ebenbürtig unterstützten, anerkannt. Robert Dahlmann Olsen lobte die „Stärke", „Lebenskraft" und „Klarheit" ihrer Bildhauerei – Begrifflichkeiten, die in der Mitte des 20. Jahrhunderts eher selten auf die Arbeit von Künstlerinnen angewendet

---

By contrast, he emphasizes the sexual encounter as an act of dominance and defiance in Constant's painting: "he enters the medium as if into a woman," but only to discover "the shameful parts of man."[16] The comparison of artistic creation to childbirth is an old modernist trope, and yet it is striking that Dotremont praises Ferlov precisely for accomplishing both, together.

Dotremont aptly describes her sculpture as a living, and vulnerable, being. Her monumental sculpture of 1940–46, finished as she was pregnant with Wonga, appears slab-like at first. It seems to surge slowly, inexorably, upwards at an angle, featuring elements suggestive of stretched and folded flesh, intimate folds and cavities. It seems at once organic and mineral, like a rock carved out by water. Dotremont cuts to the heart of Ferlov's aesthetic, of sculpture as a living force that slowly grows, evolves, is wounded and heals, appearing before our eyes as if caught in a state of permanent emergence. Ferlov fuses her sculptural forms into a subtly expressive synthesis, rather than blasting them apart in a burst of expressionist energy. Her "slow sculpture" contains its energy in uncanny, guarded forms.

The power of Ferlov Mancoba's sculpture was well recognized among Danish artists and critics, who largely supported women artists as artistic equals. Robert Dahlmann Olsen praises her sculpture's "strength," "vitality," and "clarity," terms only rarely applied to women artist's work at mid-century.[17] Similarly, an anonymous 1947 critic of Alfelt's painting considers her work a successful example of multifaceted, "common human" (*almen menneskelige*) expression.[18] Such writing exemplifies the unusually egalitarian reception of the work of women artists in Denmark.

The international male artists and critics of CoBrA were much less accommodating. French art critic Claude Serbanne expresses an underlying sexist attitude in accusing Alfelt of "a kind of artistic 'frigidity,' which gives everything she does a bit of a cruel, sullen character."[19] Perhaps he was responding to the way her work, with its notably cool colors and jagged forms, refused to conform to his limited and patronizing expectations of women painters. Dotremont himself resisted

wurden.[17] In ähnlicher Weise erachtete ein anonymer Kritiker im Jahr 1947 Alfelts Malerei als ein erfolgreiches Beispiel für den facettenreichen „allgemein menschlichen" („almen menneskelige") Ausdruck.[18] Ähnliche Schriftstücke veranschaulichen die ungewöhnlich egalitäre Aufnahme der Arbeit von Künstlerinnen in Dänemark.

Die internationalen männlichen Künstler und Kritiker von CoBrA äußerten sich deutlich weniger entgegenkommend. Der französische Kunstkritiker Claude Serbanne offenbarte eine zugrundeliegende sexistische Einstellung, wenn er Alfelt „einer Art von künstlerischer ‚Frigidität'" bezichtigt, „die allem, was sie tut, einen etwas grausamen, verdrießlichen Charakter verleiht".[19] Vielleicht war das eine Reaktion auf die Art, in der ihre Arbeit mit ihren auffällig kühlen Farben und zerklüfteten Formen seiner beschränkten und herablassenden Erwartungshaltung zuwiderlief, die er Malerinnen gegenüber hatte. Dotremont wiederum weigerte sich, Alfelts Gemälde in einer CoBrA-Ausstellung in Brüssel im Jahr 1949 auszustellen; er schrieb an Jorn, seine Entscheidung sei eine „Frage von Geschmack und Qualität".[20] Ein solch ungewöhnliches Bemühen einer konservativen Sprache in puncto Geschmack wirkt für einen Künstler, der bekannt für seine farbenfrohen Angriffe auf das künstlerische Establishment ist, sehr rückwärtsgewandt.

Eine beachtenswerte Ausnahme ist da Édouard Jaguers CoBrA-Monografie über Alfelt aus dem Jahr 1950, in der er mit Geschlechterstereotypen bricht, indem er Alfelt rühmt, „kein sanftes Lamm in der Höhle des Werwolfs" zu sein.[21] Jaguers Beschreibung der Energie von Alfelts Gemälden bringt ihr Werk mit den experimentellen Einstellungen der CoBrA-Bewegung jener Zeit in Einklang. Im Gegensatz zu Dotremonts Beschreibung von Ferlov Mancoba als einer lebensspendenden Künstlerin vermittelt uns Jaguers Text nicht nur ein Bild des Todes, sondern einen Akt feuriger Zerstörung: „Wer könnte bestreiten, dass der helle Schein des Feuers dessen Zerstörungskraft vermindert?"[22] Was Jaguers möglicherweise feministische Beschreibung von Alfelt und Dotremonts etwas herablassende Darstellung von Ferlov Mancoba verbindet, ist, wie Griselda Pollock beschreibt, dass eine Künstlerin nicht einfach bloß „als ein Künstler" beschrieben werden kann. Insbesondere in den 1950er-Jahren wurde die Genderzugehörigkeit

including Alfelt's painting in a CoBrA exhibition in Brussels in 1949, writing to Jorn that his decision was a "question of taste and quality."[20] This unusual recourse to the conservative language of taste stands out as reactionary for an artist known for his colorful attacks on the artistic establishment.

A notable exception is Édouard Jaguer's 1950 CoBrA monograph on Alfelt, which breaks with gender stereotypes by praising her as "no gentle lamb in the cave of the werewolf."[21] Jaguer's description of the energy of Alfelt's painting aligns her work closely with CoBrA's experimental attitudes of the time. Instead of Dotremont's description of Ferlov Mancoba as a life-giving woman artist, Jaguer's text leaves us with not only an image of death, but an act of fiery destruction: "who could argue that the brightness of the fire diminishes its power to destroy?"[22] What unites Jaguer's arguably feminist description of Alfelt and Dotremont's somewhat patronizing framing of Ferlov Mancoba is that as Griselda Pollock describes, a woman artist cannot simply be described *as an artist*. Particularly in the 1950s, her gender identity was considered a hindrance to the ideal of universality to which abstract painting aspired.

Only very recently have curators and scholars recognized the significance of the CoBrA women artists or the African artist Mancoba. The definitive monographs on the movement by French critic Jean-Clarence Lambert and Dutch art historian Willemijn Stokvis only mention the Mancobas and Alfelt in passing: their work seems to lack the "spontaneous expression" that Stokvis characterizes as the defining aesthetic of CoBrA.[23] Stokvis has been much more proactive in supporting the Dutch sculptor Lotti van der Gaag, whose work does fit her image of the "CoBrA aesthetic." This definition is limited, however, not only because it defines CoBrA as an art movement when it was really an interdisciplinary creative network, but also because it accepts the most vocal male artists' aggressive expressionist tendencies, reinforcing internalized biases that exclude most of the women from the outset. The women's work demands that we redefine what have been considered CoBrA's "typical" artistic strategies.

der Künstlerin als dem Ideal von Universalität, die von der abstrakten Malerei angestrebt wurde, abträglich gesehen.

Erst jüngst haben Kurator*innen und Kunstwissenschaftler*innen die Bedeutung der CoBrA-Künstlerinnen und des afrikanischen Künstlers Mancoba erkannt. In den maßgeblichen CoBrA-Publikationen des französischen Kritikers Jean-Clarence Lambert und der niederländischen Kunsthistorikerin Willemijn Stokvis werden die Mancobas und Alfelt nur beiläufig erwähnt; ihrem Werk scheint der „spontane Ausdruck" zu fehlen, den Stokvis als die CoBrA definierende Ästhetik bezeichnet.[23] Viel proaktiver unterstützt Stokvis die niederländische Bildhauerin Lotti van der Gaag, deren Werk ihrem Bild einer „CoBrA-Ästhetik" entspricht. Diese Definition ist jedoch eingeschränkt, und zwar nicht allein deshalb, weil Stokvis CoBrA als eine Kunstbewegung einstuft, wohingegen es sich tatsächlich um ein interdisziplinäres kreatives Netzwerk handelte, sondern auch, weil sie die aggressiven expressionistischen Tendenzen der lautstärksten männlichen Künstler akzeptiert, und damit tief sitzende Vorurteile bekräftigt, durch die die meisten Frauen von vornherein ausgeschlossen werden. Das Werk der Frauen verlangt danach, dass wir das neu definieren, was als „typische" künstlerische Strategien von CoBrA betrachtet wird.

In Lamberts Publikation wird das Leben des niederländischen Künstlers Carl-Henning Pedersen und dessen Begeisterung für seine Arbeit ausführlich beschrieben, seine Ehefrau Alfelt jedoch nur am Rande erwähnt. Lambert merkt lediglich an, dass die niederländischen Künstler „sie zu abstrakt fanden".[24] Er vergleicht ihre Arbeit mit jener von Svavar Guðnason, dem isländischen CoBrA-Künstler, dessen Malerei ebenfalls eine farbenfrohe Rhythmisierung aufweist und an abstrakte nordische Landschaften denken lässt (Kat. 14). Guðnason wählt expressive biomorphe For-

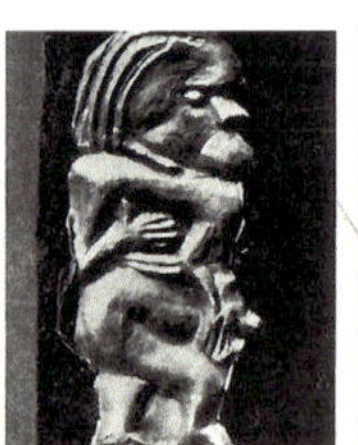
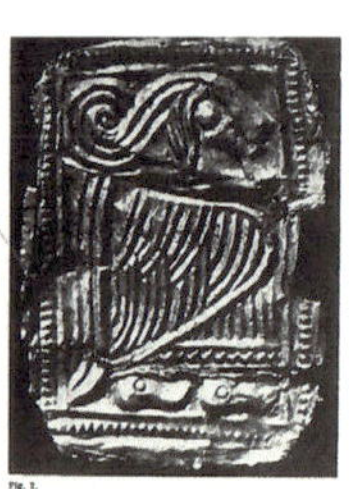
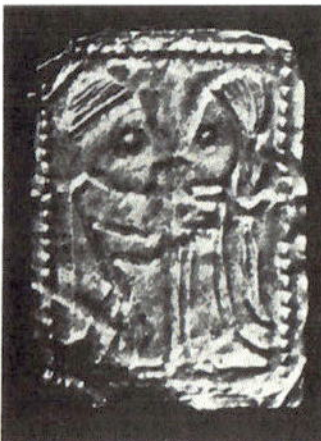
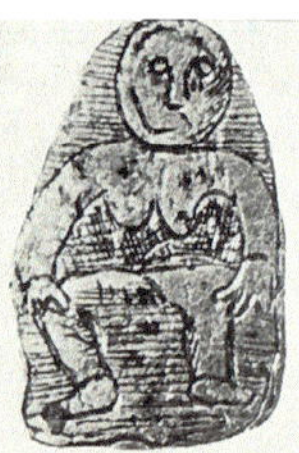
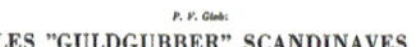
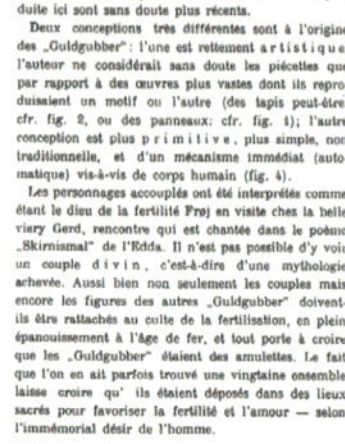
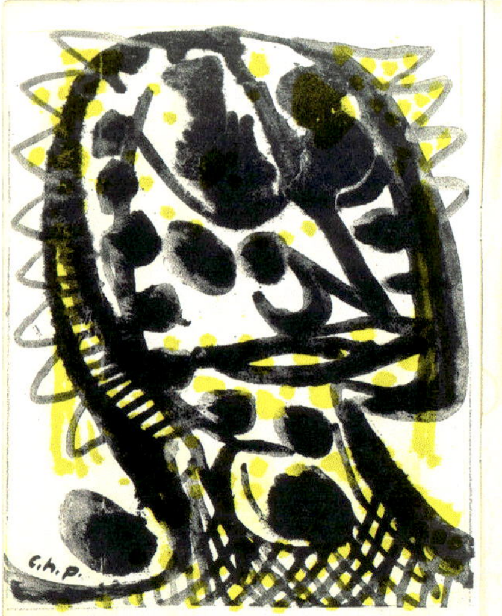
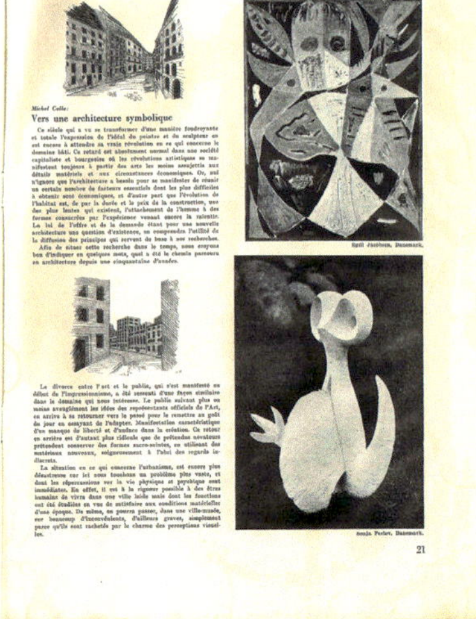
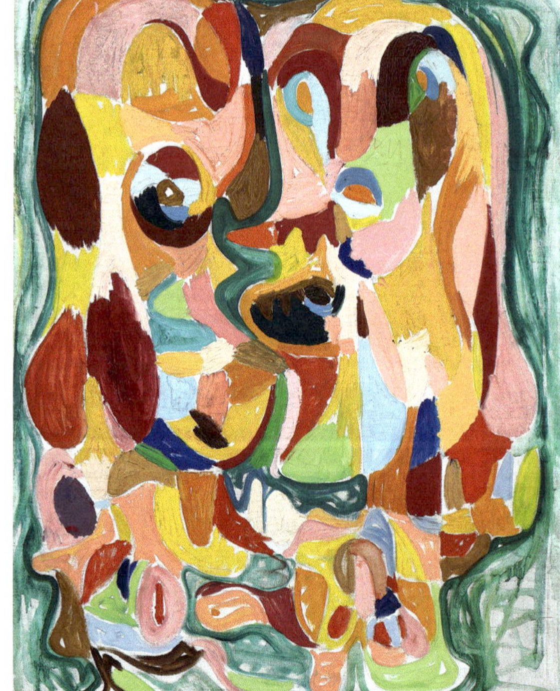

Abb. / Fig. 6
Cobra, Nr. / No. 1 (1949), S. / pp. 20–21. Carl-Henning Pedersen, Farblithografie ohne Titel links und rechts unten / Untitled color lithograph at left and, at lower right, Sonja Ferlov Mancoba, *Ugle / Owl / Eule*, 1938, Gips (heute zerstört) / plaster (now destroyed)
Carl-Henning Pedersen & Else Alfelts Museum, Herning

men, die seit jeher mit dem weiblichen Körper assoziiert werden, und eine „feminine" emotionale Ausdrucksstärke, während Alfelt das Gegenteilige – und Unerwartete – tut, indem sie sich „maskuline" zerklüftete Spitzen zu eigen macht. Lambert qualifiziert Alfelt als eine „abstrakte Landschaftsmalerin" ab, nennt Guðnason jedoch „einen der Meister des abstrakten Expressionismus".[25] Feministische Wissenschaftler*innen haben in den vergangenen fünfzig Jahren verdeutlicht, dass „Meisterschaft" genau wie „Qualität" und „Größe" maskulin konnotierte Begrifflichkeiten sind.[26] Wenn wir das Werk von Künstlerinnen verstehen wollen, müssen eben diese Begriffe infrage gestellt werden.

Ein lebendiger menschlicher Ausdruck

Das Werk von Ferlov Mancoba und insbesondere das von Alfelt stellen ein Kernstück des Versuchs der dänischen Künstler*innengruppe Høst dar, einen „lebendigen menschlichen Ausdruck" („levende menneskelige udtryk") zu erschaffen.[27] Ich nenne es einen „interpersonellen" Ausdruck, um seine kollektive Dimension hervorzuheben. Ferlov Mancoba und Alfelt teilen den allgemeinen Ansatz der CoBrA-Gruppe, ein Gleichgewicht herzustellen zwischen symbolischen oder figurativen Darstellungen, die auf kollektiven Traditionen des Erschaffens von Kunst beruhen – von aztekischen Schnitzarbeiten bis hin zu Wikingermustern –, und lebhaft bunten oder texturierten Formen in experimentellen Arrangements, die mit der Tradition brechen. Ihre Arbeiten fesseln die Betrachter*innen auf der Ebene der physischen Empfindung, ungeachtet der sie trennenden politischen Einstellungen und sozialen Identität und über diese hinaus. Die Künstler*innen versuchten, kontrastierende ästhetische Prinzipien, die mit Weiblichkeit oder Männlichkeit, Modernität oder Tradition verknüpft sind, ins Gleichgewicht zu bringen, und setzten dazu häufig gegensätzliche Themen miteinander in Dialog, um das Denken in Gegensätzen aufzubrechen. Asger Jorns neuzeitliche Hommagen auf die Goldverzierungen der Nordischen Eisenzeit, die üblicherweise Paare zeigten (Abb. 5), so beispielsweise in *Guldgubber* (Abb. 4), befreien die künstlerischen Formen von ihren alten Zuordnungen und lassen zu, dass neue Arten entstehen.

Lambert's history describes Pedersen's life in depth and details the Dutch artists' enthusiasm for his work, but mentions Alfelt only in passing, simply noting that the Dutch artists "found her too abstract."[24] He compares her work to that of Svavar Guðnason, the Icelandic CoBrA artist whose painting also evokes colorful rhythms and abstract Nordic landscapes (cat. no. 14). Guðnason chooses biomorphic expressive forms historically associated with the female body and "feminine" emotional expressivity, while Alfelt does the opposite—and the unexpected—in appropriating "masculine" jagged points. Lambert dismisses Alfelt as an "abstract landscape painter," but calls Guðnason "one of the masters of Abstract Expressionism."[25] Feminist scholars have made clear for the past fifty years that "mastery," like "quality" and "greatness," are masculine gendered terms.[26] They must be questioned if we want to understand the work of women artists.

A Living Human Expression

The work of Ferlov Mancoba and Alfelt in particular forms a central part of the Danish Høst group's attempt to create a "levende menneskelige udtryk" or living human expression.[27] I call it an "interpersonal" expression to emphasize its collective dimension. Ferlov Mancoba and Alfelt share CoBrA's general approach to balancing symbolic or figurative images related to collective traditions of art making, from Aztec carvings to Viking designs, with materially vivid colorful or textural forms in experimental arrangements that break with tradition. Their works engage viewers on the level of physical sensation, beneath or beyond the divisions of politics and social identity. The artists attempted to balance contrasting aesthetic principles associated with femininity or masculinity, modernity and tradition, often setting opposing themes into dialogue in order to destabilize binary thinking. Asger Jorn's modern tributes to Nordic Iron Age gold decorations or *guldgubber* (fig. 4), which commonly depicted couples (fig. 5), liberate artistic forms from their old associations and allow new ways of existing in the world to emerge.

Jorn bildete Ferlov Mancobas frühe Skulptur *Ugle* (Eule) aus dem Jahr 1936 in der ersten Ausgabe des *Cobra*-Journals auf der gegenüberliegenden Seite einer viel größeren Abbildung einer Lithografie von Pedersen ab (Abb. 6). Beim Erschaffen der Eule begann Ferlov mit einer abstrakten flaschenartigen Form und fügte erst später die Flügel und die starrenden Augen hinzu, die die Plastik, wie sie fand, in eine Art magisches Wesen verwandelten.[28] Sie erinnert sich: „Ich ließ diesen spitzen Flügel herausragen, er war so herrlich aggressiv."[29] Mit dieser Aggression erteilt sie jeglicher möglichen Assoziation von femininer Schönheit in der „Flaschen"-Form eine entschiedene Absage. Nur indem sie sich die männliche Sprache der Aggression, die die Avantgarde verwendete, zu eigen machte, konnte Ferlov ihr Werk in Richtung eines universelleren abstrakten Humanismus voranbringen. Da sich die „männlichen Künstler" wie Jorn der traditionell „femininen" Intuition und der Emotionalität bedienten, um ihren künstlerischen Ausdruck umzusetzen, wählten die Künstlerinnen entgegengesetzte Strategien. Ferlov Mancobas Arbeit zeigt auf, dass es für Bildhauerinnen nötig war, die organischen oder emotionalen Aspekte mit Elementen der Klarheit, Stärke und Aggression auszubalancieren, um ernst genommen zu werden.

Bei Kriegsausbruch im Jahr 1939 entwickelte sie eine neue Reihe von Maskenplastiken (Kat. 12). In diesen Figuren spiegelt sich ihr Studium afrikanischer Holzskulpturen aus der Sammlung von Carl und Amalie Kjersmeier, Freunden der Familie in Kopenhagen, sowie von alten mexikanischen Steinreliefs im Musée de l'Homme in Paris. Sie nimmt Bezug auf die kleinformatigen und symbolischen figurativen Elemente der afrikanischen Skulpturen und greift gleichsam die scheinbare Beständigkeit und die ausladenden, planen Formen der mittelamerikanischen Schnitzarbeiten auf. Ihre Arbeit stellt eine Synthese formaler Bestandteile verschiedener Kulturen her, die sie als tiefliegende Strömungen weltweiten kulturellen Ausdrucks ansah, die in der Oberflächlichkeit des modernen Lebens beinahe verschüttet waren: „Der Künstler interpretiert die ewig während rende Wirklichkeit der menschlichen Natur", schreibt sie, „die einst sang, jedoch nicht länger die Stimme der gesamten Menschheit zum Ausdruck bringt, da sie durch unsere individualistische und materialistische Gesellschaft zum Schweigen gebracht wurde."[30]

Jorn reproduced Ferlov Mancoba's early sculpture *Ugle* (Owl) from 1936 in the first issue of the *Cobra* journal, across from a much larger lithograph by Pedersen (fig. 6). To make *Owl*, Ferlov started with an abstract "bottle" shape, and only later added the wing form and the staring eyes that she felt animated the sculpture into a kind of magical being.[28] She recalls that, "I made this sharp wing jutting out, it was so wonderfully aggressive."[29] Such aggression utterly rejects any potential associations with feminine beauty in the "bottle" form. Only by appropriating the masculine language of avant-garde aggression could Ferlov push her work toward a more universal abstract humanism. As the "men artists" like Jorn appropriated traditionally "feminine" intuition and emotionalism to create their expressions, the women artists took opposing strategies. Ferlov Mancoba's work suggests that for a female sculptor to be taken seriously it was necessary to modulate the organic or emotional aspects with elements of clarity, strength, and aggression.

Upon the outbreak of war in 1939, she developed a new series of mask sculptures (cat. no. 12). These figures reflect her study of African wood sculptures in the collection of family friends Carl and Amalie Kjersmeier in Copenhagen as well as ancient Mexican stone carvings in the Musée de l'Homme in Paris. She references the small scale and symbolic figurative elements of the African sculptures with the apparent permanence and wide, flat shapes of the American carvings. Her work synthesizes formal elements from diverse cultures that she regarded as deep currents of world cultural expression nearly buried in the superficiality of modern life: "The artist interprets the eternal reality of human nature," she writes, "which once sang but no longer expresses the voice of the whole people, reduced to silence by our individualistic and materialistic society."[30]

The Mancobas considered such art forms the heritage of global humanity. Both Ferlov's sculptures and the "Ancestor" paintings that Mancoba began in the 1950s suggest that people share a common desire for community and heritage despite their gender, ethnic, and national differences (fig. 7). Their work provides a more nuanced discussion of the way CoBrA artists started to break down and reframe modernist primitivism. Instead of fetishizing people of color, they set the

Die Mancobas erachteten solche Kunstformen als das
Erbe der globalen Menschheit. Sowohl Ferlovs Plastiken als auch
die „Ahnen"-Gemälde, an denen Mancoba in den 1950er-Jahren
zu arbeiten begann, legen nahe, dass Menschen trotz ihrer genderspezifischen, ethnischen und nationalen Unterschiede den
Wunsch nach Gemeinschaft und Überlieferung teilen (Abb. 7). Ihr
Werk liefert eine differenziertere Erörterung der Art und Weise,
mit der CoBrA-Künstler*innen damit begannen, den modernistischen „Primitivismus" aufzubrechen und neu auszurichten. Statt
BiPoC (Black, Indigenous, and People of Color) zu fetischisieren,
stellten sie einen Dialog zwischen der vorneuzeitlichen Kunst
und den neuzeitlichen Abstraktionen her, um die moderne Kunst
als globales Phänomen geltend zu machen. Im Jahr 1953 schrieb
Mancoba, dass „die Welt mehr und mehr zu einer einzigen Ein-
heit geworden ist, in einem solchen Ausmaß, dass wir all unsere
Ansichten und Meinungen zu Rassenunterschieden [sic] überdenken müssen, da sie inzwischen überholt und gefährlich sind".[31]

Im Gegensatz dazu konzentrierte sich Else Alfelt in ihrer
Malerei auf den Dialog zwischen Mensch und Natur. Hierzu
setzte sie eine rhythmische Energie aus flüssigen Farben und
gezackten Formen ein, die sich über die Leinwand bewegen.
Alfelts Werk wird häufig als ruhig und gefühlvoll beschrieben,
wobei seine aggressiven Aspekte dabei mitunter übersehen
werden. Viele Kritiker*innen bringen ihre symbolhaften Land-
schaftsformen mit ihren Kindheitserinnerungen an den Mond
und mit ihrem Wunsch, in die Berge zu reisen, in Zusammenhang. Obwohl ihre Berg- und Waldszenen nahezu abstrakt sind

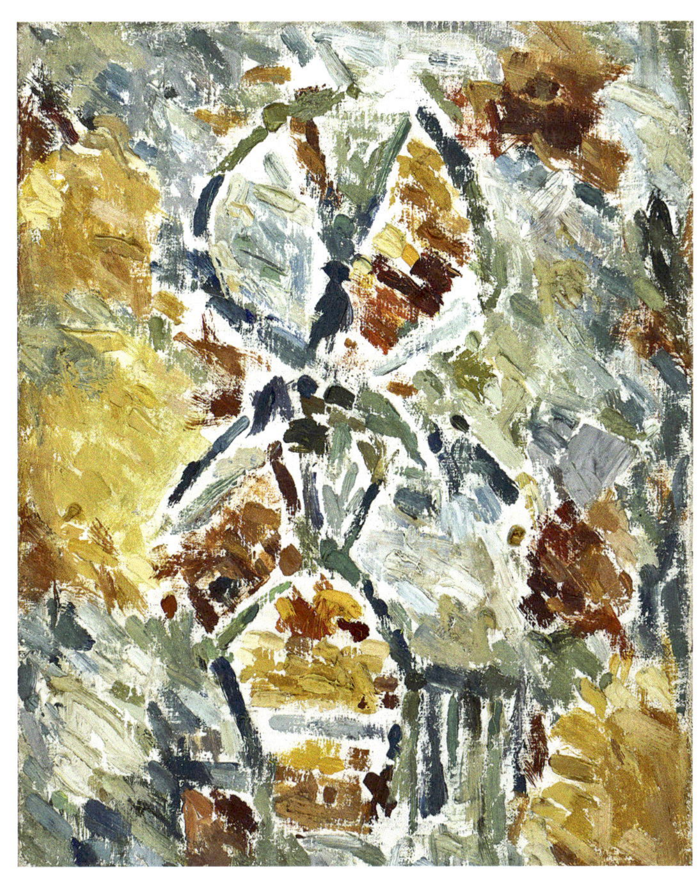

forms of premodern art in dialogue with modern abstractions
in order to claim modern art as a global phenomenon. Mancoba
wrote in 1953 that, "the world has become more and more of
a single entity, to such an extent that we have to reconsider all
our views and opinions on racial distinctions because they have
become obsolete and dangerous."[31]

Else Alfelt's painting focuses instead on the dialogue of
humans with nature, by means of a rhythmic energy of liquid
color and jagged forms moving across the canvas surface. Alfelt's
work is often described as quiet and lyrical, but its aggressive
aspects have often been overlooked. Many critics relate her symbolic landscape forms to her childhood memories of the moon
and desire to travel in the mountains. While her mountain and
forest scenes are nearly abstract (cat. no. 3), her paintings have
been interpreted in strongly gendered terms. Per Hovdenakk
aptly describes the way her work brings together the mountain, a masculine force representing power, and the moon, a
feminine archetype, to create a new harmony. However, he also
links Alfelt's interest in the moon directly to female menstrual
cycles.[32] Such outmoded tropes prevent readers from seeing the
way Alfelt's paintings liberate forms from their referents in the
world in order to recode them. She does not negate the gender
associations of mountains and moons, but opens them up to
more multifaceted readings. Alfelt's abstract landscapes present what Linien artist Vilhelm Bjerke-Petersen called "symbolic

Abb. / Fig. **7**
**Ernest Mancoba, Ohne Titel / Untitled, 1958, Öl auf Leinwand /
Oil on canvas**
Fundacao Sindika Dokolo in Luanda, Angola

Abb. / Fig. **8**
**Else Alfelt, *Den sprængte bro / Die gesprengte Brücke /
The Exploded Bridge*, 1946, Öl auf Leinwand /
Oil on canvas, 85 × 127 cm**
Carl-Henning Pedersen und Else Alfelts Museum, Herning

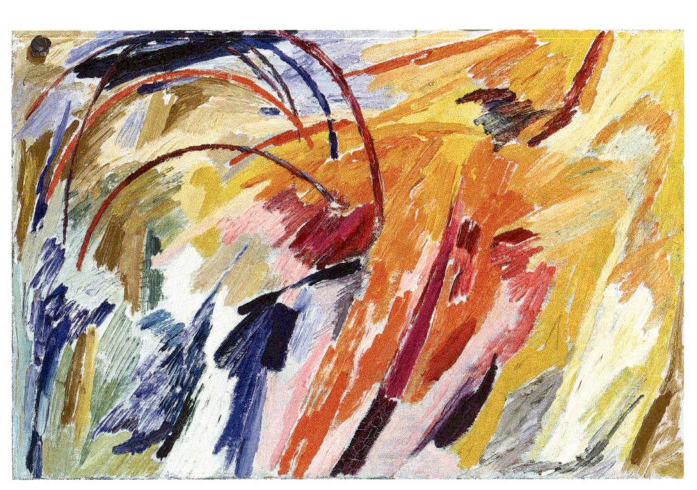

(Kat. 3), sind ihre Bilder stark mit genderspezifischen Termini interpretiert worden. Per Hovdenakk beschreibt die Art und Weise, in der ihre Arbeit den Berg – eine maskuline Kraft, die Stärke repräsentiert – und den Mond – einen femininen Archetyp – zusammenbringt, um eine neue Harmonie zu erschaffen. Aber er bringt Alfelts Interesse am Mond auch direkt mit dem weiblichen Menstruationszyklus in Verbindung.[32] Dergleichen überholte Sprachbilder verhindern, dass Leser*innen sehen, in welcher Art Alfelts Gemälde Formen von ihren Bezugsobjekten in der Welt befreien, um sie neu zu besetzen. Sie verleugnet die genderspezifischen Assoziationen von Bergen und Monden nicht, doch sie erschließt ihre facettenreichen Lesarten. Alfelts abstrakte Landschaften stellen das dar, was der Künstler Vilhelm Bjerke-Petersen von der Gruppe Linien „symbolische Abstraktion" nannte, eine Methode, ein abstraktes Kunstwerk mit einem gesellschaftlichen Gehalt zu erschaffen, das eine Reihe unterschiedlicher Interpretationsmöglichkeiten zulässt.[33] Ihre spitzen Berggipfel und astralen Kreise laden die Betrachter*innen mit der angedeuteten Bildersprache zum Assoziieren ein, während ihre Sinne durch Rhythmus und Farbe aktiviert werden.

In den 1940er-Jahren, während der deutschen Besatzung, stellten Alfelts abstrakte Formen auch eine Reaktion auf die Militäranlagen rund um Dänemark dar, einschließlich ihrer x-förmigen Stacheldrahtgebilde und metallenen Panzerabwehrinstallationen.[34] 1946 war es ihr zum ersten Mal nach Kriegsende möglich, die Berglandschaft Nordschwedens zu besuchen. Einem Bild aus einer Serie lebendiger regenbogenfarbiger Szenen der spektakulären Ansichten, die sie dort erblickte, gab sie den Titel *Den sprængte bro* (Die gesprengte Brücke) (Abb. 8), in Erinnerung an die vielen Brücken, die überall in Europa während der Rückzugsgefechte der deutschen Truppen im Jahr 1945 gesprengt wurden. Erkennt man die Spuren des gewaltsamen Konflikts in ihrem Werk aus den 1940er-Jahren, verkompliziert das die kulturbedingt femininen Assoziationen, die ihre sanften Berglandschaften und mondhellen Himmel hervorrufen. Am wichtigsten ist jedoch, dass Alfelts gezackte Formen nie vollends ausgearbeitet zu sein scheinen. Sie verkörpern den Prozess, den Kampf, sich trotz aller Widrigkeiten dem binären Denken zu entziehen und zu einer neuen Erfahrung von Harmonie und Gleichgewicht zu gelangen.

---

abstraction," a way of producing an abstract art with a social content that invites a range of different interpretations.[33] Her spiky peaks and astral circles invite viewers to make associations with the suggested imagery, while activating our senses through rhythm and color.

In the 1940s, during the German occupation, her abstract forms also responded to the military installations around Denmark, including X-shaped barbed wire structures and metal antitank installations.[34] In 1946, she was able to visit the mountainous landscape of northern Sweden for the first time after the end of the war. In a series of vivid rainbow-colored scenes of the dramatic views she witnessed, she gave one image the striking title *Den sprængte bro* (The Exploded Bridge) (fig. 8), recalling the many bridges bombed throughout Europe during liberation fighting in 1945. Recognizing the traces of violent conflict in her 1940s work complicates the culturally feminine associations of her gentle mountains and moonlit skies. Most importantly, Alfelt's jagged forms never appear fully finished. They embody a process, a struggle to emerge in the face of adversity— out of reductive binary thinking, into a new experience of harmony and balance.

Struggles for Recognition

The reception of other women artists associated with CoBrA has similarly been shaped by both national limitations and assumptions about gender. Dutch sculptor Charlotte van der Gaag (who signed her work "Lotti") is now accorded a place in the movement thanks to the Dutch scholarship of Willemijn Stokvis—even if such a move follows a typical national formula: neither French critic Jean-Clarence Lambert's *COBRA* book of 1980, nor Graham Birtwistle and Peter Shield's British *Cobra* exhibition of 2003, nor Alison Gingeras's American exhibitions at Blum and Poe gallery from 2017 include her work. Nevertheless, Lotti's blunt gestural drawings and spontaneous, creaturely sculptures in terra-cotta, plaster, and bronze rival those of Karel Appel in their playful directness. She established her spontaneous approach by making small clay creatures in The Hague in 1948.[35] As Stokvis observes, her fantasy creatures "corresponded entirely with the experimental jargon of

Kampf um Anerkennung

Wie andere Künstlerinnen, die mit CoBrA in Verbindung gebracht werden, wahrgenommen worden sind, ist in vergleichbarer Weise sowohl von nationalen Beschränkungen als auch von genderspezifischer Voreingenommenheit geprägt. Der niederländischen Bildhauerin Charlotte van der Gaag (die ihre Werke mit „Lotti" signierte) wird heute dank der Forschung der niederländischen Kunsthistorikerin Willemijn Stokvis ein Platz in der Bewegung eingeräumt – selbst wenn ein solcher Schritt typischen nationalen Schemata folgt: Weder in dem Buch *COBRA* des französischen Kunstkritikers Jean-Clarence Lambert von 1980 noch in der von Graham Birtwistle und Peter Shield kuratierten Ausstellung *Cobra* im Jahr 2003 in Großbritannien oder in Alison Gingeras' US-amerikanischen Ausstellungen in der Kunstgalerie Blum & Poe im Jahr 2017 wurden ihre Werke berücksichtigt. Gleichwohl können Lottis schonungslose gestische Zeichnungen und spontane, kreatürliche Plastiken in Terracotta, Gips und Bronze es hinsichtlich ihrer spielerischen Direktheit mit jenen von Karel Appel aufnehmen. Ihre spontane Herangehensweise bildete sie im Jahr 1948 heraus, als sie in Den Haag kleine Tonfiguren anfertigte.[35] Stokvis stellt fest, dass Lottis Fantasiegeschöpfe „in Gänze dem experimentellen Jargon des Cobra-Clans entsprechen".[36] In ihrer *Mensfiguur* (Menschenfigur; Kat. 118) aus dem Jahr 1948 transformiert sie den weiblichen Akt verwegen in eine wahnsinnige, lachende oder heulende Kreatur, die auf Hieronymus Bosch und den nordeuropäischen Expressionismus verweist. In ihr vereinigen sich menschliche und animalische Merkmale in einem Feiern des Kindlichen und Tierischen, wie es für CoBrA typisch ist, womit eine unübliche Aussage über die monströse Seite der Weiblichkeit getroffen wird.

Gemeinsam mit einer anderen niederländischen Künstlerin, der Malerin Dora Tuynman, zog Lotti 1950 nach Paris. Sie wohnten dort in derselben Atelierwohnung wie Appel und Corneille. Sie erinnerte sich jedoch daran, dass es „dort keinen echten Kameradschaftsgeist" gegeben habe.[37] Constant und Corneille sprachen sich in aller Öffentlichkeit dagegen aus, dass sich Lotti an der Ausstellung im Cobra Museum in Amstelveen beteiligte, und proklamierten: „Wir wollen nicht, dass die wegweisende Kraft von Cobra verwässert wird."[38] Es ist jedoch erwähnenswert, dass Corneilles sehr viel zurückhaltendere und kopflastige Malerei zu jener Zeit – von Stokvis mit „kantige,

the Cobra clan."[36] Her 1948 *Mensfiguur* (Human Figure) (cat. no. 118) boldly transforms the female nude into a maniacal, laughing or howling creature referencing Hieronymous Bosch and Northern European Expressionism. It combines human and animal features in a typical CoBrA celebration of the childlike and bestial, and makes an unusual statement about the monstrous side of femininity.

Along with another Dutch artist, painter Dora Tuynman, Lotti moved to Paris in 1950, living in the same industrial studio space in Paris as Appel and Corneille. She recalls, however, that "there was no true camaraderie" there.[37] Constant and Corneille publicly objected to Lotti's exhibition at the Cobra Museum in Amstelveen, proclaiming that "we do not wish to see the pioneering strength of Cobra diluted."[38] It is worth noting, however, that Corneille's much more restrained and cerebral painting at the time—what Stokvis calls the "angular, hard forms" and "aridity" of his paintings—could easily have been viewed as diverging from CoBrA's aesthetic had he not been a founding male member of the movement.[39]

Ironically, when Lotti challenged Corneille for excluding women artists, he replied that, "Anneliese Hager, Sonja Ferlov, Else Alfelt and Madeleine Kemény-Szemere were all valued Cobra members."[40] Hager's work became part of CoBrA through her husband, painter K.O. Götz. After seeing his work at an exhibition in Paris in 1947, the Dutch artists invited him as well as Hager and other colleagues from his German journal *Meta* to the 1949 CoBrA exhibition. Götz's colorful early paintings and prints were shown in both the 1949 and 1951 CoBrA exhibitions and a number of later shows, whereas Hager is hardly mentioned.[41] While Götz posed for photos inside the 1949 exhibition with the Dutch CoBrA poets, Hager remained in Dresden taking care of her three children.

Notably, Hager's three abstract photogram compositions were the only photographic contribution to the 1949 CoBrA show. As Lynette Roth observes, they significantly complicate the historiography of a movement often reduced to childlike experiments in painting and sculpture.[42] She created abstract compositions by covering photo-sensitive paper with fabric, feathers, soap

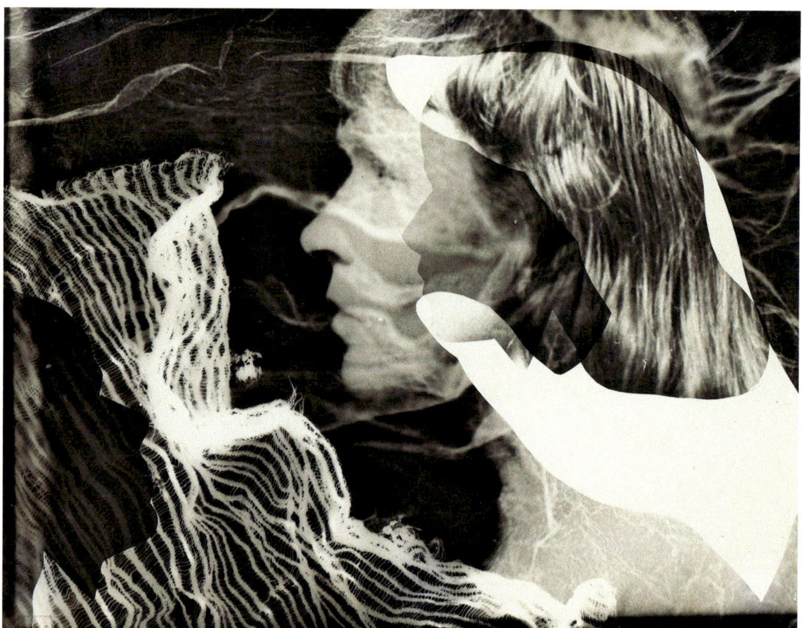

Abb. / Fig. **9**
Anneliese Hager
Ohne Titel (Porträt A.H.) / Untitled (Portrait A. H.)
1947
Silbergelatineabzug / Gelatin silver print, 18 × 24 cm,
Harvard Art Museum / Busch-Reisinger Museum, Geschenk von den deutschen Freunden des /
Gift of the German Friends of the Busch-Reisinger Museum

harte Formen" und „Dürre" beschrieben – als abweichend von CoBrA's Ästhetik hätte angesehen werden können, wäre er nicht ein männliches Gründungsmitglied der Bewegung gewesen.[39]

Als Lotti Corneille vorwarf, Künstlerinnen auszuschließen, antwortete er paradoxerweise: „Anneliese Hager, Sonja Ferlov, Else Alfelt und Madeleine Kemény-Szemere sind alle geschätzte Cobra-Mitglieder."[40] Hagers Werk wurde durch ihren Ehemann, den Maler K.O. Götz, Teil von CoBrA. Nachdem die niederländischen Künstler seine Arbeiten 1947 in einer Ausstellung in Paris gesehen hatten, luden sie ihn zusammen mit Hager und weiteren Kollegen seiner deutschen Kunstzeitschrift *Meta* zur CoBrA-Ausstellung im Jahr 1949 ein. Götz' farbenfrohe frühe Malereien und Drucke wurden in den CoBrA-Ausstellungen sowohl 1949 als auch 1951 sowie in einigen späteren Ausstellungen gezeigt; Hager wird hingegen kaum erwähnt.[41] Während Götz auf der Ausstellung des Jahres 1949 mit den niederländischen CoBrA-Künstlern für Fotos posierte, verblieb Hager in Dresden, um sich um ihre drei Kinder zu kümmern.

Beachtenswert ist, dass Hagers drei abstrakte Fotogramme die einzigen Beiträge zur CoBrA-Ausstellung im Jahr 1949 aus dem Bereich der Fotografie waren. Wie Lynette Roth feststellt, verkomplizieren

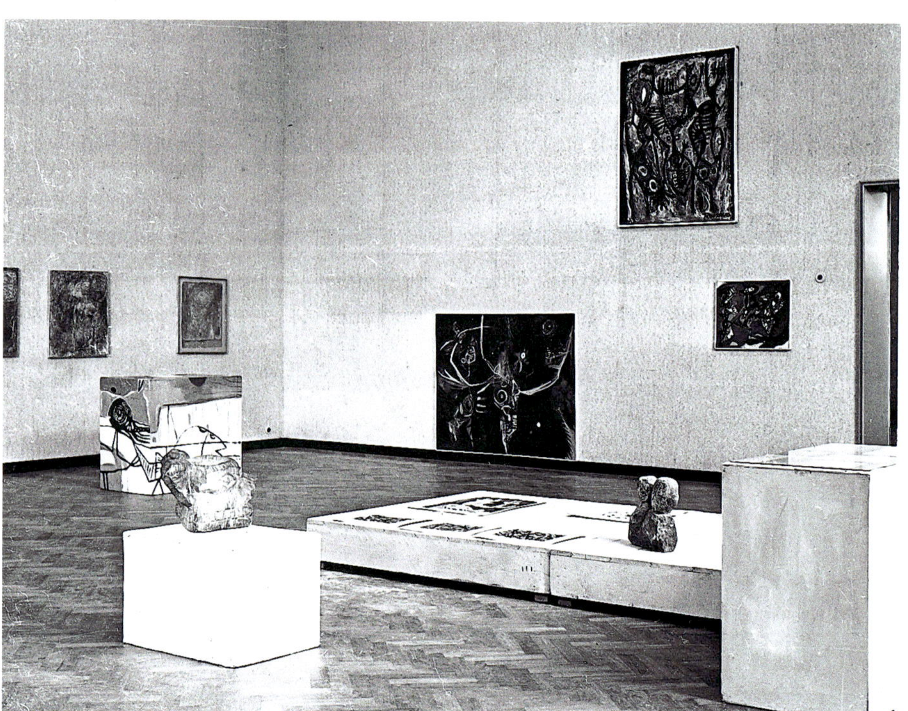

Abb. / Fig. **10**
Ansicht der ersten internationalen Ausstellung für experimentelle Kunst *(Cobra)* / View of the first international exhibition of experimental art, 3.–28. November / November 3–28, 1949, Stedelijk Museum, Amsterdam. Ausstellungsarchitektur von Aldo van Eyck. Werke von / Works by Madeleine Kemény-Szemere (linke Wand / left wall), Corneille (bemalte Kiste / painted box), Anton Rooskens (hintere Wand / back wall) und eine Granitskulptur von / and a granite sculpture by Henry Heerup, Fotografie von / photograph by Serge Vandercam

sie die Geschichtsschreibung einer Bewegung, die oft auf kindliche Experimente in Malerei und Bildhauerei reduziert wird, in erheblichem Maße.[42] Hager schuf abstrakte Kompositionen, indem sie lichtempfindliches Papier mit Stoff, Federn, Seifenblasen, Scherenschnitten ihres eigenen Profils, mit ihren Händen und anderem Material abdeckte (Kat. 68–70). Roth bemerkt: „Es war diese anhaltende Faszination von der Stofflichkeit der gewöhnlichen und übersehenen Dinge, und das Entdecken neuer Arten von Effekten durch das von ihr gewählte Medium", die sie eng mit CoBrA in Verbindung bringen.[43] Hager verdeckt sogar ihre eigenen Gesichtszüge mit dem, was Haar und Stoff an Textureigenschaften aufweisen, und dekonstruiert so ihr eigenes Konterfei. In *Ohne Titel (Portrait A. H.)* (Abb. 9) überlagert Hager eine Fotografie ihres Gesichts im Profil mit einem Scherenschnitt ihrer geöffneten Hand und einem kleineren Scherenschnitt ihres Profils, das zwischen Schichten aus Stoff und Gaze eingebettet ist, und erschafft so eine ozeanisch anmutende Komposition. Ihr distanziertes Selbstporträt verweist auf die Tatsache, dass Hager im Unterschied zu Götz hinter den Kulissen tätig war, und zwar als experimentelle Fotografin, Dichterin und Übersetzerin surrealistischer Texte ins Deutsche.

Das jüdisch-ungarische Künstlerehepaar Madeleine Kemény-Szemere und Zoltán Kemény, die 1933 in Paris geheiratet hatten, waren auf Einladung von Corneille auf der CoBrA-Ausstellung des Jahres 1949 vertreten (Abb. 10). Ihm hatte die Arbeit von Kemény-Szemere in Jean Dubuffets Foyer de l'Art Brut in Paris im Jahr 1948 gefallen. Kemény-Szemere war bereits in ihrer Kindheit mit ihrer zeichnerischen Begabung aufgefallen, und ihre künstlerische Fähigkeit führte in ihrem Verhältnis zu ihrem Ehemann zu Spannungen. Während des Krieges verloren beide Künstler in den Konzentrationslagern der Nazis jüdische Familienangehörige und flohen vor dem Einmarsch der deutschen Truppen in Paris in die Schweiz. Nach dem Krieg nahmen sie ihre Arbeit als Modezeichner*innen wieder auf. Allerdings verwehrten die Herausgeber Kemény-Szemere eine gerechte Zuschreibung der von ihr stammenden Entwürfe.[44] Im Jahr 1946 freundete sich das Ehepaar mit Dubuffet bei dessen erster Ausstellung seiner Gemälde *Hautes Pâtes* (Malerei mit Materie) in Paris an. Kemény-Szemeres künstlerischer Erfolg und Dubuffets Wertschätzung ihrer Arbeit waren es, die zu der kurzen Mitwirkung des Paares bei CoBrA führten.

---

bubbles, paper cutouts of her own profile and hands, and other materials (cat. nos. 68–70). Roth observes that "it was this ongoing fascination with the materiality of ordinary and overlooked things, and the discovery of new kinds of effects through her chosen medium" that closely align her with CoBrA.[43] She even obscures her own facial features with textural properties of hair or cloth, deconstructing her own image. In *Untitled (Portrait A. H.)* (fig. 9) Hager superimposes a cutout of her open hand over a photograph of her face in profile, with a smaller cutout profile sandwiched between layers of fabric and gauze to create an oceanic composition. Her impersonal self-portrait references the fact that unlike Götz, Hager worked behind the scenes, as an experimental photographer, poet, and translator of Surrealist texts into German.

Jewish Hungarian artists Madeleine Kemény-Szemere and her husband Zoltán Kemény, who married in Paris in 1933, were included in the 1949 CoBrA at the invitation of Corneille (fig. 10). He appreciated the work of Kemény-Szemere at Jean Dubuffet's Foyer de l'Art Brut in Paris in 1948. Kemény-Szemere was recognized for her drawing ability since childhood, and her artistic ability became a source of tension in her relationship with her husband. During the war, both artists lost Jewish family members in the Nazi extermination camps, and they fled to Switzerland to escape the invasion of Paris. After the war, they resumed working as fashion illustrators, although their editors prevented Kemény-Szemere from getting equal credit for her designs.[44] They befriended Dubuffet in 1946 at the first exhibition of his *hautes pâtes* (thick pastes) paintings in Paris. It was Kemény-Szemere's artistic success and the appreciation of Dubuffet for her work that led to the couple's brief involvement with CoBrA.

Kemény-Szemere's painting *Dormeuse II* (cat. no. 75) strongly recalls the work of Dubuffet as well as what he termed *art brut* (raw art), art by untrained or outsider artists, in their flattened contours and earthy colors and textures. She also took direct inspiration from children's art, which, like many CoBrA artists, she collected. Her work relates closely to Dubuffet's in its mixture of elegance and brutality and its rejection of politics. She depicts the female figure in particular

Kemény-Szemeres Gemälde *Dormeuse II* (Schlafende II, Kat. 75) erinnert stark an die Arbeit von Dubuffet sowie an das, was dieser als Art brut (rohe Kunst) bezeichnete, Kunst mit abgeflachten Konturen und erdigen Farben und Texturen, die von Laien oder künstlerischen Außenseitern geschaffen wurde. Kemény-Szemere ließ sich auch direkt von Bildern inspirieren, die Kinder angefertigt hatten und die sie, wie auch andere Künstler*innen der CoBrA-Gruppe, sammelte. Ihre Arbeit steht, was ihre Mischung aus Eleganz und Brutalität sowie ihre Ablehnung politischer Ansichten anbelangt, in enger Beziehung zu jener von Dubuffet. Insbesondere die weibliche Figur wird von Kemény-Szemere kraftvoller dargestellt als von ihrem Mann. Während in Zoltan Keménys ätherischem Porträt einer Mutter mit Kind die Mutter einen lang gestreckten Körper besitzt, der durch hervorstehende Brüste definiert ist, jedoch bloß ein unsicheres Standbein besitzt (Kat. 77), betont Kemény-Szemere bei ihrer *Mère* (Mutter, Kat. 74) das kräftige Gesicht der Frau, das sich in einer Komposition, die eine starke emotionale und intellektuelle Bindung andeutet, harmonisch an den Kopf ihres Kindes schmiegt. Zentral für Kemény-Szemeres Arbeiten sind weibliche Figuren, die ihren Alltagsaktivitäten nachgehen, wie beispielsweise die Frau in *Femme et oiseau* (Frau und Vogel, Kat. 73), die den Boden fegt. „Wo in der Nachkriegskunst wird Wäsche gewaschen, werden Kartoffeln gerieben oder Teppiche geklopft?", fragt Roland Wäspe in seiner Lobrede auf ihre einzigartigen Darstellungen arbeitender Frauen.[45] Bedauerlicherweise stellte Kemény-Szemere im Jahr 1956 das Malen ein. Sie merkte an, man müsse „als Mann geboren worden sein; als Ehefrau konnte ich mich mit meinem Mann nicht in ständigem Wettstreit befinden".[46] Aus diesem Grunde war Zoltan Kemény viel bekannter als seine Frau zu deren Lebzeiten. Nach seinem Tod 1965 arbeitete sie gewissenhaft daran, seine abstrakten Skulpturen in Museen in ganz Europa unterzubringen. Sie zeichnete allerdings weiterhin und nahm später auch das Malen wieder auf.

Eine der wichtigsten Erkenntnisse von CoBrA war, dass die Gruppe begriff, wie anfällig der freisinnige Gemeinschaftssinn der Künstler*innen dafür war, vom liberalen Kunstestablishment als Ausdruck persönlicher Kunstfertigkeit ausgelegt zu werden. Sonja Ferlov Mancoba merkt an, dass Ausdruck in Anbetracht der sozialen Normen der Kunstwelt stets eine heikle Angelegenheit sei: „Es wird immer Kritiker geben, die aus einem für jedermann bestimmten

---

more powerfully than her husband. Whereas Zoltan Kemény's etherial depiction of a mother and child presents an elongated mother's body defined by prominent breasts but only one precarious supporting leg (cat. no. 77), Kemény-Szemere's *Mother* (cat. no. 74) emphasizes the woman's substantial face neatly aligned with the head of her child in a composition that suggests a strong emotional and intellectual bond. Female figures going about their daily activities were central for Kemény-Szemere, as seen in the woman sweeping the floor in *Femme et oiseau* (cat. no. 73). "Where in postwar art are clothes washed, potatoes grated, and carpets beaten?" asks Roland Wäspe, in praise of her unique depictions of women working.[45] Unfortunately, Kemény-Szemere stopped painting in 1956, noting that "you had to be born a man; as a wife I could not be in permanent competition with my husband."[46] Zoltan Kemény would therefore become much more renowned than his wife during her lifetime. After his death in 1965, she worked diligently to place his abstract sculptures in museums throughout Europe. Nevertheless, she continued to draw and began painting again later in life.

One of CoBrA's most important insights was its recognition of the way artists' broadminded expressions of community were vulnerable to the liberal art establishment's colonization of them as expressions of personal virtuosity. Sonja Ferlov Mancoba observes that expression is always precarious given the social politics of the art world: "there will always be critics who make it into a special individual and fantastic expression instead of an expression for everyone."[47] Her observation echoes the more well-known statement of Constant in his Dutch CoBrA "Manifesto" of 1948: "vital expression is . . . the property of all and for this reason every limitation that reduces art to the reserve of a small group of specialists, connoisseurs, and virtuosi must be removed."[48] CoBrA's "interpersonal expression" represented a dialogue of materials and symbolic forms, and recognized the fragility of marginal perspectives. Its artworks use popular imagery to recall particular communities while allowing anyone to appreciate their simplicity and directness. These works relate to people's experience as part of a community rather than individuals set apart. CoBrA

Ausdruck einen besonderen, individuellen und fantastischen Ausdruck machen."[47] In ihrer Beobachtung spiegelt sich die bekanntere Aussage von Constant aus seinem auf Niederländisch verfassten CoBrA-„Manifesto" aus dem Jahr 1948: „Lebendiger Ausdruck [...] gehört uns allen, und aus diesem Grunde muss jede Beschränkung, die Kunst einer kleinen Gruppe von Spezialisten, Kunstkennern und Virtuosen vorbehält, abgeschafft werden."[48] Der „interpersonelle Ausdruck" der CoBrA-Künstler*innen stellte einen Dialog zwischen Materialien und symbolischen Formen dar und erkannte die Fragilität von Randperspektiven. Ihre Kunstwerke setzen eine populäre Bildsprache ein, um an bestimmte Gemeinschaften zu erinnern, während sie jedem*er gestatten, sich an ihrer Einfachheit und Direktheit zu erfreuen. Diese Arbeiten beziehen sich auf die Erfahrung von Menschen als Teil einer Gemeinschaft, nicht auf voneinander getrennte Individuen. CoBrA erklärte Kunst zu etwas, das einbezieht statt auszugrenzen, das allgemein ist statt elitär und intuitiv statt rational. Die Gruppe ließ den Traum von transzendentaler Universalität, von der die frühere abstrakte Kunst geprägt war, hinter sich und strebte nach etwas Einfacherem und Alltäglicherem. Doch um ein größeres Publikum anzusprechen, griffen die männlichen Künstler auf die typische Polemik und das Gebaren der historischen Avantgarde zurück. Dies benachteiligte nicht nur die an der Bewegung beteiligten Frauen, sondern es widersprach auch einigen der radikalen egalitären und genderneutralen Ausdrucksformen, die von Künstler*innen wie Alfelt, Bille, den Mancobas und Jorn entwickelt worden waren. Deren interpersoneller Ausdruck überarbeitet historische und gängige Vorstellungen, ohne dabei in Formen des Nationalismus zurückzufallen oder überholte Annahmen zur sozialen Identität zu reproduzieren. Stattdessen laden sie zu einem sich beständig weiterentwickelnden Dialog zwischen vielschichtigen und einander überschneidenden Identitäten und Perspektiven ein.

declared art to be inclusive rather than exclusive, common rather than elite, and intuitive rather than rational. Leaving behind the dream of transcendent universality that characterized earlier abstract art, it sought something more humble and common. Yet to reach a larger audience, the male artists drew on the polemics and posturing typical of the historical avant-garde. This not only left women participants at a disadvantage, but also negated some of the most radical egalitarian and gender-neutral expressions developed by artists like Alfelt, Bille, the Mancobas, and Jorn. Their interpersonal expression reworks historical and popular images without falling back on nationalism or outmoded assumptions about social identity. Instead, it invites dialogue across multifaceted and intersecting identities and perspectives, in a continually evolving conversation.

1 Griselda Pollock, *Vision and Difference: Femininity, Feminism and the Histories of Art,* London 1988, S. 23–24.
2 Ebd., S. 46.
3 Ebd., S. 24.
4 Ebd., S. 20.
5 Ann Eden Gibson, *Abstract Expressionism: Other Politics,* New Haven (MA) 1997.
6 Siehe Karen Kurczynski, *The Cobra Movement in Postwar Europe: Reanimating Art,* London 2020, S. 203–204.
7 Siehe *Cobra – The Women Artists,* hg. von Christian Kortegaard Madsen, Ausst.-Kat. Museum Jorn, Silkeborg, Silkeborg 2021; darin eine ältere Version dieser Abhandlung.
8 Asger Jorn, „Handlingens Kunst – Eksperimentelle kunst eller de frie kunster. Forelæsning på det svenske kunstakademi" (1964), Museum Jorn Archive, S. 3–4.
9 Egill Jacobsen, „Introduktion til Carl-Henning Pedersen's Billeder", in: *Helhesten* 1, Nr. 3, 1941, S. 73–74.
10 Else Alfelt, „Universets blomst",übers. in: Eva Pohl, „A Luminous Dream of Connectedness", in: Hanne Lundgren Nielsen, *Else Alfelt: The Aesthetics of Emptiness,* Carl-Henning Pedersen & Else Alfelts Museum, Herning 2010, S. 39.
11 Jan Würtz Frandsen, „Studier i tilblivelsen af dansk abstrakt surrealisme i de tidlige 1930'ere, Sonja Ferlovs skulptur *To levende væsener,* 1935", in: *SMK Art Journal 2003–2004,* 2005, S. 26–53.
12 Lars Morell, *Skultpuren: Samtaler med Erik Thommesen,* Rønde 2006, S. 85.
13 Henning Jørgensen, „The Human is the Personal: On the Ongoing Development in Erik Thommesen's Artistic Production", in: *Erik Thommesen: Billedhuggeren/The Sculptor,* Ausst.-Kat. Holstebro Kunstmuseum, Holstebro, u. a., Gushjem 2001, S. 85.
14 „Begivenhedernes hastighed var større end min evne til at fastholde udtrykket i materialet", Ferlov, zit. in: Troels Andersen, *Sonja Ferlov Mancoba,* Kopenhagen 1979, S. 35.
15 „Sculpturen har sine aborter, sine kejsersnit, sine navlestrenge, en skulptur har sine troskriser, sine ører, sin skarlagensfeber, og nævn blot, hvad der er mest automatisk I skulptering og I kærlighed." Christian Dotremont, *Sonja Ferlov,* „Frie kunstnere – første serie i Cobra-biblioteket", Kopenhagen 1950, o. S.
16 „Il entre dans les moyens comme dans une femme [… à la découverte des parties honteuses de l'homme." Christian Dotremont, *Constant,* Kopenhagen 1950 (= Bibliothèque de Cobra : Les Artistes libres), o. S.
17 Robert Dahlmann Olsen, *Sonja Ferlov Mancoba* Kopenhagen 1971 (= Vor Tids Kunst, 72), S. 28.
18 „To maleres Naturfølelse", in: *Land og Folk,* 18.10.1947, Archiv des Carl-Henning Pedersen & Else Alfelts Museum, Herning.
19 Claude Serbanne, Brief an Asger Jorn, 1946, Archiv des Museum Jorn.
20 Christian Dotremont, Brief an Asger Jorn, 4.3.1949, Archiv des Museum Jorn.
21 „Point de brebis galante, dans l'antre du loup-garou." Édouard Jaguer, *Else Alfelt,* Kopenhagen 1950 (Bibliothèque de Cobra: Les Artistes libres), o. S.
22 „Qui pourrait soutenir que la brillance de l'incendie atténuée son pouvoir dévastateur ?" Jaguer 1950 (wie Anm. 21), o. S.
23 Willemijn Stokvis, *Cobra: The History of a European Avant-Garde Movement,* Rotterdam 2017, S. 52 und 231; Jean-Clarence Lambert, *COBRA,* New York 1983, S. 29–30.
24 Lambert 1983, S. 49 und 64.
25 Ebd., S. 64–65.
26 Linda Nochlin, „Why Are There No Great Women Artists?", in: *Art News,* Januar 1971, im Internet veröffentlicht unter: https://www.artnews.com/art-news/retrospective/why-have-there-been-no-great-women-artists-4201 (23.5.2022).
27 Ejler Bille, *Picasso, Surrealismen, Abstrakt kunst,* Kopenhagen 1945, S. 111.
28 Dorthe Aagesen and Mikkel Bogh, *Sonja Ferlov Mancoba: Mask and Face,* hg. von Cecilie Høgsbro Østergaard, Kopenhagen 2019, S. 58.
29 Ferlov Mancoba, zit. in: Troels Andersen, *Sonja Ferlov Mancoba,* Kopenhagen 1979, S. 18.
30 „L'artiste interprète la réalité eternelle de la nature humaine, que chantait naguère mais que n'exprime plus aujourd'hui la vois du peuple tout entier, réduite au silence par notre société individualiste et matérialiste." Sonja Ferlov Mancoba, masch.-schr. Manuskriptseite, o. D. Mit freundlicher Genehmigung des Mancoba-Nachlasses.
31 Ernest Mancoba, Auszug aus einem Brief aus dem Jahr 1953, veröffentlicht in: *Le Musée Vivant,* übers. in: Bridget Thompson (Hg.), *In the Name of All Humanity: The African Spiritual Expression of Ernest Mancoba,* Kapstadt 2006, S. 54.
32 Per Hovdenakk, „Else Alfelt", in: *Else Alfelt,* hg. von Jacob Thage, Holte 2000, S. 12.
33 Vilhelm Bjerke-Petersen, *Symboler i abstrakt kunst,* Kopenhagen 1933.
34 Kurczynski 2020 (wie Anm. 6), S. 196–207.
35 Laura Soutendijk, *Lotti van der Gaag,* Blaricum 2003, S. 58.
36 Stokvis 2017 (wie Anm. 23), S. 208.
37 Esther Schreuder, „To Be or Not to Be Cobra: Lotti van der Gaag", 2015, https://estherschreuder.wordpress.com/2015/04/11/to-be-or-not-to-be-cobra-lotti-van-der-gaag/ (28.6.2021).
38 Constant und Corneille, 1998, zit. In: Ludo van Halem und Marcel Hummelink, *Cobra, The Colour*

1 Griselda Pollock, *Vision and Difference: Femininity, Feminism, and the Histories of Art* (London: Routledge, 1988), pp. 23–24.
2 Ibid., p. 46.
3 Ibid., p. 24.
4 Ibid., p. 20.
5 Ann Eden Gibson, *Abstract Expressionism: Other Politics* (New Haven: Yale University Press, 1997).
6 See Karen Kurczynski, *The Cobra Movement in Postwar Europe: Reanimating Art* (London: Routledge, 2020), pp. 203–4.
7 See Christian Kortegaard Madsen, ed., *Cobra – The Women Artists* (Silkeborg: Museum Jorn, 2021), which features an earlier version of this essay.
8 Asger Jorn, "Handlingens Kunst—Eksperimentelle kunst eller de frie kunster. Forelæsning på det svenske kunstakademi," 1964, Museum Jorn Archive, pp. 3–4.
9 Egill Jacobsen, "Introduktion til Carl-Henning Pedersen's Billeder," *Helhesten* 1, no. 3 (1941): 73–74.
10 Else Alfelt, "Universets blomst," trans. in Eva Pohl, "A Luminous Dream of Connectedness," in Hanne Lundgren Nielsen, *Else Alfelt: The Aesthetics of Emptiness* (Herning: Carl-Henning Pedersen and Else Alfelts Museum, 2010), p. 39.
11 Jan Würtz Frandsen, "Studier i tilblivelsen af dansk abstrakt surrealisme i de tidlige 1930'ere, Sonja Ferlovs skulptur *To levende væsner,* 1935," *SMK Art Journal 2003–2004* (Copenhagen: Statens Museum for Kunst, 2005), pp. 26–53.
12 Lars Morell, *Skultpuren: Samtaler med Erik Thommesen* (Rønde: Boggalleriet, 2006), p. 85.
13 Henning Jørgensen, "The Human is the Personal: On the Ongoing Development in Erik Thommesen's Artistic Production," in *Erik Thommesen: Billedhuggeren/The Sculptor* (Holstebro: Holstebro Kunstmuseum, 2001), p. 85.
14 "Begivenhedernes hastighed var større end min evne til at fastholde udtrykket i materialet." Ferlov, quoted in Troels Andersen, *Sonja Ferlov Mancoba* (Copenhagen: Borgen, 1979), p. 35.
15 "Sculpturen har sine aborter, sine kejsersnit, sine navlestrenge, en skulptur har sine troskriser, sine ører, sin skarlagensfeber, og nævn blot, hvad der er mest automatisk I skulptering og I kærlighed." Christian Dotremont, *Sonja Ferlov,* "Frie kunstnere – første serie i Cobra-biblioteket" (Copenhagen: Ejnar Munksgaard, 1950), n.p.
16 "Il entre dans les moyens comme dans une femme . . . à la découverte des parties honteuses de l'homme." Christian Dotremont, *Constant,* "Bibliothèque de Cobra: Les Artistes libres" (Copenhagen: Ejnar Munksgaard, 1950), n.p.
17 Robert Dahlmann Olsen, *Sonja Ferlov Mancoba,* Vor Tids Kunst 72 (Copenhagen: Gyldendal, 1971), p. 28.
18 "To maleres Naturfølelse," *Land og Folk,* Oct 18, 1947, Carl-Henning Pedersen and Else Alfelts Museum Archives, Herning.
19 Claude Serbanne, letter to Asger Jorn, 1946, Museum Jorn Archives.
20 Christian Dotremont, letter to Asger Jorn, March 4, 1949. Museum Jorn Archives.
21 "Point de brebis galante, dans l'antre du loup-garou." Édouard Jaguer, *Else Alfelt,* Bibliothèque de Cobra: Les Artistes libres (Copenhagen: Ejnar Munksgaard, 1950), n.p.
22 "Qui pourrait soutenir que la brillance de l'incendie atténue son pouvoir dévastateur?" Jaguer, *Else Alfelt,* n.p.
23 Willemijn Stokvis, *Cobra: The History of a European Avant-Garde Movement* (Rotterdam: NAi, 2017), pp. 52 and 231; Jean-Clarence Lambert, *COBRA* (New York: Abbeville, 1983), pp. 29–30.
24 Lambert, *COBRA,* pp. 49 and 64.
25 Ibid., pp. 64–65.
26 Linda Nochlin, "Why Are There No Great Women Artists?" *Art News* (January, 1971), reprinted online at https://www.artnews.com/art-news/retrospective/why-have-there-been-no-great-women-artists-4201 (accessed May 23, 2022).
27 Ejler Bille, *Picasso, Surrealismen, Abstrakt kunst* (Copenhagen: Helios, 1945), p. 111.
28 Dorthe Aagesen and Mikkel Bogh, *Sonja Ferlov Mancoba: Mask and Face,* ed. Cecilie Høgsbro Østergaard (Copenhagen: Statens Museum for Kunst, 2019), p. 58.
29 Ferlov Mancoba, quoted in Troels Andersen, *Sonja Ferlov Mancoba* (Copenhagen: Borgen, 1979), p. 18.
30 "L'artiste interprète la réalité eternelle de la nature humaine, que chantait naguère mais que n'exprime plus aujourd'hui la vois du peuple tout entier, réduite au silence par notre société individualiste et matérialiste." Sonja Ferlov Mancoba, typed manuscript page, undated. Courtesy of the Mancoba Estate.
31 Ernest Mancoba, excerpt of a 1953 letter published in *Le Musée Vivant,* translated in Bridget Thompson, ed., *In the Name of All Humanity: The African Spiritual Expression of Ernest Mancoba* (Cape Town: Art and Ubuntu Trust, 2006), p. 54.
32 Per Hovdenakk, "Else Alfelt," in *Else Alfelt,* ed. Jacob Thage (Holte: Gl. Holtegaard, 2000), p. 12.

of Freedom: The Schiedam Collection, Rotterdam 2003, S. 18.

39 Stokvis 2017 (wie Anm. 23), S. 277.

40 Corneille, zit. in: Schreuder 2015 (wie Anm. 37).

41 In der Ausstellung *Cobra 1948–1951* (Musée d'Art Moderne de la Ville de Paris, 1982) wurden drei Arbeiten von Götz ausgestellt. Von Hager war kein Werk zu sehen, und Kemény-Szemeres Arbeit ist nicht wiedergegeben.

42 Lynette Roth, „Anneliese Hager, Cobra, and the Camera-Less Photograph", in: Kerry Greaves (Hg.), *Modern Women Artists in the Nordic Countries,* London 2021, S. 146–156.

43 Ebd., S. 147.

44 Caroline Kesser, *Madeleine Kemény-Szemere,* Ausst.-Kat. Kunstmuseum St. Gallen, St. Gallen, Ostfildern 1995, S. 59–61.

45 Roland Wäspe, „Toutes mes pensées sont à vous", in: ebd., S. 10.

46 „Il fallait naître l'homme; comme épouse je ne pouvais, être en permanente competition avec Zoltan." Zit. von Michel Ragon in einem unver-öffentlichten Text über die Keménys, 1990, in: ebd., S. 9.

47 „Der vil altid være kritikere til at gøre det til et ‚specielt individuelt og fantastisk udtryk' i stedet for et alment gældende udtryk." Ferlov Mancoba, *Ingen skaber alene: Breve 1960–1984,* Kopenhagen 2003, S. 44.

48 Constant, „Manifesto", *Reflex,* 1, September – Oktober 1948, übers. von Leonard Bright, Situationist International Online, http://www. cddc.vt.edu/sionline/presitu/manifesto.html (18.8.2022).

33 Vilhelm Bjerke-Petersen, *Symboler i abstrakt kunst* (Copenhagen, 1933).

34 Kurczynski, *The Cobra Movement in Postwar Europe,* pp. 196–207.

35 Laura Soutendijk, *Lotti van der Gaag* (Blaricum, The Netherlands: V + K Publishing, 2003), p. 58.

36 Stokvis, *Cobra,* p. 208.

37 Esther Schreuder, "To Be or Not to Be Cobra: Lotti van der Gaag," 2015, Esther Schreuder website, https://estherschreuder.wordpress. com/2015/04/11/to-be-or-not-to-be-cobra-lotti -van-der-gaag/ (accessed June 28, 2021).

38 Constant and Corneille, 1998, quoted in Ludo van Halem and Marcel Hummelink, *Cobra, The Colour of Freedom: The Schiedam Collection* (Rotterdam: NAi Publishers, 2003), p. 18.

39 Stokvis, *Cobra,* p. 277.

40 Corneille, quoted in Schreuder, "To Be or Not to Be Cobra."

41 Three works by Götz were included in *Cobra 1948–1951* (Paris: Musée d'Art Moderne de la Ville de Paris, 1982). No works by Hager were included, and Kemény-Szemere's work is not reproduced.

42 Lynette Roth, "Anneliese Hager, Cobra, and the Camera-Less Photograph," in *Modern Women Artists in the Nordic Countries,* ed. Kerry Greaves (London: Routledge, 2021), pp. 146–56.

43 Roth, "Anneliese Hager," p. 147.

44 Caroline Kesser, *Madeleine Kemény-Szemere* (St. Gallen: Kunstmuseum St. Gallen/Cantz, 1995), pp. 59–61.

45 Roland Wäspe, "Toutes mes pensées sont à vous," in Kesser, *Madeleine Kemény-Szemere,* p. 10.

46 "Il fallait naître l'homme; comme épouse je ne pouvais, être en permanente competition avec Zoltan." Quoted by Michel Ragon in an unpub-lished text on the Keménys, 1990, in Kesser, *Madeleine Kemeny-Szemere*, p. 9.

47 "Der vil altid være kritikere til at gøre det til et 'specielt individuelt og fantastisk udtryk' i stedet for et alment gældende udtryk." Ferlov Mancoba, *Ingen skaber alene: Breve 1960–1984* (Copenhagen: Anagram, 2003), p. 44.

48 Constant, "Manifesto," *Reflex* 1 (September– October 1948), trans. Leonard Bright, Situationist International Online, http://www.cddc.vt.edu/ sionline/presitu/manifesto.html.

NIEDER-LANDE

THE NETHERLANDS

Karel Appel
Eugène Brands
Constant
Corneille

Lotti van der Gaag
Jan Nieuwenhuys
Anton Rooskens
Theo Wolvecamp

Christina Bergemann

ach dem Zweiten Weltkrieg dominierte nach Isolation, zwischenmenschlicher Trennung sowie der Erfahrung von Tod und Gewalt die Sehnsucht nach internationalem Austausch und der Wunsch nach einer „von vielen Regeln, Klassizismen und vom Rationalismus befreiten Kunst".[1] Um diesen Bruch mit der bisherigen Kunstgeschichte zu verstehen, genügt ein Blick auf die Lage, in der sich die niederländische Kultur und damit das künstlerische Umfeld befand, in das die Mitglieder der späteren CoBrA-Bewegung in den Niederlanden hineinwirkten.

Während Kollektive und Künstler*innen in Dänemark und Belgien in der Kriegszeit und der nationalsozialistischen Besatzung beziehungsweise unmittelbar danach versuchten, an künstlerische Strömungen vor dem Krieg anzuknüpfen, so bildete das Kriegsende für die niederländischen Künstler*innen eine Zäsur zwischen alten Traditionen und den entgegengesetzten Ambitionen einer jungen Avantgarde, die im Aufbruch war. Die im Herbst 1945 im Amsterdamer Stedelijk Museum gezeigte und von Willem Sandberg kuratierte Ausstellung trug zwar den Titel *Kunst in Vrijheid* (Kunst in Freiheit), sie zeigte jedoch in den Augen der jungen Künstler*innengeneration das Vakuum auf, in dem sich die niederländische Kulturentwicklung während der Besatzungszeit befunden hatte. Sie rekapitulierte die von den Nationalsozialisten verfemten Kunstströmungen vor dem Krieg und bot zu der in den Niederlanden vorherrschenden konstruktivistischen Kunst von De Stijl eine Art Gegenpol. Doch das Drängen nach neuen Kunstformen fand damit noch nicht seine Erfüllung.[2] Noch unabhängig voneinander nutzten Constant und Corneille die neu gewonnene Freiheit, um nach Paris zu reisen. Constant traf dort 1946 während einer Ausstellung zu Arbeiten von Joan Miró den dänischen Künstler Asger Jorn, während Corneille in Budapest die Kunst von Paul Klee für sich entdeckte.[3] Gemeinsam mit dem befreundeten Maler Karel Appel reiste Corneille schließlich nach Paris. Dort studierten sie die sogenannte Art brut sowie deren Verarbeitung in den Werken Jean Dubuffets und ihre Begeisterung für Kinderzeichnungen und die Ausdrucksformen außereuropäischer Kulturen wuchs stetig.[4]

---

fter World War II, with its isolation, intrapersonal separation, and the experience of death and violence, there was a dominant desire for international exchange and wish for an "art freed of many rules, classicisms, and rationalism."[1] To understand this break with the earlier history of art, it suffices to look at the situation of Dutch culture and hence the artistic environment that the future members of the CoBrA movement in the Netherlands were entering.

Whereas the collectives and artists in Denmark and Belgium tried during the war and under National Socialist occupation or immediately thereafter to connect to artistic currents before the war, for

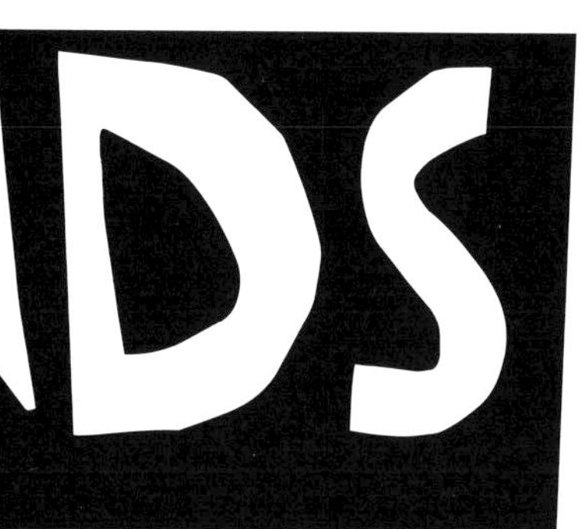

the Dutch artists the end of the war represented a turning point between old traditions and the opposing ambitions of a young avant-garde that was just forming. The exhibition shown at the Stedelijk Museum in Amsterdam in the autumn of 1945, curated by Willem Sandberg, was called *Kunst in Vrijheid* (Art in Freedom), but in the eyes of the generation of young artists it revealed the vacuum in which the Dutch cultural evolution had found itself during the period of the occupation. It recapitulated the prewar art movements that had been disparaged by the National Socialists and offered a kind of opposite pole to the Constructivist art of De Stijl that dominated in the Netherlands. But that did not yet satisfy the striving for new art forms.[2] Still independently of each other, Constant and Corneille took advantage of their newly acquired freedom to travel to Paris. There, at an exhibition of the works of Joan Miró, Constant met the Danish artist Asger Jorn, while Corneille discovered the art of Paul Klee in Budapest.[3] Corneille then traveled to Paris with his friend the painter Karel Appel. There, they studied so-called Art Brut and its assimilation in the works of

Die Ausstellung *Jonge Schilders* (Junge Maler), die 1946 von Sanders im Amsterdamer Stedelijk Museum ausgerichtet wurde, brachte Corneille und Appel mit Constant zusammen. Sie erkannten ihre gemeinsamen Interessen und präsentierten ihre Werke im Frühjahr 1948 im Rahmen einer eigenen Ausstellung in der Amsterdamer Galerie Santee Landweer.[5] Noch im selben Jahr, am 16. Juli 1948, gründeten sie die Experimentele Groep Nederland, zu der Theo Wolvecamp, Jan Nieuwenhuys – Constants Bruder –, der wesentlich ältere Anton Rooskens und Eugène Brands hinzukamen (Abb. 1).[6] Über Constant wurden die jungen Lyriker Jan G. Elburg, Gerrit Kouwenaar und Lucebert Teil der experimentellen Gruppe, die ihre Gedichte bei den von nun an stattfindenden Treffen der Gruppe vortrugen.[7]

Die gemeinsam herausgegebene Zeitschrift mit dem Titel *Reflex* (Abb. 2) ist dabei gleich in zweifacher Hinsicht ein Verweis auf eine völlig entgegengesetzte Kunstauffassung. Er zeigt den Anspruch, in der Reflexion der künstlerischen Vorbilder zu einem neuen künstlerischen Ausdruck zu finden und den Reflex – also das Ursprüngliche, Spontan-Zufällige und gleichzeitig Nichtrationale – in den Vordergrund zu stellen. Die Zeitschrift war nicht nur ein Mittel der Kommunikation, um mit anderen Künstler*innen und Kollektiven in Kontakt zu bleiben, sondern auch ein wichtiges Medium des künstlerischen Experimentierens in verschiedenen Disziplinen. In der ersten Ausgabe der Avantgardezeitschrift mit einem Coverdesign von Corneille wird neben Gedichten und Bildern der Gruppenmitglieder auch der von Constant formulierte Manifesttext veröffentlicht, der die Kunstvision der CoBrA-Bewegung bereits vorwegnimmt. Darin heißt es: „Eine neue Freiheit beginnt zu entstehen, die den Menschen in die Lage versetzen wird, sich so zu äußern, wie sein Instinkt es verlangt. […] Unsere Kunst ist die Kunst einer Umbruchperiode, gleichzeitig die Reaktion auf eine untergehende Welt und die Ankündigung einer neuen […]. Ein Gemälde ist keine Konstruktion aus Farben und Linien, sondern ein Tier, eine Nacht, ein Schrei, ein Mensch oder all dies zusammen.“[8]

Jean Dubuffet, and their enthusiasm for children's drawings and the forms of expression of non-European cultures grew steadily.[4] The exhibition *Jonge Schilders* (Young Painters) in 1946, which had been organized by Sandberg at the Stedelijk Museum in Amsterdam, brought Corneille and Appel together with Constant. They recognized their common interests and presented their works in their own exhibition at the Galerie Santee Landweer in Amsterdam in the spring of 1948.[5] That same year, on July 16, 1948, they founded the Experimentele Groep Nederland, which was joined by Theo Wolvecamp, Jan Nieuwenhuys (Constant's brother), the considerably older Anton Rooskens, and Eugène Brands (fig. 1).[6] Through Constant, the young poets Jan G. Elburg, Gerrit Kouwenaar, and Lucebert became part of the experimental groups, and they read their poems at the meetings of the group from then on.[7]

The title of their jointly published journal *Reflex* (fig. 2) refers to a completely opposed view of art in two ways. It reveals their ambition to find a new form of artistic expression by reflecting on their artistic role models and to emphasize the reflex—that is, the original, spontaneous, and random and at the same time nonrational. The journal was not only a means of communication in order to remain in contact with other artists but also an important medium of artistic experimentation in various disciplines. The first issue of the avant-garde journal, whose cover was designed by Corneille, published not

Abb. / Fig. **1**
Porträt der Experimentele Groep Nederland im Atelier von Karel Appel in Amsterdam, Oktober 1948 / Portrait of the Experimentele Groep Nederland in the studio of Karel Appel in Amsterdam, October 1948. Von links nach rechts / From left to right: Karel Appel, Jan Elburg, Gerrit Kouwenaar. Sitzend / Sitting: Theo Wolvecamp, Corneille, Constant, Jan Nieuwenhuys, Eugène Brands, Anton Rooskens

Abb. / Fig. **2**
Corneille und / and Constant, ihre eigene Zeitschrift Reflex lesend / reading their own magazine Reflex, ca. 1948, Fotografie / photograph
Collectie Ambassade Hotel, Amsterdam

Abb. / Fig. **3**
Im Atelier von Karel Appel in Amsterdam während einer Party / in Karel Appel's studio in Amsterdam during a party, 1948. Von links nach rechts / From left to right: Anton Rooskens, Jan Nieuwenhuys, Eugène Brands, Karel Appel, Theo Wolvecamp, Corneille, Gerrit Kouwenaar, Jan Elburg und / and Constant

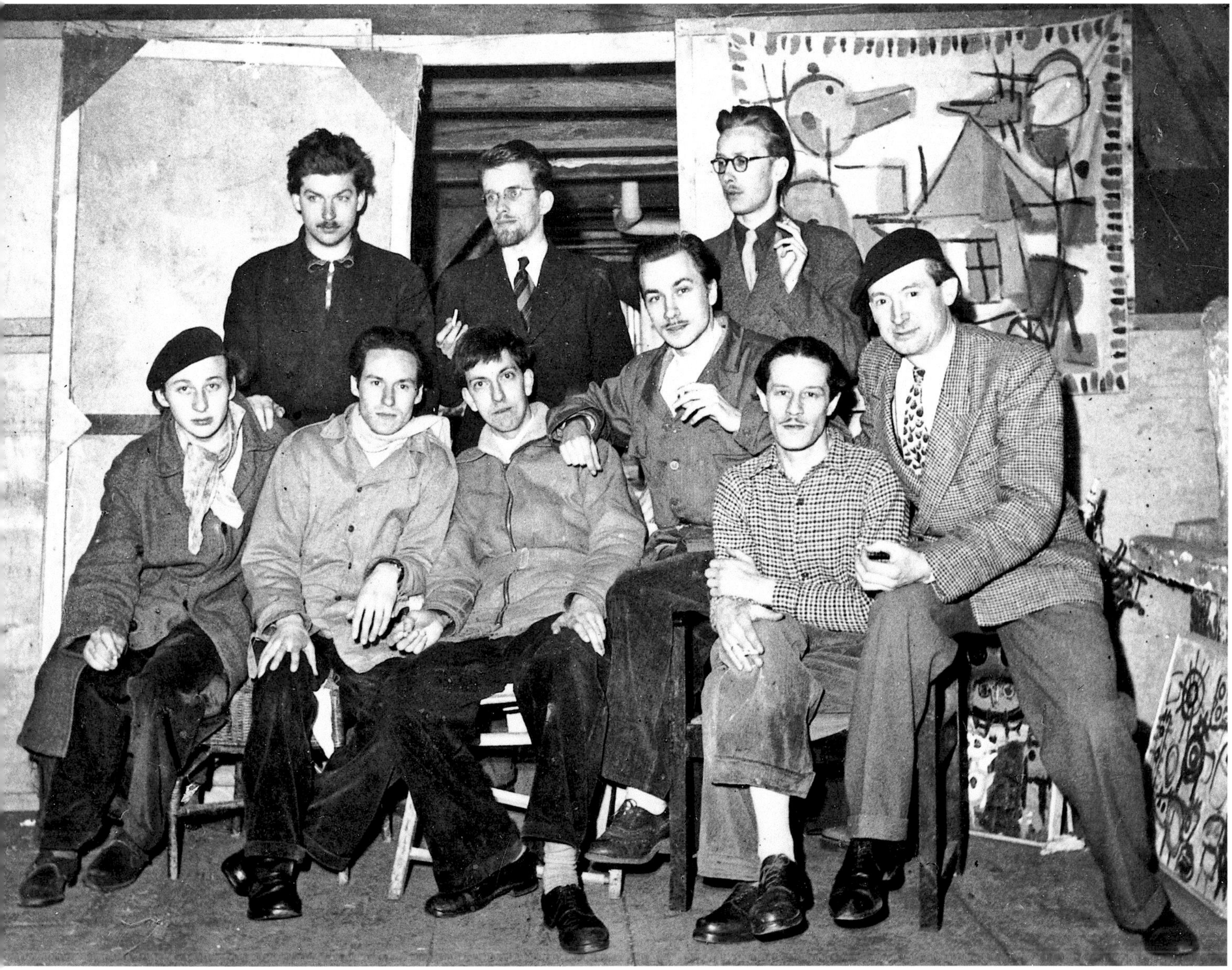

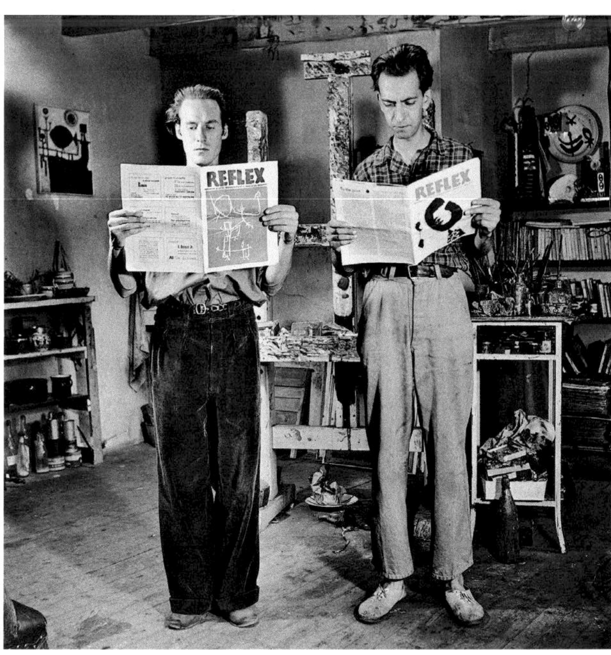

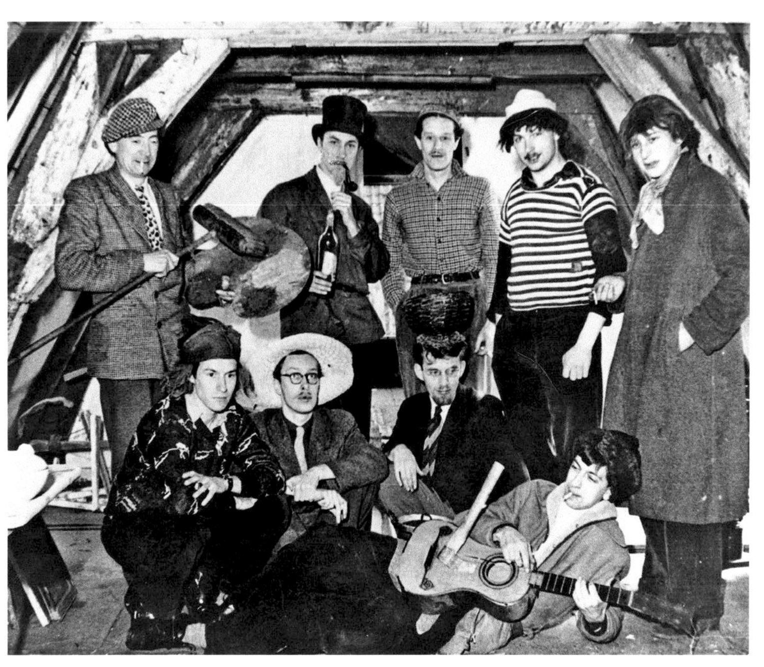

„Wir sind in erster Linie Optimisten. Wir haben diese diese junge Gruppe gegründet und haben weit weniger Geld und Anerkennung für unsere Arbeit als Ideale."

(EUGÈNE BRANDS, 1948)

"We are first and foremost optimists. . . . We have found this young group and have much less money and recognition for our work than ideals."

Eine Reaktion auf die untergehende Welt ist eines von Appels Hauptmotiven, das Bild der *Vragende Kinderen* (Fragende bzw. Bettelnde Kinder; Kat. 99). Es berichtet von der katastrophalen Situation, in der sich vor allem die Kinder in Kriegszeiten befunden hatten – eingezäunt, inmitten eines Blutbads und fragend in die Zukunft blickend. Es demonstriert aber ebenso deutlich den Einfluss der Spontaneität und der Fantasie von Kinderzeichnungen für die Mitglieder der Gruppe selbst.

Constant und Corneille hatten die Geschichte der Malerei studiert, waren beeindruckt von den surrealistisch anmutenden, biblischen Welten von Hieronymus Bosch oder der Lichtführung in Rembrandts Gemälden; auch setzten sie sich mit Pablo Picasso, Henri Matisse oder Georges Braque auseinander, deren modernistische Ausdrucksweisen als Vorbilder dienten.[9] Nach dem Krieg suchten sie sich jedoch von den ästhetischen Zwängen der Vorkriegszeit zu befreien, indem sie eine unmittelbare, zuweilen unschuldige und natürliche Formensprache verwendeten. So verwundert es auch nicht, dass sich in den Werken der Gruppenmitglieder – ihren Gemälden und Zeichnungen bis hin zu Keramikarbeiten – zahlreiche Tiere wie Vögel, Tiger, Katzen oder Fische sowie Fantasie- und Mischwesen als Sinnbilder der Freiheit tummeln. Sie sind Gegenpole zu einer vom Intellekt geleiteten Kunst und rehabilitieren das Vertrauen in die eigenen Instinkte und die verspielte Seite des Menschen. In den Augen der CoBrA-Künstler*innen waren all diese befreiten, als kindlich naiv abgetanen Eigenschaften mit der Glorifizierung des philosophischen Humanismus und der Selbstbezogenheit der sogenannten Hochkultur verdrängt worden.[10] Hierdurch erklärt sich auch die große Faszination der Künstler*innen für diverse Formen der Volkskunst, vor allem für diejenige außereuropäischer, insbesondere afrikanischer Kulturkreise. Ab Ende der 1940er-Jahre bereiste Corneille Tunesien, Brasilien, Mexiko und die Karibik und legte eine eigene, umfangreiche Sammlung von Masken und Skulpturen an, deren archaische Ästhetik und Materialität wiederum in seine eigene Kunst hineinwirkte.[11] Die Auseinandersetzung mit außereuropäischen

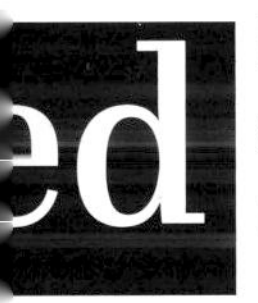

only poems and paintings by the group's members but also a manifesto formulated by Constant that already anticipates the artistic vision of the CoBrA movement. It reads: "A new freedom is emerging that will enable human beings to express themselves as their instinct demands. . . . Our art is the art of a period of upheaval and at the same time a reaction to the declining world and the announcement of a new one. . . . A painting is not a construction of colors and lines but an animal, a night, a scream, a human being, or all that together."[8]

A reaction the declining world is one of Appel's major motifs: the image of *Vragende Kinderen* (Questioning or Begging Children) (cat. no. 99). It tells of the catastrophic situation in which children in particular had found themselves in times of war—fenced in, in the middle of a bloodbath, and looking questioningly into the future. But it demonstrates just as clearly the influence of the spontaneity and fantasy of children's drawings on the members of the group.

Constant and Corneille had studied the history of painting and were impressed by the Surrealist-seeming biblical worlds of Hieronymus Bosch and the lighting in Rembrandt van Rijn's paintings; they also engaged with the work of Pablo Picasso, Henri Matisse, and Georges Braque, whose modern forms of expression served as role models.[9] After the war, however, they tried to liberate themselves by employing a direct, sometimes innocent and natural language of forms. It is therefore unsurprising that in the works of the group's members—from their paintings and drawings to ceramic works—numerous animals romp, such as birds, tigers, cats, and fish as well as imaginary and hybrid creatures as symbols of freedom. They are the opposite pole to an art guided by the intellect and rehabilitated the trust in one's own instincts and the playful side of the human being. In the eyes of the CoBrA artists, all of these liberated qualities, which had been dismissed as childishly naive, had been represented by the glorification of

Kulturen durchzieht auch das Werk von Eugène Brands, der Masken unterschiedlichster Art sammelte und selbst herstellte. Anton Rooskens' (Kat. 121–123) Inspirationsquellen in den 1940er-Jahren bildeten Ahnenskulpturen aus Neuguinea und die Kunst der Native Americans, während Theo Wolvecamps Kompositionen auf einer spontan entstehenden, abstrakten Zeichen- und Formensprache beruhen (Kat. 124).[12]

Die Aufbruchsstimmung von 1948 war für die Experimentele Groep Nederland und ihre künstlerische Entwicklung entscheidend und wurde darüber hinaus durch den internationalen Zusammenschluss von CoBrA zu einem Schlüsseljahr in vielfacher Hinsicht: Kurz nach der Gründung von CoBrA in Paris, Ende November 1948, trafen sich Appel, Constant und Corneille in Kopenhagen mit den Mitgliedern der dänischen Gruppe Høst, um ihre Werke in einer gemeinsamen Schau zu präsentieren.[13] Nach dem Aufeinandertreffen der beiden Kollektive stellte Rooskens überrascht fest, dass die „Gruppe junger dänischer Künstler schon einige Jahre früher experimentelle Formen und Ideen entwickelt hatte, die wir nun zum ersten Mal erwogen".[14] Auch den Vorbildcharakter des dänischen Kollektivs Høst betonte Constant, deren Mitglieder „uns und unseren belgischen Kollegen gezeigt [haben], was von denen zu tun ist, die die Kunst als eine geistige Waffe ansehen, als ein Werkzeug für den Aufbau, für die Veränderung der Welt".[15] Aber vor allem und zum Trotz aller erfahrenen Grausamkeiten des Krieges waren die Mitglieder der Experimentele Groep Nederland und die mit CoBrA in Verbindung stehenden Künstler*innen vor allem Optimist*innen (Abb. 3), wie Brands in seinem Text *To the Point* (Auf den Punkt gebracht) auf der Rückseite der ersten Ausgabe von *Reflex* versichert: „Und das kostet uns keineswegs die von Ihnen vielleicht vermutete Anstrengung. [...] Wo das Leben sich hier in dieser neuen Zeit in eine kleine Ecke zurückgezogen hat, ist dennoch eine Dachluke zu neuen, noch unbekannten und gänzlich unvermuteten Sternbildern aufzustoßen. Und deshalb können wir ohne Mühe Optimisten sein und stehen im wahrsten Sinn des Wortes an der Spitze der Heiterkeit."[16]

---

philosophical humanism and the self-referentiality of so-called high culture.[10] This explains the artists' great fascination with diverse forms of folk art, particularly that of non-European and especially African cultural spheres. From the late 1940s onward, Corneille traveled in Tunisia, Brazil, Mexico, and the Caribbean and assembled his own large collection of masks and sculptures, whose archaic aesthetic and materiality influenced his own art.[11] A coming to terms with non-European art also runs through the oeuvre of Eugène Brands, who collected masks of many different kinds and produced his own. Anton Rooskens's (cat. nos. 121–123) sources of inspiration in the 1940s included sculptures of ancestors from New Guinea and the art of Native Americans, whereas Theo Wolvecamp's compositions are based on a spontaneous, abstract language of signs and forms (cat. no. 124).[12]

The sense of a new era in 1948 was crucial for the Experimentele Groep Nederland and its artistic development, and it also became a key year in many respects as a result of the international coming together of CoBrA: shortly after its founding in Paris in late November 1948, Appel, Constant, and Corneille met in Copenhagen with members of the Danish group Høst to present their works in a joint show.[13] After the two collectives had met, Rooskens noted with surprise that the "group of young Danish artists had several years earlier developed experimental forms and ideas that we were now considering for the first time."[14] Constant, too, emphasized that the Danish collective Høst had served as a role model; its members "taught us and our Belgian comrades what remains to be done for those of us who consider art a weapon of the spirit, a tool for the construction, the transformation of the world."[15] But despite all the cruelties of the war that they had experienced, the members of the Experimentele Groep Nederland and the artists associated with CoBrA were above all optimists (fig. 3), as Brands attests in his text "To the Point" on

1 Corneille, „„Als Musiker würde ich schwarze Musik machen …'. Corneille im Gespräch mit Sepp Hiekisch-Picard", in: ders. und Hans Günter Golinski (Hg.), *Corneille und Afrika*, Frankfurt am Main 1998, S. 102–156, hier S. 136.

2 Vgl. Willemijn Stokvis, *CoBrA. The History of a European Avant-Garde Movement 1948–1951*, Rotterdam 2017, S. 75; Anna-Sophia Reichelt, *Kunst macht Ausstellung. Das Amsterdamer Stedelijk Museum und die Avantgarde*, München 2018, 75f.

3 Peter Shield, „A Short History of Cobra", in: *Cobra. Copenhagen, Brussels, Amsterdam*, hg. von ders. u. a., Ausst.-Kat. Hayward Gallery, London, Manchester 2003, S. 13–15, hier S. 13f.

4 Ebd.

5 Vgl. *Cobra. 1948–51*, hg. von Uwe M. Schneede, Ausst.-Kat. Hamburger Kunstverein, Hamburg, Berlin 1982, S. 13f.; zur Rolle Willem Sandbergs als Kurator und Förderer zeitgenössischer junger Künstler*innen in den Niederlanden siehe Claartje Wesselink, „The Memory of World War Two and the Canonisation of the Cobra Movement in the Netherlands", in: *Journal of Art Historiography*, 19, 2018, S. 1–16.

6 Vgl. Stokvis 2017 (wie Anm. 2), S. 95 ff.; weiterführend siehe Reichelt 2018 (wie Anm. 2), S. 87f.

7 Vgl. ebd., S. 108.

8 Constant, „Manifest", in: *Reflex*, 1, 1948, zit. nach Ausst.-Kat. Hamburg 1982 (wie Anm. 5), S. 15f., hier S. 16.

9 Corneille 1998 (wie Anm. 1), S. 136–140.

10 Constant 1948 (wie Anm. 8), S. 16.

11 Der Einfluss Paul Klees, der selbst 1914 nach Tunesien gereist war, spielte hier mit Sicherheit eine entscheidende Rolle.

12 Vgl. Stokvis 2017 (wie Anm. 2), S. 99–103.

13 Vgl. Peter Shield, „A Cobra Chronology", in: Ausst.-Kat. London 2003, S. 16–18, hier S. 16.

14 Anton Rooskens, „De a van Cobra", in: *anton rooskens 1949 cobra 1951*, Ausst.-Kat Galerie Delta, Rotterdam 1963, o. S., zit. nach Ausst.-Kat. Hamburg 1982 (wie Anm. 5), S. 19.

15 Constant, in: Cobra, 1, 1949, zit. nach Ausst.-Kat. Hamburg 1982 (wie Anm. 5), S. 19.

16 Eugène Brands, „To the Point", in: *Reflex*, 1, 1948, zit. nach Ausst.-Kat. Hamburg 1982 (wie Anm. 5), S. 17.

the back page of the first issue of *Reflex*: "And this doesn't cost us the effort that you perhaps imagine. . . . Where life has retreated into a small corner in this new era, there is nevertheless a skylight that can be opened up onto new, as yet unknown, and entirely unsuspected constellations. And that is why we can easily be optimists and stand for cheerfulness in the most elementary sense of the word."[16]

1 Corneille, "'Als Musiker würde ich schwarze Musik machen . . .': Corneille im Gespräch mit Sepp Hiekisch-Picard," in *Corneille und Afrika*, ed. Peter Shield and Hans Günter Golinski (Frankfurt am Main, 1998), pp. 102–56, esp. p. 136.

2 See Willemijn Stokvis, *CoBrA: The History of a European Avant-Garde Movement, 1948–1951* (Rotterdam, 2017), p. 75; Anna-Sophia Reichelt, *Kunst macht Ausstellung: Das Amsterdamer Stedelijk Museum und die Avantgarde* (Munich, 2018), 75–76.

3 Peter Shield, "A Short History of Cobra," in *Cobra: Copenhagen, Brussels, Amsterdam*, ed. Peter Shield at al., exh. cat. Hayward Gallery, London (Manchester, 2003), pp. 13–15, esp. pp. 13–14.

4 Ibid.

5 See *Cobra, 1948–51*, ed. Uwe M. Schneede, exh. cat. Hamburger Kunstverein (Berlin, 1982), pp. 13–14.; on Willem Sandberg's role as a curator and as a promoter of young contemporary artists in the Netherlands, see Claartje Wesselink, "The Memory of World War Two and the Canonisation of the Cobra Movement in the Netherlands," *Journal of Art Historiography*, no. 19 (2018): pp. 1–16.

6 See Stokvis, *CoBrA* (see note 2), pp. 95ff.; see also Reichelt, *Kunst macht Ausstellung* (see note 2), pp. 87–88.

7 See ibid., p. 108.

8 Constant, "Manifest," *Reflex*, no. 1 (1948): 20–29, esp. pp. 25–26.

9 Corneille, "Als Musiker würde ich schwarze Musik machen . . ." (see note 1), pp. 136–40.

10 Constant, "Manifest" (see note 8), p. 26.

11 The influence of Paul Klee, who had himself traveled to Tunisia in 1914, surely played a crucial role here.

12 See Stokvis, *CoBrA* (see note 2), pp. 99–103.

13 See Peter Shield, "A Cobra Chronology," in *Cobra*, pp. 16–18, esp. p. 16.

14 Anton Rooskens, "De a van Cobra," in *anton rooskens 1949 cobra 1951*, exh. cat. Galerie Delta (Rotterdam, 1963), n.p.

15 Constant, "Høsterport," *Cobra*, no. 1 (1949), p. 4.

16 Eugène Brands, "To the Point," *Reflex*, no. 1 (1948), n.p.

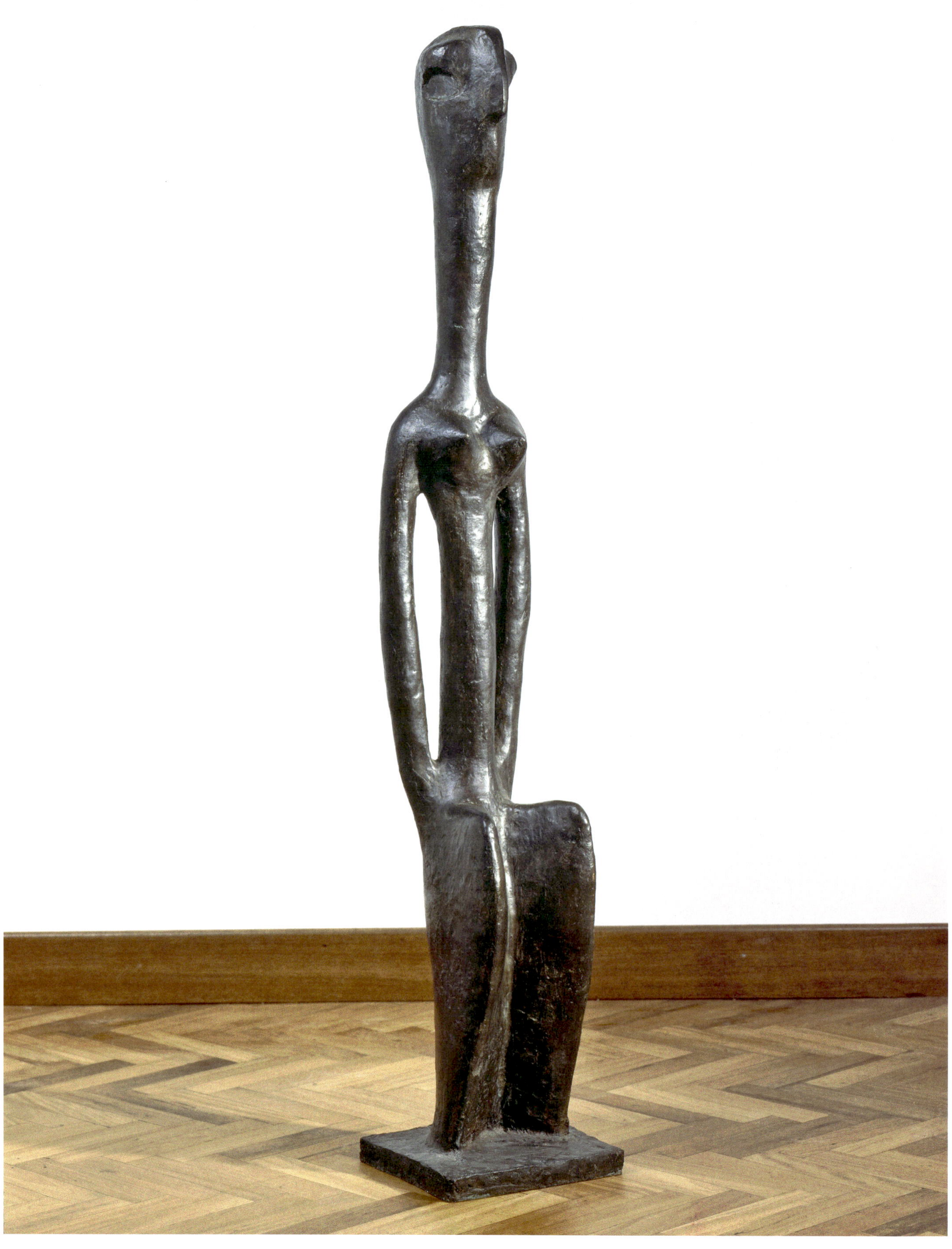

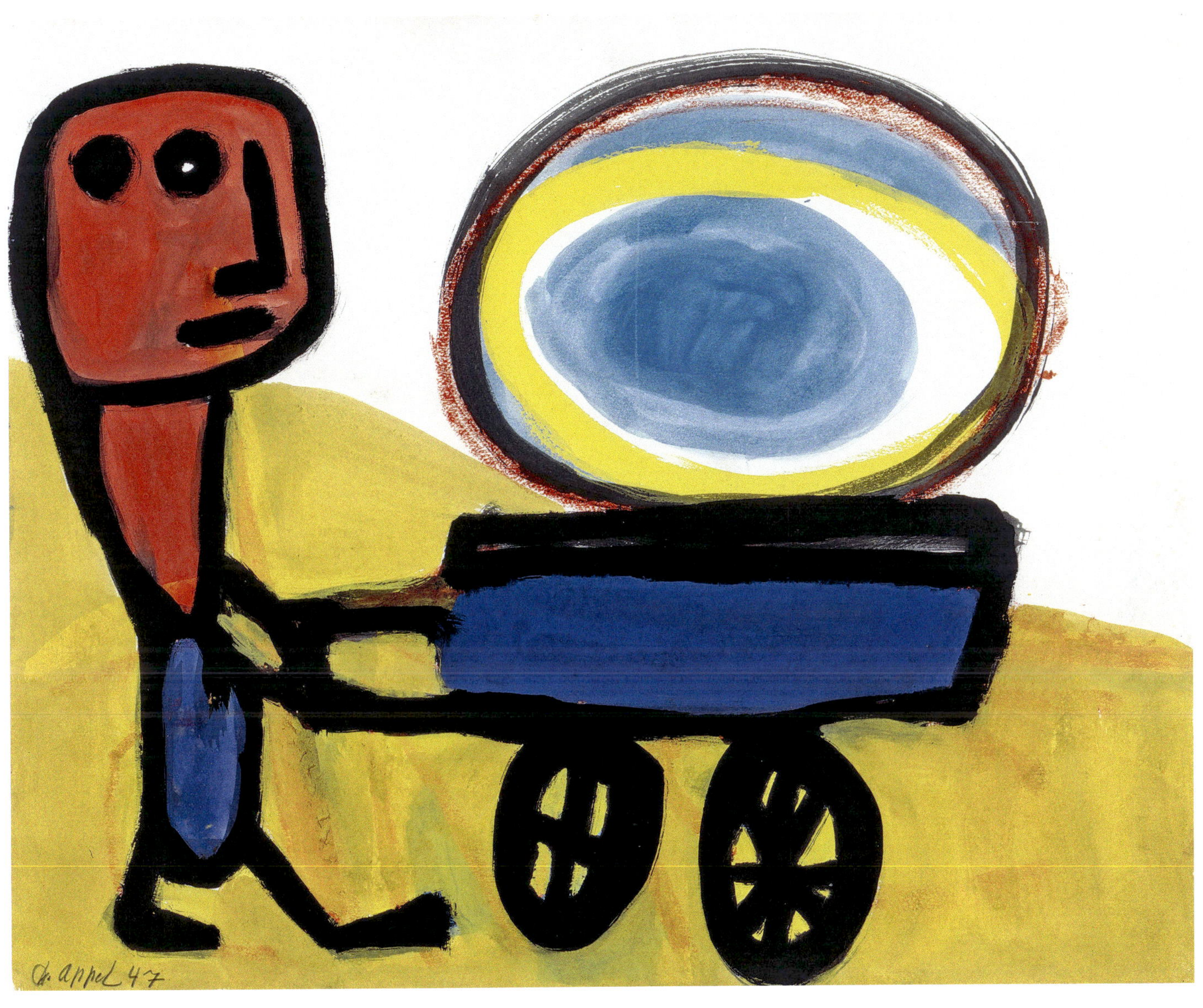

92 | Karel Appel
Vogelvrouw
1947
Sammlung / Collection Stedelijk Museum Amsterdam

93 | Karel Appel
Mannetje met de zon
1947
Stedelijk Museum Schiedam collection /
Sammlung

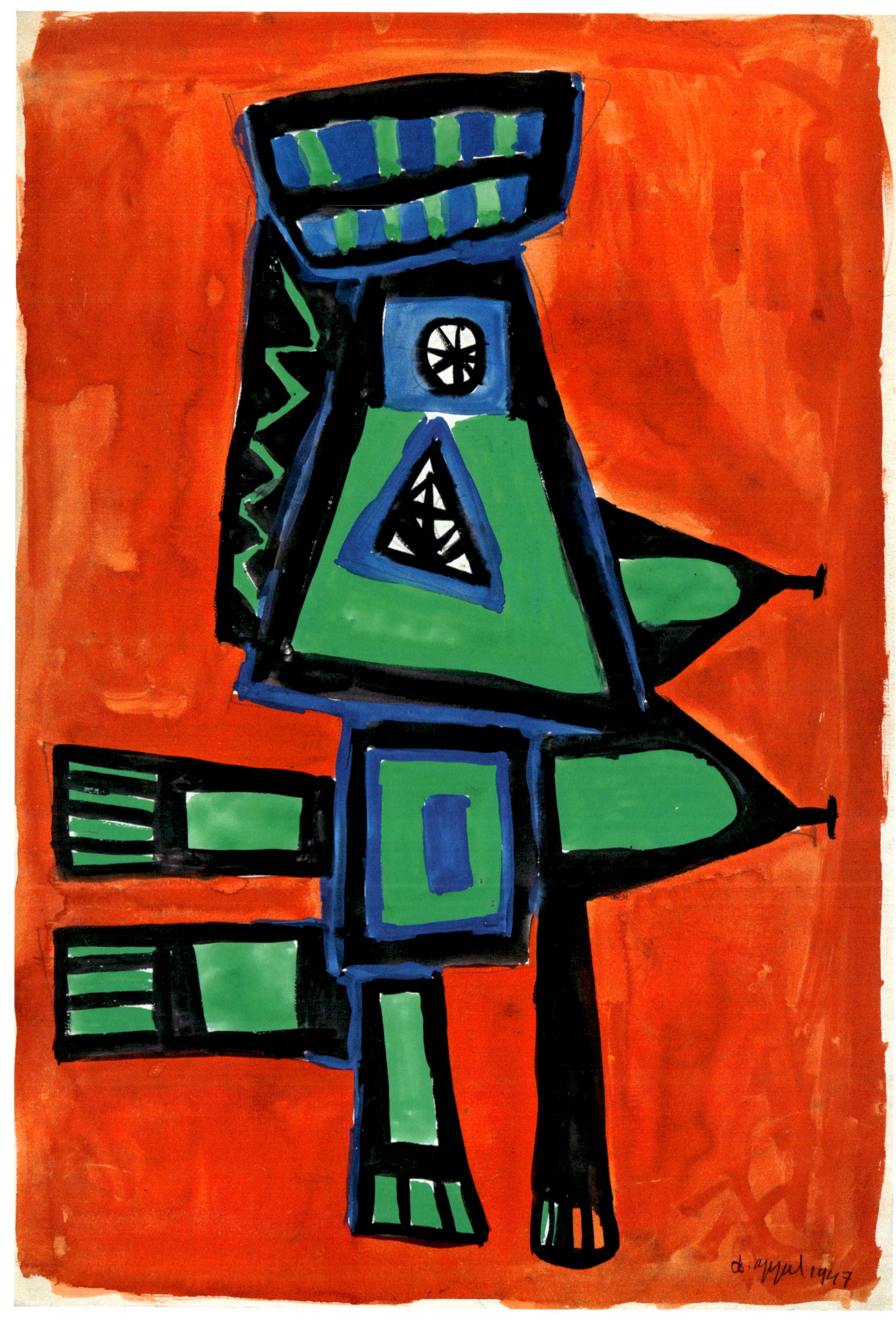

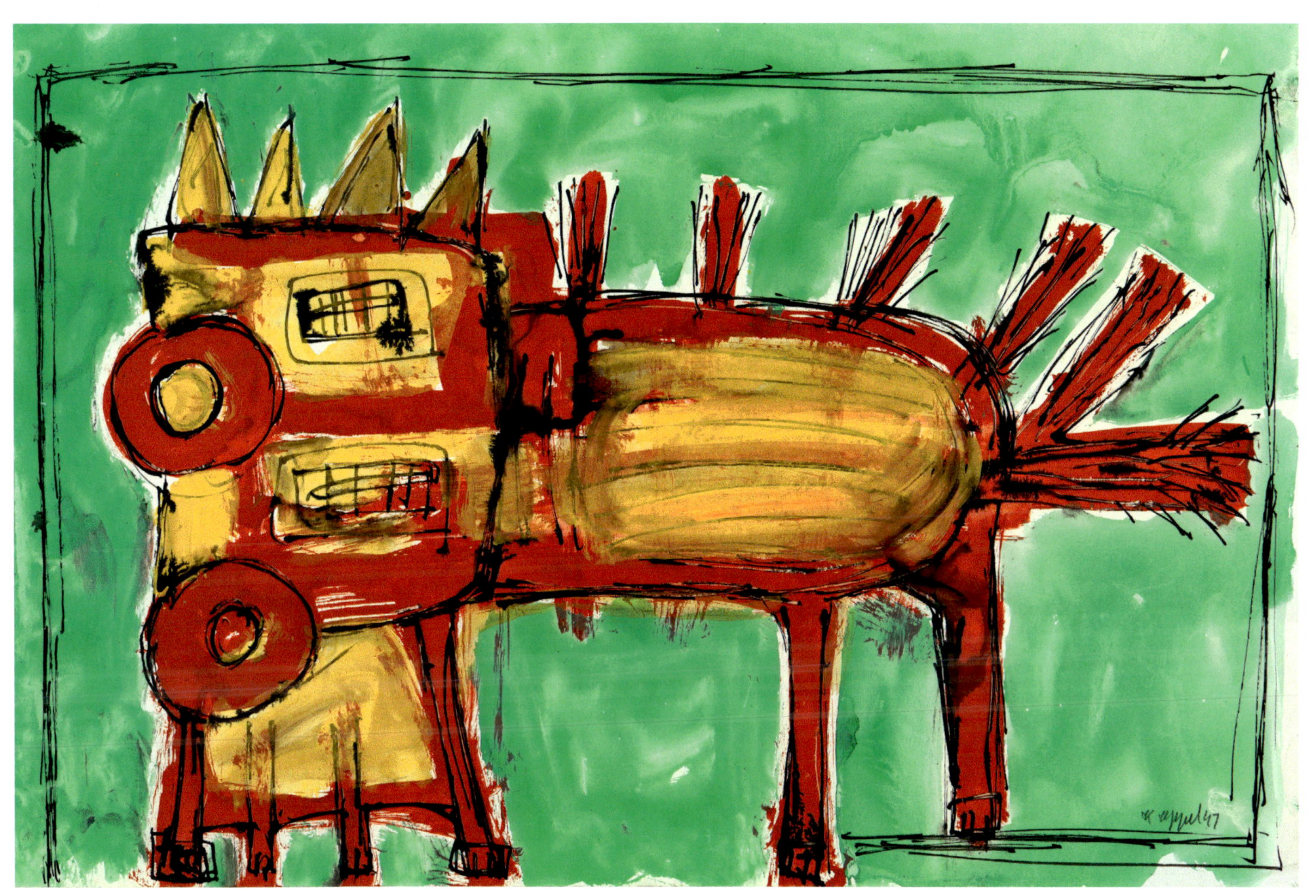

94 | Karel Appel
Ohne Titel / Untitled
1947
Karel Appel Estate, Amsterdam

95 | Karel Appel
Ohne Titel / Untitled
1947
Karel Appel Estate, Amsterdam

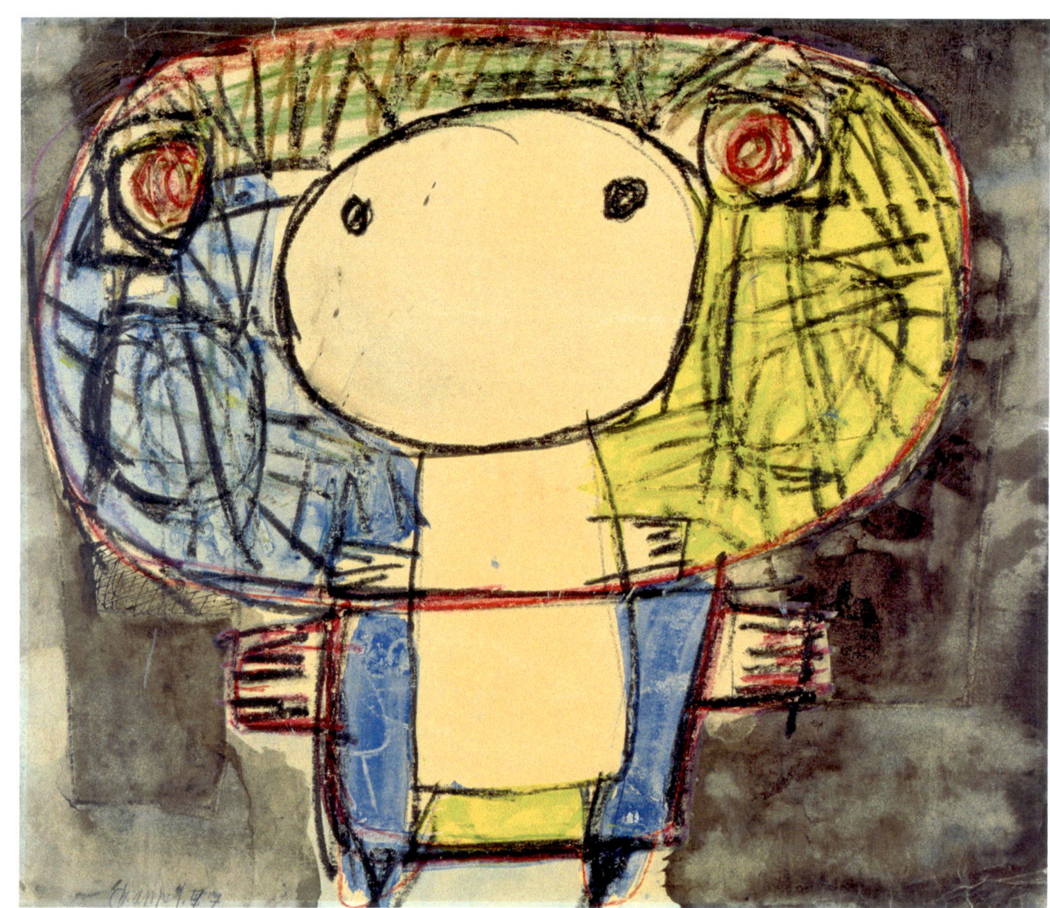

96 | Karel Appel
Kindje met bloemen
1947
Stedelijk Museum Schiedam collection /
Sammlung

198

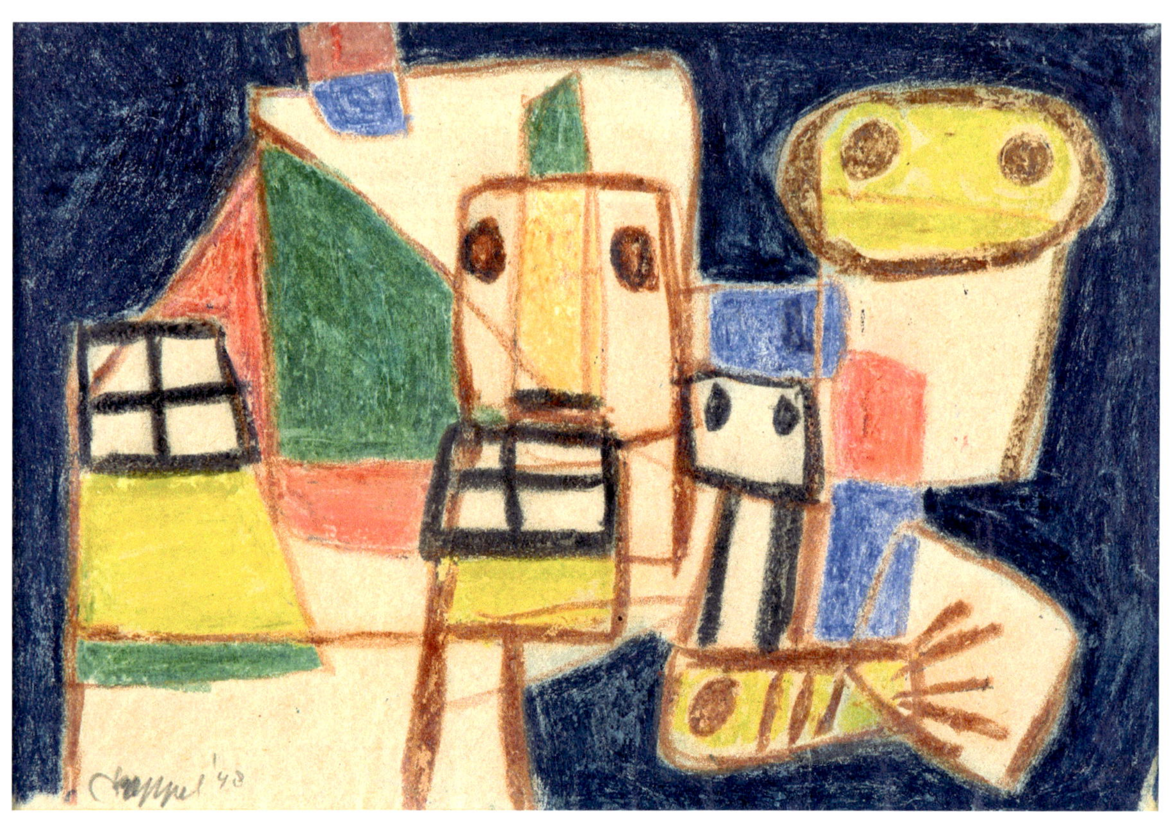

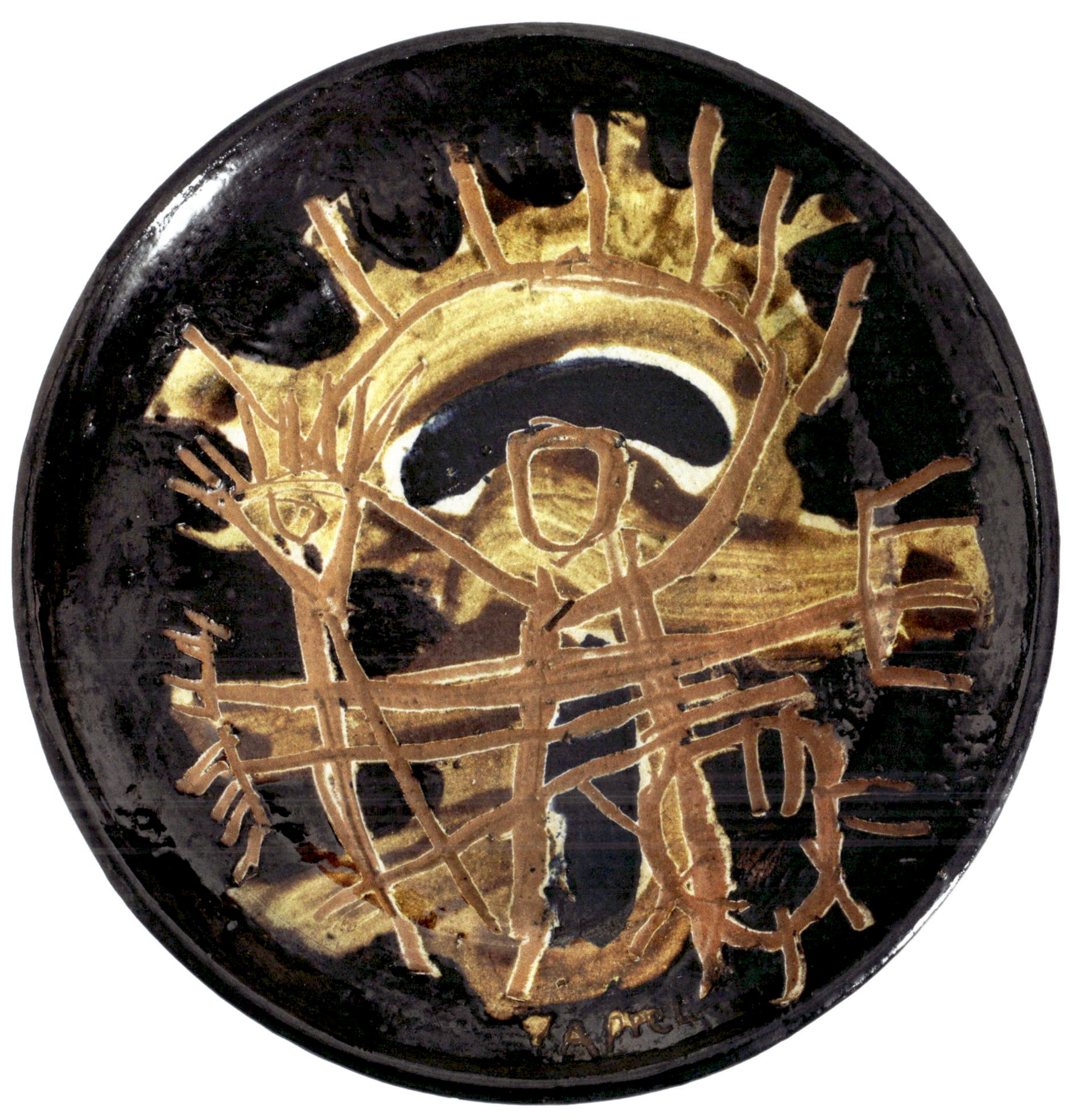

97 | Karel Appel
Vragende Kinderen
1948
Privatsammlung, Dauerleihgabe an das /
Private collection on loan to the Cobra
Museum of Modern Art, Amstelveen

98 | Karel Appel
Wandteller / Wandboard
1948
Sammlung / Collection Stedelijk Museum
Amsterdam

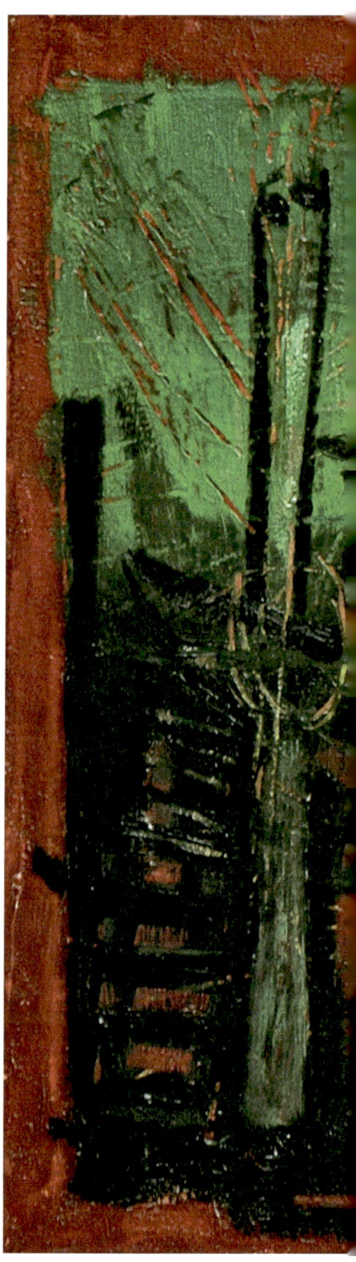

99 | Karel Appel
Vragende Kinderen
1948
DIE GALERIE Frankfurt am Main

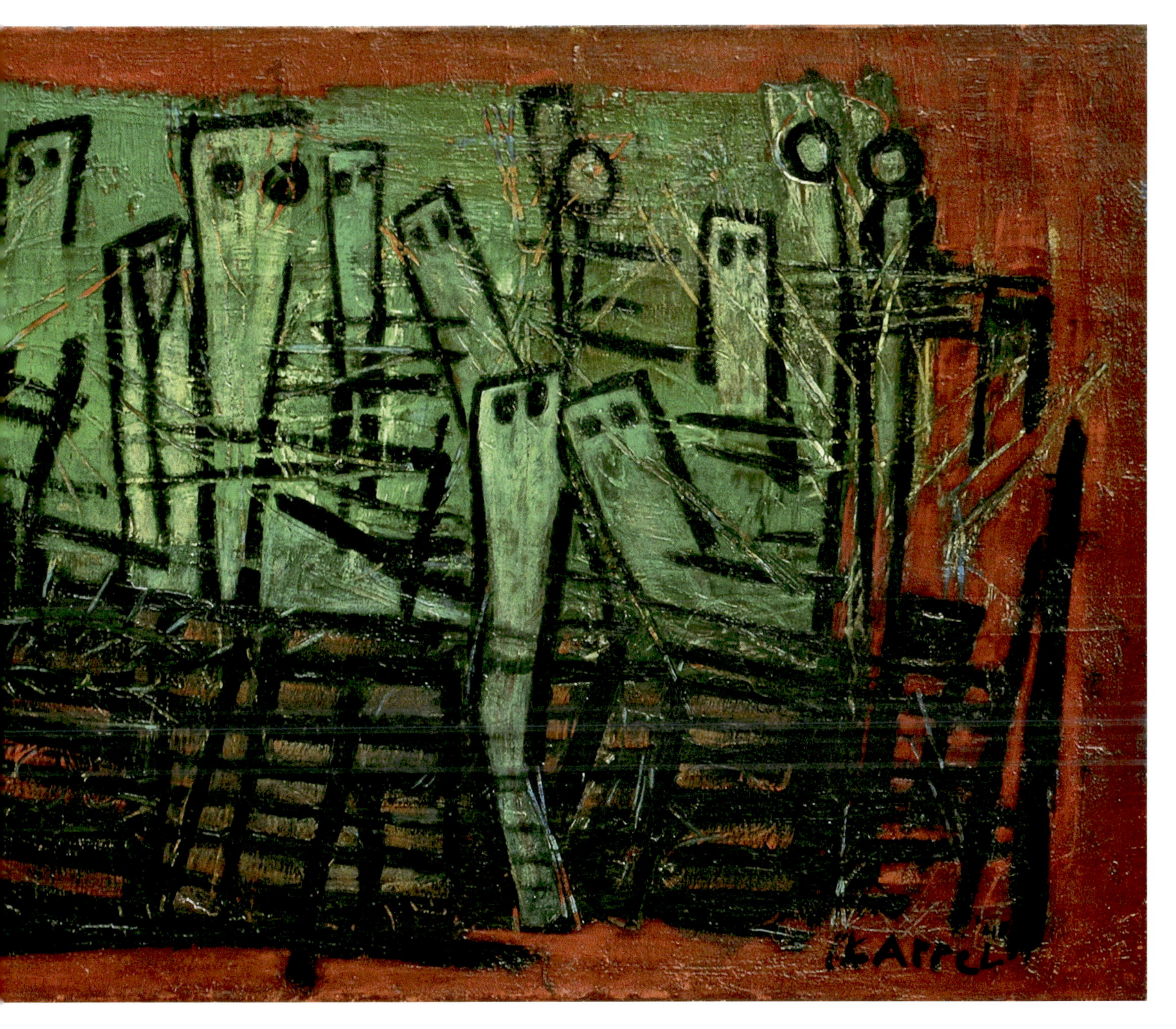

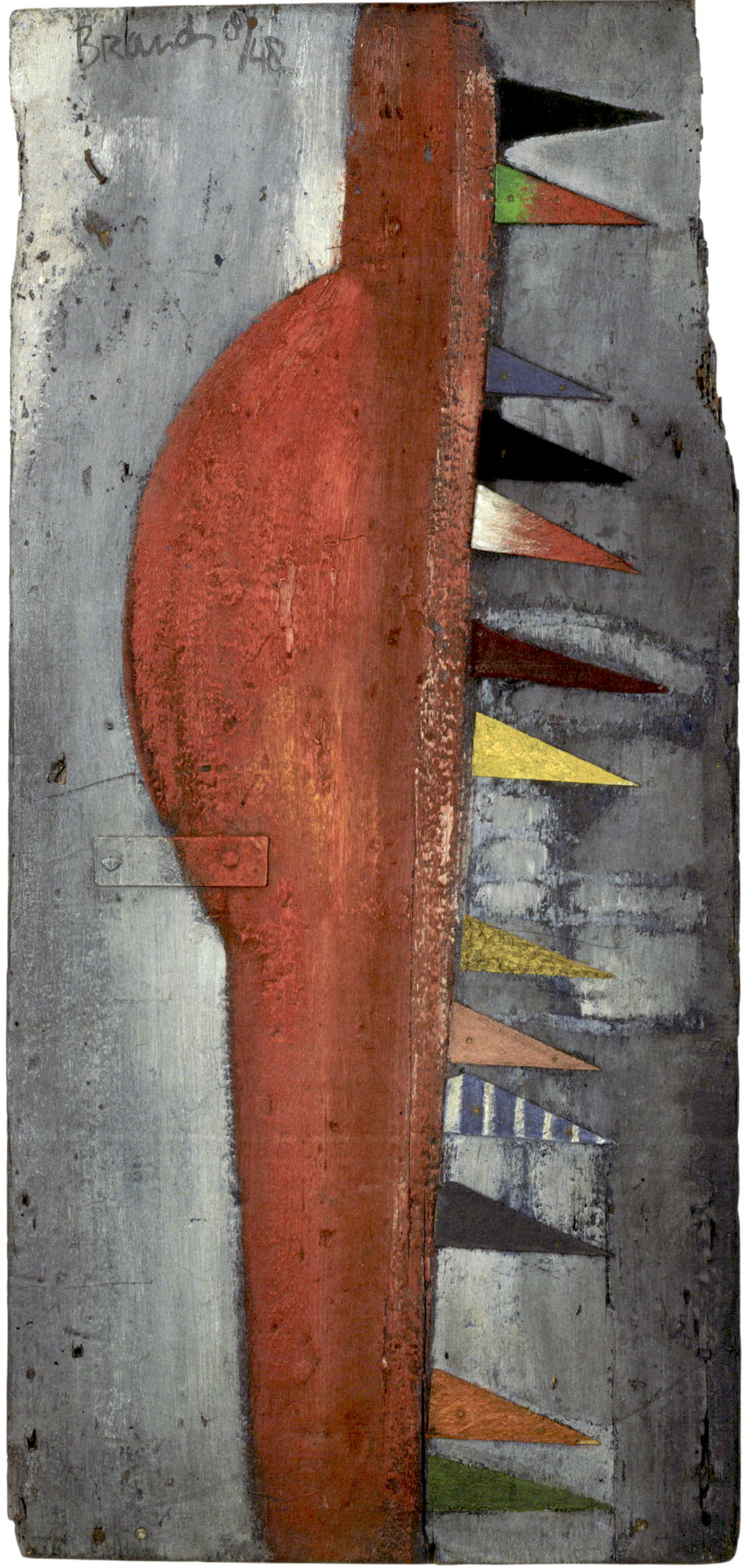

100 | Eugène Brands
Rode form met (13) tanden
1948
Sammlung / Collection Stedelijk Museum
Amsterdam

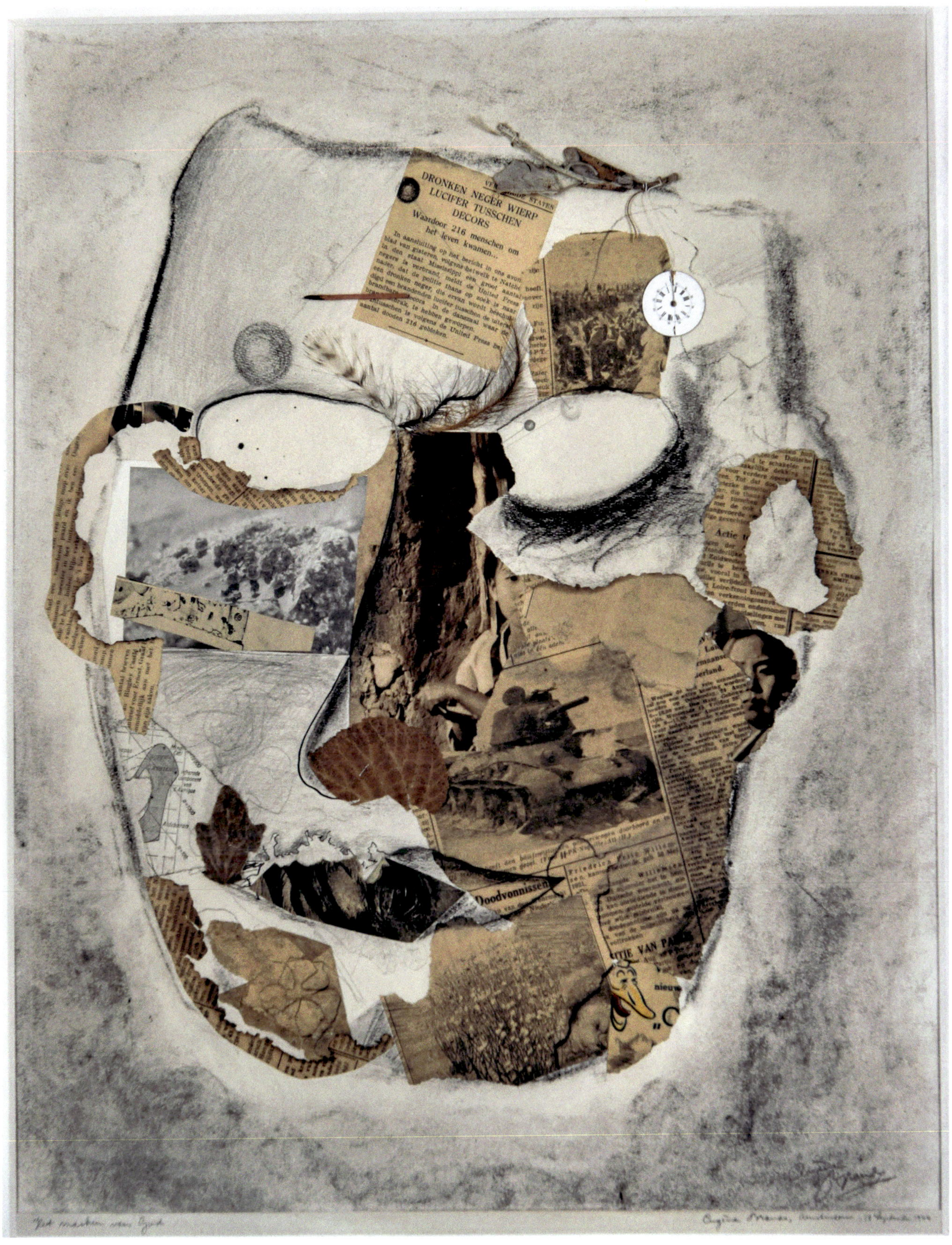

101 | Eugène Brands
Het masker van God * (Siehe Anmerkung im Werkverzeichnis /
See note in the list of works)
1944

Sammlung / Collection de Bruin-Heijn, Rotterdam

102 | Constant
Portret van Matie
1946
Sammlung / Collection Fondation Constant, Amsterdam

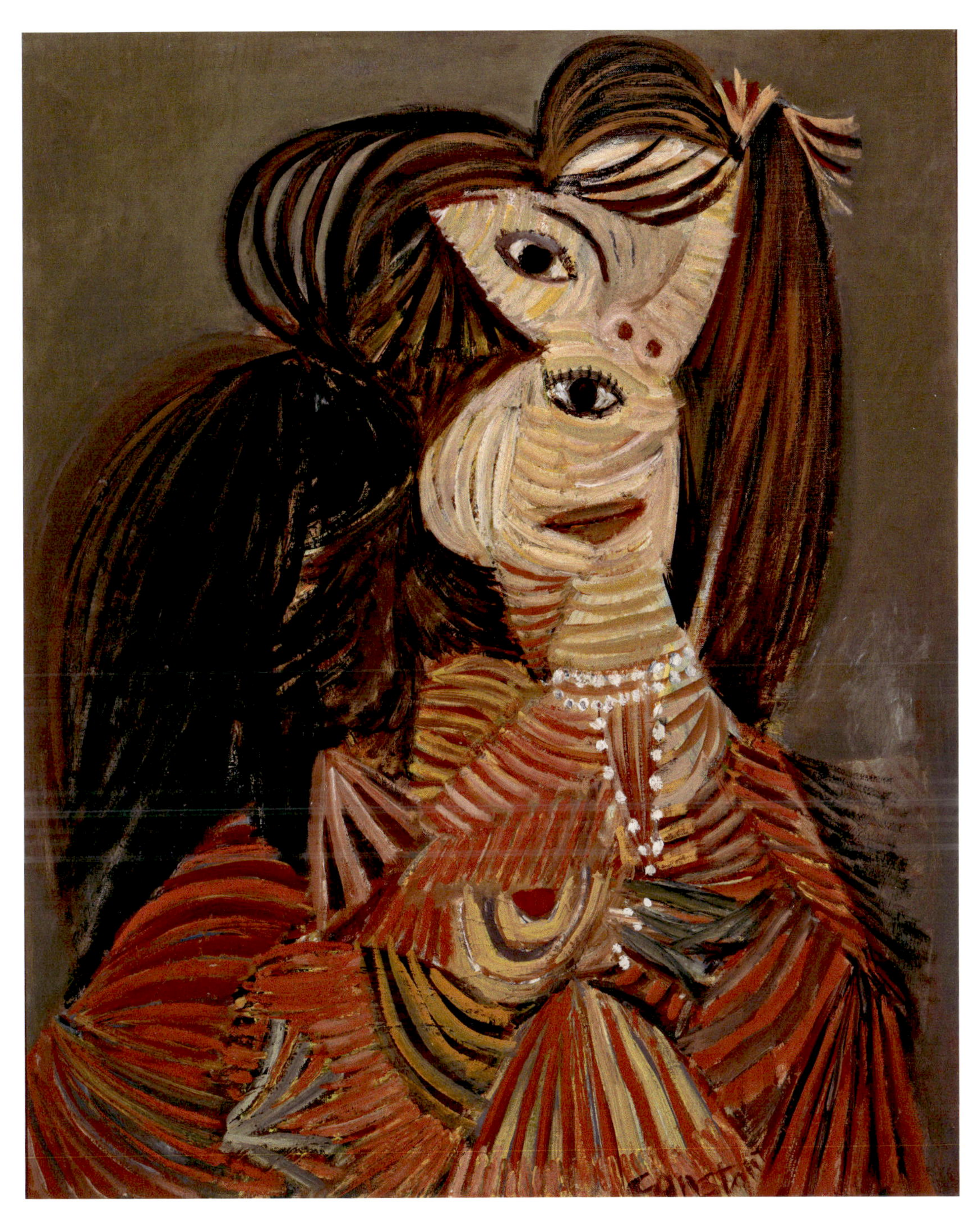

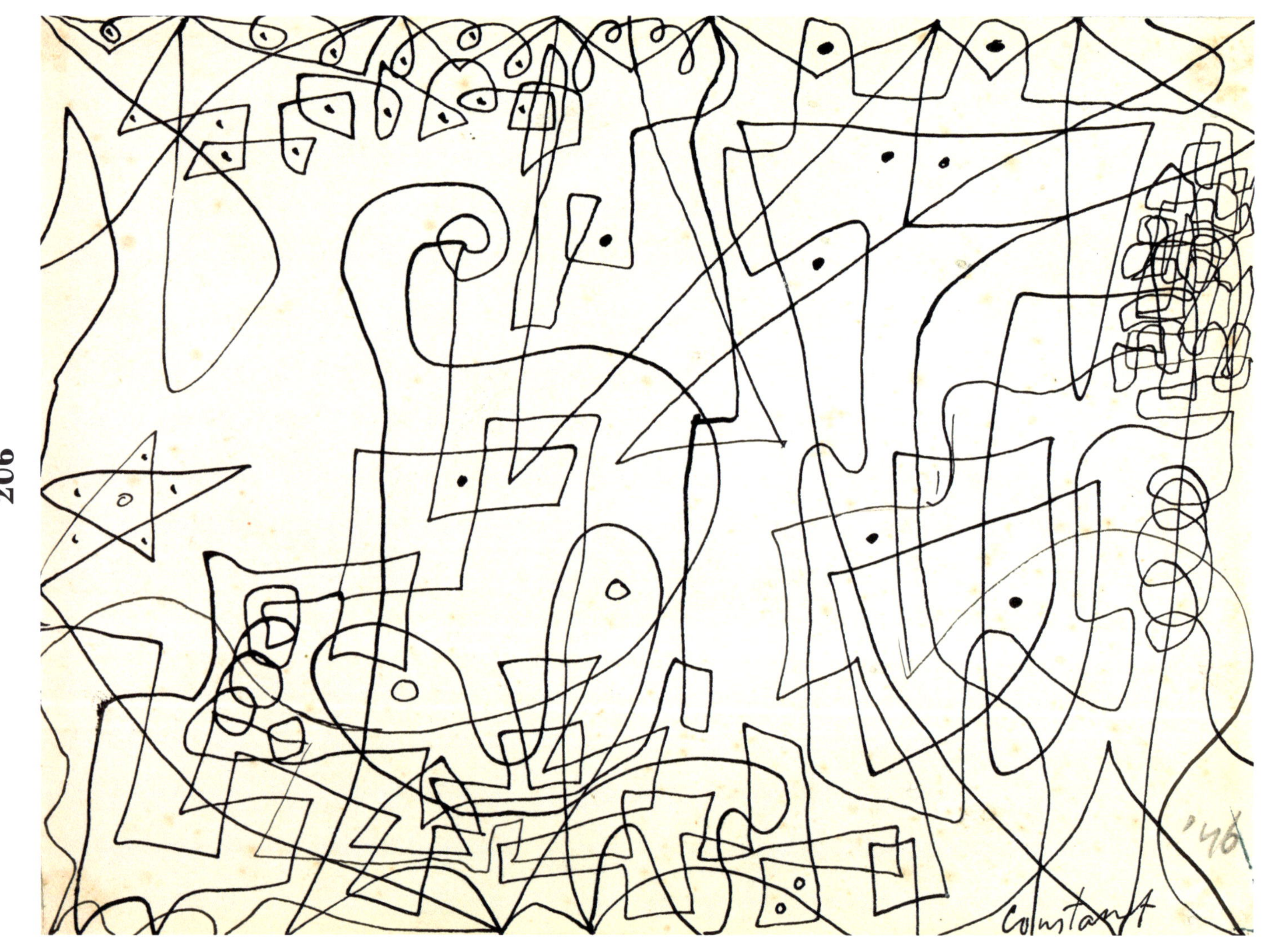

103 | Constant
Labyrint
1946
Sammlung / Collection Fondation Constant, Amsterdam

104 | Constant
Accouplement
1946
Sammlung / Collection Fondation Constant, Amsterdam

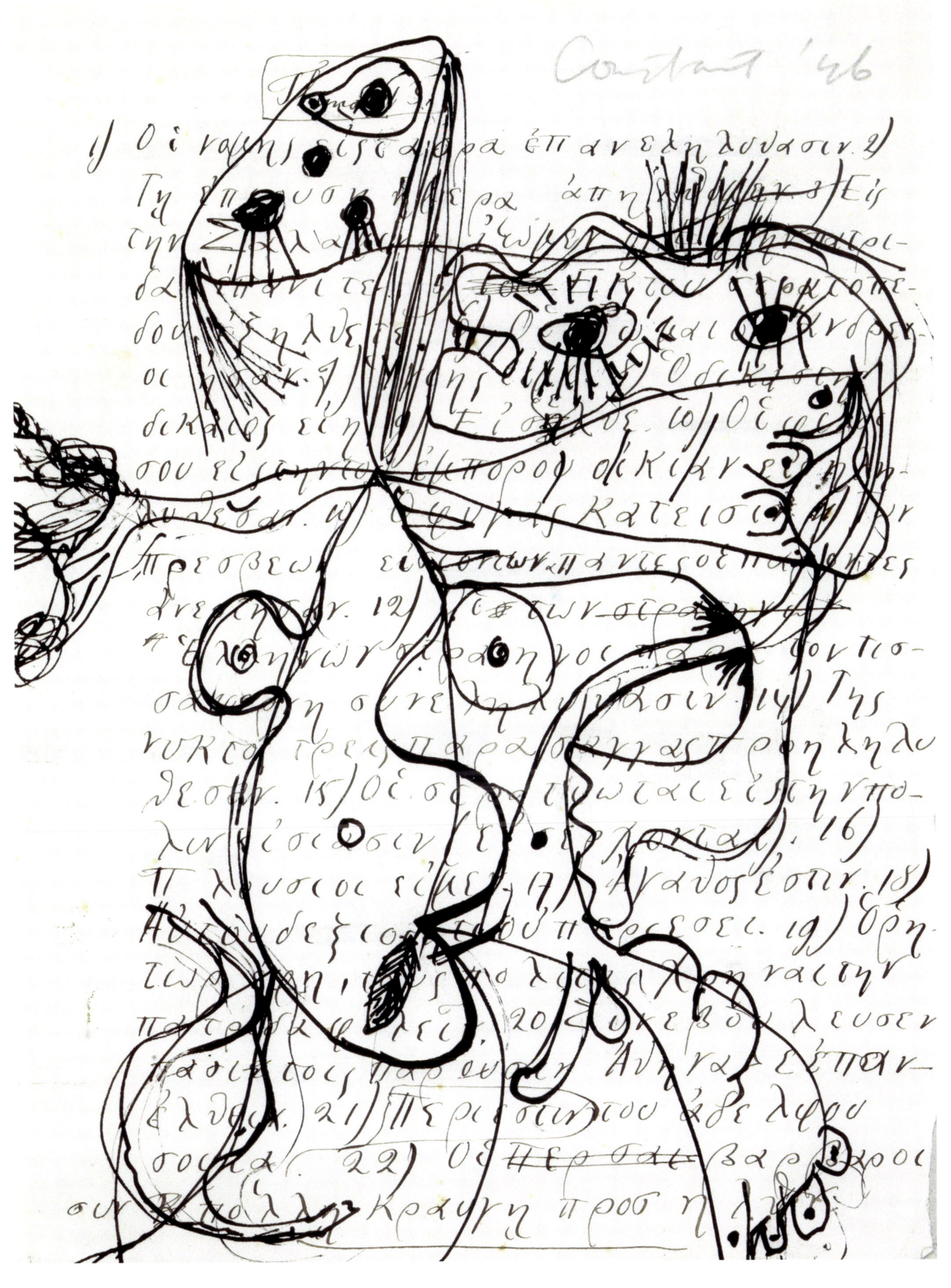

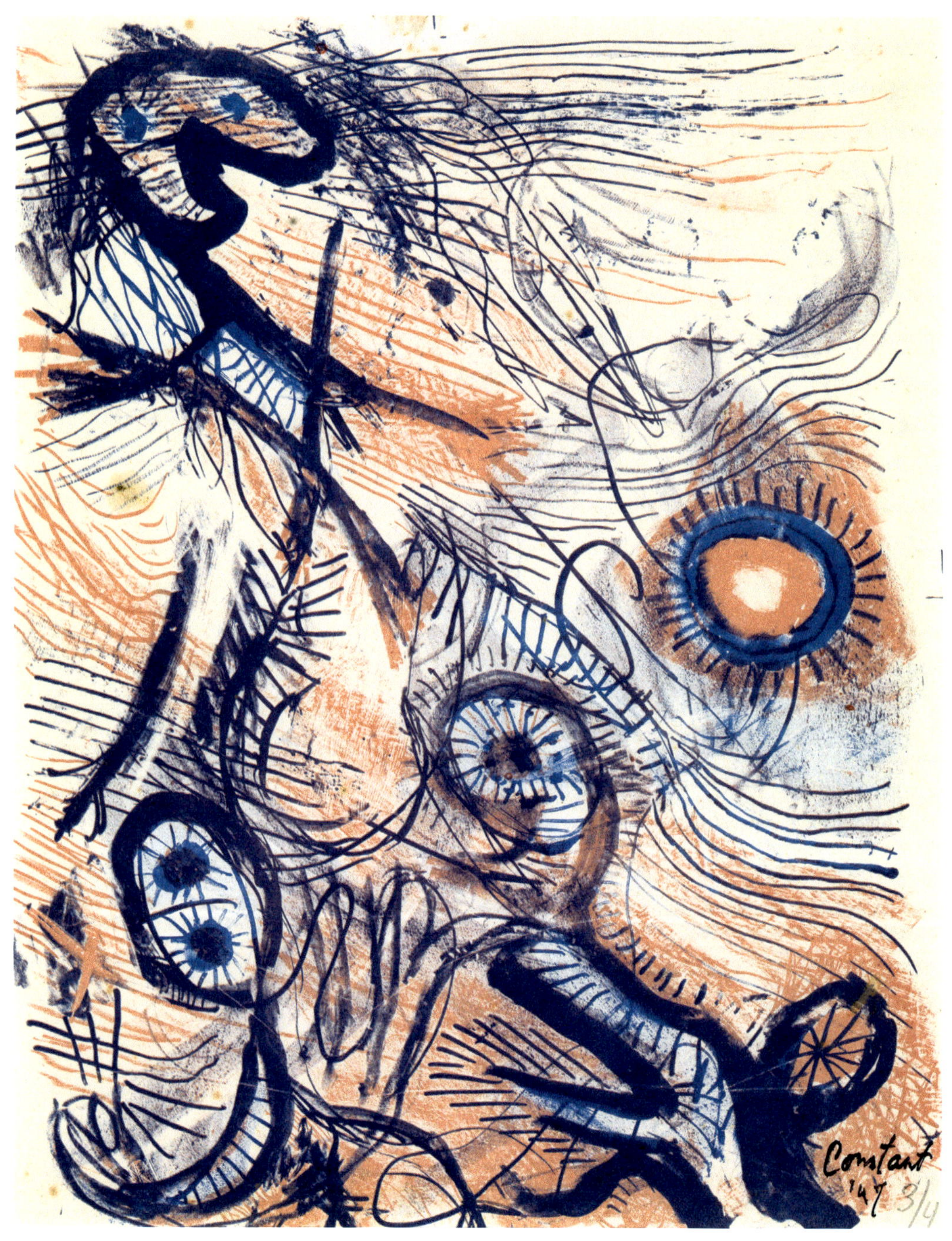

105 | Constant
Automne (Kinderen)
1947
Sammlung / Collection Fondation Constant, Amsterdam

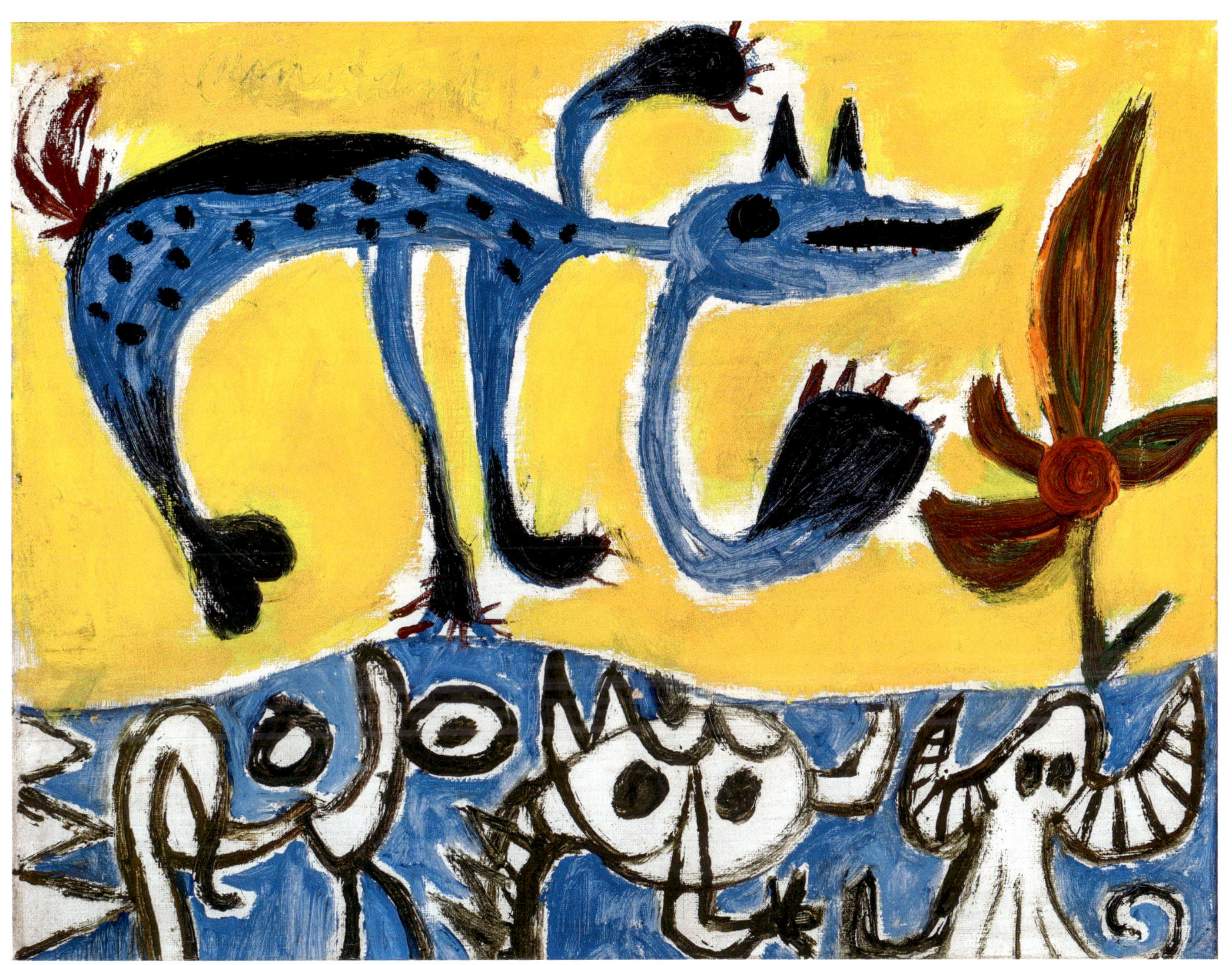

106 | Constant
Fantastische dieren
1947
Kunsten Museum of Modern Art Aalborg

107 | Constant
Verstrikte Vogel
1947

Sammlung / Collection Ellen und / and Jan Nieuwenhuizen Segaar,
Antwerpen / Antwerp

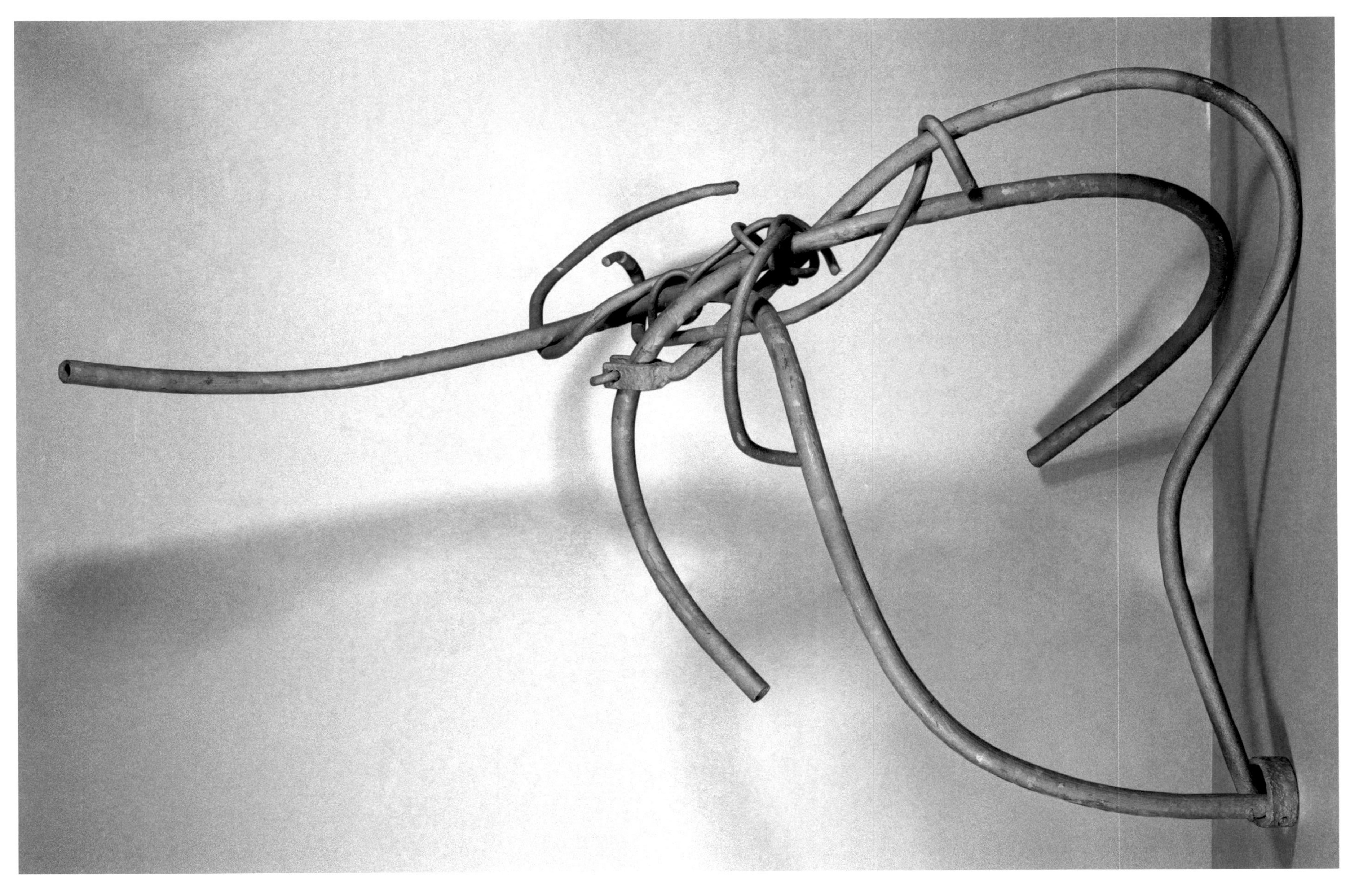

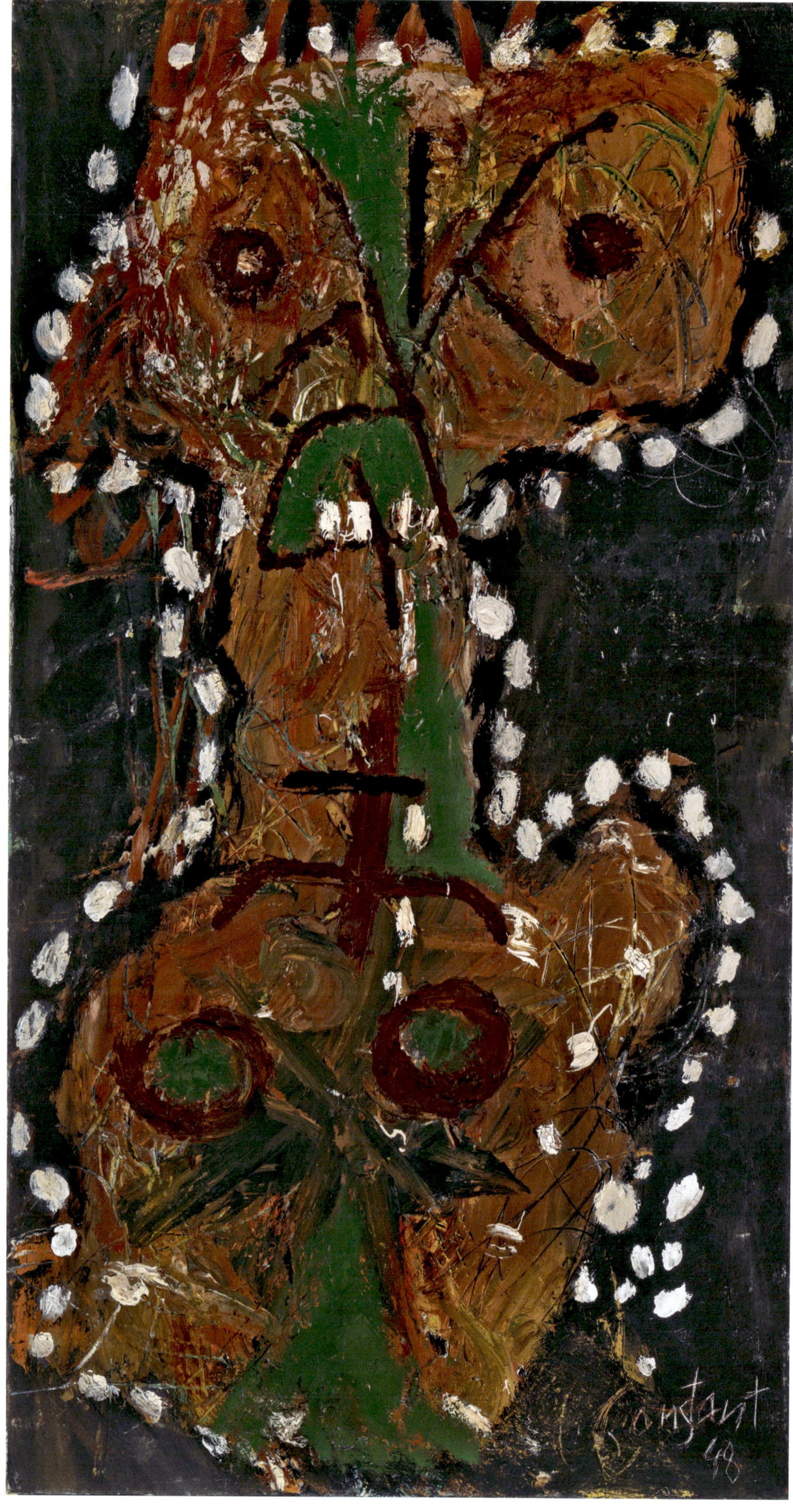

212

108 | Constant
De Parelvisser
1948
Privatsammlung, Dauerleihgabe an das /
Private collection on loan to the Cobra
Museum of Modern Art, Amstelveen

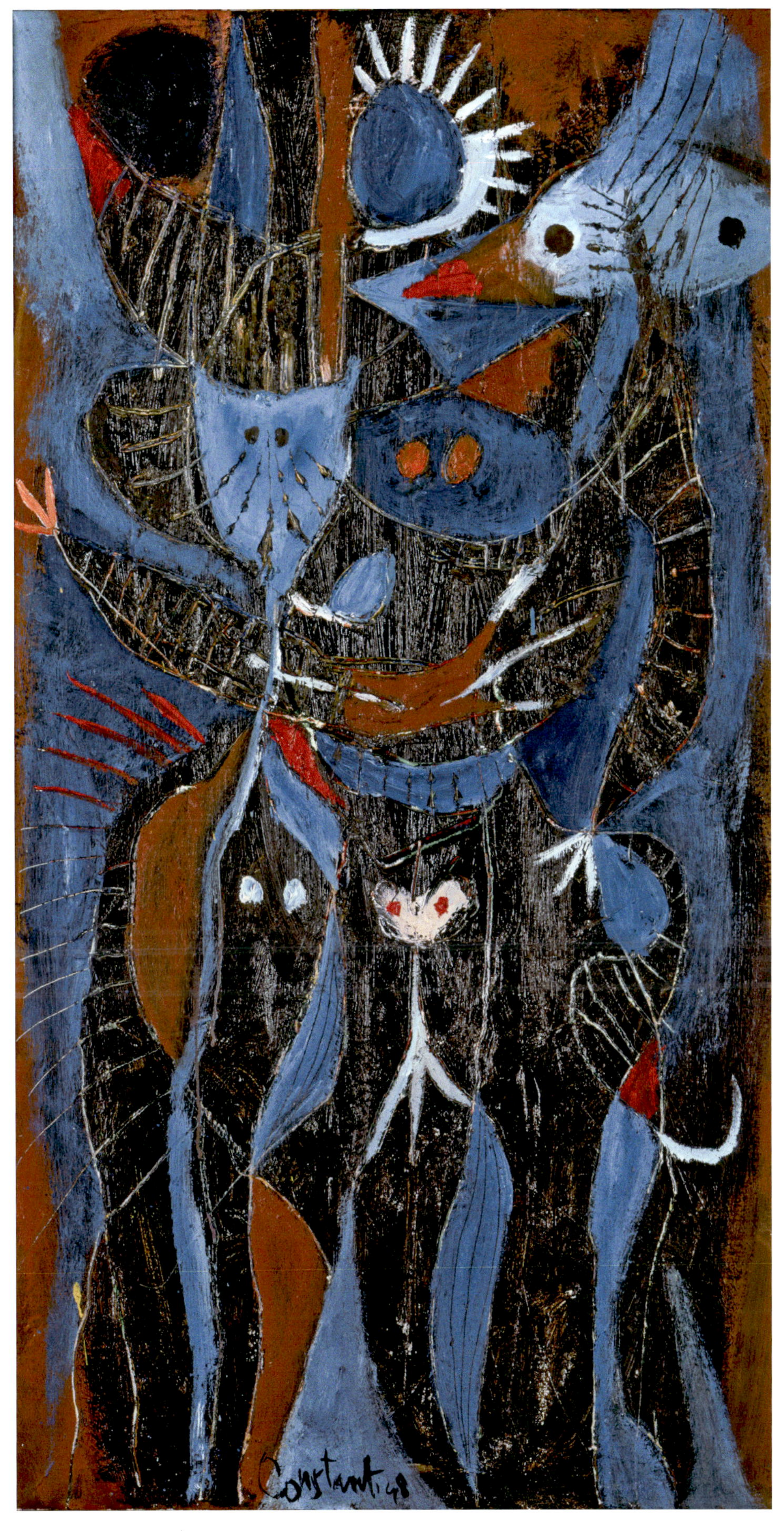

109 | Constant
Vogelidylle
1948

Sammlung / Collection Stedelijk Museum
Amsterdam

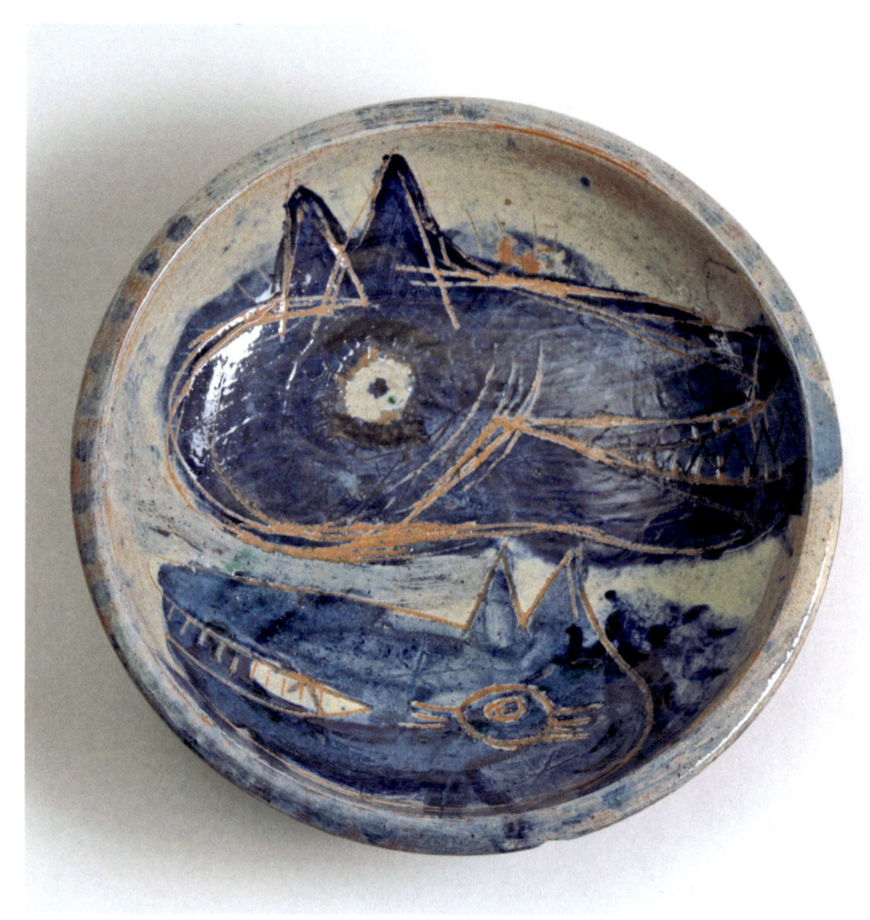

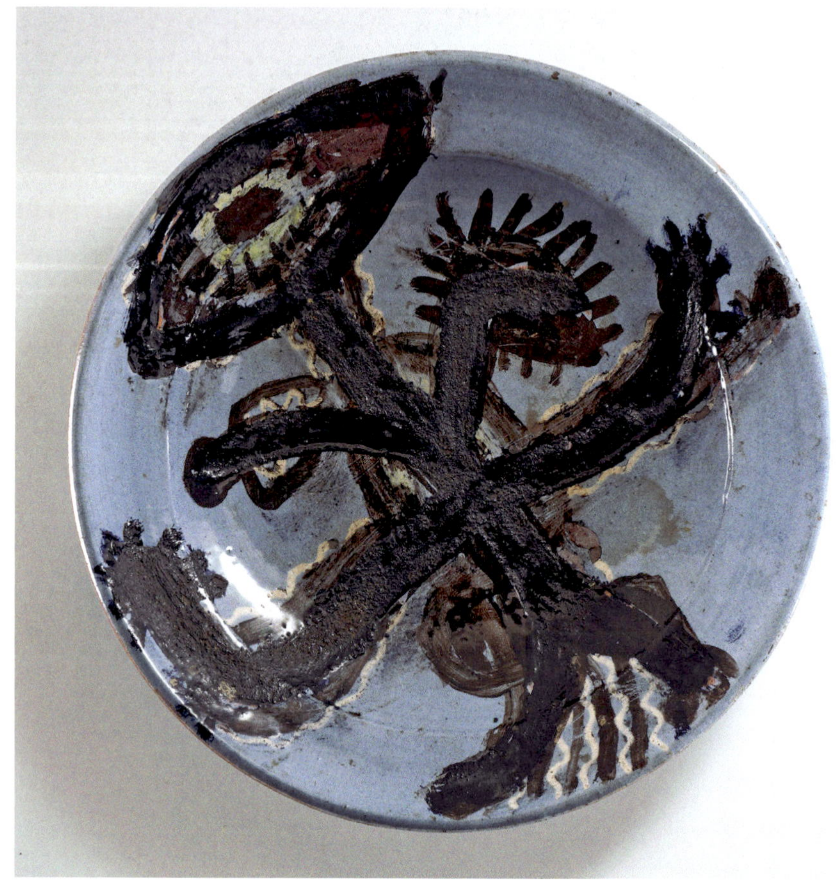

Twee dieren
1948
Privatsammlung, Dauerleihgabe an das /
Private collection on loan to the Cobra
Museum of Modern Art, Amstelveen

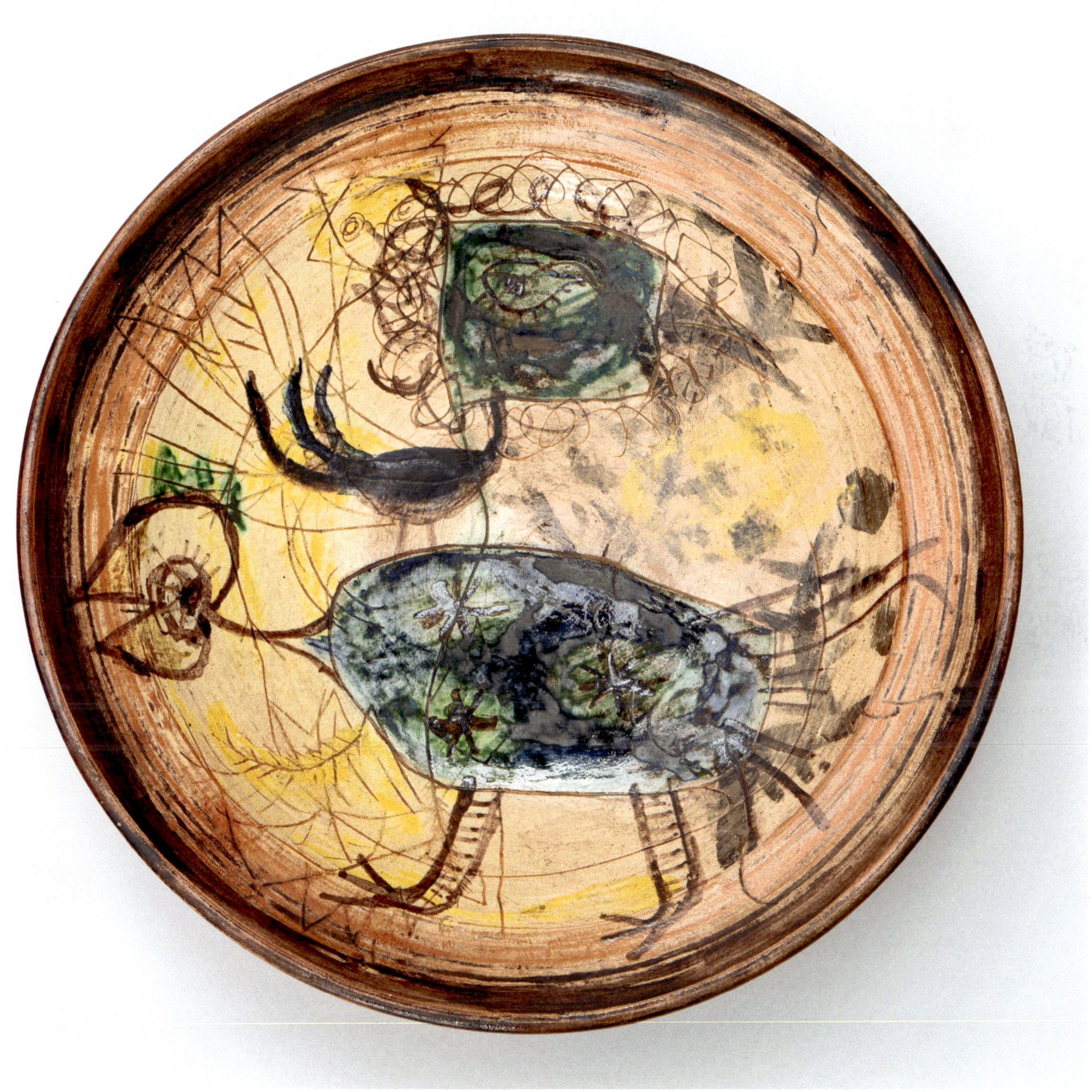

111 | Constant
Ohne Titel / Untitled
1948
Privatsammlung, Dauerleihgabe an das /
Private collection on loan to the Cobra
Museum of Modern Art, Amstelveen

112 | Constant
Ohne Titel / Untitled
1948
Sammlung / Collection Design Museum
Den Bosch, s'Hertogenbosch

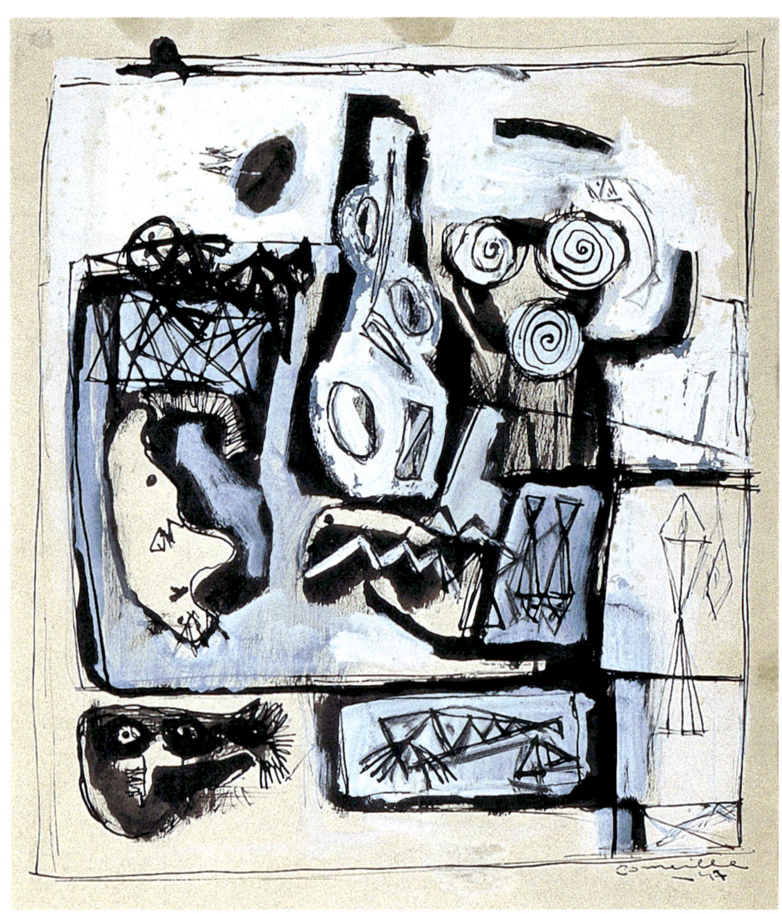

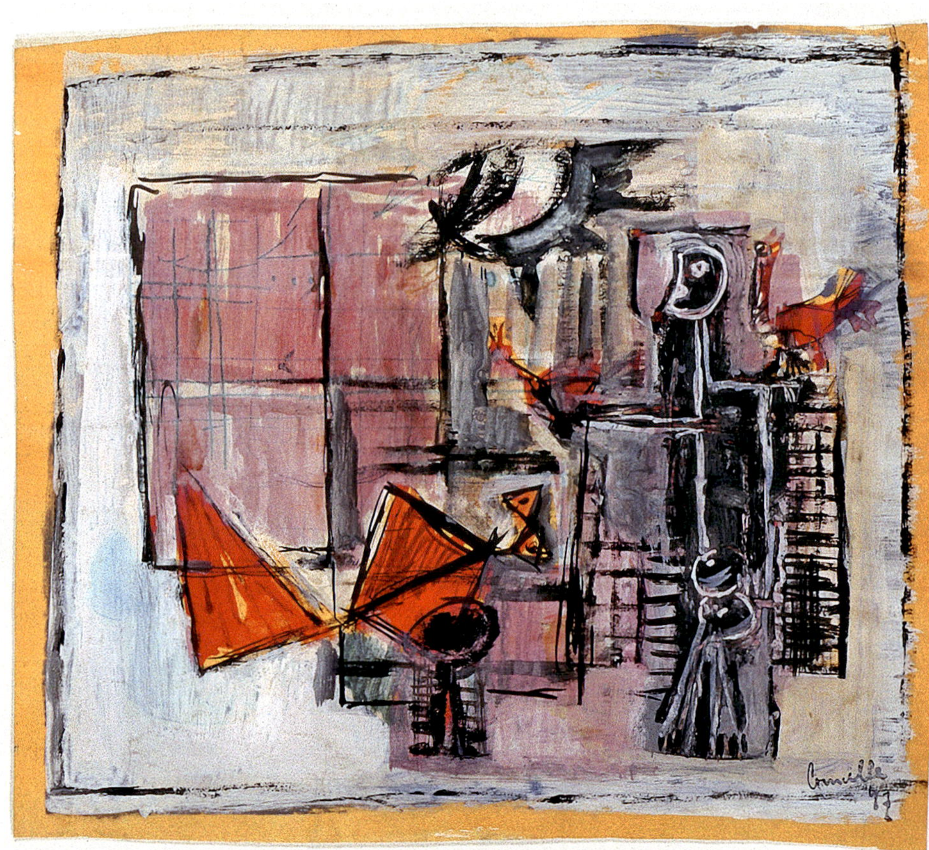

113 und / and 114
Corneille
Ohne Titel / Untitled
beide / both 1947
DIE GALERIE Frankfurt am Main

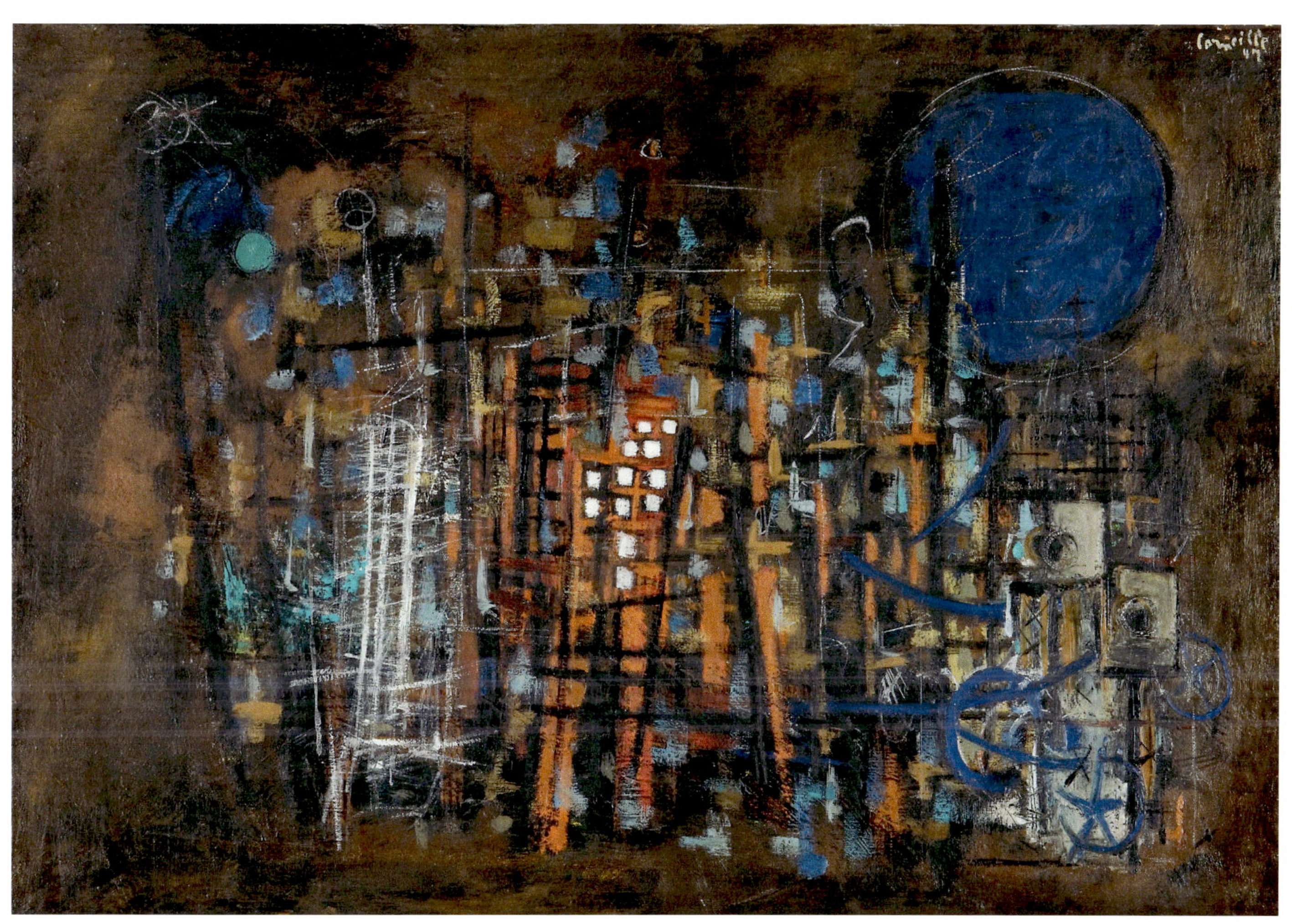

115 | Corneille
La ville
1947
Privatsammlung / Private collection

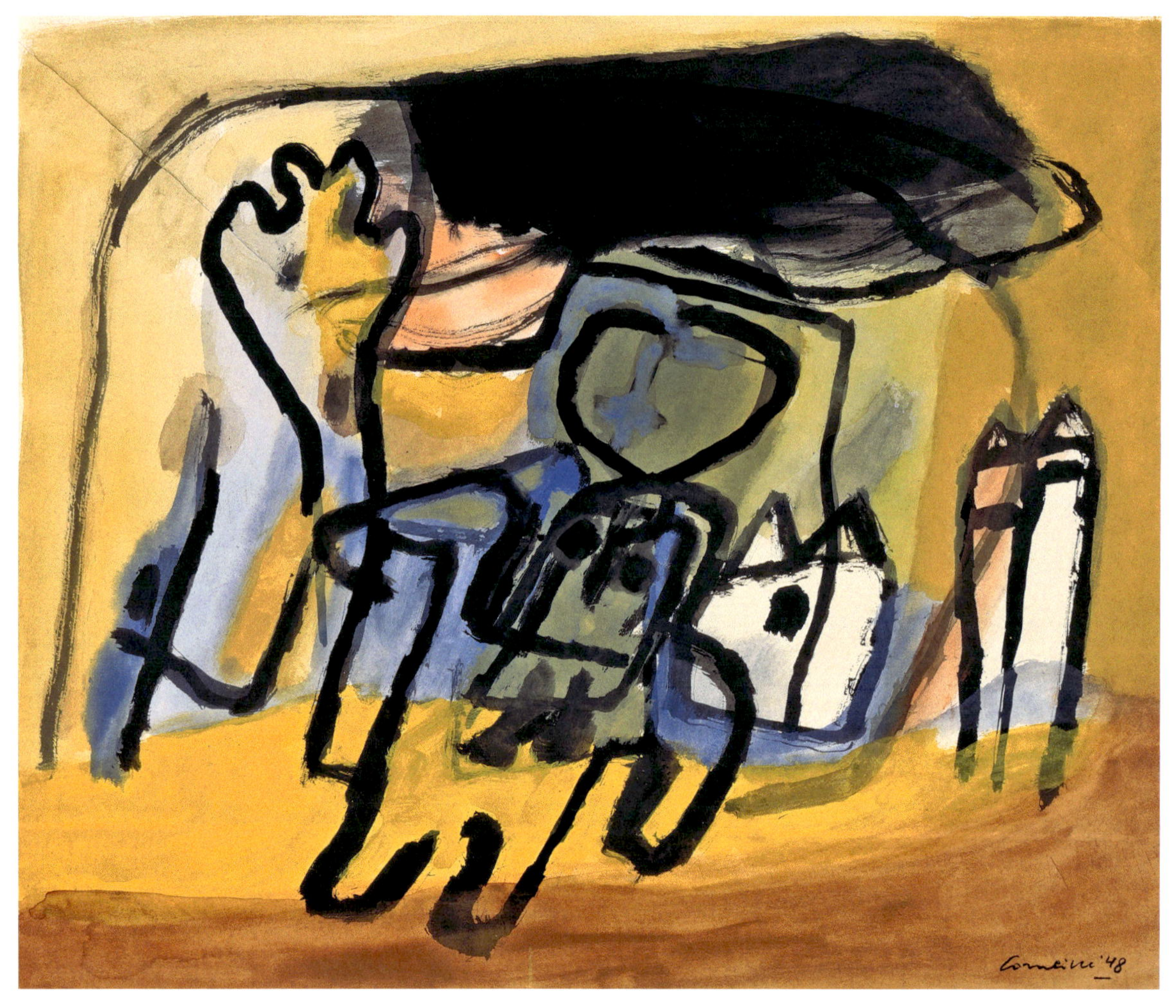

116 | Corneille
Ruiter
1948
Stedelijk Museum Schiedam Collection / Sammlung

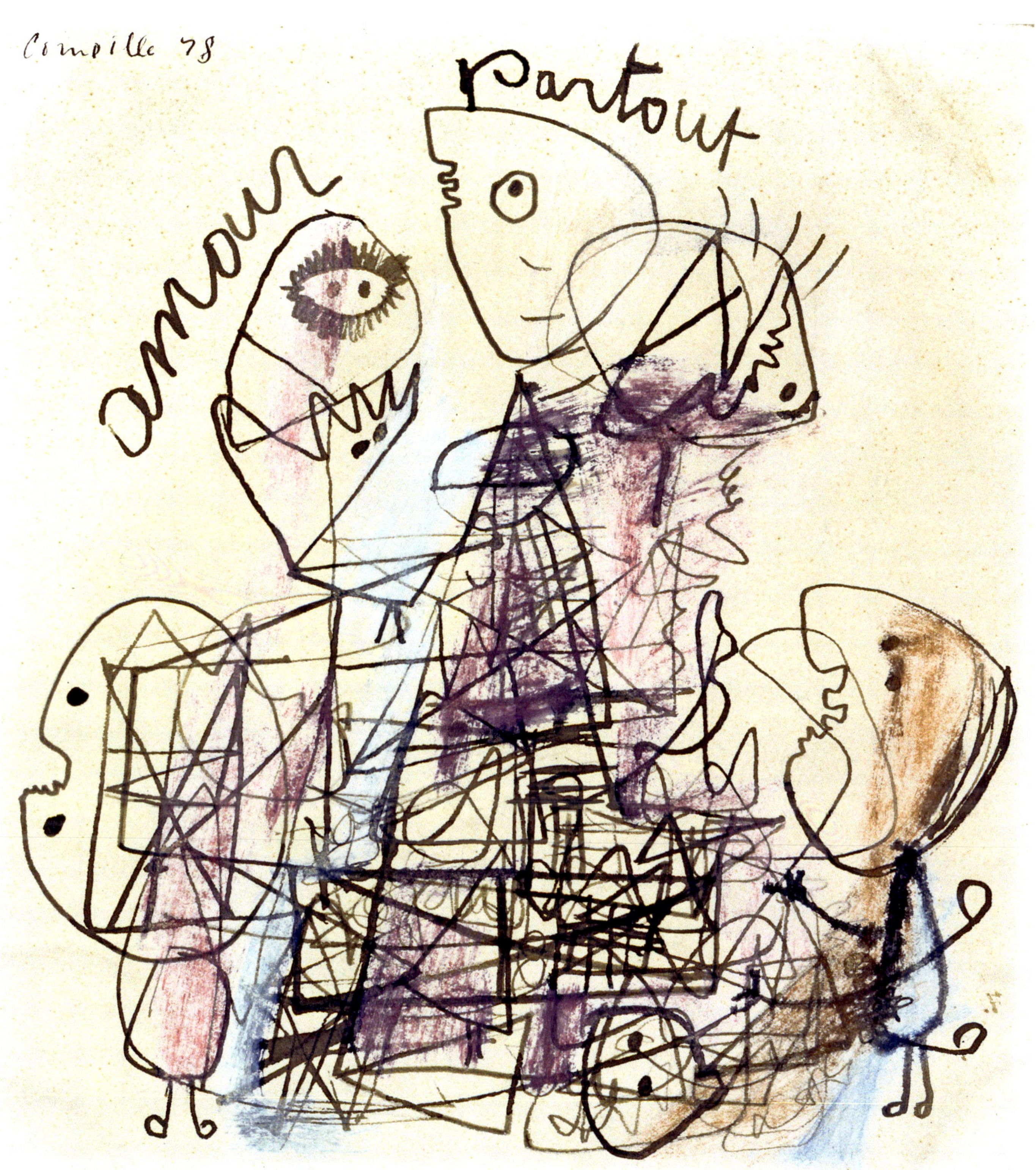

117 | Corneille
Amour partout
1948
Sammlung / Collection Stedelijk Museum
Amsterdam

118 | Lotti van der Gaag
Mensfiguur
1948
Stedelijk Museum Schiedam collection /
Sammlung

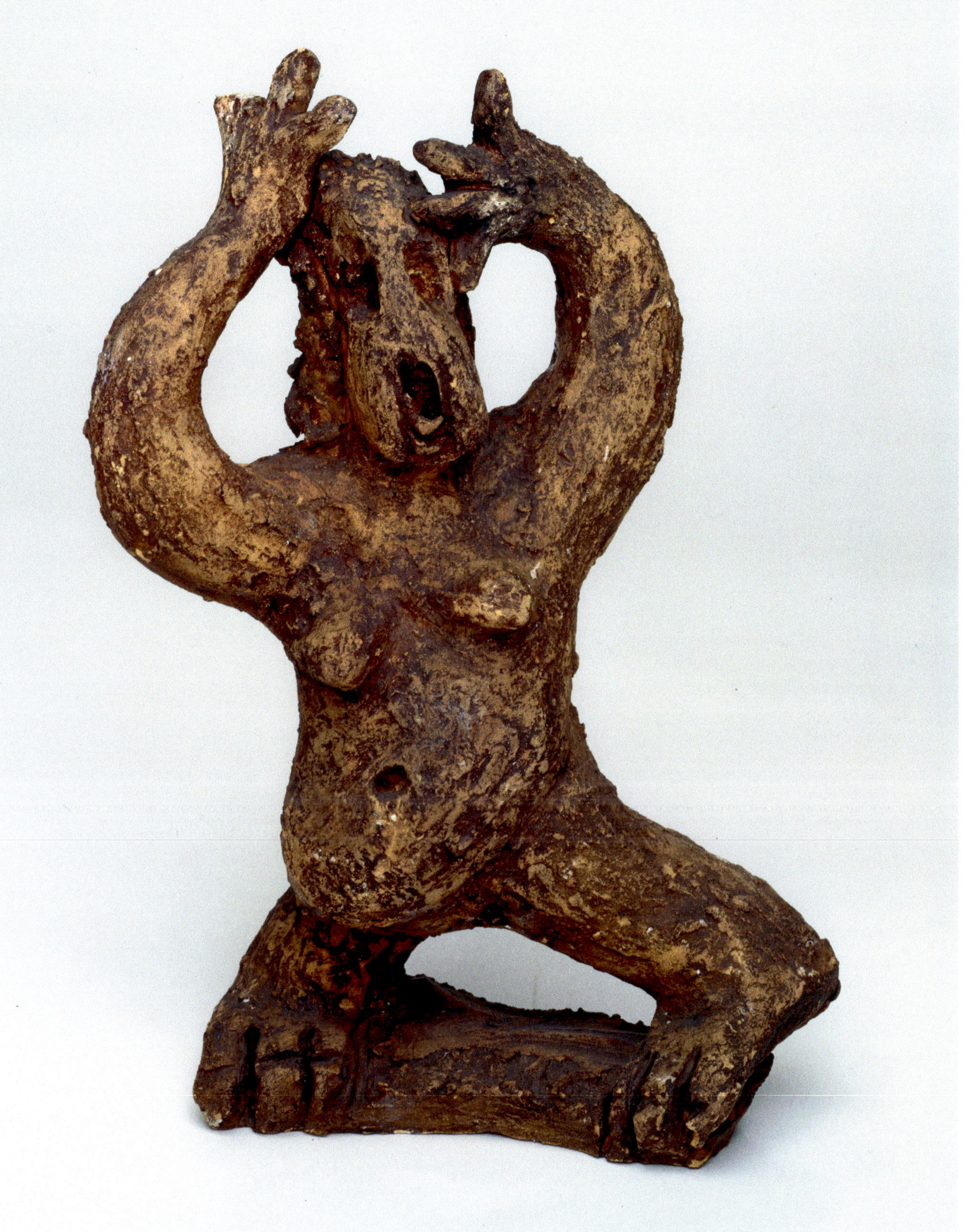

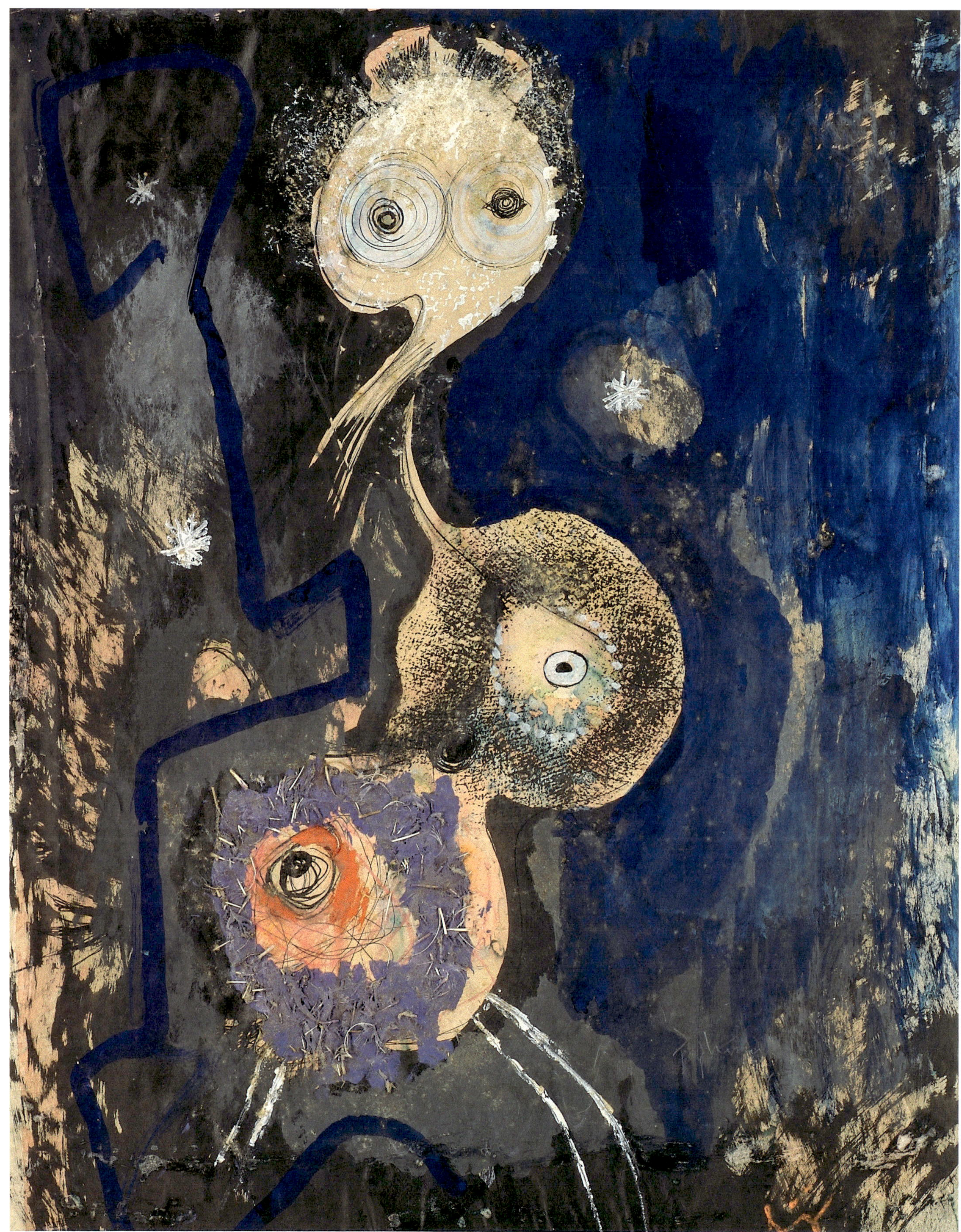

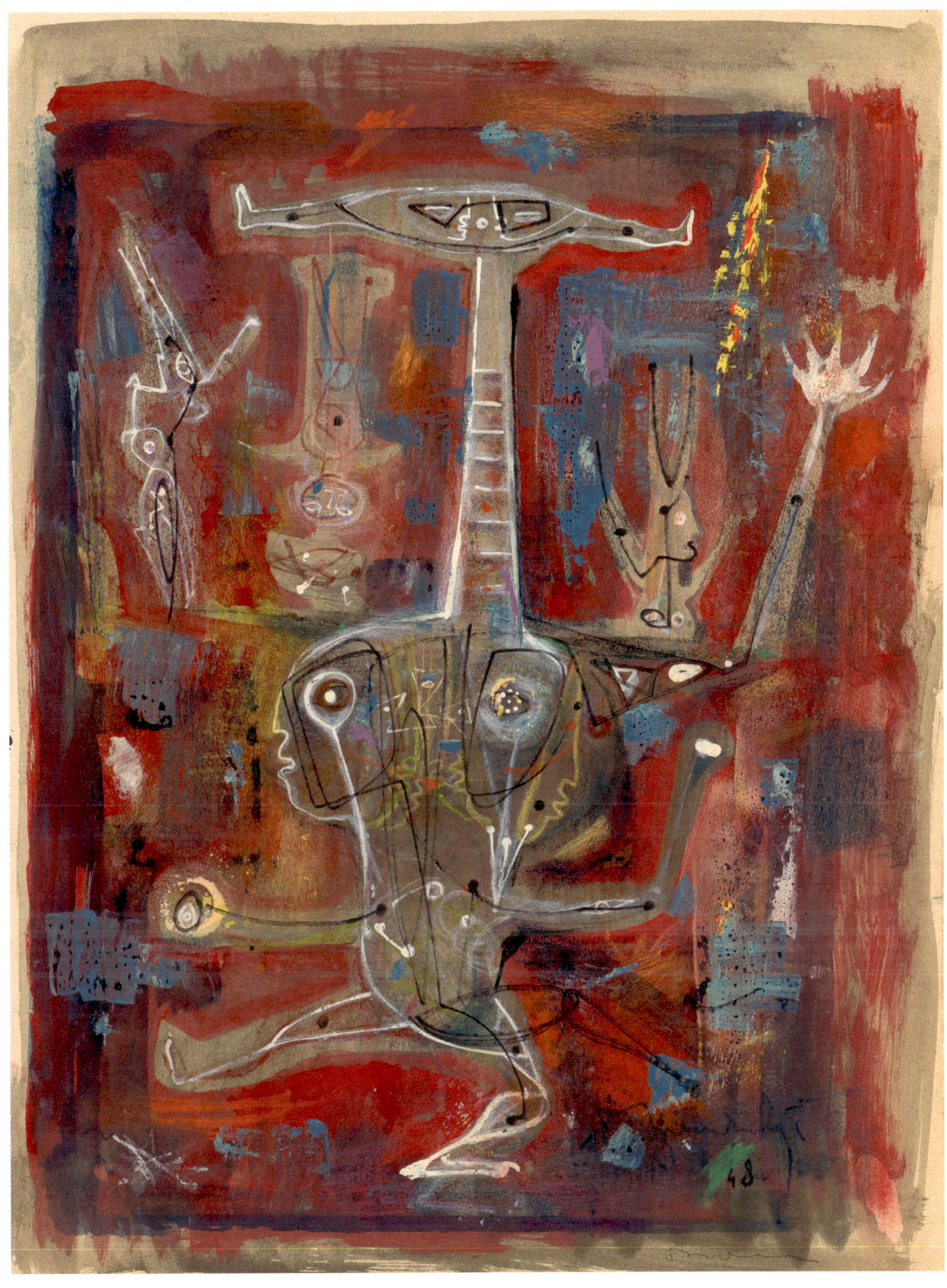

119 | Jan Nieuwenhuys
Vogel
1948
Cobra Museum of Modern Art, Amstelveen

120 | Jan Nieuwenhuys
Ohne Titel / Untitled
1948
Sammlung / Collection Museum Boijmans
Van Beuningen, Rotterdam

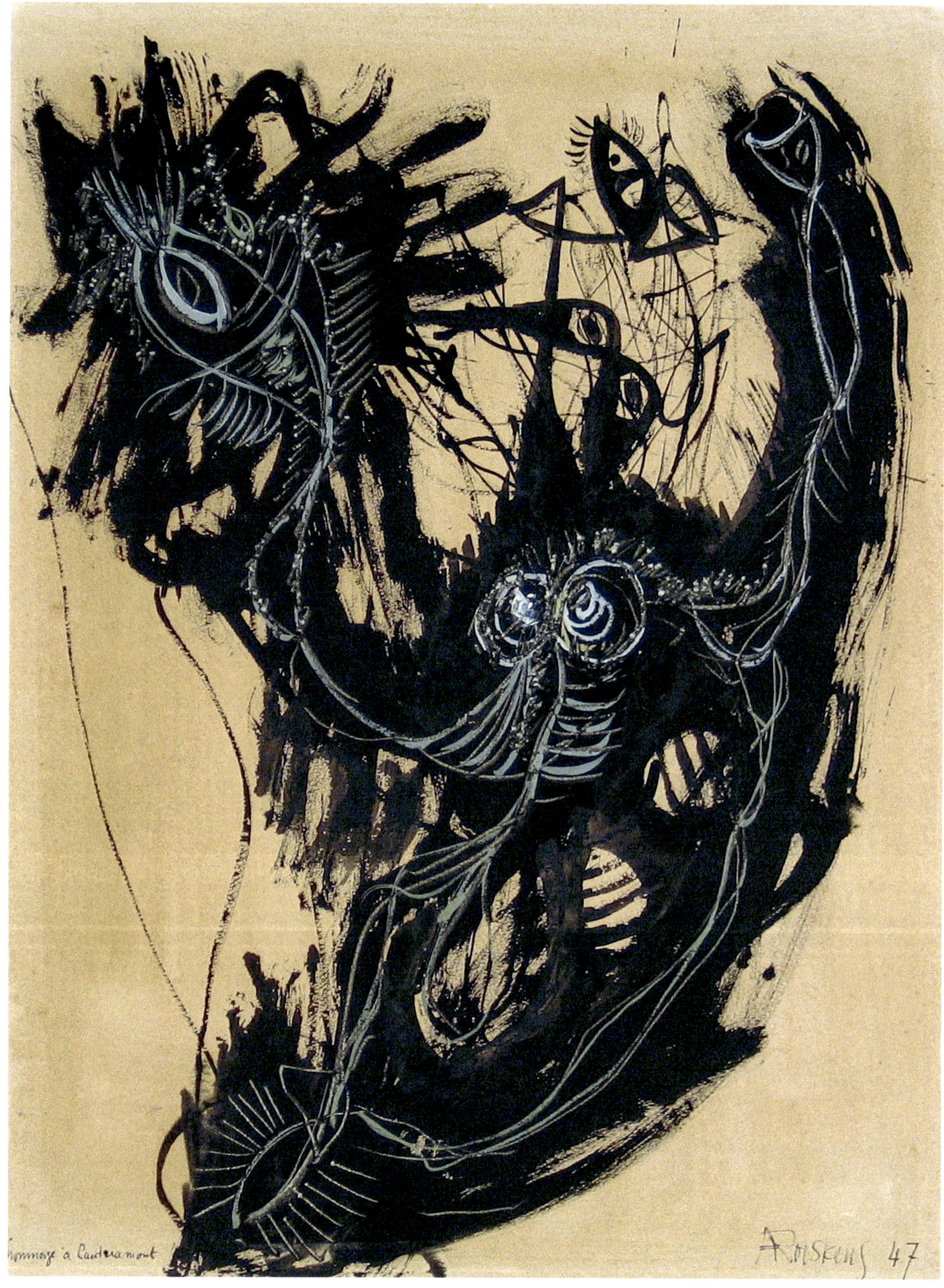

Hommage à Caudramont
A Roskens 47

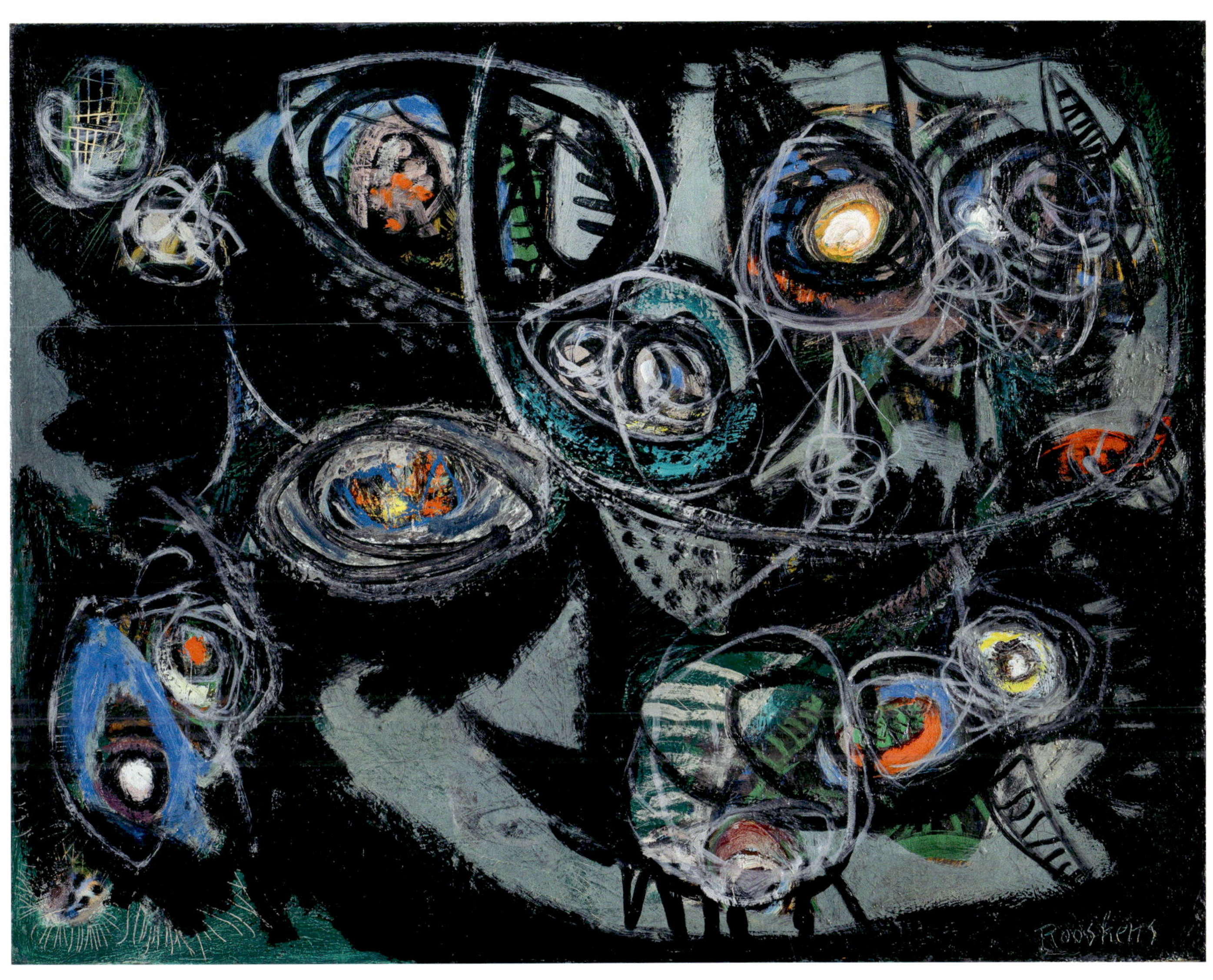

121 | Anton Rooskens
Hommage à Lautréamont
1947
Sammlung / Collection Stedelijk Museum Amsterdam

122 | Anton Rooskens
Réalité nouvelle
1948
Privatsammlung, Dauerleihgabe an das /
Private collection on loan to the
Cobra Museum of Modern Art, Amstelveen

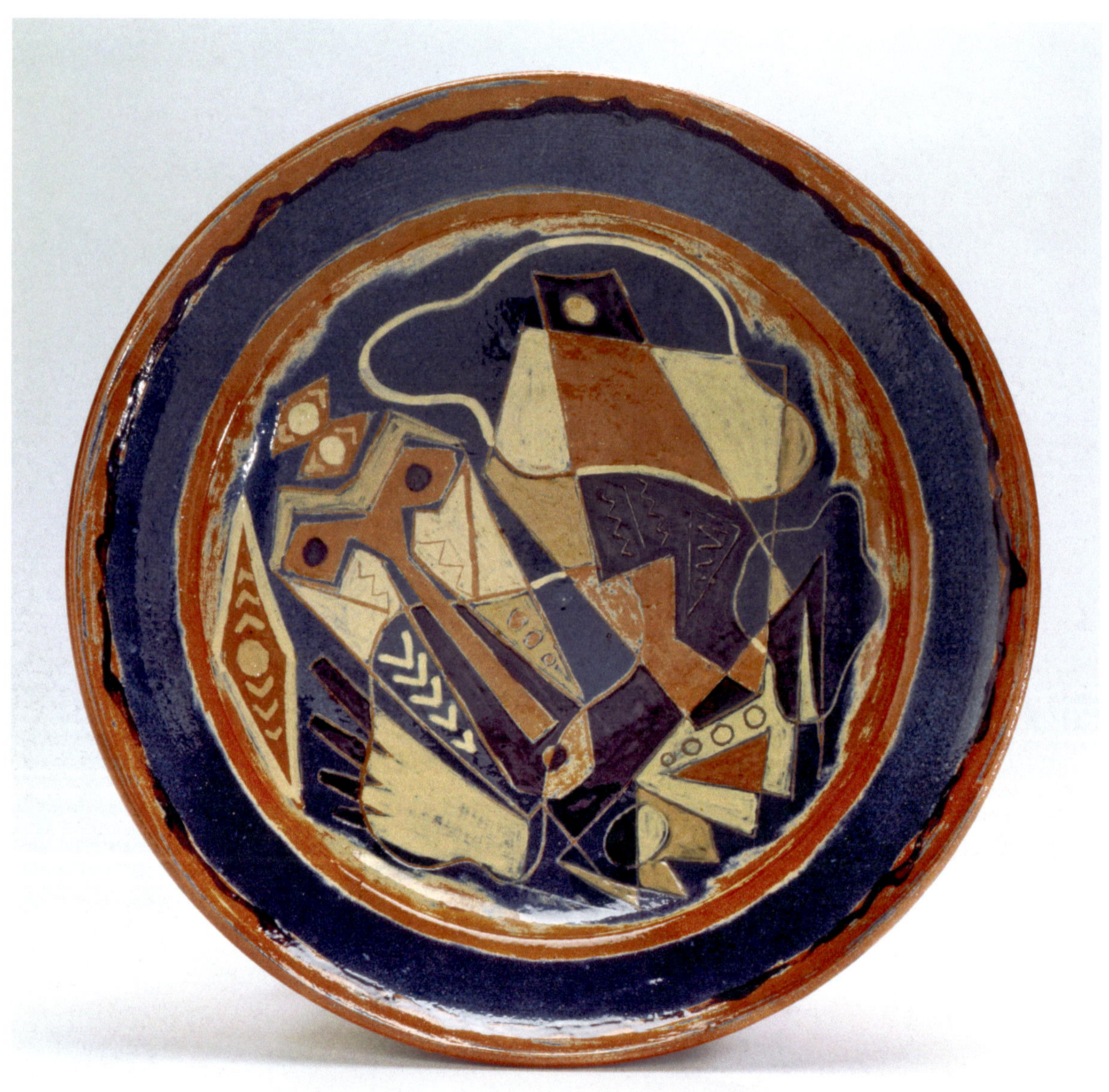

123 | Anton Rooskens
Ohne Titel / Untitled
1948
Stedelijk Museum Schiedam Collection / Sammlung

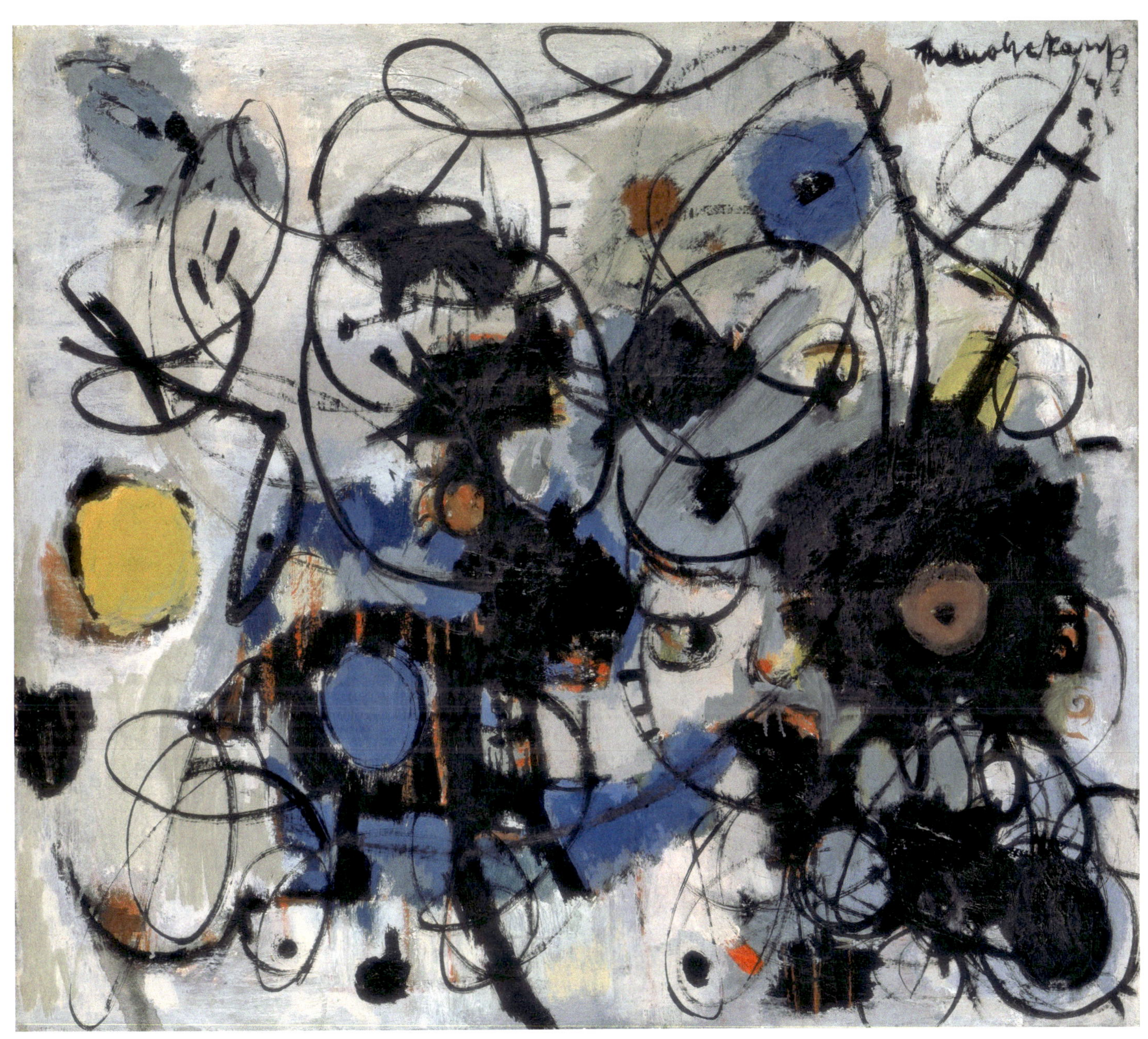

124 | Theo Wolvecamp
Explosie
1948

Sammlung / Collection Stedelijk Museum
Amsterdam

„Wir sehen den einzigen Weg für e[ine] weitere internatio[nale] Aktivität in einer organischen exper[imentellen] Zusammenarbeit, sterilen und dogm[atischen] Theorien beiseitel[assend]

activity in organic e[xperimental]

leaving aside all steri[le]

(COBRA
MANIFEST /
MANIFESTO,
1948)

ne
ale

mentellen
ie alle
tischen
sst."

"We see
the only way
for further international
xperimental cooperation,
e and dogmatic theories."

Werkverzeichnis / List of Works

Pierre Alechinsky
Les Métiers / Die Berufe / The Professions
1948
Serie von 9 Blättern à 24×19 cm /
Series of 9 sheets, each 24×19 cm
Radierung und Kaltnadelradierung auf
Papier / Etching and drypoint on paper

Le pêcheur / Der Fischer / The Fisherman
Plattenmaß / Plate dimension 13,5×9,8 cm
Le Couturier / Der Schneider / The Tailor
Plattenmaß / Plate dimension 13,2×10,1 cm
Le Musicien / Der Musiker / The Musician
Plattenmaß / Plate dimension 13,2×9,7 cm
Le Curé / Der Pfarrer / The Priest
Plattenmaß / Plate dimension 13,2×9,7 cm
*Le Bûcheron / Der Holzfäller /
The Woodcutter*
Plattenmaß / Plate dimension 13,2×9,1 cm
Le Coiffeur / Der Friseur / The Hairdresser
Plattenmaß / Plate dimension 14,2×9,8 cm
*Le Soldat méconnu / Der unbekannte
Soldat / The Unknown Soldier*
Plattenmaß / Plate dimension 14,1×9,7 cm
*Le Pompier / Der Feuerwehrmann /
The Fireman*
Plattenmaß / Plate dimension 14,2×9,5 cm
*Le Garagiste / Der Automechaniker /
The Car Mechanic*
Plattenmaß / Plate dimension 14,1×9,5 cm

Centre Pompidou, Paris
Musée national d'art moderne / Centre de
création industrielle, Frankreich / France
Kat. / Cat. 46–54 // Abb. S. / Fig. p. 114, 115

Pierre Alechinsky
*Autrement dit / Mit anderen Worten /
With Other Words*
1961
Öl auf Leinwand / Oil on canvas
122 × 150 cm
Sammlung Fuchs / Fuchs Collection
Abb. S. / Fig. p. 10

Else Alfelt
*Grønt land med okker himmel /
Grünes Land mit ockerfarbenem
Himmel / Green Land with Ochre Sky*
1938
Öl auf Leinwand / Oil on canvas
55,5×87 cm
Carl-Henning Pedersen & Else Alfelts
Museum, Herning, Dänemark / Denmark
Kat. / Cat. 1 // Abb. S. / Fig. p. 50, 51

Else Alfelt
*Spidser der rækker mon himlen /
Punkte, die in den Himmel ragen /
Points Reaching for the Sky*
1945
Öl auf Sperrholz / Oil on plywood
102×102 cm
Carl-Henning Pedersen & Else Alfelts
Museum, Herning, Dänemark / Denmark
Kat. / Cat. 2 // Abb. S. / Fig. p. 52

Else Alfelt
*Fra fjellets verden / Die Welt der Berge /
The World of Mountains*
1946
Öl auf Leinwand / Oil on canvas
85×127 cm
Carl-Henning Pedersen & Else Alfelts
Museum Herning, Dänemark / Denmark,
Kat. / Cat. 3 // Abb. S. / Fig. p. 52

Else Alfelt
Fossen / Wasserfall / Waterfall, Tjuvkil
1947
Öl auf Leinwand / Oil on canvas
105×126 cm
Carl-Henning Pedersen & Else Alfelts
Museum, Herning, Dänemark / Denmark
Kat. / Cat. 4 // Abb. S. / Fig. p. 53

Karel Appel
Vogelvrouw / Vogelfrau / Birdwoman
1947
Bronze
163,5×30×29 cm
Sammlung / Collection Stedelijk
Museum Amsterdam, Niederlande /
The Netherlands
Kat. / Cat. 92 // Abb. S. / Fig. p. 194

Karel Appel
*Mannetje met de zon / Mann mit Sonne /
Small Man with the Sun*
1947
Aquarell, Kreide auf Papier / Watercolor
paint and chalk on paper
44×55,6 cm
Stedelijk Museum Schiedam collection /
Sammlung, Niederlande /
The Netherlands
Kat. / Cat. 93 // Abb. S. / Fig. p. 195

Karel Appel
Ohne Titel / Untitled
1947
Gouache auf Papier / Gouache on paper
69,4×50 cm
Karel Appel Estate, Amsterdam,
Niederlande / The Netherlands
Kat. / Cat. 94 // Abb. S. / Fig. p. 196

Karel Appel
Ohne Titel / Untitled
1947
Gouache, Tusche auf Papier / Gouache,
ink on paper
43×66,5 cm
Karel Appel Estate, Amsterdam,
Niederlande / The Netherlands
Kat. / Cat. 95 // Abb. S. / Fig. p. 197

Karel Appel
*Kindje met bloemen / Kind mit Blumen /
Small Child with Flowers*
1947
Aquarell, Tusche und Kreide auf Papier /
Watercolor paint, ink and chalk on paper
44×55,6 cm
Stedelijk Museum Schiedam collection /
Sammlung, Niederlande /
The Netherlands
Kat. / Cat. 96 // Abb. S. / Fig. p. 198

Karel Appel
*Vragende Kinderen / Fragende bzw.
Bettelnde Kinder / Questioning or
Begging Children*
1948
Bleistift auf Papier / Crayon on paper
19,5×29 cm
Privatsammlung, Dauerleihgabe an
das / Private Collection on loan to
the Cobra Museum of Modern Art,
Amstelveen, Niederlande /
The Netherlands
Kat. / Cat. 97 // Abb. S. / Fig. p. 198

Karel Appel
*Vragende Kinderen / Fragende bzw.
Bettelnde Kinder / Questioning or
Begging Children*
1948
Öl auf Leinwand / Oil on canvas
70×104 cm
DIE GALERIE Frankfurt am Main
Kat. / Cat. 99 // Abb. S. / Fig. p. 200, 201

Karel Appel
*Wandteller (Ohne Titel) / Wandboard
(Untitled)*
1948
Keramik / Ceramics
⌀ 25 cm
Sammlung / Collection Stedelijk
Museum Amsterdam, Niederlande /
The Netherlands
Kat. / Cat. 98 // Abb. S. / Fig. p. 199

Karel Appel
*Dance in White Space / Tanz in weißem
Raum*
1959
Öl auf Leinwand / Oil on canvas
129×195 cm
Sammlung Fuchs / Fuchs Collection
Abb. S. / Fig. p. 9

Jean-Michel Atlan
Ohne Titel / Untitled
1941
Gouache auf Papier / Gouache on paper
12×8 cm
Centre Pompidou, Paris
Musée national d'art moderne /
Centre de création industrielle,
Frankreich / France
Kat. / Cat. 55 // Abb. S. / Fig. p. 116

Jean-Michel Atlan
Ohne Titel / Untitled
1945
Öl auf Sperrholz / Oil on plywood
81×65 cm
Centre Pompidou, Paris
Musée national d'art moderne / Centre
de création industrielle, Frankreich /
France
Kat. / Cat. 56 // Abb. S. / Fig. p. 117

Jean-Michel Atlan
Ohne Titel / Untitled
1945
Öl auf Isorel / Oil on isorel
45,5×54,2 cm
Centre Pompidou, Paris
Musée national d'art moderne / Centre
de création industrielle, Frankreich /
France
Kat. / Cat. 57 // Abb. S. / Fig. p. 117

Ejler Bille
*Lurende fugl / Vogel auf der Lauer /
Lurking Bird*
1933
Bronze
15,5×24,5×16 cm
Louisiana Museum of Modern Art,
Humlebæk, Dänemark / Denmark
Kat. / Cat. 5 // Abb. S. / Fig. p. 54

Ejler Bille
*Spadserende Form / Spazierende Form /
Walking Form*
1933–36
Bronze
28×23×22 cm
Louisiana Museum of Modern Art,
Humlebæk, Dänemark / Denmark
Kat. / Cat. 7 // Abb. S. / Fig. p. 55

Ejler Bille
Næbdyr / Schnabeltier / Platypus
1936
Bronze
34×35×38,5 cm
Louisiana Museum of Modern Art,
Humlebæk, Dänemark / Denmark.
Dauerleihgabe / Permanent Loan:
Museumsfonden af 7. Dezember /
December 7, 1966
Kat. / Cat. 6 // Abb. S. / Fig. p. 54

Ejler Bille
Øgle / Echse / Lizard
1936
Kunststein / Artificial stone
18×24×41 cm
Vejle Kunstmuseum, Dänemark /
Denmark
Kat. / Cat. 8 // Abb. S. / Fig. p. 55

Ejler Bille
Komposition / Composition. Gudhjem
1940
Öl auf Leinwand / Oil on canvas
101,9×83,5 cm
Kunsten Museum of Modern Art
Aalborg, Dänemark / Denmark
Kat. / Cat. 9 // Abb. S. / Fig. p. 57

Eugène Brands
*Het masker van God / Die Maske von
Gott / The Mask of God**
1944
Kreide, Bleistift, Papiercollage und
verschiedene Materialien auf Papier /
Charcoal, pencil, paper collage and
various materials on paper
52×40,5 cm
Sammlung / Collection de Bruin-Heijn,
Rotterdam, Niederlande / The Netherlands
Kat. / Cat. 101 // Abb. S. / Fig. p. 203

Eugène Brands
*Rode form met (13) tanden / Rote Form
mit (13) Zähnen / Red Form with (13) Teeth*
1948
Öl auf Holz, Eisen und Leinen / Oil on
wood, iron and linen
62×30 cm
Sammlung / Collection Stedelijk
Museum Amsterdam, Niederlande /
The Netherlands
Kat. / Cat. 100 // Abb. S. / Fig. p. 202

Constant
*Portret van / Porträt von / Portrait of
Matie*
1946
Öl auf Leinwand / Oil on canvas
89×75 cm
Sammlung / Collection Fondation
Constant, Amsterdam, Niederlande /
The Netherlands
Kat. / Cat. 102 // Abb. S. / Fig. p. 205

Constant
Labyrint / Labyrinth / Maze
1946
Tusche auf Papier / Ink on paper
12,5×19 cm
Sammlung / Collection Fondation
Constant, Amsterdam, Niederlande /
The Netherlands
Kat. / Cat. 103 // Abb. S. / Fig. p. 206

Constant
Accouplement / Paarung / Coupling
1946
Tusche und Bleistift auf Papier /
Ink and pencil on paper
20,5×15,2 cm
Sammlung / Collection Fondation
Constant, Amsterdam, Niederlande /
The Netherlands
Kat. / Cat. 104 // Abb. S. / Fig. p. 207

Constant
*Automne (Kinderen) / Herbst (Kinder) /
Fall (Children)*
1947
Farblithografie / Color lithograph
30,3×24,8 cm
Sammlung / Collection Fondation
Constant, Amsterdam, Niederlande /
The Netherlands
Kat. / Cat. 105 // Abb. S. / Fig. p. 208

Constant
*Fantastische dieren / Fantastische
Tiere / Fantastic Animals*
1947
Öl auf Leinwand / Oil on canvas
34,2 × 45,2 cm
Kunsten Museum of Modern Art
Aalborg, Dänemark / Denmark
Kat. / Cat. 106 // Abb. S. / Fig. p. 209

Constant
*Verstrikte Vogel / Verfangener Vogel /
Entangled Bird*
1947
Eisenrohr, gebogen / Curved iron pipe
113 × 83 × 65 cm
Sammlung / Collection Ellen und / and
Jan Nieuwenhuizen Segaar, Antwerpen /
Antwerp, Belgien / Belgium
Kat. / Cat. 107 // Abb. S. / Fig. p. 211

Constant
Vogelidylle / Bird's Idyll
1948
Öl auf Leinwand / Oil on canvas
100 × 55 cm
Sammlung / Collection Stedelijk
Museum Amsterdam, Niederlande /
The Netherlands
Kat. / Cat. 109 // Abb. S. / Fig. p. 213

Constant
*De Parelvisser / Der Perlenfischer /
Pearl Fisherman*
1948
Öl auf Leinwand / Oil on canvas
100 × 54,5 cm
Privatsammlung, Dauerleihgabe an das /
Private collection on loan to the Cobra
Museum of Modern Art, Amstelveen,
Niederlande / The Netherlands
Kat. / Cat. 108 // Abb. S. / Fig. p. 212

Constant
Ohne Titel / Untitled
1948
Keramik / Ceramics
⌀ 44,5 cm
Sammlung / Collection Design Museum
Den Bosch, s'Hertogenbosch,
Niederlande / The Netherlands
Kat. / Cat. 112 // Abb. S. / Fig. p. 215

Constant
Twee dieren / Zwei Tiere / Two Animals
1948
Keramik / Ceramics
⌀ 19,2 cm
Privatsammlung, Dauerleihgabe an
das / Private collection on loan to
the Cobra Museum of Modern Art,
Amstelveen, Niederlande /
The Netherlands
Kat. / Cat. 110 // Abb. S. / Fig. p. 214

Constant
Ohne Titel / Untitled
1948
Keramik / Ceramics
⌀ 35 cm
Privatsammlung, Dauerleihgabe an das /
Private collection on loan to the Cobra
Museum of Modern Art, Amstelveen,
Niederlande / The Netherlands
Kat. / Cat. 111 // Abb. S. / Fig. p. 214

Corneille
Ohne Titel / Untitled
1947
Gouache auf Papier / Gouache on paper
33,5 × 28,5 cm
DIE GALERIE Frankfurt am Main
Kat. / Cat. 113 // Abb. S. / Fig. p. 216

Corneille
Ohne Titel / Untitled
1947
Gouache auf Papier / Gouache on paper
28,5 × 32 cm
DIE GALERIE Frankfurt am Main
Kat. / Cat. 114 // Abb. S. / Fig. p. 216

Corneille
La ville / Die Stadt / The City
1947
Öl auf Leinwand / Oil on canvas
70 × 100 cm
Privatsammlung / Private collection
Kat. / Cat. 115 // Abb. S. / Fig. p. 217

Corneille
Ruiter / Reiter / Horseman
1948
Gouache auf Papier / Gouache on paper
41,4 × 50 cm
Stedelijk Museum Schiedam
collection / Sammlung, Niederlande /
The Netherlands
Kat. / Cat. 116 // Abb. S. / Fig. p. 218

Corneille
*Amour partout / Liebe überall /
Love Everywhere*
1948
Feder und Kreide auf Papier / Ink and
crayon on paper
24,1 × 22,4 cm
Sammlung / Collection Stedelijk
Museum Amsterdam, Niederlande /
The Netherlands
Kat. / Cat. 117 // Abb. S. / Fig. p. 219

Corneille
*Le noir et le rouge de l'orage /
Das Schwarz und das Rot des Gewitters /
The Black and the Red of the Storm*
1963
Acryl auf Leinwand / Acrylic on canvas
73,4 × 100 cm
Kunsthalle Mannheim
Abb. S. / Fig. p. 7

Christian Dotremont
(und / and Asger Jorn)
*Je lève, tu lèves, nous rêvons /
Ich erhebe mich, du erhebst dich, wir
träumen / I Rise, You Rise, We Dream*
1948
Öl auf Loinwand / Oil on canvas
37,5 × 32,5 cm
Privatsammlung / Private collection
Kat. / Cat. 58 // Abb. S. / Fig. p. 118

Christian Dotremont
(und / and Asger Jorn)
*Ici la chevelure des choses / Hier der
Schweif der Dinge / The Hair of Things*
1948
Öl auf Karton / Oil on cardboard
17,5 × 21,5 cm
Privatsammlung / Private collection
Kat. / Cat. 59 // Abb. S. / Fig. p. 118

Jacques Doucet
*Naissance de Babel / Die Geburt von
Babel / Birth of Babel*
1947
Tusche, Farbstift auf Papier / Ink,
colored pencil on paper
58,5 × 33,5 cm
Centre Pompidou, Paris
Musée national d'art moderne / Centre
de création industrielle, Frankreich /
France
Kat. / Cat. 60 // Abb. S. / Fig. p. 119

Jacques Doucet
*L'Hiver hollandais / Holländischer
Winter / Dutch Winter*
1948
Öl auf Leinwand / Oil on canvas
72,5 × 92 cm
Centre Pompidou, Paris
Musée national d'art moderne / Centre
de création industrielle, Frankreich /
France
Kat. / Cat. 63 // Abb. S. / Fig. p. 121

Jacques Doucet
Le Bal Blomet (Bal Rue Blomet)
1948
Tinte auf Papier, Karton / Ink on paper,
cardboard
46 × 57 cm
Privatsammlung, Dauerleihgabe an
das / Private collection on loan to
the Cobra Museum of Modern Art,
Amstelveen, Niederlande /
The Netherlands
Kat. / Cat. 61 // Abb. S. / Fig. p. 120

Sonja Ferlov Mancoba
*To levende væsener / Zwei Lebewesen /
Two Beings*
1935
Bronze
49 × 43 × 29 cm
Louisiana Museum of Modern Art,
Humlebæk, Dänemark / Denmark.
Dauerleihgabe / Permanent Loan:
Museumsfonden af 7. Dezember /
December 7, 1966
Kat. / Cat. 10 // Abb. S. / Fig. p. 58

Sonja Ferlov Mancoba
Komposition / Composition
1938
Öl auf Leinwand / Oil on canvas
72 × 54 cm
Kunstmuseum Brandts, Odense,
Dänemark / Denmark
Kat. / Cat. 11 // Abb. S. / Fig. p. 59

Sonja Ferlov Mancoba
*Maskeskulptur / Maskenskulptur /
Mask Sculpture*
1939
Gips / Plaster
39 × 21 × 11 cm
Museum Jorn, Silkeborg, Dänemark /
Denmark
Kat. / Cat. 12 // Abb. S. / Fig. p. 60

Sonja Ferlov Mancoba
*Skulptur (Ohne Titel) / Sculpture
(Untitled)*
1940–46
Bronze
51 × 105 × 34 cm
Louisiana Museum of Modern Art,
Humlebæk, Dänemark / Denmark
Kat. / Cat. 13 // Abb. S. / Fig. p. 61

Lotti van der Gaag
*Mensfiguur / Menschenfigur /
Human Figure*
1948
Terracotta
25,5 × 16,5 cm
Stedelijk Museum Schiedam collection /
Sammlung, Niederlande /
The Netherlands
Kat. / Cat. 118 // Abb. S. / Fig. p. 221

Stephen Gilbert
Butterfly / Schmetterling
1948
Öl auf Leinwand / Oil on canvas
43,5 × 53,5 cm
Privatsammlung, Dauerleihgabe an das /
Private collection on loan to the Cobra
Museum of Modern Art, Amstelveen,
Niederlande / The Netherlands
Kat. / Cat. 62 // Abb. S. / Fig. p. 121

K.O. Götz
Erzählung / Narration
1946
Monotypie auf Papier / Monotype on paper
30 × 21,7 cm
Kunsthalle Mannheim
Kat. / Cat. 65 // Abb. S. / Fig. p. 123

K.O. Götz
Ein Holzschnitt / A Woodcut
1947
Holzschnitt / Woodcut
19,4 × 20,2 cm
Kunsthalle Mannheim
Kat. / Cat. 64 // Abb. S. / Fig. p. 122

K.O. Götz
Mondpflanzen / Moon Plants
1947
Öl auf Pappe / Oil on cardboard
50 × 70 cm
Sammlung / Collection Prof. Karin Götz
Kat. / Cat. 66 // Abb. S. / Fig. p. 124

K.O Götz
*Der Geburtstagstisch /
The Birthday Table*
1947
Gouache, Druckfarbe auf Papier /
Gouache, printing ink on paper
30 × 50 cm
DIE GALERIE Frankfurt am Main
Kat. / Cat. 67 // Abb. S. / Fig. p. 125

Svavar Guðnason
Komposition / Composition
1942
Öl auf Holz / Oil on wood
92 × 122 cm
Vejle Kunstmuseum, Dänemark /
Denmark
Kat. / Cat. 14 // Abb. S. / Fig. p. 62

Anneliese Hager
Reihung / Sequence
1948
Fotogramm / Photogram
29,7 × 39,7 cm
ZKM | Zentrum für Kunst und Medien /
Center for Art and Media Karlsruhe,
Fotogramm-Archiv HeyneNeusüss /
ZKM-01-0094-02-0583
Kat. / Cat. 68 // Abb. S. / Fig. p. 126

Anneliese Hager
Sgraffito
1948
Fotogramm / Photogram
22 × 39,5 cm
ZKM | Zentrum für Kunst und Medien /
Center for Art and Media Karlsruhe,
Fotogramm-Archiv HeyneNeusüss /
ZKM-01-0094-02-0581
Kat. / Cat. 69 // Abb. S. / Fig. p. 126

Anneliese Hager
Ohne Titel / Untitled
1948
Fotogramm / Photogram
28,7 × 39,2 cm
ZKM | Zentrum für Kunst und Medien /
Center for Art and Media Karlsruhe,
Fotogramm-Archiv HeyneNeusüss /
ZKM-01-0094-02-0586
Kat. / Cat. 70 // Abb. S. / Fig. p. 127

Henry Heerup
Flagermaus / Fledermaus / Bat
ca. 1930
Holz und Metall / Wood and metal
13,7 × 31,5 × 22,5 cm
Louisiana Museum of Modern Art,
Humlebæk, Dänemark / Denmark.
Schenkung / Donation: Veksølund
(Ingrid, Poul & Jørgen Hansen)
Kat. / Cat. 16 // Abb. S. / Fig. p. 64

Henry Heerup
Nanna Figure / Nannafigur
1936
Marmor / Marble
77,5 × 28,5 × 16 cm
Louisiana Museum of Modern Art,
Humlebæk, Dänemark / Denmark.
Dauerleihgabe / Permanent Loan:
Museumsfonden af 7. Dezember /
December 7, 1966
Kat. / Cat. 17 // Abb. S. / Fig. p. 65

Henry Heerup
*Muselmanden***
1940/41
Holz und Metall / Wood and metal
122 × 48,5 × 15,5 cm
Louisiana Museum of Modern Art,
Humlebæk, Dänemark / Denmark.
Schenkung / Donation: Alma und Vagn
Nielsen
Kat. / Cat. 18 // Abb. S. / Fig. p. 65

Henry Heerup
Baggaardsdrengen / Hinterhofjunge /
Backyard Boy
1941
Bemalter Granit / Painted granite
33 × 32 × 9 cm
Vejle Kunstmuseum, Dänemark /
Denmark
Kat. / Cat. 21 // Abb. S. / Fig. p. 68

Henry Heerup
Oldingenisse / Alter Gnom / A Very Old
Gnome
1941
Speckstein / Soapstone
40 × 35 × 24,5 cm
Statens Museum for Kunst, Kopenhagen /
Copenhagen, Dänemark / Denmark
Kat. / Cat. 22 // Abb. S. / Fig. p. 69

Henry Heerup
Døden høster / Der Tod erntet /
The Death Reaps
1943
Assemblage / Müllmodell (Holz, Metall,
bemaltes Holz und Metall) / Rubbish
sculpture (wood, metal, painted wood
and painted metal)
81 × 69 × 50 cm
Louisiana Museum of Modern Art,
Humlebæk, Dänemark / Denmark
Kat. / Cat. 19 // Abb. S. / Fig. p. 66

Henry Heerup
Dyremaske / Tiermaske / Animal Mask
1943
Bemaltes Holz und Metall / Painted
wood and metal
59 × 65 × 18 cm
Louisiana Museum of Modern Art,
Humlebæk, Dänemark / Denmark.
Dauerleihgabe / Permanent Loan:
Museumsfonden af 7. Dezember /
December 7, 1966
Kat. / Cat. 20 // Abb. S. / Fig. p. 67

Henry Heerup
Krigsmoderen / Kriegsmutter /
The War Mother
1943
Öl auf Sperrholz / Oil on plywood
153 × 233 cm
Statens Museum for Kunst, Kopenhagen /
Copenhagen, Dänemark / Denmark
Kat. / Cat. 15 // Abb. S. / Fig. p. 63

Carl-Otto Hultén
Fri abstraktion / Freie Abstraktion /
Free Abstraction
1945
Mischtechnik / Mixed media
30 × 50 cm
Moderna Museet Stockholm, Schweden /
Sweden
Kat. / Cat. 71 // Abb. S. / Fig. p. 128

Josef Istler
Ohne Titel / Untitled
1944
Fotogramm / Photogram
24 × 18,3 cm
ZKM | Zentrum für Kunst und Medien /
Center for Art and Media Karlsruhe,
Fotogramm-Archiv HeyneNeusüss /
ZKM-01-0094-02-0594
Kat. / Cat. 72 // Abb. S. / Fig. p. 129

Egill Jacobsen
Orange fugl / Orangener Vogel /
Orange Bird
1935
Öl auf Leinwand / Oil on canvas
54,5 × 43 cm
Museum Jorn, Silkeborg, Dänemark /
Denmark
Kat. / Cat. 23 // Abb. S. / Fig. p. 70

Egill Jacobsen
Kosmisk hav / Kosmisches Meer /
Cosmic Sea
1940
Öl auf Leinwand / Oil on canvas
100,2 × 75,6 cm
Kunsten Museum of Modern Art
Aalborg, Dänemark / Denmark
Kat. / Cat. 24 // Abb. S. / Fig. p. 71

Robert Jacobsen
Den fulde Sømand / Der betrunkene
Seemann / The Drunken Sailor
1943
Roter Granit / Red Granit
47 × 32 × 19 cm
Vejle Kunstmuseum, Dänemark /
Denmark
Kat. / Cat. 26 // Abb. S. / Fig. p. 73

Robert Jacobsen
Ohne Titel / Untitled
o. J. / No date
Bemalter Kalkstein / Painted chalk stone
53 × 18 × 18 cm
Vejle Kunstmuseum, Dänemark /
Denmark
Kat. / Cat. 25 // Abb. S. / Fig. p. 72

Asger Jorn
Ohne Titel / Untitled
1937
Öl auf Sperrholz / Oil on plywood
50,5 × 54 cm
DIE GALERIE Frankfurt am Main
Kat. / Cat. 27 // Abb. S. / Fig. p. 74

Asger Jorn
Gaga
1939
Öl auf Leinwand / Oil on canvas
95 × 68,5 cm
Museum Jorn, Silkeborg, Dänemark /
Denmark
Kat. / Cat. 28 // Abb. S. / Fig. p. 75

Asger Jorn
Titania II
1940–41
Öl auf Leinwand / Oil on canvas
120,5 × 115,5 cm
Louisiana Museum of Modern Art,
Humlebæk, Dänemark / Denmark.
Dauerleihgabe / Permanent Loan:
Museumsfonden af 7. Dezember /
December 7, 1966
Kat. / Cat. 29 // Abb. S. / Fig. p. 76

Asger Jorn
De tre gratier / Die drei Grazien /
The Three Graces
1942
Öl auf Pappe / Oil on cardboard
46,7 × 65 cm
Museum Jorn, Silkeborg, Dänemark /
Denmark
Kat. / Cat. 30 // Abb. S. / Fig. p. 77

Asger Jorn
Macbeth
1942
Stift, Tusche, Bleistift auf Papier /
Pen, ink, pencil on paper
23 × 30,8 cm
Museum Jorn, Silkeborg, Dänemark /
Denmark
Kat. / Cat. 31 // Abb. S. / Fig. p. 78

Asger Jorn
Trolderi / Trolle (Magie) / Magic
1942/46
Öl auf Leinwand / Oil on canvas
58,3 × 115,6 cm
Kunsten Museum of Modern Art Aalborg,
Dänemark / Denmark
Kat. / Cat. 32 // Abb. S. / Fig. p. 79

Asger Jorn
Skulptur / Sculpture
1944
Ton, gebrannt / Clay
20 × 18 × 15,5 cm
Museum Jorn, Silkeborg, Dänemark /
Denmark
Kat. / Cat. 33 // Abb. S. / Fig. p. 80

Asger Jorn
Keramische Skulptur / Ceramic
Sculpture
1944
Ton, gebrannt / Clay
25 × 9,6 × 7,3 cm
Museum Jorn, Silkeborg, Dänemark /
Denmark
Kat. / Cat. 34 // Abb. S. / Fig. p. 80

Asger Jorn
Sygelige fantomer / Kranke Geister /
Sickly Phantoms
1951
Öl auf Sperrholz / Oil on plywood
122 × 122 cm
Jyske Bank, Silkeborg, Dänemark /
Denmark
Kat. / Cat. 35 // Abb. S. / Fig. p. 81

Asger Jorn
Grin
1961
Öl auf Leinwand / Oil on canvas
50 × 40 cm
Sammlung Fuchs / Fuchs Collection
ohne Abb. / no fig.

Madeleine Kemény-Szemere
Femme et oiseau / Frau und Vogel /
Woman and Bird
1946
Öl, Grafit auf Leinwand / Oil and
graphite on canvas
85,5 × 68,5 cm
Privatsammlung / Private collection
Kat. / Cat. 73 // Abb. S. / Fig. p. 130

Madeleine Kemény-Szemere
Mère / Mutter / Mother
1947
Öl auf Karton / Oil on cardboard
65 × 50,5 cm
Privatsammlung / Private collection
Kat. / Cat. 74 // Abb. S. / Fig. p. 131

Madeleine Kemény-Szemere
Dormeuse / Schlafende / Sleeping
Woman II
1948
Gouache, Tinte, Pastell auf
Papier / Gouache, ink, pastel on paper
50 × 69,5 cm
Privatsammlung / Private collection
Kat. / Cat. 75 // Abb. S. / Fig. p. 132

Zoltán Kemény
Bordering / Abgrenzung
1947
Öl auf Sperrholz / Oil on plywood
64,5 × 61 × 3 cm
Privatsammlung, Dauerleihgabe an
das / Private collection on loan to
the Cobra Museum of Modern Art,
Amstelveen, Niederlande /
The Netherlands
Kat. / Cat. 76 // Abb. S. / Fig. p. 133

Zoltán Kemény
Mère / Mutter / Mother
1947
Öl auf Weichfaserplatte (Relief-Collage) /
Oil on soft fiberboard (relief collage)
122 × 70 cm
Kunstmuseum Bern, Schenkung /
Donation Madeleine Kemény, Zürich /
Zurich, Schweiz / Suisse
Kat. / Cat. 77 // Abb. S. / Fig. p. 134

Zoltán Kemény
Jardin d'enfants / Kindergarten
1948
Kupfer, graviert, bemalt / Copper,
engraved, painted
60 × 40 cm
Privatsammlung / Private collection
Kat. / Cat. 79 // Abb. S. / Fig. p. 135

Zoltán Kemény
Le Jardinier par l'Orfèvre /
Der Gärtner des Goldschmieds /
Goldsmith's Gardener
1948
Reliefskulptur, Metall / Relief sculpture,
metal
76 × 54 cm
Sammlung / Collection Loh, Zug
Kat. / Cat. 78 // Abb. S. / Fig. p. 134

Zoltán Kemény
La cape à carreaux / Der karierte
Mantel / The Checkered Cape No. / Nr. 1
1948
Öl auf Leinwand / Oil on canvas
73 × 95 cm
Sammlung / Collection Loh, Zug
Kat. / Cat. 80 // Abb. S. / Fig. p. 136

Ernest Mancoba
Ohne Titel / Untitled
1939
Tusche, Aquarell auf Papier /
Ink, watercolor on paper
26, 7 × 20,7 cm
Museum Jorn, Silkeborg, Dänemark /
Denmark
Kat. / Cat. 81 // Abb. S. / Fig. p. 137

Albert Mertz / Jørgen Roos
Flugten / Die Flucht / The Escape
1942
8 min
Produktionsland: Dänemark / Country
of production: Denmark
Mit / with Robert Jacobsen
Det Danske Filminstitut, Kopenhagen /
Danish Film Institute, Copenhagen
Kat. / Cat. 36 // Abb. S. / Fig. p. 82, 83

Søren Melson
La Larme / Die Träne / The Tear
1947
2 min
Produktionsland: Dänemark / Country
of production: Denmark
Mit Musik von / with music by Bernhard
Christensen
Det Danske Filminstitut, Kopenhagen /
Danish Film Institute, Copenhagen
Kat. / Cat. 37 // Abb. S. / Fig. p. 84, 85

Jan Nieuwenhuys
Ohne Titel / Untitled
1948
Gouache auf Papier / Gouache on paper
65 × 50 cm
Sammlung/Collection Museum Boijmans
Van Beuningen, Rotterdam, Niederlande /
The Netherlands
Kat. / Cat. 120 // Abb. S. / Fig. p. 223

Jan Nieuwenhuys
Vogel / Bird
1948
Gouache auf Papier / Gouache on paper
54 × 43 cm
Cobra Museum of Modern Art,
Amstelveen, Niederlande /
The Netherlands
Kat. / Cat. 119 // Abb. S. / Fig. p. 222

Erik Ortvad
Kighavn No. / Nr. 2
1945
Öl auf Leinwand / Oil on canvas
71,7 × 85,5 cm
Statens Museum for Kunst, Kopenhagen /
Copenhagen, Dänemark / Denmark
Kat. / Cat. 38 // Abb. S. / Fig. p. 86

Carl-Henning Pedersen
Røde fugle / Rote Vögel / Red Birds
1940
Wasserfarben und Pastell auf Papier /
Watercolor and pastel on paper
30 × 41 cm
Carl-Henning Pedersen & Else Alfelts
Museum, Herning, Dänemark / Denmark
Kat. / Cat. 39 // Abb. S. / Fig. p. 87

Carl-Henning Pedersen
Røde fugle / Rote Vögel / Red Birds
1941
Wasserfarben und Pastell auf
Papier / Watercolor and pastel on paper
37 × 43 cm
Carl-Henning Pedersen & Else Alfelts
Museum, Herning, Dänemark / Denmark
Kat. / Cat. 40 // Abb. S. / Fig. p. 87

Carl-Henning Pedersen
Helheste / Höllenpferde / Hell Horses
1941
Tinte auf Papier / Ink on paper
32 × 42 cm
Carl-Henning Pedersen & Else Alfelts
Museum, Herning, Dänemark / Denmark
Kat. / Cat. 41 // Abb. S. / Fig. p. 88

Carl-Henning Pedersen
*Fugle og sol / Vögel und Sonne /
Birds and Sun*
1942–43
Öl auf Sperrholz / Oil on plywood
96 × 96 cm
Centre Pompidou, Paris
Musée national d'art moderne / Centre de
création industrielle, Frankreich / France
Kat. / Cat. 42 // Abb. S. / Fig. p. 88

Carl-Henning Pedersen
*Søvngænger / Schlafwandler /
Sleepwalker*
1943
Öl auf Sperrholz / Oil on plywood
102 × 99 cm
Carl-Henning Pedersen & Else Alfelts
Museum, Herning, Dänemark / Denmark
Kat. / Cat. 43 // Abb. S. / Fig. p. 89

Anton Rooskens
*Hommage à / Hommage an /
Homage to Lautréamont*
1947
Tusche auf Papier / Ink on paper
53,3 × 40,5 cm
Sammlung / Collection Stedelijk
Museum Amsterdam, Niederlande /
The Netherlands
Kat. / Cat. 121 // Abb. S. / Fig. p. 224

Anton Rooskens
*Réalité nouvelle / Neue Realität /
New Reality*
1948
Öl auf Leinwand / Oil on canvas
60 × 80 cm
Privatsammlung, Dauerleihgabe an das /
Private collection on loan to the Cobra
Museum of Modern Art, Amstelveen,
Niederlande / The Netherlands
Kat. / Cat. 122 // Abb. S. / Fig. p. 225

Anton Rooskens
Ohne Titel / Untitled
1948
Keramik / Ceramics
Ø 34,8 cm
Stedelijk Museum Schiedam collection /
Sammlung, Niederlande /
The Netherlands
Kat. / Cat. 123 // Abb. S. / Fig. p. 226

Max Walter Svanberg
Minotaurus
1946
Wachskreide, Tempera auf Papier /
Cray on tempera on paper
53 × 41,9 cm
Moderna Museet Stockholm, Schweden /
Sweden
Kat. / Cat. 82 // Abb. S. / Fig. p. 139

Anna Thommesen
*Plantefarvet tæppe / Pflanzlich gefärbte
Tapisserie / Plant-dyed tapestry*
1948
Wolle / Wool
160 × 117 cm
Holstebro Kunstmuseum, Dänemark /
Denmark
Kat. / Cat. 44 // Abb. S. / Fig. p. 90

Erik Thommesen
*Mand og kvinde / Mann und Frau /
Man and Woman*
1939
Birnbaum / Pearwood
68 × 21,5 × 23,3 cm
Holstebro Kunstmuseum, Dänemark /
Denmark
Kat. / Cat. 45 // Abb. S. / Fig. p. 91

Raoul Ubac
*Pierres de Dalmatie / Steine aus
Dalmatien / Stones from Dalmatia*
1932–33
Gelatinesilberdruck / Gelatine silver print
39,8 × 25 cm
Centre Pompidou, Paris
Musée national d'art moderne / Centre de
création industrielle, Frankreich / France
Kat. / Cat. 83 // Abb. S. / Fig. p. 140

Raoul Ubac
Statue
ca. 1932
Gelatinesilberdruck / Gelatine silver print
7,1 × 4 cm
Centre Pompidou, Paris
Musée national d'art moderne / Centre de
création industrielle, Frankreich / France
Kat. / Cat. 84 // Abb. S. / Fig. p. 140

Raoul Ubac
Bestiaire / Bestie / Bestiary
ca. 1938
Gelatinesilberdruck / Gelatine silver print
13 × 18 cm
Centre Pompidou, Paris
Musée national d'art moderne / Centre de
création industrielle, Frankreich / France
Kat. / Cat. 85 // Abb. S. / Fig. p. 140

Serge Vandercam
Le Bunker / Der Bunker / The Bunker
1948 / 2001
Fotografie auf Baryta-Papier /
Photography on Baryta paper
38,8 × 39 cm
Samuel Vanhoegaerden
Kat. / Cat. 88 // Abb. S. / Fig. p. 142

Serge Vandercam
Le trou / Das Loch / The Hole
1948 / 2001
Fotografie auf Baryta-Papier /
Photography on Baryta paper
44 × 33 cm
Samuel Vanhoegaerden
Kat. / Cat. 87 // Abb. S. / Fig. p. 141

Serge Vandercam
Mer du Nord / Nordsee / North Sea, Nieuport
1948 / 2001
Fotografie auf Baryta-Papier /
Photography on Baryta paper
6,5 × 22,5 cm
Samuel Vanhoegaerden
Kat. / Cat. 89 // Abb. S. / Fig. p. 142, 143

Serge Vandercam
La poutre / Der Balken / The Beam
1948 / 2001
Fotografie auf Baryta-Papier /
Photography on Baryta paper
19,5 × 10,5 cm
Samuel Vanhoegaerden
Kat. / Cat. 86 // Abb. S. / Fig. p. 141

Serge Vandercam
*Hommage à / Hommage an / Homage
to Giacometti*
1948 / 2001
Fotografie auf Baryta-Papier /
Photography on Baryta paper
30 × 29 cm
Samuel Vanhoegaerden
Kat. / Cat. 91 // Abb. S. / Fig. p. 143

Serge Vandercam
L'oiseau / Der Vogel / The Bird
1948–49 / 2001
Fotografie auf Baryta-Papier /
Photography on Baryta Paper
28 × 37 cm
Samuel Vanhoegaerden
Kat. / Cat. 90 // Abb. S. / Fig. p. 143

Theo Wolvecamp
Explosie / Explosion
1948
Öl auf Leinwand / Oil on canvas
70 × 80 cm
Sammlung / Collection Stedelijk
Museum Amsterdam, Niederlande /
The Netherlands
Kat. / Cat. 124 // Abb. S. / Fig. p. 227

* In der kriegskritischen Collage *Het masker
van God* hat Brands im oberen Bildbereich
einen Zeitungsartikel verarbeitet, in dem das
rassistische N-Wort verwendet wird, das heute
aufgrund seiner diskriminierenden Bedeutung nicht mehr gebraucht wird. Der Artikel
beschuldigt einen Schwarzen Menschen ein
Feuer in Natchez, Mississippi (USA) gelegt zu
haben, bei dem 216 Menschen gestorben sind.
Hier steht das N-Wort als historischer Begriff.
Die Zeitung lässt jedoch eine rassistisch
geprägte Berichterstattung erkennen. Eugène
Brands Collagen und Cartoons wiederum weisen eine dezidiert kritische Haltung gegenüber
nationalsozialistischer Propaganda und rassistischen Abwertungen auf. /
In the collage *Het masker van God* (The Mask
of God), which is critical of the war, Brands
worked with a newspaper article that employs
the racist N-word, which is no longer employed
today because it signifies discrimination. The
article blames a Black man for starting a fire
in Natchez, Mississippi, in which 216 people
died. The N-word is left standing here as a historical concept. The newspaper's reporting is
recognizably racist. Eugène Brands's collages
and cartoons, in turn, are decidedly critical of
National Socialist propaganda and racist deni-
gration.

** Henry Heerups Assemblagen zeigen meist
fantastische oder tierische Figuren. Die Erfahrung des Krieges veranlasste ihn dazu, sich
künstlerisch und kritisch auch mit Tod, Gewalt
und Verfolgung auseinanderzusetzen. Die Deutung der Assemblage mit dem uns vorliegenden
Titel „Muselmanden" ist unklar. Die heute nicht
mehr verwendete, rassistische Bezeichnung
für einen Muslim wurde auch in der deutsch-
basierten Pidginsprache von KZ-Häftlingen
verwendet, um ausgehungerte Menschen in
nationalsozialistischen Konzentrationslagern zu
beschreiben./
Henry Heerup's assemblages usually depict fantastic or animal figures. Experiencing the war
to engage artistically and critically with death,
violence, and persecution. It is unclear how the
assemblage titled *Muselmanden* (The Muslim)
should be interpreted. This racist term for a
Muslim, which is no longer used today, was used
in the German-based pidgin of camp inmates to
describe emaciated people in National Socialist
concentration camps.

233

BIOGRAFIEN

Die Biografien der Künstler*innen fokussieren auf Hauptwirkungsorte zur Zeit der Entstehung der CoBrA-Bewegung und davor.

Christina Bergemann

BIOGRAPHIES

The biographies of the artists focus on their main areas of activity at the time of the CoBrA movement and earlier.

PIERRE ALECHINSKY
(geb. 1927 Brüssel)

Noch während seines Kunststudiums mit den Schwerpunkten Buchdesign, Illustration, Typografie und Kupferstich an der École nationale supérieure d'architecture et des arts visuels in Brüssel schließt sich Pierre Alechinsky 1947 der Künstlergruppe Jeune Peinture Belge (Junge Belgische Malerei) an und gründet 1949 in Brüssel die Ateliers du Marais. Die Freundschaft zu Christian Dotremont sowie das Interesse am Zusammenwirken von Malerei, Buchillustration und Design verbindet Alechinsky mit der Künstler*innengruppe CoBrA, der er 1949, ein Jahr nach ihrer Gründung, als jüngstes Mitglied beitritt. Während ihres Bestehens fungiert Alechinsky gemeinsam mit seiner Frau Michèle Alechinsky als Herausgeber der Zeitschrift *Cobra* und ist maßgeblich an deren Gestaltung beteiligt. Einflüsse japanischer beziehungsweise ostasiatischer Kalligrafie und der mittelalterlichen Buchmalerei Europas spiegeln sich bereits in Gemälden, Grafiken und Illustrationen dieser Zeit wider und prägen auch in späteren, häufig großformatigen Bildern den Stil des Künstlers. Seit 1951 lebt und arbeitet Alechinsky in Paris.

Kollektiv(e) vor CoBrA: Jeune Peinture Belge
Hauptwirkungsort(e): Paris
Wichtigste Einflüsse: europäisch-mittelalterliche Buchmalerei, Kalligrafie japanischer und ostasiatischer Kunst, Kinderzeichnungen, Paul Klee, Joan Miró

PIERRE ALECHINSKY
(b. 1927 Brussels)

While studying art with concentrations in book design, illustration, typography, and engraving at the École nationale supérieure d'architecture et des arts visuels in Brussels, Pierre Alechinsky joins the artists group Jeune Peinture Belge (Young Belgian Painting) in 1947 and founds the Ateliers du Marais in Brussels in 1949. His friendship with Christian Dotremont and his interest in the interaction of painting, book illustration, and design connects him to the CoBrA movement, which he joins, as its youngest member, in 1949, the year after it is founded. With his wife, Michèle Alechinsky, he is coeditor of the journal *Cobra* and is crucially involved in its design. Influences of Japanese and East Asian calligraphy and medieval European manuscript illumination are already reflected in his paintings, prints, and illustrations of this period and also shape the artist's style in his later, often large-format paintings. From 1951 onward, Alechinsky lives and works in Paris.

Collective(s) prior to CoBrA: Jeune Peinture Belge
Main place(s) of activity: Paris
Most important influences: Medieval European manuscript illumination, Japanese and East Asian calligraphy, children's drawings, Paul Klee, Joan Miró

ELSE ALFELT
(1910 Kopenhagen – 1974 Kopenhagen)

Die Hinwendung zur Kunst zeigt sich bei Else Alfelt bereits im Kindesalter und setzt sich im autodidaktischen Selbststudium fort, bis sie von 1925 bis 1927 an der technischen Hochschule in Kopenhagen eine erste Ausbildung absolviert. In den 1930er-Jahren gehört sie der dänischen Gruppe spontan-abstrakt arbeitender Künstler*innen mit dem Namen Linien an. 1933 lernt sie Carl-Henning Pedersen kennen, den sie 1934 heiratet. 1935 begegnet sie erstmals Egill Jacobsen. Durch Ausstellungen im Kopenhagener Herbstsalon (1936) und ihre Beteiligung an der sog. *13 kunstnere i et Telt* (13 Künstler*innen in einem Zelt) der Gruppe Høst (1941) erlangt sie öffentliche Bekanntheit in der Kunstwelt. Ihre frühen Arbeiten zeugen von einem ausgeprägten Interesse an natürlichen und organischen Formen, das sich in den 1930er- und 1940er-Jahren zu geometrisch-abstrakten Elementen verdichtet: Felsformationen und Berggipfel bilden die charakteristischen Formen ihrer lyrischen koloristischen Malerei, und ab den 1950er-Jahren prägen sie auch die Kompositionen der zahlreichen Mosaike der Künstlerin. Als Mitglied der aus Linien hervorgehenden Künstler*innengruppe Høst prägt Alfelt die Entwicklung der internationalen CoBrA-Bewegung maßgeblich mit. 1942 erscheint ein Aufsatz über ihr Schaffen in der Zeitschrift *Helhesten* (2, Nr. 1), der von Egill Jacobsen stammt. Alfelt stellt ihre Arbeiten 1949 in der ersten CoBrA-Ausstellung im Stedelijk Museum in Amsterdam aus.

Kollektiv(e) vor CoBrA: Linien, Høst
Hauptwirkungsort(e): Kopenhagen
Wichtigste Einflüsse: Abstraktion, Surrealismus, Expressionismus

KAREL APPEL
(1921 Amsterdam – 2006 Zürich)

Während seines Studiums an der Rijksakademie van beeldende kunsten in Amsterdam (1940–1943) lernt Karel Appel den Künstler Corneille kennen und freundet sich mit ihm an. Gemeinsam reisen sie nach Lüttich und erstmals auch nach Paris. Appel drückt sich zusehends in einer spontan-expressiven Malerei aus und experimentiert in Assemblagen und Reliefs mit Fundstücken und Gegenständen des Alltags, die er zu figurativen Darstellungen zusammensetzt. 1946 werden seine Arbeiten bei der von Willem Sandberg kuratierten Gruppenausstellung im Stedelijk Museum in Amsterdam präsentiert. Am 16. Juli 1948 gründet Appel gemeinsam mit Corneille und Constant die Experimentele Groep Nederland, die eine eigene Kunstzeitschrift mit dem Namen *Reflex* herausgibt. Im Zeichen der spontan-naiven Malweise Jean Dubuffets stehend, werden die Zeichnungen von Kindern und das Kunstverständnis von Menschen mit psychischen Erkrankungen zu den wichtigsten Einflüssen der Bewegung. Der Däne Asger Jorn lädt die Gruppe ein, sich 1948 an einer Høst-Ausstellung in Kopenhagen zu beteiligen. Auf der Rückreise fährt Appel durch das in Trümmern liegende Deutschland und verarbeitet das Gesehene unter anderem in dem immer wiederkehrenden Thema der „fragenden Kinder". In demselben Jahr ist Appel bei der Gründung von CoBrA in Paris anwesend und prägt mit seinen spontan-expressiven Bildern von Kindern, Tieren, Vögeln und Pflanzen maßgeblich die Ästhetik der Avantgardebewegung, die sich einer Einteilung in Hoch- und Populärkunst entziehen möchte.

Bestrebt, seine Karriere voranzutreiben, verkauft Appel mehrere Gemälde, die der NS-Ideologie entsprechende, für ihn selbst unverfängliche Motive zeigen, an Ed Gerdes, einen Politiker der ehemaligen niederländischen Nationalsozialistischen Partei. Appels späteres künstlerisches Schaffen und seine aktive Rolle als Mitglied der CoBrA-Bewegung stehen diesen Verbindungen konträr gegenüber.

Kollektiv(e) vor CoBrA: Experimentele Groep Nederland
Hauptwirkungsort(e): Amsterdam
Wichtigste Einflüsse: Surrealismus, Jean Dubuffet, Kinderzeichnungen, Paul Klee, Edward Pignon, Volkskunst außereuropäischer Kulturen, Comte de Lautréamont, Pablo Picasso

ELSE ALFELT
(1910 Copenhagen–1974 Copenhagen)

Else Alfelt reveals an inclination to art as a child and continues studying it on her own before completing an initial training at the Tekniske Skole in Copenhagen from 1925 to 1927. In the 1930s, she belongs to the Danish group of spontaneous, abstract artists known as Linien (Line). In 1933, she meets Carl-Henning Pedersen, who she marries in 1934. In 1935, she meets Egill Jacobsen for the first time. Her first exhibition in the Efterårsudstilling (Autumn Exhibition) in Copenhagen (1936) and her participation in the so-called *13 kunstnere i et Telt* (Thirteen Artists in a Tent) of the group Høst (1941) brings her public fame in the art world. Her early works testify to a decided interest in natural and organic forms, which in the 1930s and 1940s compress into geometric, abstract elements: rock formations and mountain peaks are the characteristic forms of her lyrical colorist painting, and from the 1950s onward they also influence the compositions of the artist's numerous mosaics. As a member of the artists' group Høst, which grew out of Linien, Alfelt makes a crucial contribution to the development of the international CoBrA movement. In 1942 an article about her work by Egill Jacobsen is published in the journal *Helhesten* (2, no. 1). Alfelt exhibits her works in the first CoBrA exhibition at the Stedelijk Museum in Amsterdam in 1949.

Collective(s) prior to CoBrA: Linien, Høst
Main place(s) of activity: Copenhagen
Most important influences: Abstraction, Surrealism, Expressionism

KAREL APPEL
(1921 Amsterdam–2006 Zurich)

During his studies at the Rijksakademie van Beeldende Kunsten in Amsterdam (1940–43), Karel Appel meets the artist Corneille and becomes friends with him. Together they travel to Liège and also to Paris for the first time. Appel increasingly paints in a spontaneous, expressive style and experiments with found and everyday objects by combining them into figurative assemblages and reliefs. In 1946, his works are presented in a group exhibition curated by Willem Sandberg at the Stedelijk Museum in Amsterdam. On July 16, 1948, Appel cofounds with Corneille and Constant the Experimentele Groep Nederland, which publishes its own art journal called *Reflex*. Under the sign of the spontaneous, naive painting of Jean Dubuffet, children's drawings and the art of people with psychological ailments become the movement's most important influences. The Danish artist Asger Jorn invites the group to participate in a Høst exhibition in Copenhagen in 1948. On the return journey, Appel travels through Germany in ruins and assimilates what he has seen in the recurring theme of "questioning children," among others. That same year Appel is present at the founding of CoBrA in Paris, and his spontaneous, expressive paintings of children, animals, birds, and plants make a crucial contribution to the aesthetic of that avant-garde movement, which seeks to avoid the division into high and popular art.

In order to advance his career, Appel sells several paintings with motifs that are in keeping with Nazi ideology, but are harmless for Appel, to Ed Gerdes, a politician of the Dutch National Socialist Party. Appel's later artistic work and his active role as a member of CoBrA are very much contrary to these connections.

Collective(s) prior to CoBrA: Experimentele Groep Nederland
Main place(s) of activity: Amsterdam
Most important influences: Surrealism, Jean Dubuffet, children's drawings, Paul Klee, Edward Pignon, folk art of non-European cultures, Comte de Lautréamont, Pablo Picasso

JEAN-MICHEL ATLAN
(1913 Constantine – 1960 Paris)

Der in Algerien geborene Jean-Michel Atlan siedelt 1930 nach Paris über, wo er Philosophie an der Sorbonne-Universität studiert und später dort lehrt. Ab etwa 1940 entstehen erste Gedichte, deren Rhythmik auch in Atlans Gemälde hineinwirken. 1944 veröffentlicht Atlan seine erste Gedichtsammlung mit dem Titel *Le Sang Profond* (Das Tiefe Blut), und seine bildende Kunst wird erstmals ausgestellt. Als Widerstandskämpfer der Résistance gegen die deutschen Besatzer und aufgrund seiner jüdischen Abstammung verliert er seinen Lehrauftrag und wird 1942 verhaftet. Atlan täuscht eine psychische Erkrankung vor und ist bis Kriegsende in der Pariser Psychiatrie Sainte-Anne interniert. Dort malt er gemeinsam mit Patient*innen und setzt motivische Schwerpunkte in der Auseinandersetzung mit Magie und Erotik. Nachdem er 1946 auf Asger Jorn trifft und das Høst-Kollektiv kennenlernt, wird sein Pariser Atelier eine wichtige Anlaufstelle gleichgesinnter internationaler Künstler*innen der späteren CoBrA-Bewegung. Atlan beteiligt sich an beiden wegweisenden Ausstellungen in Amsterdam und Lüttich, schreibt Aufsätze, hält Vorträge und setzt nach einer Schaffenspause den künstlerisch-kollektiven Austausch nach der Auflösung der Gruppe in der Zusammenarbeit mit Christian Dotremont fort. Die in den Gemälden der 1940er-Jahren bereits anklingende kraftvolle, schwarze Kontur, die Erfahrungen von Gewalt und Traum assoziiert, wird zum späteren Markenzeichen des Künstlers.

Kollektiv(e) vor CoBrA: Nähe zu Høst-Kollektiv, aber kein offizielles Mitglied
Hauptwirkungsort(e): Paris
Wichtigste Einflüsse: Surrealismus, Expressionismus, Abstraktion

EJLER BILLE
(1910 Odder – 2004 [Ort unbekannt])

1930 studiert Ejler Bille an der Schule für Kunsthandwerk in Kopenhagen und ist 1934 Gründungsmitglied von Linien, einer dänischen Gruppe abstrakter Surrealist*innen. 1931/32 reist er mit dem befreundeten Maler Richard Mortensen nach Berlin. In einer ersten Einzelausstellung 1934 präsentiert er seine Tierskulpturen aus Bronze. Ein häufig verwendetes Tiermotiv ist der Vogel in seinen auf das Wesentliche reduzierten Formen. Während eines Paris-Aufenthalts 1938 lernt er Hans Arp, Wassily Kandinsky, Yves Tanguy und Joan Miró kennen. Die Figurationen seiner frühen bildhauerischen Werke wandeln sich zu einer spontan-assoziativen, abstrakten Malerei, die auch surrealistische Motive einbezieht. Als Mitglied der Gruppe Høst veröffentlicht er einen Aufsatz in der Zeitschrift *Helhesten* mit dem Titel *Picasso, surréalisme, art abstrait* (Picasso, Surrealismus, abstrakte Kunst) und ist 1948 als Korrespondent mit der französisch-belgischen Vereinigung der sog. Surréalistes révolutionnaires vernetzt. Seine Gemälde, Skulpturen und Texte entsprechen der künstlerischen Vision der CoBrA-Bewegung, mit der er 1948 in Amsterdam ausstellt. 1969 wird Bille Professor an der Kopenhagener Kunstakademie.

Kollektiv(e) vor CoBrA: Linien, Høst
Hauptwirkungsort(e): Kopenhagen
Wichtigste Einflüsse: Surrealismus, Wassily Kandinsky, Joan Miró, Yves Tanguy, Pablo Picasso

EUGÈNE BRANDS
(1913 Amsterdam – 2002 Amsterdam)

Ursprünglich an der Amsterdamer Handelsschule und als Werbegrafiker an der dortigen Hochschule für Angewandte Kunst zwischen 1927 und 1934 ausgebildet, wendet sich Eugène Brands Ende der 1930er-Jahre der abstrakten Malerei zu. Eine 1946 am Stedelijk Museum in Amsterdam präsentierte Ausstellung mit dem Titel *Jonge Schilders* (Junge Maler) widmet seinen Arbeiten einen eigenen Raum, weshalb Karel Appel und Corneille auf sie aufmerksam werden. Brands wird Teil der Experimentele Groep Nederland und schließt sich daraufhin auch CoBrA an. Seine während der 1940er-Jahren gefertigten und meist mit Farbe überzogenen Assemblagen aus Fundstücken sowie das Interesse an Objekten des Alltags entsprechen in ihrer Auseinandersetzung mit dem französischen Dadaismus und Surrealismus der Vorkriegszeit dem Leitbild der Gruppe. Bereits zu diesem Zeitpunkt interessiert sich Brands auch für die Vielfalt der sog. Weltmusik und fertigt auf seinen Reisen Tonaufnahmen an. Seine an die Karikaturen erinnernden Grafiken und Collagen verarbeiten meist gesellschaftskritische Themen und zeugen von einer ausdrücklich pazifistischen Haltung, während seine Gemälde und Assemblagen der späten 1940er-Jahre der lyrischen Abstraktion aus dem Umfeld des französischen Malers Jean Dubuffet nahestehen. Brands verlässt CoBrA bereits 1949, ist in späteren Jahren auch als Autor für Radiosendungen tätig und wendet sich wieder der abstrakten Malerei zu.

Kollektiv(e) vor CoBrA: Experimentele Groep Nederland
Hauptwirkungsort(e): Amsterdam
Wichtigste Einflüsse: Musik und Kunst afrikanischer Kulturkreise, Dadaismus, Surrealismus, Jean Dubuffet, Abstraktion

---

JEAN-MICHEL ATLAN
(1913 Constantine–1960 Paris)

Born in Algeria, Jean-Michel Atlan moves to Paris in 1930, where he studies philosophy at the Sorbonne Université and later teaches there. Beginning around 1940, he writes his first poems, whose rhythms also influence Atlan's paintings. In 1944 Atlan publishes his first collection of poems, titled *Le sang profond* (Deep Blood), and his visual art is exhibited for the first time. As a fighter in the Résistance against the German occupiers, and because of his Jewish origins, he loses his teaching position and is arrested in 1942. Atlan feigns mental illness and is held in the Sainte-Anne psychiatric hospital until the end of the war. There, he paints together with patients and focuses his motifs on magic and eroticism. After meeting Asger Jorn in 1946 and getting to know the Høst collective, his Paris studio becomes an important meeting point for the like-minded international artist who will later join the CoBrA movement. Atlan participates in the two pioneering exhibitions in Amsterdam and Liège, writes essays, gives lectures, and, after taking a break from work, carries on the collective artistic interchange in collaboration with Christian Dotremont after the group breaks up. His paintings of the 1940s already suggest the powerful, black contours, which he associates with experiences of violence and with dreams, that will later become the artist's trademark.

Collective(s) prior to CoBrA: Close to the Høst collective but not an official member
Main place(s) of activity: Paris
Most important influences: Surrealism, Expressionism, abstraction

EJLER BILLE
(1910 Odder–2004 [place unknown])

In 1930, Ejler Bille studies at the Kunsthåndværkerskole in Copenhagen and in 1924 is a founding member of Linien, a Danish group of abstract Surrealists. In 1931–32, he travels to Berlin with his friend the painter Richard Mortensen. In his first solo exhibition in 1934, he presents bronze animal sculptures. One animal motif he employs frequently is a bird reduced to essential form. During a stay in Paris in 1938, he meets Hans Arp, Wassily Kandinsky, Yves Tanguy, and Joan Miró. The figurations of his early sculptural works are transformed into a spontaneously associative, abstract painting that also incorporates Surrealist motifs. As a member of the Høst group, he publishes an essay in the journal *Helhesten* titled *Picasso, surréalisme, art abstrait* (Picasso, Surrealism, Abstract Art) and in 1948 is a corresponding member of the French and Belgian association Surréalistes révolutionnaires. His paintings, sculptures, and texts are in keeping with the artistic vision of the CoBrA, with which he exhibits in Amsterdam in 1948. In 1969, Bille becomes a professor at the Kongelige Danske Kunstakademi in Copenhagen.

Collective(s) prior to CoBrA: Linien, Høst
Main place(s) of activity: Copenhagen
Most important influences: Surrealism, Wassily Kandinsky, Joan Miró, Yves Tanguy, Pablo Picasso

EUGÈNE BRANDS
(1913 Amsterdam–2002 Amsterdam)

Originally trained as a commercial graphic designer at the Instituut voor Kunstnijverheidsonderwijs in Amsterdam from 1927 to 1934, Eugène Brands turns to abstract painting at the end of the 1930s. An exhibition titled *Jonge Schilders* (Young Painters) at the Stedelijk Museum in Amsterdam in 1946 dedicated a separate room to his works, which brought them to the attention of Karel Appel and Corneille. Brands becomes part of the Experimentele Groep Nederland and then joins CoBrA as well. His assemblages of found objects, usually covered with paint, of the 1940s and his interest in everyday objects are in keeping with the general line of the group in that they engaged with prewar French Dadaism and Surrealism. In this period Brands already shows an interest in the diversity of so-called world music and makes sound recordings on his travels. His caricature-like prints and collages usually address socio-critical themes and testify to an emphatically pacifist stance, whereas his paintings and assemblages of the late 1940s are close to the lyrical abstraction from the circle of the French painter Jean Dubuffet. Brands leaves CoBrA in 1949 and in later years also works as a writer of radio broadcasts and returns to abstract painting.

Collective(s) prior to CoBrA: Experimentele Groep Nederland
Main place(s) of activity: Amsterdam
Most important influences: Music and art from African cultures, Dadaism, Surrealism, Jean Dubuffet, abstraction

CONSTANT
(1920 Amsterdam – 2005 Utrecht)

In den Jahren 1939 und 1940 studiert Constant Anton Nieuwenhuys an der Hochschule für Angewandte Kunst und der Kunstakademie in Amsterdam. Dort freundet er sich mit Karel Appel an, mit dem er 1946 erstmals nach Paris reist. Gemeinsam besuchen sie eine Miró-Ausstellung, wo Constant Asger Jorn kennenlernt. Sie eint die Suche nach neuen Ausdrucksformen in der Kunst, die den Betrachter*innen eine ebenso kreative Rolle zuspricht wie den Kunstschaffenden selbst. Constant gründet gemeinsam mit Appel und Corneille die Experimentele Groep Nederland und veröffentlicht seine theoretischen, marxistisch geprägten Texte zur Vision einer lebendigen Kunst in deren Zeitschrift *Reflex*. In dieser Zeit und als späteres Gründungsmitglied der internationalen Avantgardebewegung CoBrA findet er zu Darstellungen von Traum- und Fantasiewelten, in denen nicht nur der künstlerische Ausdruck, sondern auch der Mensch Befreiung findet. Er ist in beiden CoBrA-Ausstellungen in Amsterdam (1949) und Lüttich (1951) vertreten. In der vierten Ausgabe des *Cobra*-Magazins erscheint der wegweisende Text *C'est notre désir qui fait la révolution* (Es ist unser Verlangen, das die Revolution macht), dessen Vision mit der Auflösung der Gruppe 1951 schwer enttäuscht wird. Constant widmet das 1949 entstandene Gemälde *À nous la liberté* (Uns gehört die Freiheit) daraufhin zu *Après nous la liberté* (Nach uns die Freiheit) um und stellt damit die Möglichkeit „einer ‚freien Kunst' in einer unfreien Gesellschaft" (Constant) erneut infrage.

Kollektiv(e) vor CoBrA: Experimentele Groep Nederland
Hauptwirkungsort(e): Amsterdam
Wichtigste Einflüsse: Surrealismus, Jean Dubuffet, Kinderzeichnungen, Paul Klee, Karl Marx, Volkskunst außereuropäischer Kulturen, Kunst von Menschen mit psychischer Erkrankung

CORNEILLE GUILLAUME VAN BEVERLOO
(1922 Lüttich – 2010 Auvers-sur-Oise)

Der im belgischen Lüttich geborene Corneille begegnet Karel Appel, als er von 1940 bis 1943 Zeichen- und Grafikkurse an der Amsterdamer Kunstakademie besucht. In Budapest lernt Corneille den französischen Künstler Jacques Doucet kennen, mit dem er dort gemeinsam seine frühen Werke ausstellt. Es folgen neben Ungarn auch weitere Reisen durch Europa, bei denen Corneille die Volkskunst als wichtige Inspirationsquelle für seine eigene Arbeit entdeckt. Zusammen mit Karel Appel und Constant gründet er 1947 die Experimentele Groep Nederland, bevor sie gemeinsam mit anderen Künstler*innen die Bewegung CoBrA ins Leben rufen. Bereits früh entwickelt Corneille, angeregt von Paul Klees Eindrücken aus Nordafrika, ein ausgeprägtes Interesse an der Kunst außereuropäischer, insbesondere afrikanischer Kulturkreise. 1948 und 1949 reist er zweimal nach Tunesien, in späteren Jahren auch nach Ostasien sowie Nord- und Südamerika. Im engen Austausch mit Asger Jorn und inspiriert von außereuropäischen Sprach-, Zeichen- und Symbolwelten entstehen kontrastreiche und farbenfrohe Gemälde mit meist labyrinthischen Strukturen. Der Vogel wird in späteren Arbeiten zu einem häufig verwendeten Symbol Corneilles, das für Fantasie und Freiheit steht. Corneille (franz. für Krähe) zieht 1950 nach Paris, wo er sich zunehmend in Keramikarbeiten und Radierungen verwirklicht.

Kollektiv(e) vor CoBrA: Experimentele Groep Nederland
Hauptwirkungsort(e): Amsterdam
Wichtigste Einflüsse: Volkskunst (außer)europäischer Kulturen, afrikanische und südamerikanische Kunst, Paul Klee, Wassily Kandinsky

CHRISTIAN DOTREMONT
(1922 Tervuren – 1979 Buizingen bei Brüssel)

Für den belgischen Maler und Lyriker Christian Dotremont ist die Verbindung von Text und Bild maßgeblich für die Neugestaltung der Kunst während und nach dem Zweiten Weltkrieg. In Lüttich veröffentlicht er seinen ersten Gedichtband *Ancienne éternité* (Alte Ewigkeit) und macht daraufhin die Bekanntschaft von Raoul Ubac und der surrealistischen Gruppe *La main à plume* (Schreibhand) in Belgien. 1941 lebt Dotremont in Paris in großer Armut und pflegt Kontakte zu Pablo Picasso, Alberto Giacometti und Gaston Bachelard. 1947 ruft er die Bewegung des Surréalisme révolutionnaire ins Leben und vernetzt sich mit Asger Jorn, mit dem er eine erste Serie der sog. Wortmalereien schafft. Gemeinsam mit anderen Künstler*innen gründen sie die Gruppe CoBrA, für die Dotremont 1948 das Manifest *La cause était entendue* (Die Sache war beschlossen) formuliert. Dotremont verfasst als Chefredakteur auch zahlreiche Essays für mehrere Ausgaben der Zeitschrift *Cobra*. Während und nach der Zeit des Bestehens der Gruppierung fertigt er in enger Zusammenarbeit mit Serge Vandercam, Pierre Alechinsky und Asger Jorn gestische, spontanexpressive Bilder, die der Bewegung und Ästhetik des geschriebenen Wortes nachspüren und das Schriftliche ins Bildliche übersetzen. Ab den 1960er-Jahren entstehen Zeichnungen seiner Gedichte und eigene Logogramme (Schriftzeichen). 1956 kuratiert er die erste retrospektive Ausstellung nach der Auflösung der CoBrA-Gruppe mit dem Titel *Cobra après Cobra* in Brüssel.

Kollektiv(e) vor CoBrA: La main à plume, Surréalisme révolutionnaire
Hauptwirkungsort(e): Brüssel, Paris
Wichtigste Einflüsse: Surrealismus, André Breton, chinesische Kalligrafie, Karl Marx, Pablo Picasso, Alberto Giacometti, Gaston Bachelard

---

CONSTANT
(1920 Amsterdam–2005 Utrecht)

In 1939 and 1940, Constant Anton Nieuwenhuys studies at the Instituut voor Kunstnijverheidsonderwijs and the Rijksakademie van Beeldende Kunsten in Amsterdam. At the latter he befriends Karel Appel, with whom he travels to Paris for the first time in 1946. They attend a Miró exhibition together, where Constant meets Asger Jorn. They are united by their search for new forms of expression in art that assign viewers a role that is just as creative as that of the artists themselves. Constant cofounds the Experimentele Groep Nederland with Karel Appel und Corneille and publishes his theoretical, Marxist-oriented texts on his vision for a new, living art in the group's journal *Reflex*. During this period, and later as a founding member of the international avant-garde movement CoBrA, he begins to depict dream and fantasy worlds in which not only artistic expression but also the human being is liberated. He is represented in the CoBrA exhibitions in Amsterdam (1949) und Liège (1951). The fourth issue of the magazine *Cobra* includes his pioneering text *C'est notre désir qui fait la révolution* (It Is Our Desire That Makes the Revolution), but his vision is profoundly disappointed by the breakup of the group in 1951. Constant then changes the name of his painting *À nous la liberté* (To Us, Liberty) of 1949 to *Après nous la liberté* (After Us, Liberty) and thus once again calls into question the possibility of "a free art in an unfree society" (Constant).

Collective(s) prior to CoBrA: Experimentele Groep Nederland
Main place(s) of activity: Amsterdam
Most important influences: Surrealism, Jean Dubuffet, children's drawings, Paul Klee, Karl Marx, folk art of non-European cultures, art by people with mental illness

CORNEILLE GUILLAUME VAN BEVERLOO
(1922 Liège–2010 Auvers-sur-Oise)

Born in Liège, Belgium, from 1940 to 1943 Corneille attends the drawing and graphic courses at the Rijksakademie van Beeldende Kunsten in Amsterdam, where he meets Karel Appel. In Budapest, Corneille gets to know the French artist Jacques Doucet, with whom he exhibits his early works. Hungary is followed by other trips through Europe in which Corneille discovers folk art as an important source of inspiration for his own work. With Appel and Constant he cofounds the Experimentele Groep Nederland in 1947 before he and other artists launch the CoBrA movement. Inspired by Paul Klee's impressions of North Africa, Corneille develops early on a decided interest in art from non-European and especially African cultures. In 1948 and 1949, he travels twice to Tunisia and in later years to East Asia and the Americas as well. In close exchange with Asger Jorn and inspired by non-European linguistic, semiotic, and symbolic worlds, he creates highly contrasting and colorful paintings, usually with labyrinthine structures. The bird is a symbol Corneille (French for "crow") uses frequently in later works; it stands for the imagination and freedom. Corneille moves to Paris in 1950, where he increasingly turns to ceramics and etchings.

Collective(s) prior to CoBrA: Experimentele Groep Nederland
Main place(s) of activity: Amsterdam
Most important influences: Folk art of European and non-European cultures, African and South American art, Paul Klee, Wassily Kandinsky

CHRISTIAN DOTREMONT
(1922 Tervuren–1979 Buizingen, near Brussels)

For the Belgian painter and poet Christian Dotremont, the connection of text and image is crucial to the reformation of art during and after World War II. He publishes his first volume of poems, *Ancienne éternité* (Ancient Eternity), in Liège and then makes the acquaintance of Raoul Ubac and the Surrealist group La main à plume (The Pen Hand) in Belgium. In 1941, Dotremont lives in Paris in great poverty and maintains contacts with Pablo Picasso, Alberto Giacometti, and Gaston Bachelard. In 1947, he launches the Surréalisme révolutionnaire movement and networks with Asger Jorn, with whom he creates a first series of so-called word paintings. With other artists they cofound the group CoBrA, for which Dotremont formulates the manifesto *La cause était entendue* (The Matter Was Settled) in 1948. As editor-in-chief of the journal *Cobra*, Dotremont also writes numerous essays for several issues. During and after the group's existence, working in close collaboration with Serge Vandercam, Pierre Alechinsky, and Asger Jorn, he produces gestural, spontaneously expressive paintings that trace the movement and aesthetic of the written word and translate the written into the visual. Beginning in the 1960s, he makes drawings of his poems and logograms. In 1956, he curates the first retrospective exhibition after the breakup of the CoBrA group, titled *Cobra après Cobra*, in Brussels.

Collective(s) prior to CoBrA: La main à plume, Surréalisme révolutionnaire
Main place(s) of activity: Brussels and Paris
Most important influences: Surrealism, André Breton, Chinese calligraphy, Karl Marx, Pablo Picasso, Alberto Giacometti, Gaston Bachelard

JACQUES DOUCET
(1924 Boulogne-sur-Seine – 1994 Boulogne-sur-Seine)

Durch die Freundschaft zu dem Dichter und Maler Max Jacob ermutigt, findet Jacques Doucet zur Kunst und beginnt während des Zweiten Weltkriegs zu malen. Von den deutschen Besatzern als politischer Gefangener interniert, täuscht er eine psychische Erkrankung vor und wird in eine psychiatrische Klinik eingewiesen. Durch seine Teilnahme an der Budapester Ausstellung *Europai Iskola* (Europäische Schule) 1947 lernt er den Niederländer Corneille kennen, mit dem er sich anfreundet und mit dem ihn unter anderem die Faszination für die surrealistischen Traumwelten von Joan Miró verbindet. Durch Corneille findet Doucet Anschluss an die Experimentele Groep Nederland und gestaltet das Deckblatt der zweiten Ausgabe von deren Zeitschrift *Reflex*. Das Interesse an der sog. Volkskunst außereuropäischer Kulturen, an der spontan-freien Gestaltungsweise von Kinderzeichnungen und der Aussagekraft von Graffitikunst findet sich bereits vor CoBrA in Doucets Werken, die er in Amsterdam und Lüttich gemeinsam mit anderen CobrA-Künstler*innen ausstellt. Später wendet sich Doucet der abstrakten Malerei zu.

Kollektiv(e) vor CoBrA: Umfeld der Experimentele Groep Nederland
Hauptwirkungsort(e): Paris, Amsterdam
Wichtigste Einflüsse: Volkskunst außereuropäischer Kulturen, Kinderzeichnungen, Graffitikunst, Paul Klee, Max Jacob, Alfred Jarry

SONJA FERLOV MANCOBA
(1911 Charlottenlund – 1984 Paris)

Zunächst als Malerin an der Königlich Dänischen Kunstakademie ausgebildet, wendet sich Sonja Ida Ferlov Mitte der 1930er-Jahre der Skulptur zu und ist von 1934 bis 1939 Teil der dänischen Gruppe Linien. Anfangs arbeitet sie mit Holz und Fundstücken in surrealistischer Manier, später vorwiegend in Ton, Gips oder Bronze. Ab 1936 lebt sie in Paris und freundet sich mit ihren Ateliernachbarn Diego und Alberto Giacometti an. Die Maske gilt als Hauptmotiv ihres Schaffens, welches aus der intensiven Beschäftigung mit der traditionellen Kunst präkolumbianischer und afrikanischer Kulturen hervorgeht. Ihre Skulpturen variieren das Spektrum der sowohl menschlichen als auch tierischen Form und changieren dabei zwischen Abstraktion und wiedererkennbarer Körperlichkeit. Paris wird zum Lebensmittelpunkt von Ferlov und ihrem späteren Ehemann, dem südafrikanischen Künstler Ernest Mancoba, den sie 1938 kennenlernt. Zwischen 1947 und 1952 nimmt Ferlov Mancoba an Ausstellungen des dänischen Kollektivs Høst teil. Es kommt ihr eine wichtige Rolle als Vermittlerin zwischen den avantgardistischen Bewegungen in Dänemark und Frankreich zu. Ihre Skulpturen und Gemälde werden in den *Cobra*-Magazinen abgebildet, und sie stellt mit CoBrA in Amsterdam aus.

Kollektiv(e) vor CoBrA: Linien, Høst
Hauptwirkungsort(e): Paris, Kopenhagen
Wichtigste Einflüsse: Surrealismus, nordische Volkskunst, griechische Antike, präkolumbische und mexikanische Kunst, Kunst afrikanischer Kulturen, Alberto Giacometti, Jean Arp, Joan Miró, Max Ernst

LOTTI VAN DER GAAG
(1923 Den Haag – 1999 Nieuwegein)

Lotti (Charlotte) van der Gaag studiert ab 1947 an der Königlichen Akademie für Bildende Künste in Den Haag und wendet sich 1948/49 an der dortigen Freien Akademie für Bildende Künste der Bildhauerei zu. Wenngleich sie nie offizielles Mitglied der CoBrA-Gruppe ist, so stehen ihre Skulpturen und Reliefs der 1940er-Jahre doch in enger Verbindung mit charakteristischen CoBrA-Motiven wie hybriden Menschentieren und Fantasiewesen. 1949 stellt sie erstmals in Paris aus und zeigt rohe, archaische Terracottareliefs. Ihr Pariser Atelier, in dem sie zwischen 1950 bis 1962 arbeitet, befindet sich in demselben Haus wie das von Karel Appel und Corneille. Einige der CoBrA-Künstler*innen, darunter Corneille, sind gegen die Aufnahme der Künstlerin in die Gruppe, sodass sie nie aktiv an zentralen Ereignissen der Bewegung beteiligt ist. Ihr Werk gilt als wegweisend für die Entwicklung des Informel und der abstrakt-expressionistischen Kunst nach 1945.

Hauptwirkungsort(e): Den Haag, Paris
Wichtigste Einflüsse: Surrealismus, Art brut

JACQUES DOUCET
(1924 Boulogne-sur-Seine–1994 Boulogne-sur-Seine)

Encouraged by his friendship with the writer and painter Max Jacob, Jacques Doucet finds his way to art and begins to paint during World War II. Interned as a political prisoner by the German occupiers, he feigns mental illness and is admitted to a psychiatric clinic. When participating in the exhibition *Europai Iskola* (European School) in Budapest in 1947, he meets the Dutch artist Corneille, with whom he becomes friends and to whom he is linked by, among other things, a fascination with the Surrealist dream worlds of Joan Miró. Through Corneille Doucet is connected to the Experimentele Groep Nederland and designs the cover of the second issue of its journal *Reflex*. His interest in the so-called folk art of non-European cultures, in the spontaneous and free design of children's drawing, and the expressive power of graffiti art can already be found in Doucet's works that predate CoBrA, which he exhibited in Amsterdam and Liège alongside other CoBrA artists. Later, Doucet turns to abstract painting.

Collective(s) prior to CoBrA: Circle of the Experimentele Groep Nederland
Main place(s) of activity: Paris and Amsterdam
Most important influences: Folk art of non-European cultures, children's drawings, graffiti art, Paul Klee, Max Jacob, Alfred Jarry

SONJA FERLOV MANCOBA
(1911 Charlottenlund–1984 Paris)

Trained as a painter at the Kongelige Danske Kunstakademi in Copenhagen, in the mid-1930s Sonja Ida Ferlov turns to sculpture and is part of the Danish group Linien from 1934 to 1939. At first, she works with wood and found objects in the Surrealist manner and later primarily in clay, plaster, or bronze. From 1936, she lives in Paris and becomes friends with her studio neighbors Diego and Alberto Giacometti. The mask is considered the primary motif in her oeuvre; it derives from her intense study of the traditional art of pre-Columbian and African cultures. Her sculptures vary the spectrum of human and animal form and oscillate between abstraction and recognizable physicality. Paris becomes the new home of Ferlov and her future husband, the South African artist Ernest Mancoba, whom she meets in 1938. Between 1947 and 1952, Ferlov Mancoba takes part in the exhibitions of the Danish collective Høst. She comes to play an important role mediating between the avant-garde movements in Denmark and France. Her sculptures and paintings are illustrated in the *Cobra* journals, and she exhibits with CoBrA in Amsterdam.

Collective(s) prior to CoBrA: Linien, Høst
Main place(s) of activity: Paris and Copenhagen
Most important influences: Surrealism, Nordic folk art, Greek antiquity, pre-Columbian and Mexican art, art of African cultures, Alberto Giacometti, Jean Arp, Joan Miró, Max Ernst

LOTTI VAN DER GAAG
(1923 The Hague–1999 Nieuwegein)

Lotti (Charlotte) van der Gaag studies at the Koninklijke Academie van Beeldende Kunsten in The Hague from 1947, and then in 1948–49 switches to the Vrije Academie voor Beeldende Kunsten. Although she never becomes an official member of the CoBrA group, her sculptures and reliefs of the 1940s are closely connected to such characteristic CoBrA motifs as hybrid human-animals and fantastic creatures. In 1949, she exhibits for the first time in Paris and shows raw, archaic terra-cotta reliefs. Her Paris studio, where she works from 1950 to 1962, is in the same building as those of Karel Appel and Corneille. Some of the CoBrA artists, including Corneille, are against the inclusion of the artist in the group, so she is never actively involved in central events of the movement. Her work is considered pioneering in the evolution of Art Informel and European Abstract Expressionism art after 1945.

Main place(s) of activity: The Hague and Paris
Most important influences: Surrealism, Art Brut

STEPHEN GILBERT
(1910 Wormit – 2007 Frome)

Der schottische Künstler Stephen Gilbert studiert an der Slade School of Art in London und verbringt die Zeit des Zweiten Weltkriegs in Dublin. Unter dem Eindruck der surrealistischen Malerei von André Masson und den psychoanalytischen Erkenntnissen von Carl Gustav Jung entstehen eigenwillige Porträts von Insekten und Tieren, die menschenähnliche Züge und psychologische Tiefe haben. 1945 wird Paris zu seinem Lebensmittelpunkt. Dort lernt er Asger Jorn kennen und beteiligt sich als aktives Mitglied der CoBrA-Bewegung an beiden internationalen Ausstellungen in Amsterdam 1949 und in Lüttich 1951. Das kollektive Experiment fortsetzend, arbeitet er nach der Auflösung der Gruppe gemeinsam mit Constant an der Verbindung von Malerei und Architektur.

Kollektiv(e) vor CoBrA: The White Stag Group (Dublin)
Hauptwirkungsort(e): Paris
Wichtigste Einflüsse: Surrealismus, André Masson, Carl Gustav Jung, Friedrich Nietzsche

K.O. GÖTZ
(1914 Aachen – 2017 Wolfenacker)

Zu Beginn der 1930er-Jahre besucht K.O. Götz die Gewerbeschule in Aachen und gewinnt so erste Eindrücke der avantgardistischen Malerei. Es entstehen abstrakte Werke, die losgelöst von figurativen Formen ein Eigenleben führen. Während seines Kriegsdiensts lernt er die Fotografin Anneliese Hager in Dresden kennen und heiratet sie 1945. Auf Einladung von Asger Jorn kommen Götz und Hager als deutsche Künstler*innen mit den Mitgliedern der CoBrA-Bewegung in Kontakt, nachdem Götz die Zeitschrift *Meta* für experimentelle Kunst und Poesie (1948–1953) gegründet hat. In den 1940er-Jahren findet Götz zu Bildlösungen, die von der surrealistischen Technik der Aerografie (sog. Spraypainting) herrühren, und experimentiert gemeinsam mit Hager im Medium der Fotogramme. Seine spontan-abstrakte, meist biomorphe Formen aufgreifende Malerei dieser Zeit findet Eingang in die beiden internationalen CoBrA-Ausstellungen von 1949 in Amsterdam und 1951 in Lüttich. Zu Beginn der 1950er-Jahre prägt er maßgeblich die Tachistische Malerei der Strömung des internationalen Informel.

Kollektiv(e) vor CoBrA: /
Hauptwirkungsort(e): Dresden, Paris
Wichtigste Einflüsse: Surrealismus, lyrische Abstraktion

SVAVAR GUÐNASON
(1909 Höfn í Hornafjadur – 1988 Reykjavik)

Der isländische Künstler Svavar Guðnason studiert in den 1930er-Jahren an der Kopenhagener Kunstakademie und reist 1938 nach Paris, wo er Fernand Léger kennenlernt. In dessen Schule trifft er erstmals auf Asger Jorn. Während des Zweiten Weltkriegs lebt er in Kopenhagen und schließt sich dem Kollektiv Høst an. Seine dynamische abstrakte und farbenprächtige Malerei entspricht dem optimistischen Aufbruch der dänischen Gruppierung, die unter dem Eindruck des Krieges und der deutschen Besatzung zur Bewegtheit der menschlichen Fantasie und ihren mannigfachen Ursprüngen zurückkehren will. So finden seine Gemälde auch Eingang in die erste internationale CoBrA-Ausstellung im Amsterdamer Stedelijk Museum. Guðnasons abstrakter Expressionismus entwickelt sich in seinem Spätwerk zu einer strengeren, geometrischen Abstraktion.

Kollektiv(e) vor CoBrA: Høst
Hauptwirkungsort(e): Kopenhagen, Paris
Wichtigste Einflüsse: Expressionismus, Abstraktion, Fernand Léger

---

STEPHEN GILBERT
(1910 Wormit–2007 Frome)

The Scottish artist Stephen Gilbert studies at the Slade School of Art in London and then spends World War II in Dublin. Impressed by the Surrealist painter André Masson and the psychoanalytic insights of Carl Gustav Jung, he creates unique portraits of insects and animals with humanlike features and psychological depth. In 1945 he moves to Paris. There, he meets Asger Jorn and as an active member of the CoBrA participates in the international exhibitions in Amsterdam in 1949 and in Liège in 1951. Continuing the collective experiment after the group's breakup, he works with Constant on combining painting and architecture.

Collective(s) prior to CoBrA: The White Stag Group (Dublin)
Main place(s) of activity: Paris
Most important influences: Surrealism, André Masson, Carl Gustav Jung, Friedrich Nietzsche

K.O. GÖTZ
(1914 Aachen–2017 Wolfenacker)

In the early 1930s, K.O. Götz attends the Gewerbeschule in Aachen, where he gets his first impressions of avant-garde painting. He creates his first abstract works, which, freed of figurative forms, lead a life of their own. During his wartime service he meets the photographer Anneliese Hager in Dresden and marries her in 1945. At the invitation of Asger Jorn, the German artists Götz and Hager come into contact with members of the CoBrA after Götz founds the journal *Meta* for experimental art and poetry (1948–53). In the 1940s, Götz comes up with pictorial solutions based on the Surrealist technique of aerography (a spray-painting technique) and experiments with Hager in the medium of photograms. His spontaneous and abstract painting, usually of biomorphic forms, of this period is included in the two international CoBrA exhibitions of 1949 in Amsterdam and 1951 in Liège. In the early 1950s, he makes a decisive contribution to Tachist painting, part of the current of international Art Informel.

Collective(s) prior to CoBrA: /
Main place(s) of activity: Dresden and Paris
Most important influences: Surrealism, lyrical abstraction

SVAVAR GUÐNASON
(1909 Höfn í Hornafjadur–1988 Reykjavik)

The Icelandic sculptor Svavar Guðnason studies at the Kongelige Danske Kunstakademi in Copenhagen in the 1930s and in 1938 travels to Paris, where he meets Fernand Léger. In the latter's school, he meets Asger Jorn for the first time. During World War II, he lives in Copenhagen and joins the Høst collective. His dynamic, abstract, and colorful painting is in keeping with the optimistic new beginning of the Danish group, which, having been affected by the war and the German occupation, wants to return to the liveliness of the human imagination and its manifold origins. His paintings are included in the first international CoBrA exhibition at the Stedelijk Museum in Amsterdam. In his later work, Guðnason's Abstract Expressionism evolves into a stricter geometric abstraction.

Collective(s) prior to CoBrA: Høst
Main place(s) of activity: Copenhagen and Paris
Most important influences: Expressionism, abstraction, Fernand Léger

ANNELIESE HAGER
(1904 Flatow (heute Złotów) – 1997 Korbach)

Nachdem Anneliese Hager von 1920 bis 1922 eine Ausbildung als Metallografin an der Fotoschule des Lette-Vereins in Berlin absolviert hat, arbeitet sie in Berlin als technische Assistentin am Kaiser-Wilhelm-Institut. Fasziniert von den surrealistischen wie abstrakten Fotografien László Moholy-Nagys und Man Rays, beginnt sie mit fotografischen Drucktechniken zu experimentieren. Eigene surrealistische Gedichte bebildert sie mit ihren Fotogrammen, in denen sie Objekte des alltäglichen Lebens zu abstrakten Kompositionen verfremdet. Nach Kriegsende lernt sie den deutschen Maler K.O. Götz kennen, den sie 1945 heiratet. Gemeinsam sind sie Teil der CoBrA-Bewegung, und Hagers Werke werden in der ersten internationalen CoBrA-Ausstellung 1949 in Amsterdam präsentiert. In Paris vernetzt sie sich mit Paul Celan und André Breton, dessen Texte sie neben Schriften von Guillaume Apollinaire, Charles Baudelaire, Louis Aragon oder Alfred Jarry als Erste ins Deutsche übersetzt.

Kollektiv(e) vor CoBrA: /
Hauptwirkungsort(e): Paris, Dresden
Wichtigste Einflüsse: Surrealismus, László Moholy-Nagy, Man Ray, Paul Celan, André Breton

HENRY HEERUP
(1907 Kopenhagen – 1993 Kopenhagen)

Als Steinmetz, Bronzegießer und Lithograf wird Henry Heerup 1927 in die Malerklasse der Königlich Dänischen Kunstakademie in Kopenhagen aufgenommen. In den 1930er-Jahren verfestigt sich sein symbolistisch aufgeladener Malstil. Wenngleich ihm sein damaliger Lehrer Einar Utzon-Frank wenig Talent in der Bildhauerei zuspricht, gelingt Heerup durch seine grob bearbeiteten und bemalten Steinskulpturen der künstlerische Durchbruch. Inspiriert von dänischen Runen arbeitet Heerup mystische Figuren aus Ton und Stein heraus oder fügt Fundstücke zu Fantasiewesen aus Assemblagen zusammen. Heerups Steinskulpturen finden Eingang in die kollektiven Ausstellungen der dänischen Gruppe Linien, der er von 1934 bis 1939 angehört. Von 1943 bis 1949 ist er Mitglied der Gruppe Høst. Das Aufbrechen von Hoch- und Populärkultur sowie das Streben nach einer universell verständlichen Formensprache bindet ihn an die CoBrA-Bewegung, mit der er in Amsterdam (1949) und Lüttich (1951) seine Arbeiten zeigt.

Kollektiv(e) vor CoBrA: Linien, Høst
Hauptwirkungsort(e): Kopenhagen
Wichtigste Einflüsse: Dänische Sagenwelt und Runen, Surrealismus, Volkskunst

CARL-OTTO HULTÉN
(1916 Malmö – 2015 Schonen)

Anfangs als Werbegrafiker in Malmö tätig, findet Carl-Otto Hultén im Selbststudium zur Kunst. Gemeinsam mit Max Walter Svanberg und Anders Österlin gründet er 1945 die surrealistisch geprägte Avantgardegruppe Imaginisterna, die sich dem Unterbewussten und Traumhaften zuwendet. Der faschistischen Ideologie der Nationalsozialisten entgegenwirkend, betonen Hultén, Svanberg und Österlin die Schönheit und die Abgründe menschlicher Vorstellungskraft. Hulténs expressive Traumlandschaften stehen insbesondere den spontan-abstrakten Kompositionen Asger Jorns und der niederländischen experimentellen Gruppe nahe. In der unmittelbaren Nachkriegszeit finden sich auch Fantasie- und Tierwesen in seinen Grafiken und seiner Malerei wieder, die sich jedoch zusehends in der Tradition Joan Mirós zu abstrakten Kompositionen aus zerfließenden Farben verflüchtigen.

Kollektiv(e) vor CoBrA: Imaginisterna
Hauptwirkungsort(e): Malmö
Wichtigste Einflüsse: Kunst, Magie und Mythen außereuropäischer Kulturen, Surrealismus, Max Ernst, Joan Miró, Salvador Dalí, André Masson, Sigmund Freud, abstrakter Expressionismus

---

ANNELIESE HAGER
(1904 Flatow (now Złotów)–1997 Korbach)

After training as a metallographer at the photography school of the Lette-Verein in Berlin from 1920 to 1922, Anneliese Hager works in Berlin as a technical assistant at the Kaiser-Wilhelm-Institut. Fascinated by the Surrealist abstract photographs of László Moholy-Nagy and Man Ray, she begins to experiment with photographic printing techniques. She illustrates her own Surrealist poems with her photograms, in which she defamiliarizes objects from daily life to produce abstract compositions. After the war ends, she meets the German painter K. O. Götz, whom she marries in 1945. Together they are part of the CoBrA movement, and Hager's works are presented in the first international CoBrA exhibition in Amsterdam in 1949. In Paris, she networks with Paul Celan and André Breton, and she is the first to translate the latter's texts into German, as well as works by Guillaume Apollinaire, Charles Baudelaire, Louis Aragon, and Alfred Jarry.

Collective(s) prior to CoBrA: /
Main place(s) of activity: Paris and Dresden
Most important influences: Surrealism, László Moholy-Nagy, Man Ray, Paul Celan, André Breton

HENRY HEERUP
(1907 Copenhagen–1993 Copenhagen)

As a stonemason, bronze caster, and lithographer, Henry Heerup is accepted into the painting class at the Kongelige Danske Kunstakademi in Copenhagen. In the 1930s, his symbolically charged painting style solidifies. Although his teacher at the time, Einar Utzon-Frank, credits him with little talent for sculpture, Heerup achieves an artistic breakthrough with his rough-hewn and painted stone sculptures. Inspired by Danish runes, Heerup forms mystical figures of clay and stone and assembles found objects into assemblages of fantastic creatures. Heerup's stone sculptures are included in the group exhibitions of the Danish group Linien, to which he belongs from 1934 to 1939. From 1943 to 1949, he is a member of the Høst group. Breaking down the distinction between high and popular culture and striving for a universally intelligible formal language connects him to the CoBrA movement, with which he shows his works in Amsterdam (1949) and Liège (1951).

Collective(s) prior to CoBrA: Linien, Høst
Main place(s) of activity: Copenhagen
Most important influences: Danish sagas and runes, Surrealism, folk art

CARL-OTTO HULTÉN
(1916 Malmö–2015 Schonen)

After first working as a commercial graphic designer in Malmö, Carl-Otto Hultén finds his way to art, self-taught. Together with Max Walter Svanberg and Anders Österlin in 1945, he cofounds the Surrealist-influenced avant-garde group Imaginisterna, which turns to the subconscious and dreamlike. Countering the fascist ideology of the National Socialists, Hultén, Svanberg, and Österlin emphasize the beauty and the abysses of the human imagination. Hultén's expressive dreamscapes are particularly close to the spontaneous, abstract compositions of Asger Jorn and the Experimentele Groep Nederland. Immediately after the war, fantastic creatures and animals recur in his graphic works and painting, but gradually, in the tradition of Joan Miró, they dissolve into abstract compositions of fluid colors.

Collective(s) prior to CoBrA: Imaginisterna
Main place(s) of activity: Malmö
Most important influences: Art, magic, and myths of non-European cultures, Surrealism, Max Ernst, Joan Miró, Salvador Dalí, André Masson, Sigmund Freud, Abstract Expressionism

JOSEF ISTLER
(1919 Prag – 2000 Prag)

Der tschechoslowakische Künstler Josef Istler studiert von 1938 bis 1939 in Jugoslawien im Atelier des Schweizer Malers Walter Hofer. Unter dem Einfluss der surrealistischen Künstlerin Toyen malt er surrealistisch-abstrakte Bilder, in denen sich Traum und Realität nicht unterscheiden lassen. Als Vertreter der Prager Gruppe Ra nimmt Istler 1947 an der von Christian Dotremont organisierten internationalen Konferenz des Surréalisme révolutionnaire in Brüssel teil. Dotremont wie Istler lehnen zu diesem Zeitpunkt den Surrealismusbegriff André Bretons ab und streben eine Kunst an, die eine Erweiterung surrealistischer Motive um moderne Mythen und die Spontaneität des Kreativseins erweitert. Mit der Machtübernahme der Kommunistischen Partei in der Tschechoslowakei im Februar 1948 wird der Austausch mit Dotremont für Istler unmöglich, da er als Künstler der Gruppe Ra sein Heimatland nicht verlassen darf. In der ersten CoBrA-Ausstellung 1949 in Amsterdam werden einige der von Istler in Brüssel zurückgelassenen Grafiken präsentiert.

Kollektiv(e) vor CoBrA: Ra (Prag)
Hauptwirkungsort(e): Prag
Wichtigste Einflüsse: Surrealismus, Toyen

EGILL JACOBSEN
(1910 Kopenhagen – 1998 Kopenhagen)

In den 1930er-Jahren studiert Egill Jacobsen an der Königlich Dänischen Kunstakademie Malerei und tritt der Kommunistischen Partei Dänemarks bei. Während seines ersten Paris-Aufenthalts 1934 entdeckt er die Kunst Pablo Picassos und kreiert erste Maskenmalereien und Darstellungen eigenwilliger Pflanzenwesen. In Kopenhagen stellt er Ende der 1930er-Jahre mit der Gruppe Linien aus und wird Gründungsmitglied des darauffolgenden Kollektivs Høst, für dessen Zeitschrift *Helhesten* er Abhandlungen über die Werke von Carl-Henning Pedersen, Else Alfelt und Asger Jorn verfasst. 1946/47 hält er sich in Paris auf. Sein Gemälde *Ophobning* (Anhäufung) von 1938 gilt als Schlüsselwerk für die künstlerische Neuausrichtung der dänischen Avantgardebewegung und der späteren CoBrA-Gruppe; in diesem Werk kommt nicht nur die unbändige Gewalt des Krieges zum Ausdruck, sondern auch die expressive Kraft der entfesselten Farbe. Egill Jacobsen wird Teil der CoBrA-Gruppe und gestaltet gemeinsam mit Jorn und Pedersen den Entwurf für das Cover der ersten Ausgabe der Zeitschrift *Cobra*. Ende der 1950er-Jahre wird Jacobsen als Professor an die Königliche Kunstakademie in Kopenhagen berufen.

Kollektiv(e) vor CoBrA: Linien, Høst
Hauptwirkungsort(e): Kopenhagen, Paris
Wichtigste Einflüsse: Surrealismus, nordische Sagen- und Mythenwelt, Pablo Picasso, Expressionismus

ROBERT JACOBSEN
(1912 Kopenhagen – 1993 Tågelund)

Seine ersten Holzplastiken schafft der dänische Bildhauer Robert Jacobsen 1930 als Autodidakt. Sie stellen tierähnliche Figuren und Masken dar. 1933 schließt er eine Lehre als Steinmetz und Holzschnitzer an. Zu Beginn der 1940er-Jahre tritt er der Gruppe Linien bei, die der befreundete Künstler Asger Jorn leitet. Jacobsen kämpft während des Zweiten Weltkriegs im dänischen Widerstand. Bereits um 1940 entstehen, beeinflusst von der experimentellen Arbeitsweise des Bildhauers Henry Heerup, Stein- und Holzskulpturen. Gemeinsam mit dem dänischen Maler Richard Mortensen zieht er nach Kriegsende in die Umgebung von Paris, wo er eine Serie von Assemblagen und Rauminstallationen mit verschiedensten Materialien (Metall, Holz u. a.) fertigt. Der CoBrA-Gruppe, deren unmittelbarer Vorläufer und Wegbereiter er war, gehört er nie als aktives Mitglied an.

Kollektiv(e) vor CoBrA: Linien, Høst
Hauptwirkungsort(e): Kopenhagen, Paris
Wichtigste Einflüsse: Surrealismus, nordische Sagen- und Mythenwelt, mittelalterliche Kunst, nordisch-prähistorische Kunst, Henry Heerup

JOSEF ISTLER
(1919 Prague–2000 Prague)

The Czechoslovakian artist Josef Istler studies from 1938 to 1939 in the studio of the Swiss painter Walter Hofer in Yugoslavia. Under the influence of the Surrealist artist Toyen, he paints abstract Surrealist paintings in which dream and reality cannot be distinguished. As a member of the Ra group in Prague, Istler takes part in the international conference Surréalisme révolutionnaire, organized by Christian Dotremont, in Brussels in 1947. At this time, Dotremont and Istler reject André Breton's concept of Surrealism and strive for an art that expands Surrealist motifs to include modern myths and the spontaneity of creativity. When the Communist Party takes power in Czechoslovakia in February 1948, Istler's interaction with Dotremont becomes impossible because the Ra artist is not permitted to leave his homeland. Several of the graphic works Istler has left behind in Brussels are presented in the first CoBrA exhibition in Amsterdam in 1949.

Collective(s) prior to CoBrA: Ra (Prague)
Main place(s) of activity: Prague
Most important influences: Surrealism, Toyen

EGILL JACOBSEN
(1910 Copenhagen–1998 Copenhagen)

In the 1930s, Egill Jacobsen studies at the Kongelige Danske Kunstakademi in Copenhagen and joins the Danish Communist Party. During his first stay in Paris in 1934, he discovers the art of Pablo Picasso and produces his first paintings of masks and unusual plant creatures. He exhibits with the Linien group in Copenhagen in the late 1930s and becomes a founding member of the later Høst collective, for whose journal, *Helhesten*, he writes essays on the works of Carl-Henning Pedersen, Else Alfelt and Asger Jorn. He stays in Paris in 1946–47. His painting *Ophobning* (Accumulation) of 1938 is considered a key work for the new artistic direction of the Danish avant-garde movement and the future CoBrA group; this work conveys not only the unbridled violence of the war but also the expressive power of untamed color. Jacobsen joins the CoBrA group and with Jorn and Pedersen designs the cover of the first issue of the journal *Cobra*. In the late 1950s, Jacobsen is appointed professor at the Kongelige Danske Kunstakademi in Copenhagen.

Collective(s) prior to CoBrA: Linien, Høst
Main place(s) of activity: Copenhagen and Paris
Most important influences: Surrealism, Nordic sagas and myths, Pablo Picasso, Expressionism

ROBERT JACOBSEN
(1912 Copenhagen–1993 Tågelund)

The Danish sculptor Robert Jacobsen creates his first wood sculptures in 1930 as an autodidact. They depict animal-like figures and masks. In 1933, he begins an apprenticeship as a stonemason and wood carver. In the early 1940s, he joins the Linien group, which is headed by his friend the artist Asger Jorn. Jacobsen is active in the Danish resistance during World War II. Around 1940, he is making stone and wood sculptures influenced by the experimental approach of the sculptor Henry Heerup. After the war ends, he moves with the Danish painter Richard Mortensen to the suburbs of Paris, where he makes a series of assemblages and installations with very different materials (metal, wood, etc.). Although he is an immediate precursor and pioneer, he is never an active member of the CoBrA group.

Collective(s) prior to CoBrA: Linien, Høst
Main place(s) of activity: Copenhagen and Paris
Most important influences: Surrealism, Nordic sagas and myths, medieval art, prehistoric Nordic art, Henry Heerup

ASGER JORN
(1914 Vejrum – 1973 Aarhus)

Asger Jorn (bürgerlicher Name Asger Oluf Jørgensen) gilt als Schlüsselfigur der Entwicklung und theoretischen Ausrichtung von CoBrA. In Dänemark wirkt er während des Zweiten Weltkriegs zunächst in der Gruppe Linien (1934–1939) und später in Høst (1942–1948) im politisch-kulturellen Widerstand. Nach Kriegsende und der deutschen Besatzungszeit kann er an vorherige internationale Kontakte anknüpfen, die er während eines ersten Paris-Aufenthalts 1936 aufgebaut hat (u. a. zu Fernand Léger, Le Corbusier). Mit einer spontan-abstrakten Formensprache experimentierend, sucht Jorn nach einem künstlerischen Ausdruck, der nicht nur für alle Menschen verständlich ist, sondern auch eine Gesellschaftskritik visualisiert. Maßgeblich geprägt von Egill Jacobsens und Ejler Billes kraftvollen Bildern, entwickelt Jorn das Konzept des sog. Menschentieres, das er sowohl in seinen theoretischen Schriften als auch in seiner Kunst den Schrecken des Krieges entgegenhält. 1946 macht er in Paris die Bekanntschaft des Niederländers Constant sowie des Philosophen und Malers Jean-Michel Atlan und reist im Winter 1947/48 nach Djerba in Tunesien. Im Oktober 1947 lernt Jorn auf einem internationalen Kongress des Surréalisme révolutionnaire in Brüssel den Dichter Christian Dotremont kennen. Gemeinsam arbeiten sie 1948 an den sog. Wortmalereien und bereiten die Gründung der Avantgardebewegung CoBrA vor. In den Ausgaben der *Cobra*-Zeitschriften formuliert Jorn seine theoretischen wie künstlerischen Visionen, in denen Kunst und Gesellschaft untrennbar miteinander verbunden sind und es keine Aufteilung in Hoch- und Populärkultur mehr gibt.

Kollektiv(e) vor CoBrA: Linien, Høst
Hauptwirkungsort(e): Kopenhagen
Wichtigste Einflüsse: Fernand Léger, Art brut, Kinderzeichnungen, Sagen und Mythen, Pablo Picasso

ZOLTÁN KEMÉNY
(1907 Banica – 1965 Zürich)

Der im ehemaligen Österreich-Ungarn (heute Rumänien) geborene Zoltán Kemény lernt bereits früh in Öl zu malen und entwickelt ein ausgeprägtes Interesse an der Volkskunst. In den 1920er-Jahren bildet er sich zunächst als Schreiner aus und besucht 1924 bis 1927 Kurse für Innendekoration und Architektur an der Budapester Kunstgewerbeschule. Ab 1930 wohnt er in Paris, wo er als Architekt sowie als Mode- und Industriezeichner arbeitet. Hier trifft er auf Madeleine Szemere, die er 1933 heiratet. Gemeinsam fliehen sie vor den deutschen Besatzern, erst nach Marseille und 1942 nach Zürich, wo Kemény als Modezeichner und Redakteur für die Schweizer Modezeitschrift *Annabelle* arbeitet. Kurz nach Kriegsende freundet er sich mit Jean Dubuffet an und beginnt mit ungewöhnlichen Materialien wie Metall, Holz, Sand, Gips oder Textilien zu experimentieren. Seine Reliefs und mit Mischtechniken geschaffenen Gemälde entwickeln mit Ironie und einer gleichzeitigen Archaik dadaistische und surrealistische Bildsprachen weiter. In den 1940er-Jahren findet er zu eigenwilligen, abstrakt-figurativen Metallreliefs, die seinen künstlerischen Durchbruch bedeuten. Gemeinsam mit Kemény-Szemere stellt er diese in der ersten großen CoBrA-Ausstellung im Amsterdamer Stedelijk Museum aus. Durch die sorgfältige Aufarbeitung des Nachlasses des Künstlers durch seine Frau Kemény-Szemere ist sein Gesamtwerk heute beinahe lückenlos katalogisiert und analysiert.

Kollektiv(e) vor CoBrA: /
Hauptwirkungsort(e): Zürich, Paris
Wichtigste Einflüsse: Malerei der studentischen Pariser Bewegung Nabi, Art brut, Jean Dubuffet, Kinderzeichnungen, (textile) Volkskunst, Surrealismus, Dadaismus

MADELEINE KEMÉNY-SZEMERE
(1906 Budapest – 1993 Zürich)

Die ungarisch-schweizerische Malerin Madeleine (geb. Lenke) Szemere studiert 1924/25 an der Budapester Akademie der Künste. Im Ernst Múzeum in Budapest zeigt sie bereits 1925 frühe Werke. 1930 wandert sie nach Paris aus, wo sie als Modedesignerin arbeitet und 1933 den ebenfalls aus Ungarn stammenden Maler Zoltán Kemény heiratet. Das Paar flieht 1940 vor den deutschen Besatzern nach Südfrankreich, 1942 gelingt die Flucht in die Schweiz. Kemény-Szemere lebt bis Kriegsende interniert und in Isolation. In dieser Zeit besonders von den Arbeiten des französischen Künstlers Jean Dubuffet tief beeindruckt, bringt Kemény-Szemere ab den späten 1940er-Jahren – mit verschiedenen Materialien (wie Sand oder Lack) und Techniken experimentierend – in Erdtönen reduzierte Formen und Figuren in ihrer Essenz auf die Leinwand. Über Jean Dubuffet und sein Foyer de l'art brut in Paris lernt sie gleichgesinnte Künstler*innen aus dem Umfeld von Corneille kennen. Auf dessen Einladung hin nimmt sie 1949 gemeinsam mit Kemény an der ersten CoBrA-Gruppenausstellung im Stedelijk Museum in Amsterdam teil. Weitere Einzelausstellungen in Zürich und Paris folgen. 1956 gibt Kemény-Szemere die Kunst zugunsten der Laufbahn ihres Mannes auf. Ihre abstrahierten, melancholischen Studien der menschlichen Existenz werden in den 1980er-Jahren wiederentdeckt.

Kollektiv(e) vor CoBrA: /
Hauptwirkungsort(e): Zürich, Paris
Wichtigste Einflüsse: Naturalismus, Art brut, Jean Dubuffet, Kinderzeichnungen, Volkskunst

---

ASGER JORN
(1914 Vejrum–1973 Aarhus)

Asger Jorn (the artist's name of Asger Oluf Jørgensen) is considered a key figure in the development and theoretical orientation of CoBrA. In Denmark during World War II, he is active in the political and cultural resistance, first in the Linien group (1934–39) and then in Høst (1942–48). After the war and the German occupation ends, he is able to reconnect to the international contacts he had made during his first stay in Paris in 1936 (Fernand Léger and Le Corbusier, among others). Experimenting with a spontaneous and abstract formal language, Jorn searches for artistic expression that is not just intelligible to all people but also illustrates criticism of society. Decisively influenced by Egill Jacobsen's and Ejler Bille's powerful paintings, Jorn develops the concept of the human animal, with which he counters the horrors of the war in his theoretical writings as well as in his art. In Paris in 1946, he makes the acquaintance of the Dutch artist Constant as well as the philosopher and painter Jean-Michel Atlan and travels to Djerba, Tunisia, in the winter of 1947–48. In October 1947, Jorn meets the poet Christian Dotremont at an international conference of Surréalisme révolutionnaire in Brussels. In 1948, they collaborate on so-called word paintings and prepare to found the avant-garde movement CoBrA. In the issues of the *Cobra* journals Jorn formulates his theoretical and artistic visions in which art and society are inseparably linked and high and popular culture are no longer distinguished.

Collective(s) prior to CoBrA: Linien, Høst
Main place(s) of activity: Copenhagen
Most important influences: Fernand Léger, Art Brut, children's drawings, sagas and myths, Pablo Picasso

ZOLTÁN KEMÉNY
(1907 Banica–1965 Zurich)

Zoltán Kemény, born in Austria-Hungary (now Romania), learns oil painting at an early age and develops a pronounced interest in folk art. In the 1920s, he apprentices as a carpenter and from 1924 to 1927 attends courses on interior decoration and architecture at the Royal School of Applied Arts in Budapest. From 1930 he lives in Paris, where he works as an architect as well as a fashion illustrator and industrial draftsman. There, he meets Madeleine Szemere, whom he marries in 1933. Together they flee the German occupiers, first to Marseille and in 1942 to Zurich, where Kemény works as a fashion illustrator and editor for the Swiss fashion magazine *Annabelle*. Shortly after the war ends, he becomes friends with Jean Dubuffet and begins to experiment with unusual materials such as metal, wood, sand, plaster, and textiles. His reliefs and paintings with mixed media employ irony and archaism at once to build on Dadaist and Surrealist visual languages. In the 1940s, he comes up with unusual, abstractly figurative metal reliefs that represent his artistic breakthrough. Together with Kemény-Szemere, he exhibits in the first large CoBrA exhibition at the Stedelijk Museum in Amsterdam. Thanks to Kemény-Szemere's diligent handling of his estate, his oeuvre is almost completely catalogued and analyzed.

Collective(s) prior to CoBrA: /
Main place(s) of activity: Zurich and Paris
Most important influences: Painting of the Parisian student movement Nabi, Art Brut, Jean Dubuffet, children's drawings, (textile) folk art, Surrealism, Dadaism

MADELEINE KEMÉNY-SZEMERE
(1906 Budapest–1993 Zurich)

The Hungarian-Swiss painter Madeleine (née Lenke) Szemere studies at the Royal Academy of Fine Arts in Budapest in 1924–25. At the Ernst Múzeum in Budapest in 1925 she shows early works. In 1930, she immigrates to Paris, where she works as a fashion designer and in 1933 marries the painter Zoltán Kemény, who is also from Hungary. In 1940, the couple flees from German occupying forces to Southern France. Kemény-Szemere lives interned and isolated until the end of the war. Deeply impressed by the works of the French artist Jean Dubuffet in the late 1940s, Kemény-Szemere captures the essence of reduced forms and figures in earth tones on canvas and experiments with various materials (such as sand and lacquer). Through Jean Dubuffet and his Foyer de l'art brut in Paris, she meets likeminded artists from Corneille's circle. At his invitation, she and Kemény participate in the first CoBrA group exhibition at the Stedelijk Museum in Amsterdam in 1949. Solo exhibitions in Zurich and Paris follow. In 1956, she abandons art to support her husband's career. Her abstracted, melancholic studies of human existence are rediscovered in the 1980s.

Collective(s) prior to CoBrA: /
Main place(s) of activity: Zurich and Paris
Most important influences: Naturalism, Art Brut, Jean Dubuffet, children's drawings, folk art

ERNEST MANCOBA
(1904 Johannesburg – 2002 Paris)

Der südafrikanische Künstler Ernest Mancoba wendet sich während seines Studiums an der anglikanischen Hochschule Grace Dieu in Pietersburg der Holzschnitzerei zu. Ab 1930 entstehen Reliefs und Skulpturen aus Holz, die ihm erste Erfolge in der südafrikanischen Kunstwelt einbringen. 1938 erhält er ein Stipendium und beginnt an der École nationale supérieure des arts décoratifs in Paris zu studieren, wo er die dänische Künstlerin Sonja Ferlov kennenlernt und 1942 heiratet. Über Ferlov Mancoba und den befreundeten Ejler Bille kommt er in Kontakt mit Linien, der dänischen Gruppe abstrakt-surrealistischer Künstler*innen, mit denen ihn das Interesse an modernen Kunstströmungen und afrikanischen Skulpturen verbindet. In dieser Zeit entstehen auch abstrakte, sphärische Grafiken, die dem in Paris entwickelten Tachismus der 1940er-Jahre nahestehen. Während der Besatzungszeit der Deutschen ist er in St. Denis bei Paris interniert. Nach Kriegsende ziehen Mancoba und Ferlov Mancoba nach Dänemark, von wo aus sie die CoBrA-Bewegung entscheidend mitprägen. Nach der Auflösung der Gruppe gehen die Mancobas zurück nach Paris, und Mancoba komponiert vorwiegend Gemälde in abstrakten Formen, die auf westafrikanische Kota-Reliquiarfiguren zurückgehen. Sein künstlerisches Werk bewegt sich stets in einem Spannungsverhältnis zwischen Abstraktion und Figuration. Gemeinsam mit Ferlov Mancoba arbeitet Mancoba zudem an einer interkulturell deutbaren Formensprache in der Kunst, die den Dialog zwischen europäischen und afrikanischen Kulturen betonen soll.

Kollektiv(e) vor CoBrA: /
Hauptwirkungsort(e): Paris, Kopenhagen
Wichtigste Einflüsse: Abstraktion, Gerard Sekoto, Kunst afrikanischer Kulturkreise, Christentum, Marxismus, Ubuntu-Philosophie

ALBERT MERTZ
(1920 Kopenhagen – 1990 Slagelse)

Im Alter von 16 Jahren wird Albert Mertz an der Akademie der Schönen Künste in Kopenhagen aufgenommen. Die Auseinandersetzung mit dem Dadaismus und dessen selbstironischen Blick auf Leben, Kunst und Kunstwelt hat Mertz besonders geprägt: In seiner Kunstauffassung reizt er die Grenzen der Gattungen aus und experimentiert mit Collagen, Fotogrammen und dem bewegten, filmischen Bild. In Zusammenarbeit mit dem dänischen Filmemacher Jørgen Roos entstehen im Lauf der 1940er-Jahre experimentelle Filme, die besonders im Umfeld des dänischen Kollektivs Høst Aufsehen erregen. Nach Kriegsende ist Mertz in Linien II aktiv und schafft reduzierte, beinahe abstrakte Darstellungen von Situationen und Gegenständen des Alltags. Auf dem internationalen Kunstfilmkongress in Paris (1948) und dem Experimentalfilmfestival in Knokke (1949) wird u. a. der Film *Flugten (Die Flucht)* von Mertz gezeigt. In den 1960er-Jahren steht er der Fluxus-Bewegung nahe und arbeitet lange Zeit in Frankreich.

Kollektiv(e) vor CoBrA: Linien II
Hauptwirkungsort(e): Kopenhagen
Wichtigste Einflüsse: Dadaismus, Surrealismus, Man Ray, Konstruktivismus, Abstraktion

JAN NIEUWENHUYS
(1922 Amsterdam – 1986 Amsterdam)

Gemeinsam mit seinem Bruder Constant entwickelt Jan Nieuwenhuys bereits im Alter von 14 Jahren ein starkes Interesse für die Kunst. Von 1938 bis 1941 besucht er die Amsterdamer Akademie für Bildende Kunst. Nach dem Krieg gestaltet Nieuwenhuys surrealistisch anmutende figurative Bilder, in denen Tier- und Fantasiewesen im Stil von Kinderzeichnungen in Erscheinung treten. 1948 ist er Gründungsmitglied der Experimentele Groep Nederland, aus der noch im selben Jahr der internationale Zusammenschluss von Künstler*innen zu CoBrA hervorgeht. 1949 trennt er sich von der Gruppe. Sein Spätwerk bilden vorwiegend abstrakte Malereien, in denen fadenartige Strukturen und Fundstücke die Leinwand dominieren.

Kollektiv(e) vor CoBrA: Experimentele Groep Nederland
Hauptwirkungsort(e): Amsterdam
Wichtigste Einflüsse: Surrealismus, Abstraktion, Kinderzeichnungen

ERNEST MANCOBA
(1904 Johannesburg–2002 Paris)

The South African artist Ernest Mancoba takes up woodcarving while studying at the Anglican college Grace Dieu in Pietersburg. From 1930 onward, he creates wood reliefs and sculptures that lead to his first successes in South Africa's art world. In 1938, he is awarded a scholarship and begins to study at École nationale supérieure des arts décoratifs in Paris, where he meets the Danish artist Sonja Ferlov and marries her in 1942. Through Ferlov Mancoba and her friend Ejler Bille, Mancoba comes into contact with Linien, the Danish group of abstract Surrealist artists, with whom he shares an interest in modern art and African sculptures. During this period, he is also creating abstract, spherical graphic works that are close to the Tachism that evolved in Paris in the 1940s. During the German occupation, he is interned in St. Denis, near Paris. After the war ends, Mancoba and Ferlov Mancoba move to Denmark, where they contribute decisively to the CoBrA movement. After the group breaks up, the Mancobas return to Paris, and Mancoba composes primarily paintings in abstract forms that can be traced back to West African Kota reliquary figures. His oeuvre always operates within the tension between abstraction and figuration. With Ferlov Mancoba, Mancoba works on developing a formal language for art that is interculturally intelligible and is intended to emphasize the dialogue between European and African cultures.

Collective(s) prior to CoBrA: /
Main place(s) of activity: Paris and Copenhagen
Most important influences: Abstraction, Gerard Sekoto, art of African cultural spheres, Christianity, Marxism, Ubuntu philosophy

ALBERT MERTZ
(1920 Copenhagen–1990 Slagelse)

Mertz is admitted to the Kongelige Danske Kunstakademi in Copenhagen at the age of sixteen. He is especially influenced by Dadaism and its self-ironic view of life, art, and the art world: in his approach to art, he tests the boundaries between genres and experiments with collages, photograms, and the moving cinematic image. Working with the Danish filmmaker Jørgen Roos, he produces experimental films in the 1940s that attract attention in the circle of the Danish collective Høst in particular. After the war ends, Mertz is active in Linien II and creates reduced, almost abstract depictions of everyday situations and objects. Mertz's film *Flugten* (The Escape), among others, is shown at the International Conference on Experimental and Art Film in Paris (1948) and the Experimental Film Festival in Knokke (1949). In the 1960s, he is close to the Fluxus movement and works in France for an extended period.

Collective(s) prior to CoBrA: Linien II
Main place(s) of activity: Copenhagen
Most important influences: Dadaism, Surrealism, Man Ray, Constructivism, abstraction

JAN NIEUWENHUYS
(1922 Amsterdam–1986 Amsterdam)

Like his brother Constant, Jan Nieuwenhuys develops a strong interest in art at the age of fourteen. From 1938 to 1941, he attends the Rijksakademie van Beeldende Kunsten in Amsterdam. After the war Nieuwenhuys designs surrealistic-looking figurative paintings of animals and fantastic creatures in the style of children's drawings. In 1948, he is a founding member of the Experimentele Groep Nederland, from which the international group of artists CoBrA forms that same year. In 1949, he breaks with the group. His late work consists largely of abstract paintings in which threadlike structures and found objects dominate the canvas.

Collective(s) prior to CoBrA: Experimentele Groep Nederland
Main place(s) of activity: Amsterdam
Most important influences: Surrealism, abstraction, children's drawings

ERIK ORTVAD
(1917 Frederiksberg – 2008 Kvänjarp)

Der Maler und Zeichner Erik Ortvad beteiligt sich ab 1945 als Mitglied der dänischen Gruppe Høst an der Gestaltung der Zeitschrift *Helhesten*. Zu Beginn der 1940er-Jahre wird sein Werk von abstrakten Formen bestimmt, die natürlich wachsenden, wuchernden Landschaften und Wäldern ähnlich sind. Seine Arbeiten finden später auch Eingang in die erste und fünfte Ausgabe der Zeitschrift *Cobra* und werden 1948 in Amsterdam und 1951 in Lüttich im Rahmen der CoBrA-Gruppenausstellungen präsentiert. Nach der Auflösung der Gruppe 1951 bis Anfang der 1960er-Jahre wendet sich Ortvad von der Kunst ab. 1962 zieht er nach Kvänjarp in Schweden, wo bis zu seinem Tod sein Lebensmittelpunkt ist.

Kollektiv(e) vor CoBrA: Høst
Hauptwirkungsort(e): Kopenhagen
Wichtigste Einflüsse: Abstraktion, Expressionismus

CARL-HENNING PEDERSEN
(1913 Kopenhagen – 2007 Frederiksberg)

Carl-Henning Pedersen ist in jungen Jahren in der kommunistischen Jugendbewegung aktiv. Durch die Begegnung mit der Künstlerin Else Alfelt im Jahr 1933 findet er zur Malerei; die beiden heiraten 1934. Erste Arbeiten des Autodidakten werden im Kopenhagener Herbstsalon von 1936 gezeigt. Insbesondere die Malerei von Paul Klee und Joan Miró übt eine große Faszination auf Pedersen aus, der die Werke der von den Nationalsozialisten als „entartete Kunst" verfemten Expressionist*innen und Surrealist*innen 1939 in Frankfurt am Main sieht. Als Mitglied des dänischen Kollektivs Linien und ab 1942 Høst ist Pedersen während des Zweiten Weltkriegs als Herausgeber und Autor der Zeitschrift *Helhesten* aktiv. In Kooperation mit Asger Jorn, Robert Jacobsen und Richard Mortensen arbeitet er in kollektiver Form an Lithografien, die Motive späterer Werke der CoBrA-Bewegung bereits vorwegnehmen. In seiner Malerei entwickelt er eine ihm eigene Bildsprache, die aufs Engste mit den Zielen der CoBrA-Bewegung verknüpft ist: In seiner Malerei bevölkern nicht nur Fantasiewesen und Tiere die Leinwand, sondern Farben und Formen verschmelzen zu farbprächtigen, teils spontan-abstrakten Kompositionen. Pedersen tritt gemeinsam mit Alfelt als wichtiges Gründungsmitglied der Gruppierung CoBrA in Erscheinung. Nach dem Tod von Alfelt schafft Pedersen vermehrt Mosaikarbeiten.

Kollektiv(e) vor CoBrA: Linien, Høst
Hauptwirkungsort(e): Kopenhagen
Wichtigste Einflüsse: Surrealismus, Expressionismus, Joan Miró, Paul Klee

ANTON ROOSKENS
(1906 Grindsveen – 1976 Amsterdam)

Zunächst in der Herstellung von mechanischen Instrumenten tätig, beginnt Anton Rooskens unter dem Eindruck des flämischen Expressionismus und der Malerei Vincent van Goghs zu malen. 1946 lernt er Karel Appel, Eugène Brands und Corneille kennen und wird Mitglied der Experimentele Groep Nederland in Amsterdam. Nachhaltig von der Erfahrung des Krieges geprägt, verbindet Rooskens sowohl mit den Mitgliedern dieser Gruppe als auch mit der internationalen CoBrA-Bewegung die Suche nach neuen künstlerischen Werten. Von der Kunst der Native Americans und von afrikanischen Kulturen beeinflusst, entwickelt Rooskens eine symbolische und magisch aufgeladene Zeichensprache: Masken, Schilder und Bilder von Göttern bevölkern spontan-abstrakte Liniengeflechte aus Farbe. Nachdem er seine Werke in der ersten CoBrA-Ausstellung 1949 in Amsterdam präsentiert, verlässt er die Gruppe.

Kollektiv(e) vor CoBrA: Experimentele Groep Nederland
Hauptwirkungsort(e): Amsterdam
Wichtigste Einflüsse: Expressionismus, Vincent van Gogh, Kunst afrikanischer Kulturkreise, Kunst der Native Americans, Pablo Picasso, Henri Matisse

---

ERIK ORTVAD
(1917 Frederiksberg–2008 Kvänjarp)

The painter and draftsman Erik Ortvad is a member of the Danish group Høst from 1945 and works on the design of the journal *Helhesten*. In the early 1940s, his work is characterized by abstract forms that resemble rampantly growing natural landscapes and forests. His works are included in the first and fifth issues of the journal *Cobra* and are presented in the CoBrA group exhibitions in Amsterdam in 1948 and in Liège in 1951. From the breakup of the group in 1951 to the early 1960s, Ortvad turns away from art. In 1962, he moves to Kvänjarp, Sweden, which remains his home until his death.

Collective(s) prior to CoBrA: Høst
Main place(s) of activity: Copenhagen
Most important influences: Abstraction, Expressionism

CARL-HENNING PEDERSEN
(1913 Copenhagen–2007 Frederiksberg)

Carl-Henning Pedersen is active in the Communist youth movement. Meeting the artist Else Alfelt in 1933 leads him to paint himself; the two marry in 1934. The autodidact's first works are shown in the *Efterårsudstilling* (Autumn Exhibition) in Copenhagen in 1936. The painting of Paul Klee and Joan Miró in particular fascinates Pedersen, who sees the works of the Expressionists and Surrealists who were defamed as "degenerate art" by the National Socialists in Frankfurt am Main in 1939. As a member of the Danish collective Linien and of Høst from 1942, Pedersen is active at the journal *Helhesten* as editor and author during World War II. He works collectively with Asger Jorn, Robert Jacobsen, and Richard Mortensen on lithographs whose motifs anticipate later works by the CoBrA movement. In his painting he develops his own pictorial idiom, which is very closely connected to the aims of CoBrA: not only do fantastic creatures and animals populate the canvas but colors and forms fuse into sometimes spontaneous and abstract compositions of brilliant colors. Along with Alfelt, Pedersen is an important founding member of the CoBrA group. After Alfelt's death, Pedersen turns more to mosaic works.

Collective(s) prior to CoBrA: Linien, Høst
Main place(s) of activity: Copenhagen
Most important influences: Surrealism, Expressionism, Joan Miró, Paul Klee

ANTON ROOSKENS
(1906 Grindsveen–1976 Amsterdam)

After manufacturing mechanical instruments, Anton Rooskens begins to paint under the influence of Flemish Expressionism and the painting of Vincent van Gogh. In 1946, he meets Karel Appel, Eugène Brands, and Corneille and becomes a member of the Experimentele Groep Nederland in Amsterdam. With lasting impressions by his experiences of the war, Rooskens's search for new artistic values connects him both the members of that group and the international CoBrA movement. Influenced by the art of Native Americans and African cultures, Rooskens develops a symbolic and magical language: masks, shields, and images of gods populate spontaneous and abstract meshes of colorful lines. After presenting his works at the first CoBrA exhibition in Amsterdam in 1949, he leaves the group.

Collective(s) prior to CoBrA: Experimentele Groep Nederland
Main place(s) of activity: Amsterdam
Most important influences: Expressionism, Vincent van Gogh, art of African cultures, art of the Native Americans, Pablo Picasso, Henri Matisse

MAX WALTER SVANBERG
(1912 Malmö – 1994 Malmö)

Als Werbegrafiker in Malmö tätig, nimmt Max Walter Svanberg 1931 ein Kunststudium an der Skånska målarskolan in Malmö und 1933 an der Otte Skölds målarskola auf. 1945 gründet er mit dem Maler Carl-Otto Hultén die avantgardistische Gruppe Imaginisterna, die in den 1940er-Jahren eine Neuausrichtung surrealistischer Kunst anstrebt. In den Bildern von Svanberg eröffnen sich erotisch aufgeladene Traumwelten und alptraumhafte Szenarien, die er in Collagen, Gemälden oder Mosaiken variiert. Den Vorgängerkollektiven von CoBrA nahestehend, verschwimmen in seinen Werken die Grenzen zwischen dem Realen und dem Fantastischen, dem Menschlichen und Tierischen, dem Begehren und dem Befremden. Ähnlich wie in belgischen oder dänischen Küstler*innenkreisen lehnt Svanberg den Surrealismus der Nachkriegszeit ab und sucht neue Inspirationsquellen in den Mythen und der Magie verschiedenster Kulturen. Über Asger Jorn lernt er 1949 Christian Dotremont kennen, der auch schwedische Künstler*innen in die CoBrA-Bewegung integrieren möchte. Svanberg und Carl-Otto Hultén stehen ebenso in direktem Austausch mit den Niederländern Karel Appel, Corneille und Constant, die sie 1949 in Malmö besuchen. Grafiken von Svanberg finden Eingang in die Zeitschrift *Cobra* (Nr. 5).

Kollektiv(e) vor CoBrA: Imaginisterna
Hauptwirkungsort(e): Malmö
Wichtigste Einflüsse: Kunst, Magie und Mythen außereuropäischer Kulturen, Surrealismus, Max Ernst, Joan Miró, Salvador Dalí, André Masson, Sigmund Freud

ANNA THOMMESEN
(1908 Kopenhagen – 2004 Blistrup)

Bereits als Kind malt die spätere Textilkünstlerin Anna Jepsen und bringt sich in den 1940er-Jahren selbst das Weben bei. Ihr Hauptaugenmerk liegt auch in ihrem späteren Schaffen in der Auslotung der künstlerischen Möglichkeiten der Technik. 1940 heiratet sie Erik Thommesen, mit dem sie nach Bornholm zieht und sich gemeinsam mit ihm am dänischen Widerstand gegen die deutschen Besatzer beteiligt. 1943 werden ihre Textilarbeiten in der jährlich stattfindenden Ausstellung dänischer Kunst gezeigt. Inspiriert und angelehnt an geometrische Muster und Formen der Kunst außereuropäischer Kulturen – insbesondere der Native Americans – schafft sie Entwürfe, in denen klare, abstrakte Formen schlichte, symmetrische Kompositionen bilden. Die Fäden ihrer Tapisserien stellt sie meist selbst aus natürlichen Materialien her. 1948 zeigt sie ihre Arbeiten auch in Ausstellungen der dänischen Gruppe Linien und wird später durch Thommesen zeitweise Teil der CoBrA-Bewegung. In den 1960er-Jahren erhält sie gemeinsam mit Thommesen einen Lehrauftrag an der Jutland Kunstakademie in Aarhus und richtet dort einen Fachbereich für das Weben ein.

Kollektiv(e) vor CoBrA: Linien
Hauptwirkungsort(e): Bornholm, Kopenhagen
Wichtigste Einflüsse: Kunst außereuropäischer Kulturen, Kultur und Kunst der Native Americans, Abstraktion

ERIK THOMMESEN
(1916 Kopenhagen – 2008 Blistrup)

Erik Thommesen studiert zunächst Zoologie, bevor er sich ab 1936 dem Zeichnen und Malen widmet – beeinflusst von der kubistischen Kunst Pablo Picassos, den Skulpturen von Constantin Brâncuși, sowie von afrikanischen und ägyptischen Kulturen. Ende der 1930er-Jahre beginnt der autodidaktische Bildhauer mit Holz zu arbeiten. In seinen auf das Wesentliche reduzierten Skulpturen kreist Thommesen um die menschliche Existenz und das Verbindende zwischen Menschen. 1940 heiratet er die Textilkünstlerin Anna Jepsen. Zwischen 1944 und 1949 ist er Teil der dänischen Künstler*innengruppe Høst und stellt 1949 und 1951 mit CoBrA in Amsterdam und Lüttich aus. Mit Ejler Bille gründet er nach der Auflösung von CoBrA eine neue Gruppe mit dem Namen Martsudstillingen (Die Märzausstellung), die bis 1982 Bestand hat und von universellen, aber stets lebendigen Traditionen in der Kunst ausgeht.

Kollektiv(e) vor CoBrA: Høst
Hauptwirkungsort(e): Bornholm, Kopenhagen
Wichtigste Einflüsse: Henri Matisse, Aristide Maillol, Pablo Picasso, afrikanische und ägyptische Kulturkreise, Constantin Brâncuși

MAX WALTER SVANBERG
(1912 Malmö–1994 Malmö)

While working as a commercial graphic designer in Malmö, Max Walter Svanberg studies art at Skånska målarskolan in Malmö in 1931 and at Otte Skölds målarskola in 1933. In 1945, he cofounds with the painter Carl-Otto Hultén the avant-garde group Imaginisterna, which is seeking a reorientation of Surrealist art in the 1940s. In Svanberg's work, erotically charged dream worlds and nightmarish scenarios open up in variations in collages, paintings, and mosaics. Close to the collectives that preceded CoBrA, his works blur the boundaries between the real and the imaginary, the human and the animal, desire and alienation. Much like the Belgian and Danish artists, Svanberg rejects the Surrealism of the postwar period and seeks new sources of inspiration in the myths and magic of diverse cultures. Through Asger Jorn, Svanberg meets Christian Dotremont in 1949 who is trying to integrate Swedish artists into the CoBrA movement as well. Svanberg and Carl-Otto Hultén are in direct interchange with the Dutch artists Karel Appel, Corneille, and Constant, who visit them in Malmö in 1949. Graphic works by Svanberg are published in the journal *Cobra* (no. 5).

Collective(s) prior to CoBrA: Imaginisterna
Main place(s) of activity: Malmö
Most important influences: Art, magic and myths of non-European cultures, Surrealism, Max Ernst, Joan Miró, Salvador Dalí, André Masson, Sigmund Freud

ANNA THOMMESEN
(1908 Copenhagen–2004 Blistrup)

The future textile artist Anna Jepsen begins painting as a child and teaches herself weaving in the 1940s. In her later work as well, she focuses on exploring the artistic possibilities of the technique. In 1940, she marries Erik Thommesen, with whom she moves to Bornholm, and they are both involved in the Danish resistance to the German occupying forces. In 1943, her textile works are shown in the annual exhibition of Danish art. Inspired by and borrowing from the geometric patterns and forms of the art of non-European cultures—of Native Americans in particular—she produces designs in which clear, abstract forms result in simple, symmetrical compositions. She makes most of the threads for her tapestries herself from natural materials. In 1948, she also shows her works in the exhibitions of the Danish group Linien and later, through Thommesen, becomes part of the CoBrA movement for a time. In the 1960s, she and Thommesen have a joint teaching position at the Jyske Kunstakademi in Aarhus, where she establishs a department of weaving there.

Collective(s) prior to CoBrA: Linien
Main place(s) of activity: Bornholm and Copenhagen
Most important influences: Art of non-European cultures, culture and art of Native Americans, abstraction

ERIK THOMMESEN
(1916 Copenhagen–2008 Blistrup)

Erik Thommesen first studies zoology before dedicating himself to drawing and painting from 1936 onward—influenced by the Cubist art of Pablo Picasso, the sculptures of Constantin Brâncuși, and African and Egyptian cultures. In the late 1930s, the self-taught sculptor begins to work with wood. Thommesen's sculptures reduced to the essential revolve around human existence and what connects people. In 1940, he marries the textile artist Anna Jepsen. From 1944 to 1949, he is part of the Danish artists' group Høst and exhibits with CoBrA in Amsterdam in 1949 and in Liège in 1951. After the breakup of CoBrA, he cofounds with Bille Ejler a new group called Martsudstillingen (The March Exhibition), which exists until 1982 and assumes universal but still living traditions in art.

Collective(s) prior to CoBrA: Høst
Main place(s) of activity: Bornholm and Copenhagen
Most important influences: Henri Matisse, Aristide Maillol, Pablo Picasso, African and Egyptian cultural circles, Constantin Brâncuși

RAOUL UBAC
(1910 Köln – 1985 Paris/Oise)

Der Belgier Raoul Ubac reist zwischen 1926 und 1934 zu Fuß durch Europa, u. a. nach Paris. In Köln studiert er um 1932 an der Werkkunstschule. Ubac ist in den 1930er-Jahren mit seinen Fotomontagen und Fotogrammen Teil der surrealistischen Bewegung in Paris. Hier lernt er auch Man Ray und André Breton kennen und stellt 1938 in der *Exposition internationale du Surréalisme* in der Galerie des Beaux-Arts in Paris aus. Seine fotografischen Arbeiten werden ebenfalls in dem surrealistischen Künstlermagazin *Minotaure* neben Texten von André Breton und anderen surrealistischen Poet*innen veröffentlicht. Aufgrund des Krieges und der deutschen Besatzung verlässt er die französische Hauptstadt und distanziert sich von seinem surrealistischen Umfeld. Zwischen 1940 und 1946 lebt er in Brüssel, wo neben Grafiken, Skulpturen und Gemälden auch Reliefs und Schieferplattenentwürfe entstehen. Über Christian Dotremont findet er Zugang zur CoBrA-Bewegung und ist in der zweiten internationalen CoBrA-Ausstellung in Lüttich 1951 in der Sektion der französischen Künstler*innen vertreten. Seine Schieferdrucke sind in den *Cobra*-Magazinen gedruckt, für dessen siebte Ausgabe er das Cover entwirft. Durch die einschneidende Erfahrung des Krieges findet im Werk von Ubac in den 1940er-Jahren eine Rückbesinnung auf die Natur statt. Ubacs skulpturale wie fotografische Arbeiten erkunden den Lauf der Zeit von Mensch und Material und thematisieren nicht zuletzt deren Sterblich- und Endlichkeit.

Kollektiv(e) vor CoBrA: Umfeld von Christian Dotremont
Hauptwirkungsort(e): Brüssel, Paris
Wichtigste Einflüsse: Surrealismus, Man Ray, André Breton, Mythen

SERGE VANDERCAM
(1924 Kopenhagen – 2005 Wavre bei Brüssel)

Surrealistische Fotografien von Man Ray, Brassaï und Raoul Ubac sind wichtige Inspirationsquellen des in Kopenhagen geborenen belgischen Künstlers Serge Vandercam. Seine experimentellen Fotografien, die Ende der 1940er-Jahre entstehen, korrespondieren bereits zu diesem Zeitpunkt mit dem Kunst- und Lebensideal der CoBrA-Bewegung – hin zu einem spontanen Ausdruck von Ursprünglichkeit und der Rückkehr zur Materie selbst. Vandercam erweitert sein künstlerisches Spektrum durch die Bekanntschaft mit Christian Dotremont, der ihn schließlich 1949 in die CoBrA-Gruppe einführt. Neben der Malerei wendet er sich in den 1950er-Jahren dem Film und der Bildhauerei zu, reist in die Türkei und nach Italien, wo er auch international als Künstler in Ausstellungen gezeigt wird.

Kollektiv(e) vor CoBrA: Umfeld von Christian Dotremont
Hauptwirkungsort(e): Brüssel
Wichtigste Einflüsse: Surrealismus, Man Ray, Brassaï, Raoul Ubac, Vincent van Gogh, Jazz (Charlie Parker)

THEO WOLVECAMP
(1925 Hengelo – 1992 Amsterdam)

1945 beginnt Theo Wolvecamp an der Akademie der bildenden Künste in Arnheim zu studieren und nimmt 1946 an der Ausstellung junger Maler in Amsterdam teil. Etwa zeitgleich entdeckt Wolvecamp den deutschen Expressionismus. Wassily Kandinskys Schrift *Über das Geistige in der Kunst* hinterlässt einen nachhaltigen Eindruck bei Wolvecamp und prägt die Ausrichtung seiner eigenen Kunst. Auf der Suche nach der Essenz der Dinge und des Gefühls schafft Wolvecamp kraftvolle Kompositionen, in denen er Wut, Schmerz und Widerstand in abstrakt-figurativer Form ins Bild setzt. 1948 schließt er sich der Experimentele Groep Nederland an. Nach dem Skandal, den die erste CoBrA-Ausstellung im Stedelijk Museum in Amsterdam verursacht, distanziert sich Wolvecamp zeitweise von der Gruppierung, stellt jedoch seine Werke 1951 in der zweiten Gruppenausstellung in Lüttich aus. Neben einem längeren Paris-Aufenthalt zu Beginn der 1950er-Jahren wird Hengelo zu seinem Lebensmittelpunkt.

Kollektiv(e) vor CoBrA: Experimentele Groep Nederland
Hauptwirkungsort(e): Amsterdam
Wichtigste Einflüsse: Wassily Kandinsky, Expressionismus, Abstraktion

---

RAOUL UBAC
(1910 Cologne–1985 Paris/Oise)

The Belgian artist Raoul Ubac travels by foot through Europe between 1926 and 1934, to Paris, among other places. He studies at the Werkkunstschule in Cologne around 1932. In the 1930s, Ubac contributes to the Surrealist movement in Paris with his photomontages and photograms. There, too, he meets Man Ray and André Breton and exhibits in the *Exposition internationale du Surréalisme* at the Galerie des Beaux-Artss in Paris in 1938. His photographs are also published in the Surrealist journal *Minotaure* alongside texts by André Breton and other Surrealist poets. Because of the war and the German occupation, he leaves the French capital and distances himself from his Surrealist circle. From 1940 to 1946, he lives in Brussels, where he produces graphic works, sculptures, and paintings as well as designing reliefs and slate plates. Through Christian Dotremont, he gains access to the CoBrA movement and is represented in the section of French artists in the second international CoBrA exhibition in Liège in 1951. His slate prints are published in the *Cobra* journals, and he also designs the cover of the seventh issue. His drastic experience of the war leads to a reflection on nature in his work in the 1940s. Ubac's sculptures and photographs explore the course of time of human beings and materials and thematize not least their mortality and finiteness.

Collective(s) prior to CoBrA: Circle of Christian Dotremont
Main place(s) of activity: Brussels and Paris
Most important influences: Surrealism, Man Ray, André Breton, myths

SERGE VANDERCAM
(1924 Copenhagen–2005 Wavre, near Brussels)

Surrealist photographs by Man Ray, Brassaï, and Raoul Ubac are important sources of inspiration for the Copenhagen-born Belgian artist Serge Vandercam. His experimental photographs of the late 1940s are already close to the ideal of art and life of the CoBrA movement— including a spontaneous expression of originality and the return to the material itself. Vandercam expands his artistic spectrum after making the acquaintance of Christian Dotremont, who ultimately brings him into the CoBrA group in 1949. In addition to painting, he turns to film and sculpture in the 1950s and travels to Turkey and Italy where he is exhibited internationally in art exhibitions.

Collective(s) prior to CoBrA: Circle of Christian Dotremont
Main place(s) of activity: Brussels
Most important influences: Surrealism, Man Ray, Brassaï, Raoul Ubac, Vincent van Gogh, jazz (Charlie Parker)

THEO WOLVECAMP
(1925 Hengelo–1992 Amsterdam)

In 1945, Theo Wolvecamp begins to study at the Kunstakademi in Arnheim and takes part in the exhibition of young painters in Amsterdam in 1946. Around the same time, Wolvecamp discovers German Expressionism, and Wassily Kandinsky's text *Über das Geistige in der Kunst* (On the Spiritual in Art) leaves a lasting impression and changes the orientation of his own art. Searching for the essence of things and of emotion, Wolvecamp creates powerful compositions in which he illustrates rage, pain, and resistance in abstractly figurative form. In 1948, he joins the Experimentele Groep Nederland. After the scandal caused by the first CoBrA exhibition at the Stedelijk Museum in Amsterdam, Wolvecamp distances himself from the group for a time but exhibits his works in the second group exhibition in Liège in 1951. Apart from an extended stay in Paris in the early 1950s, he lives primarily in Hengelo.

Collective(s) prior to CoBrA: Experimentele Groep Nederland
Main place(s) of activity: Amsterdam
Most important influences: Wassily Kandinsky, Expressionism, abstraction

Diese Publikation erscheint anlässlich
der Ausstellung
„Becoming CoBrA.
Anfänge einer europäischen Kunstbewegung"
in der Kunsthalle Mannheim
vom 19. November 2022 bis 5. März 2023

*This catalogue is published on the occasion of
the exhibition
"Becoming CoBrA.
Beginnings of a European Art Movement"
at the Kunsthalle Mannheim
from November 19, 2022 to March 5, 2023*

Herausgegeben von / *Edited by*
Christina Bergemann, Inge Herold und / *and*
Johan Holten

Kunsthalle Mannheim
Friedrichsplatz 4
68165 Mannheim
Germany
T. +49(0)621 293-6423
www.kuma.art

Ausstellung / *Exhibition*

Kurator*innen / *Curators*
Christina Bergemann, Inge Herold, Mathias Listl

Projektmanagement | *Project management*
Christina Bergemann und / *and* Inge Herold

Sekretariat / *Management office*
Susanne Geffers

Leihverkehr / *Loans*
Selini Andres

Restaurierung / *Conservation support*
Petra Neff, Katrin Radermacher,
Christine Schwarzenberg

Ausstellungstechnik / *Exhibition technology*
Filip Antonijevic, Skafte Kuhn, David Maras,
Christian Patruno und Team Prisma

Haustechnik, FM, Betriebsorganisation,
Sicherheit /
Building services, FM, organization, security
Kevin Fröhlig, Reimund Haberstroh,
Tobias Kressl, Marcel Stefanski, Holger Vetter

Kaufmännische Leitung, Vergabe und Verträge /
*Director of administration,
allocation, and contracts*
Susanne Freising, Matthias Hummel

Finanzbuchhaltung und Controlling /
Finances and controlling
Arzu Esen, Inna Frasch, Eileen Nagler,
Esther Obermoser

Fundraising
Theresa Krukies

Kommunikation, Marketing, Presse und
Öffentlichkeitsarbeit / *Communication,
marketing, press and public relations*
Johannes Honeck, Saskia Schallock,
Ewa Wojciechowska

Kommunikationsdesign / *Communication design*
Miriam Pschorn und Luise John / Pikdrei

Digitale Kommunikation und Online Marketing /
Digital communication and online marketing
Julia Laukert

Bildrechte und Bibliothek /
Photo credits and library
Claudia Dausch

Digitale Strategie und Sammlung Online /
Digital strategy and online collection
Heiko Daniels, Christina Bergemann

Graphische Sammlung / *Graphic collection*
Thomas Köllhofer

Kunstvermittlung / *Art education*
Dorothee Höfert, Hatice Korkmaz,
Christiane Wichmann, Eva-Maria Winter

Veranstaltungen, ProgrammPlus /
Events, ProgrammPlus
Dörte Dennemann

Katalog / *Catalogue*

Konzept und Redaktion / *Concept and editing*
Christina Bergemann und / *and* Inge Herold

Projektmanagement Verlag /
Project management, publisher
Luzie Diekmann

Lektorat deutsch / *German copyediting*
Ilka Backmeister-Collacott

Übersetzung / *Translation*
Steven Lindberg

Lektorat englisch / *English copyediting*
Aaron Bogart

Gestaltung und Satz / *Design and typesetting*
Verena Gerlach

Druck und Bindung / *Printing and binding*
Grafisches Centrum Cuno GmbH & Co. KG

Verlag / *Publisher*
Deutscher Kunstverlag GmbH Berlin München
Lützowstraße 33
10785 Berlin
www.deutscherkunstverlag.de
Ein Unternehmen der Walter de Gruyter GmbH
Berlin Boston
www.degruyter.com

Die Deutsche Nationalbibliothek verzeichnet
diese Publikation in der Deutschen
Nationalbibliografie; detaillierte bibliografische
Daten sind im Internet über http://dnb.dnb.de
abrufbar. / *The German National Library lists
this publication in the German National
Bibliography; detailed bibliographic information
is available on the Internet at http://dnb.d-nb.de.*

© 2023 Deutscher Kunstverlag GmbH Berlin
München
ISBN 978-3-422-99091-3

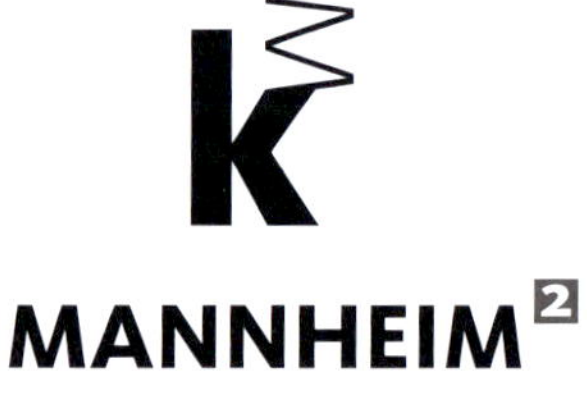

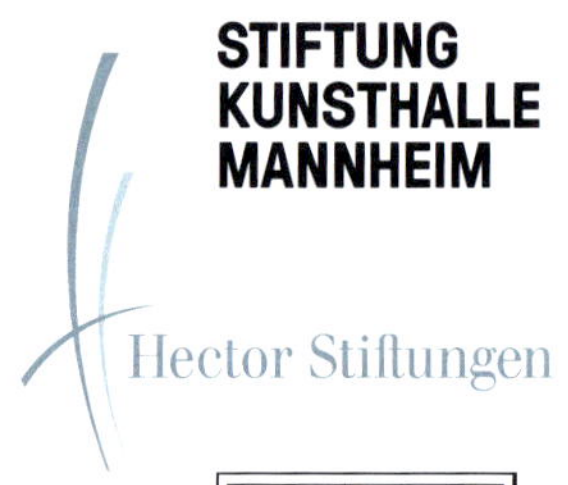

Gefördert von / Supported by

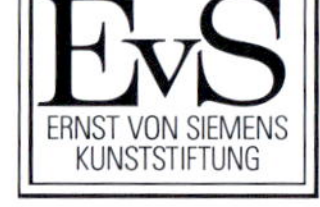

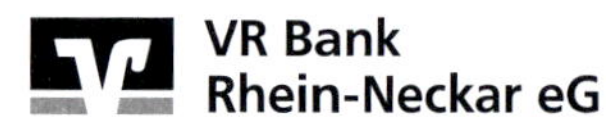

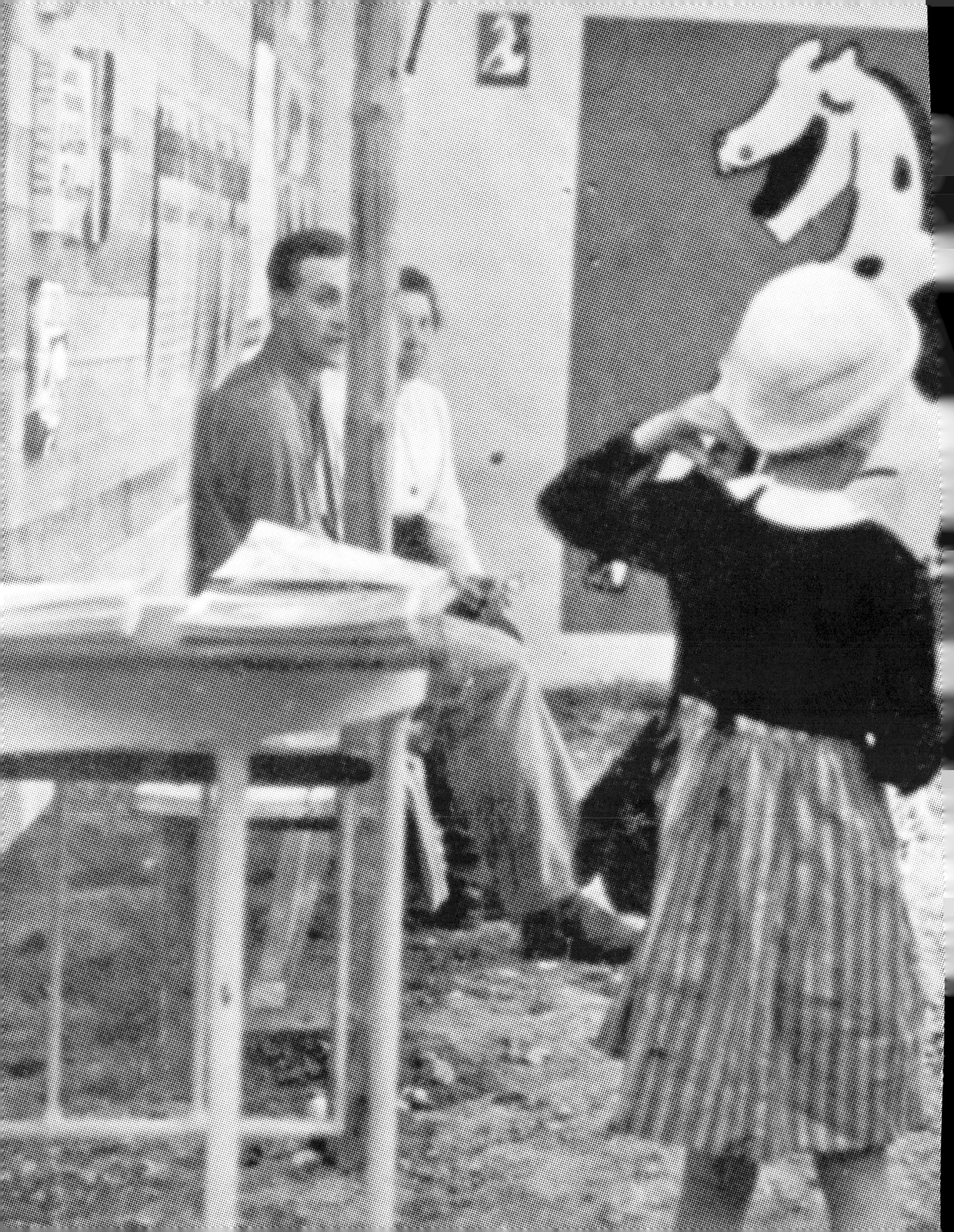